- 广东海洋大学第六轮重点建设学科（法学）
- 广东海洋大学区域法治化治理与地方立法研究服务平台重点平台建设跃升计划（GDOU2017052609）

风险社会下环境犯罪研究

Environmental Crimes in Risk Society

张继钢　著

中国检察出版社

图书在版编目（CIP）数据

风险社会下环境犯罪研究/张继钢著. —北京：中国检察出版社，2019.6
ISBN 978－7－5102－2312－9

Ⅰ.①风… Ⅱ.①张… Ⅲ.①破坏环境资源保护罪－研究－中国
Ⅳ.①D924.364

中国版本图书馆 CIP 数据核字(2019)第 140056 号

风险社会下环境犯罪研究

张继钢 著

出版发行：	中国检察出版社
社　　址：	北京市石景山区香山南路 109 号 （100144）
网　　址：	中国检察出版社（www.zgjccbs.com）
编辑电话：	（010）86423707
发行电话：	（010）86423726　86423727　86423728
	（010）86423730　68650016
经　　销：	新华书店
印　　刷：	北京玺诚印务有限公司
开　　本：	710 mm×960 mm　16 开
印　　张：	18
字　　数：	326 千字
版　　次：	2019 年 6 月第一版　2019 年 6 月第一次印刷
书　　号：	ISBN 978－7－5102－2312－9
定　　价：	62.00 元

检察版图书，版权所有，侵权必究
如遇图书印装质量问题本社负责调换

序 一

张继钢博士是著名刑法学者陈晓明教授的高徒，他的博士学位论文《风险社会下环境犯罪研究》在完善的基础之上即将付梓问世，他邀请我为大著出版作序，我感觉不妥而推辞，继钢博士坚持希望以此种交流方式获得鼓励。回想五年前与继钢在台湾金门访问交流过程中相识，小伙子勤奋好学、求知问道，有浓厚的学术兴趣，其学术素养给我留下了深刻的记忆。闲聊中谈起他的学术志向，明确表示要以学术安身立命。随着我国环境犯罪刑事立法的修正与完善，理论界对污染环境罪的保护法益、犯罪形态、主观心态等方面依然存在很多争议，刑事司法面临很多新的问题。作者敏锐地关注到风险社会下环境刑法的新动向是对传统刑法的挑战，最具价值和最具现实意义的研究领域往往充满了创新的机遇。《风险社会下环境犯罪研究》围绕环境犯罪问题，以风险社会为背景，从环境保护需求出发，反思环境犯罪中的困境，试图建立一套合理的环境保护刑事法律治理的理论体系和制度体系，完善环境刑事立法与司法，促进生态文明建设。作者在密切关注社会需要与发展动态的同时，积极创新思考，全书的重点和核心都在研究问题，且在研究分析问题的过程中，坚持自己独立的立场和见解，力求做出创造性的理论贡献。这种学术上的追求是值得点赞的。

目前，我国正处于生态文明建设与全面推进依法治国的关键时期，运用法治方式加强生态环境保护是应有之义。在生态文明建设中，如何科学配置刑法在法益保护、人权保障与秩序维护三者之间的机能，是应对风险社会的现实风险必须考虑的。在风险社会的时代背景下,我国传统刑法已无法适应现代工业社会发展所带来的生态风险的需求,生态危机的凸显不断考问环境犯罪刑法规制方式的有效性。作为生态风险防控的最后一道屏障,环境刑法如何在风险防范理念下,扩充法益、引入危险犯、合理设置罪名及配置刑罚等,以实现预防环境犯罪、控制生态风险、保障生态安全,实现可持续发展的目的。

《风险社会下环境犯罪研究》全书分六章。作者以风险社会理论和风险刑法理论为参照,反思环境犯罪的特点以及面临的困境——理论误区、立法缺陷、司法障碍。为了解决现实问题,作者主张确立新犯罪观、将环境犯罪作为特殊犯罪对待、刑法积极介入环境风险、以风险犯为中心、进行规范化归责等理论上的突破,以可持续发展为立法价值,完善环境刑事立法,实现环境刑事司法与环境行政执法的有效衔接。

为此,作者着重研究了:(1) 环境犯罪的规范重构。将环境法益独立化,揭示环境要素和环境管理秩序法益的特定内涵;环境危害行为类型化为污染环境行为和破坏环境行为,环境危害后果表现为风险、危险以及实害;风险主体具备风险需要、风险意识和风险决策特征。(2) 环境风险犯的创设。主张刑法积极提前介入环境风险规制,环境犯罪类型经历了由结果犯——危险犯——行为犯的演进,形成了结果犯、危险犯和行为犯共存的格局;主张以法益保护和风险创设为标准设立环境风险犯,并以风险创设方式不同为标准,将风险犯分为行为犯、累积犯和预备犯。(3) 环境犯罪归责原则的再塑。由于环境犯罪侵害的特殊性和主观认定上的困难,传统刑事归责原则在环境犯罪惩治中面临各种困境。传统刑法的归责原则建立在因果关系、罪责基础之上,因果归责和主观归责都不能妥善解决环境犯罪的归责问题;作者认为客观归责理论为解决环境问题提供了借鉴:动态归责、风险归责和规范归责,但没有区分风险与危险;建立因果关系、罪责与归责脱钩的规范化归责原则:风险——

规范——归责。(4) 环境犯罪刑事责任方式及实现。强调遵循罪刑相适应原则、预防性原则、恢复性原则、严厉性原则、复合性原则；既要完善刑罚尤其是罚金刑和资格刑，又要完善非刑罚方法；通过立法设立复合责任和司法中不同主体的责任承担实现路径。既有对实践的提炼，也有对理论的升华。

作者认为，基于环境犯罪的特殊性，主张依据积极预防理论，确立早期化治理环境犯罪的理念，以实现国家治理环境犯罪之战略和刑法对环境犯罪社会治理的深度参与。作者运用多学科知识，从多个角度对复杂的环境犯罪现象进行研究，力求破解刑事治理难题，书中鲜明的观点、确凿的论据和有力的逻辑论证，独成一家之言。相信作者在该著出版的基础上，一定会创造出更多高品质成果，再创学术辉煌！

莫洪宪

2018 年 8 月于武大法学院

序 二

张继钢博士是我在厦门大学指导的博士生，他准备将博士学位论文出版，邀我作序，欣然应允。我参与了继钢博士从拟订学习研究计划，到博士学位论文的开题，博士学位论文写作和阶段性成果的发表，直至最后顺利通过博士论文答辩的全过程，因此，对其在此过程中的努力、付出的艰辛以及取得的成绩都有比较全面的了解，现在继钢的博士论文即将出版，我很高兴看到他在研究上取得的成果和进步，乐意为他的作品出版作序。我以为，真正花了气力的作品，应该可以一读。

环境问题已经成为全人类共同关注的问题，环境问题的本质是人类自身的生存和发展问题。随着科学技术和经济的迅猛发展，环境问题也日趋严重。环境问题的蔓延及其危害的加剧，不仅影响和制约着各国经济的可持续性发展，而且对人类的自身生存也构成严重威胁。在环境问题日趋严峻、环保呼声日益高涨的今天，人们不得不反思传统的对待自然环境的态度与方式。

保护环境的目的在于保障人类自身的生存和人类社会的可持续发展，为此，世界各国刑法均规定了环境犯罪，以回应人类保护环境的诉求以及对自身利益的关切。近几十年来，我国经济社会迅猛发展，在创造极大物质财富的同时，也带来严重的环境问题，每年发生的环境事故频发，但真正被追究刑事责任的案件却极少。究其原因，源自多方面，但其中我国现行的环境刑事立法，包括立法价值、立法模式、立法技术等方面存在的问题应是重要原因。因此，如何更好地发挥刑事法律在环境保护领域的作用和如何借助刑法对环境犯罪进行有效规制是一个迫切需要解决的问题。正由于此，我在继钢博士学习阶段，就有意识地布置他跟踪环境刑法及其相关领域问题的研究，其间取得的一些阶段性的成果，成为他进一步完成博士论文的重要基础。

继钢博士论文针对严重的环境问题和复杂的环境犯罪，以风险社会为背景，从环境保护需求出发，反思现有环境刑法之困境，进而就如何重新诠释和构建环境刑法提出了较为具体的途径，试图建立起一套更为合理的环境保护刑事法律治理的理论体系和制度体系。作者对许多理论问题进行了很好的梳理并作出了具有信服力的分析。此外，继钢博士的学位论文在研究方法和理论与实际相结合方面也进行了一些有益的尝试和探索，具有较强的前沿意义和实践价值，该论文虽然完成于两三年前，但其中的许多观点仍具有前瞻性，显示出一定的学理省思意识、学术眼光和理论勇气。总之，该书的价值不在我的介绍中，而在于读者通过阅读与作者的对话中，所以我必须停下来，把一切都留给读者。

博士学位论文的写作是一个对博士学习阶段的专业训练和研究能力的锻炼过程，同时也是专业学习成效的集中体现。现在继钢博士仍然在高校从事刑法学的教学与研究工作，我希望他以这本论文的出版为新的起点，让学问成为一生的气质，并时刻铭记，前方任重而道远。

陈晓明

2018 年 6 月于厦大法学院

目 录

序 一 ………………………………………………………………… 1

序 二 ………………………………………………………………… 1

导 论 ………………………………………………………………… 1
    一、研究动因 ……………………………………………………… 1
    二、研究现状 ……………………………………………………… 5
    三、研究思路和框架 ……………………………………………… 11

第一章 风险刑法与环境保护 ……………………………………… 15
  第一节 风险社会 …………………………………………………… 15
    一、风险 …………………………………………………………… 15
    二、风险社会 ……………………………………………………… 19
  第二节 风险刑法 …………………………………………………… 22
    一、风险刑法现象 ………………………………………………… 23
    二、风险刑法理论 ………………………………………………… 25
  第三节 环境风险刑法 ……………………………………………… 39
    一、环境风险 ……………………………………………………… 39
    二、环境风险刑法 ………………………………………………… 40

第二章 环境犯罪的实践困境及破解 ……………………………… 46
  第一节 环境犯罪概述 ……………………………………………… 46
    一、环境犯罪的用语 ……………………………………………… 46

二、环境犯罪的特质 ··· 52
　　三、环境犯罪的分类 ··· 58
第二节　环境犯罪的实践困境及其成因 ······················· 61
　　一、环境犯罪的实践困境 ··································· 61
　　二、环境犯罪实践困境的成因 ······························ 64
第三节　环境犯罪实践困境的解决路径 ······················· 76
　　一、理论突破 ·· 76
　　二、立法完善 ·· 79
　　三、司法能动 ·· 81

第三章　环境犯罪规范重构 ·· 87
第一节　环境犯罪的法益 ··· 87
　　一、法益概述 ·· 87
　　二、环境法益的独立化 ······································ 88
　　三、环境法益的内涵 ·· 93
第二节　环境犯罪的客观要件 ·· 98
　　一、环境危害行为的类型化 ································ 98
　　二、违反环境行政管理法规 ································ 99
　　三、环境危害后果的表现形式 ····························· 100
第三节　环境犯罪的主体 ··· 101
　　一、主体种类 ·· 101
　　二、主体形象 ·· 103
　　三、主体特征 ·· 105
第四节　环境犯罪的主观要件 ·· 108
　　一、主观形态 ·· 108
　　二、污染环境罪的罪过 ······································ 111

第四章　环境犯罪风险犯创设 ··· 114
第一节　犯罪类型概述 ·· 114

一、我国刑法理论中的犯罪类型……………………………… 114
　　二、国外刑法理论中的犯罪类型……………………………… 115
第二节　环境犯罪类型………………………………………………… 117
　　一、类型现状…………………………………………………… 117
　　二、类型划分…………………………………………………… 118
　　三、类型演进…………………………………………………… 120
第三节　环境风险犯的创设…………………………………………… 121
　　一、设立背景…………………………………………………… 121
　　二、设立内容…………………………………………………… 127

第五章　环境犯罪归责原则再塑 …………………………………… 135

第一节　刑法中的归责概述…………………………………………… 135
　　一、国外刑法中的归责………………………………………… 135
　　二、我国刑法中的归责………………………………………… 137
第二节　传统刑法的归责原则………………………………………… 138
　　一、因果归责…………………………………………………… 138
　　二、主观归责…………………………………………………… 145
第三节　环境犯罪归责原则重建……………………………………… 152
　　一、因果关系之脱离…………………………………………… 153
　　二、客观归责理论之借鉴……………………………………… 157
　　三、规范化归责原则之提倡…………………………………… 163

第六章　环境犯罪刑事责任方式及实现 …………………………… 177

第一节　环境犯罪刑事责任方式的完善……………………………… 177
　　一、刑事责任原则的完善……………………………………… 177
　　二、刑事责任方式的完善……………………………………… 186
第二节　环境犯罪刑事责任方式的实现……………………………… 196
　　一、复合责任的规定…………………………………………… 196
　　二、主体的责任承担…………………………………………… 203

结　语 …………………………………………………………… 206

附录一　民族自治地方生态环境刑事变通立法初探 ………… 211
附录二　生态修复的刑事责任方式研究 ……………………… 224
附录三　环境日主题 …………………………………………… 234
附录四　环境犯罪相关司法解释、规范性文件 ……………… 238

参考文献 ………………………………………………………… 252

后　记 …………………………………………………………… 269

导 论

一、研究动因

(一) 环境问题日益严重

人类是自然之子，本应尊重自然，珍爱自然，善待自然，与自然和谐相处。但是，自人类诞生之日起，就以一个征服者的心态征服自然、控制自然。随着人类认识水平和实践能力的提高，一方面，人类享受着其带来的相应的累累硕果：经济发展、科技腾飞等；另一方面，人类也忍受着其造成的相应的种种恶果：气候变化、环境破坏、环境污染等。世界各国各地都不同程度地存在环境破坏和环境污染问题，表现为森林破坏、空气污染、水体污染、水土流失、土地沙漠化等，理性文字表达的世界环境日主题①从一个侧面反映了环境问题及其严重程度。可见，人类对自然的破坏能力与对自然的汲取能力同步增强，致使自然的自净和复原能力得以破坏，最终自然只能把人类强加于它的破坏后果返还给人类，屡屡频发的重大环境事件足以证明这一点。稍远的有发生在20世纪30年代至60年代震惊世界的"八大公害"：比利时马斯河谷烟雾事件、美国洛杉矶烟雾事件、美国多诺拉烟雾事件、英国伦敦烟雾事件、日本水俣病事件、日本四日市哮喘病事件、日本爱知县米糠油事件和日本富山疼痛病事件；20世纪70年代至80年代又发生"新七大公害"：意大利塞维索化学污染事件、美国腊芙运河污染事件、美国三里岛核电站泄漏事件、墨西哥液化气爆炸事件、印度博帕尔农药泄漏事件、苏联切尔诺贝利核泄漏事件、瑞士巴塞尔赞多兹化学公司莱茵河污染事件。② 进入21世纪以来，国外有日本福岛核泄漏事件、欧洲大肠杆菌污染事件等重大环境事件，我国则有2011年蓬莱中海油溢油事件、2013年青岛输油管道爆炸事件、2015年腾格里沙漠污染事件

---

① 如世界环境日1977年主题是：关注臭氧层破坏、水土流失、土壤退化和滥伐森林；1984年主题是：沙漠化；1998年主题是：为了地球的生命，拯救我们的海洋；2007年主题是：冰川消融，后果堪忧；2016年主题是：为生命呐喊等。详见附录三。
② 参见曹明德：《生态法原理》，人民出版社2002年版，第142页。

以及近几年连续肆虐我国北方的沙尘暴和雾霾等。而且,环境问题日趋严重,不限于一个国家或地区,呈现出弥散性的扩展趋势,跨国乃至国际环境问题多发,显然已成为世界性问题。① 人类制造的严重环境问题已经无情地报复了人类自身,造成人员伤亡和财产损失,威胁人类生存与发展。同时,日益严重的环境问题亦阻碍经济社会发展。环境问题成为威胁人类生存和发展的危机,成为全人类共同面对的风险,为了应对由环境问题引发的危机和风险,人类必须重新审视人与自然的关系、经济社会发展与环境保护的关系,推动环境观、发展观的转变,将环境的变化导向正常方向。

(二) 传统刑法面临困境

基于严重的环境问题,世界各国都采用包括科技、制度和教育在内的多种手段应对。运用法律治理、保护环境是重要手段之一。采用法律手段保护环境经历了一个由行政法到民事法再到刑事法的发展过程。各国干预环境问题的最早法律手段是环境行政法,行政手段虽然解决了大量环境问题,但是也存在不足。加之环境问题更加严重,各国开始拓宽环境保护法律手段,民事救济手段也开始运用。无论行政罚款还是民事赔偿,都不可能高于环境污染或破坏所造成的损害,既无法有效惩罚环境违法犯罪者,亦无法对潜在者产生威慑作用。鉴于民事手段和行政手段在保护环境方面的效果不彰,随着环境问题进一步加剧恶化,各国越来越多尝试运用刑事手段保护环境。在人类已经迈入21世纪第二个十年的今天,环境犯罪仍然是一个严重的问题。谈及如何处理环境犯罪时,人们仍然强烈选择刑事制裁,而不是民事和行政控制,② 即强化寻求以刑法防护环境危害、保护环境成为世界趋向。但是,"此种新式需求与新式刑罚态样均对传统刑法投注新挑战"。③ 换句话说,面对由环境问题产生的环境犯罪这一新型犯罪,传统刑法存在局限。第一,传统刑法保护范围过窄,不利于环境保护。传统刑法主要保护人的人身、财产法益,从而导致独立的环境法益不能被保护;而且,传统刑法只保护当代人的现实的法益,不涉及子孙后代的法益。这种以人类为中心的认识论和价值观不仅指导环境刑事立法,也严重制约环境刑事司法。第二,传统刑法介入时间滞后,不利于保护环境。传统刑法以处罚实害犯为核心,因此,只有在破坏或污染环境的行为造成实际损害时,

---

① 参见 Rob White, *Global Environmental Harm: Criminological Perspectives*, Willan Publishing, 2010. 3。

② 参见 Mary Clifford, Terry D. Edwards, *Environmental crime (2nd)*, Jones & Bartlett Learning, 2012. 238。

③ [德] 海涅:《环境破坏行为类型化之国际比较:论因果关系与特殊归责问题》,郑昆山译,载国际刑法分会:《国际刑法分会·环境刑法国际学术研讨会论文辑》,1992年版,第408页。

刑法才会作出反应。等到破坏或污染环境的行为造成实际损害，将会给社会共同体的安全造成不可弥补的、灾难性的后果，此时刑法干预为时已晚，只能"望洋兴叹"，已经难以平复风险所造成的破坏。第三，传统刑法的归责容易造成环境犯罪责任追究的缺失。首先，传统刑法的归责逻辑是建立在明确因果关系基础之上，欲将法益侵害结果归咎于行为人，就要证明因果关系存在。但是，环境犯罪尤其是污染环境犯罪具有原因复杂、不易查清，后果潜在、难以预测，污染面广、危害极大，因果联系极为复杂、表现周期长、危害过程具有复杂性，侵害反复性等特点，使得其污染经由难以断明，运用一般的常识和方法难以查明。① 其次，传统刑法的归责是个人责任，但是环境犯罪多由公司、企业、团体等组织在复杂的工业生产过程中实施，不仅很难从中分离出个人因素，而且公司、政策制定者和专家结成联盟，通过制度化的话语来推卸责任，产生"有组织的不负责任"。就环境污染或环境破坏尤其是长期的或者累积的环境危害行为而言，我们的确难以准确确定责任主体。总之，社会构造的复杂化、制度化使得责任主体难以界定和责任相互推诿，进而使传统刑法的个人责任归责构造面临危机。因此，如果固守以因果关系为基础的建立在个人责任之上的传统刑法归责，必然排除大量环境犯罪。以我国环境刑法观之，1997年刑法虽然规定有环境犯罪，但体系上被安置于妨害社会管理秩序罪一章中，这导致对客体或法益的理解和把握，须从社会秩序的角度进行，而不是环境法益的体认；就个罪而言，重大环境污染事故罪②被规定为结果犯，导致实践中发生大量环境污染案件，但真正进入刑事司法程序或者作为犯罪处理的案件却极少。因为环境犯罪因果关系难以查清，污染型环境犯罪案件"立案难、侦查难、起诉难、审理难"是目前的普遍问题。检察机关要证明因果关系十分困难，实践中开始出现检察机关由于因果关系不能证明或者达不到排除合理怀疑的证明标准而不起诉或者起诉难以被法院判决有罪的情况。③ 传统刑法对于解决环境问题捉襟见肘，无力破解人类社会对环境侵害的困局，此时，我们既不能"忌病讳医"，也不能"病急乱投医"，传统刑法必须变革。

（三）生态文明建设需要

人与自然关系密切，但随着工业文明进程的加快，人类的物质需求已经逼近自然环境的承载极限。如何科学处理人与自然的相互关系，实现文明进步与

---

① 参见蒋兰香：《污染型环境犯罪因果关系证明研究》，中国政法大学出版社2014年版，第2～4页。
② 经由《刑法修正案（八）》修改，该罪罪名被"两高"解释确定为污染环境罪。
③ 参见蒋兰香：《污染型环境犯罪因果关系证明研究》，中国政法大学出版社2014年版，第6页。

自然环境和谐是一个突出的课题。在国外，20世纪80年代德国学者胡伯提出生态现代化理论，该理论以预防和创新为原则，强调发挥生态优势推进现代化进程，通过改变人的行为模式、经济和社会发展方式，实现经济与环境的双赢。① 在我国，党的十七大提出生态文明，从而生态文明成为与政治文明、经济文明、精神文明、社会文明并列的一种全新的文明形式。党的十八大以来，以习近平为核心的党中央高度重视生态文明建设，开启了生态文明建设新时代。2018年5月18日至19日，全国生态环境保护大会在京召开，习近平总书记出席并发表重要讲话，深刻阐释了生态文明建设的重大价值和深远意义，系统阐释了习近平生态文明思想。② 如今，生态文明建设已融入当前各项工作，包括经济发展、社会治理、法治建设等方面；"良好生态环境是最普惠的民生福祉""绿水青山就是金山银山""要像保护眼睛一样保护生态环境""用最严格制度最严密法治保护生态环境"等观念③已深入人心；"生态文明""美丽中国"载入宪法。④ 生态文明，是人类面对工业文明所带来的诸如环境破坏、环境污染等严重的环境问题，不断进行反思所提出来的。作为一种全新的文明形式，生态文明坚持可持续发展的理念和要求，统筹人、环境、经济、社会关系，努力实现人—自然—社会的整体可持续发展。生态文明建设要求重新审视人与自然的关系，我们应认识自然、敬畏自然、尊重自然、顺应自然、善待自然、保护自然，而不是漠视自然、滥用自然、盲目干预自然、破坏自然、污染自然。环境日主题从另一个侧面也反映出人类进行生态文明建设的美好愿望与积极努力。⑤ 生态文明建设不仅需要理念的革新，也需要其他保障条件和措施，包括民主、法治、科技与经济等。生态文明建设离不开经济条件，经济

---

① 参见雷鑫：《生态现代化语境下的环境刑事责任研究》，知识产权出版社2010年版，第1~2页。
② 确立习近平生态文明思想是全国生态环境保护大会的重大标志性成果，习近平生态文明思想内涵深刻丰富，主要体现在六个方面：本质要求是"人与自然和谐共生"、基本内核是"绿水青山就是金山银山"、宗旨精神是"良好生态环境是最普惠民生福祉"、以"山水林田湖草是生命共同体"为系统思想、以"最严格制度最严密法治保护生态环境"为重要抓手、以"共谋全球生态文明建设"彰显大国担当。参见周宏春：《准确把握习近平生态文明思想的深刻内涵》，载http://opinion.people.com.cn/n1/2018/0521/c1003-30003700.html，2018-05-21。
③ 参见李贞：《习近平谈生态文明10大金句》，载http://env.people.com.cn/n1/2018/0523/c1010-30007360.html，2018-05-23。
④ 参见《中华人民共和国宪法修正案》第32条。
⑤ 如世界环境日1991年主题是：气候变化——需要全球合作；1995年主题是：各国人民联合起来，创造更加美好的世界；2009年主题是：地球需要你：团结起来应对气候变化；2017年的主题是：人与自然、相联相生。中国世界环境日2005年主题是：人人参与创建绿色家园，2011年主题是：共建生态文明，共享绿色未来；2015年主题是：践行绿色生活；2018年主题是：美丽中国，我是行动者。详见附录三。

保障体现在方方面面，如环境政策的决定，建立在理性人成本收益分析、规制和衡量基础之上；环保设备的使用，必须符合环保之目的和要求等。① 生态文明建设也离不开法治的保障，法治保障是重要的制度支持条件。在生态文明建设的法治保障中，刑法的保障法地位作用尤为独特和明显，不仅可以预防环境污染和破坏，也可以惩治环境污染和破坏，还可以修复被污染和破坏的环境。除了环境伦理，环境刑事治理机制的价值与机能是重要的正当性保障。因此，环境刑事法治可成为环境法治保障建设的突破口和制高点。以刑事手段治理环境问题的环境刑法对生态文明建设具有促进作用，可以成为生态文明建设的一条路径。为更好地回应和促进生态文明建设，应不断完善环境刑法，实现刑法生态化。总之，生态文明建设和美丽中国意义深远，任重道远。在全面推进依法治国实践的当下，生态文明建设必须走法治建设之路。生态文明刑事法治保障不可或缺。刑法乃至法律、科技、教育、道德等各方面相互配合协调推进，生态文明建设融入经济、政治、文化和社会建设之中，中华大地"天更蓝、山更绿、水更清、环境更优美"的"美丽中国"前景可期，新高度、新境界、新格局的"人与自然和谐"的终极理想可达。

二、研究现状

（一）国外的环境犯罪研究

改革开放以来，尽管我国刑法界大量译介、学习国外先进刑事立法和刑法理论成果，但就笔者收集的资料来看，在环境犯罪方面，整体表现为环境犯罪立法介绍多，论著引进少。从环境犯罪刑事立法看，大陆法系国家环境刑事立法不仅较早，而且较为系统全面，仅以立法模式观之，代表性的就有德国、俄罗斯的刑法典模式、日本的单行刑法模式和法国的附属刑法模式。英美法系国家的立法模式单一，表现为缺乏独立的专门的环境刑事立法，主要是将环境犯罪附属规定在环境行政法中，即以环境附属刑法为主。从环境犯罪研究著作看，截至目前，有关国外环境犯罪的论著主要仍为1992年由丛选功等翻译的日本学者藤木英雄的《公害犯罪》以及由我国台湾国际刑法分会1992年出版的《环境刑法国际学术研讨会论文辑》，该论文辑包括了德国、日本、奥地利、美国等国一些著名学者的论文。近年来，可以收集到几本面世的英文环境犯罪著作，包括 Rob White 的环境犯罪系列，即《自然犯罪：环境犯罪学与生

---

① 参见 Nicholas A. Ashford, Charles C. Caldart, *Enviromnental Law, Policy, and Economics*, The MIT Press, 2008. 128。

态正义》《环境犯罪》《全球环境危害：犯罪论》和《国际环境犯罪》等[1]；South Nigel 的《环境犯罪问题研究》和《环境犯罪国际手册》[2]；Westerhuis Diane、Walters Reece、Wyatt Tanya 的《绿色犯罪新兴问题研究：权力、正义及危害探索》[3]，以及 Mary Clifford、Terry D. Edwards 的《环境犯罪》（第 2 版）[4] 等。基于大陆法系重视逻辑性和体系性的传统，环境犯罪和环境刑法的研究内容十分丰富，涉及环境犯罪的概念、环境犯罪的成因、对策、环境犯罪的犯罪构成、因果关系、刑事责任、举证责任、诉讼程序等，以日本藤木英雄的《公害犯罪》为代表。囿于经验主义传统，英美法系理论上很少单独研究环境犯罪和环境刑法，即使环境犯罪论著，也多为立法介绍[5]，同时会涉及环境犯罪的一般问题如环境犯罪的概念、环境刑事执法、环境刑事司法[6]等，但对环境犯罪构成等环境刑法独有的理论问题涉及较少。Rob White 主要是从犯罪学角度研究环境犯罪，认为人为的干预造成环境危机，如水、空气污染严重、生物多样性减少、森林滥伐、冰川融化等，世界处于危险之中，从而环境犯罪成为国际社会日益感兴趣和重视的一个主题，将环境问题与犯罪学联系起

---

[1] 参见《自然犯罪：环境犯罪学与生态正义》（Rob White，*Crimes Against Nature：Environmental Criminology and Ecological Justice*，Willan Publishing，2008）；《环境犯罪》（Rob White. *Environmental Crime*，Willan Publishing，2009）；《全球环境危害：犯罪论》（Rob White，*Global Environmental Harm：Criminological Perspectives*，Willan Publishing，2010）；《国际环境犯罪》（Rob White，*Transnational Environmental Crime：Toward an Eco-global Criminology*，Routledge，2011）。

[2] 参见《环境犯罪问题研究》（South Nigel，Beirne Piers，Issues in Green Criminology，Willan Publishing，2007）；《环境犯罪国际手册》（South Nigel，Brisman Avi，*Routledge International Handbook of Green Criminology*，Routledge，2013）。

[3] 参见《绿色犯罪新兴问题研究：权力、正义及危害探索》（Westerhuis Diane，Walters Reece，Wyatt Tanya，*Emerging Issues in Green Criminology：Exploring Power，Justice and Harm*，Palgrave Macmillan，2013）。

[4] 参见 Mary Clifford，Terry D. Edwards，*Environmental crime*（2nd），Jones & Bartlett Learning，2012。

[5] 如 Kathleen F. Brickey 在《环境犯罪》一书中着重介绍了《清洁水法》（*The Clean Water Act*）、《清洁空气法》（*The Clean Air Act*）、《资源保持与回收法》（*The Resource Conservation and Recovery Act*）以及《综合环境反应、赔偿和责任法》（*The Comprehensive Environmental Response，Compensation and Liability Act*）等几部附属环境刑法，参见 Kathleen F. Brickey，*Environmental crime：law，policy，prosecution*，Aspen publishers，2008；Ashley Crooke，Karri Ridgeway，Wendy Wineholt，Rosalie Winn 在《环境犯罪》一文中除了介绍前述立法，还介绍了安全饮用水法（*Safe Drinking Water Act*）、有毒物质控制法（*Toxic Substances Control Act*）、联邦杀虫剂、杀真菌剂和杀鼠剂法（*Federal Insecticide，Fungicide，and Rodenticide Act*）、濒危物种法（*Endangered Species Act*）等环境犯罪立法，参见 Ashley Crooke，Karri Ridgeway，Wendy Wineholt，Rosalie Winn，"*Environmental Crimes*，" American Criminal Law Review，2014，51（4）。

[6] 参见 Mary Clifford，*Environmental Crime：Enforcement，Policy，and Social Responsibility*，Aspen publishers，1998；Rob White，*Environmental Crime*，Willan Publishing，2009；Mary Clifford，Terry D. Edwards，*Environmental crime*（2nd），Jones & Bartlett Learning，2012。

来，内容包括环境犯罪的概念、各地环境犯罪动态以及环境法的实施等。[①] Kathleen F. Brickey 从环境规制法律体系角度研究环境犯罪，可分为总论和分论两部分，总论介绍了环境规制法律框架、环境法与刑法关系，认为应对违反环境法的行为动刑，成立环境犯罪需要具备犯罪行为和犯罪意图即犯罪故意、犯罪过失以及无过失，实施环境犯罪的个人和法人应承担相应的刑事责任等一般理论；分论则介绍了几部重要的追诉环境犯罪常用的环境法规。[②] Mary Clifford、Terry D. Edwards 主要从综合的跨学科的角度研究环境犯罪，认为已有环境犯罪理论研究尽管方法和视角不同，但无疑加深了对环境犯罪的理解程度及加大了对环境犯罪的执行力度，而且政治、经济、文化、社会、法律等各学科对环境犯罪的研究兴趣均持续增长；未来，环境犯罪研究应检测环境犯罪减少等式（加强立法＋加强执行＋增加替代措施＝减少环境犯罪率）的有效性，即检验等式各变量对环境犯罪率的影响；应集中研究环境执法将面对的新的潜在挑战，以及进行比较研究等。[③]

概括起来，国外环境犯罪研究包括两大部分：一是环境犯罪的概念研究；二是通过立法透视环境犯罪理论。就前者而言，与环境有关的犯罪有不同称谓，包括公害罪、公害犯罪、环境犯罪、生态犯罪等，例如英国将环境犯罪称为公害罪，公害罪除了环境犯罪还包括其他犯罪，日本则称为公害犯罪，美国不仅有环境犯罪，还有生态犯罪[④]之称谓。这些用语不仅形式上有差异，实质也不同。以公害犯罪所代表的概念是传统刑法下的环境犯罪概念，以人的生命、健康、财产利益等传统法益为保护法益，认为公害犯罪是通过破坏环境而危害人身健康和财产法益的行为；以环境犯罪、生态犯罪所代表的概念是现代模式的环境犯罪概念，以环境法益为保护法益，认为环境犯罪是危害环境生态系统的行为。因此，公害犯罪与环境犯罪、生态犯罪不仅反映了环境犯罪的阶段性和刑事立法侧重点不同，也反映了人类对环境及其价值认识的变迁和深化，还反映了环境犯罪所侵犯的被环境刑法所保护的法益不同。对于后者，可从大陆法系及英美法系主要国家的环境犯罪立法透视相关理论。既然理论研究资料有限，便可借助环境犯罪立法以我们可以接受的方式探讨相关理论。第

[①] 参见 Rob White, *Environmental Crime*, Willan Publishing, 2009. 1 – 8。

[②] 参见 Kathleen F. Brickey, *Environmental crime: law, policy, prosecution*, Aspen publishers, 2008. 1 – 94。

[③] 参见 Mary Clifford, Terry D. Edwards, *Environmental crime* (2nd), Jones & Bartlett Learning, 2012. 360 – 361。

[④] 参见 [美] 穆勒：《生态犯罪之研究》，罗明通译，载国际刑法分会：《环境刑法国际学术研讨会论文辑》，1992 年版，第 73～92 页。

一,关于环境犯罪法益。日本的环境单行刑法保护个人法益,刑法典和环境附属刑法以社会法益为保护法益,环境法益不是保护对象;德国的环境刑法对人类法益和环境法益并重保护;英国、美国的环境附属刑法以社会法益为保护法益。第二,关于犯罪类型。为了更好地保护法益,各国环境刑事立法通过确立环境危险犯使刑法提前介入环境问题,德国、日本、英国、美国等国的环境刑法均大量采取危险犯尤其是抽象危险犯模式。除了危险犯,还规定行为犯,这样,国外环境犯罪的客观行为样态包括结果犯、行为犯、具体危险犯和抽象危险犯。第三,关于刑事归责。传统刑法的归责是以因果关系、罪过为基础,对于环境犯罪,一开始也是运用因果关系归责和主观罪过归责,但由于环境犯罪尤其是环境污染犯罪系新型复杂的犯罪,因果关系难以确定,主观罪过难以证明,致使大量环境违法行为无法追责。为了弥补传统刑法在责任追究上的漏洞或障碍,各国环境刑事立法注重创新,表现在日本环境刑法规定推定因果原则,即要求被告承担因果关系的举证责任,若被告无法证明就推定污染所产生的损害事实为被告行为所致;英美刑法中确立严格责任原则,即不需要有犯罪意图的介入只需要有污染环境行为就要承担刑事责任。第四,关于立法目的。各国环境刑事立法注重防范环境危险与风险,在目的层面,不是将事后治理或惩治而是将事前预防作为刑法体系性倾向,不仅体现在各国设立危险犯,特别体现在英美法系织起环境犯罪的严密法网,几乎囊括所有种类的危害环境的行为,如直接将仅仅违反环境行政管理法规的行为规定为犯罪,未经环境准入许可的行为、违反环境规划、监控、检测的行为等都是犯罪行为。第五,关于立法立场。德国、日本等大陆法系国家对环境违法行为采取行政处罚和刑事处罚相结合的方式,仅将严重的环境违法行为规定为犯罪,即造成严重后果或情节严重的环境违法行为才构成犯罪,并非所有的环境违法行为都是犯罪,表现出结果本位的立场;英国、美国等英美法系国家的环境犯罪没有量的要求,只突出质的要求,体现出行为本位或规范本位的立场。第六,关于刑事责任。无论是大陆法系国家还是英美法系国家,环境犯罪的制裁措施均丰富多元,既有刑罚,也有非刑罚方法;既有自由刑和罚金刑,也有资格刑。对于具体环境犯罪,立法根据构成类型、危害行为、危害后果、案件情节、罪过形式等配置轻重不同的法定刑,但刑罚力度整体较为轻缓宽松。

(二)我国的环境犯罪研究

我国学界对环境犯罪的研究开始于20世纪80年代初期,此后,研究视野不断拓展,内容不断深入,成果十分丰富。通过中国知网检索,截至2015年12月,与环境犯罪、环境刑法有关的文献约1900篇,其中博士学位论文12篇,硕士学位论文218篇;注释类、立法论、批评性等各类专著30余本,代表性的包括《污染型环境犯罪因果关系证明研究》《环境犯罪基本理论研究》《中国内地与香港环境犯罪的比较研究》《环境刑法研究》《环境犯罪及其立法完善研究：从比较法的角度》《破坏环境资源保护罪》《环境刑法学》《危害环境罪的理论与实务》《环境犯罪比较研究》《刑法生态法益论》《生态现代化语境下的环境刑事责任研究》①等。特别是 1997 年刑法修订以来，环境犯罪研究进入了繁荣发展阶段，除了海量的论文发表、著作出版，多次举办环境犯罪方面的学术会议和学术交流活动，全国刑法学 1999 年会在新型犯罪、2000 年会在西部大开发中的环境刑法对策、2002 年会在西部大开发中保护生态环境的刑法对策以及 2012 年会在民生领域刑法保护中均专门研讨了环境犯罪问题，涉及环境刑法的理念、环境犯罪的法益、环境犯罪的立法完善等。

1997 年刑法修订以前，主要是从立法论角度开展研究，论证环境违法行为的刑事化，包括是否入罪、罪刑规范如何设计以及环境犯罪在刑法中的归属等，对环境犯罪的刑法典化起到了极大的促进作用，促成 1997 年修订刑法时增加破坏环境资源保护罪专节。1997 年刑法颁行以来，环境犯罪的研究主要针对专节规定的环境犯罪的有关内容展开，多从解释论角度进行研究，尤其是对刑法规定的具体罪名进行详尽理解和阐述，包括具体环境犯罪的概念、犯罪构成、司法认定以及刑事责任适用问题等；也有从立法论角度就刑法规定的一些不足如何完善进行探讨，或者就环境犯罪的某一法条或罪名进行现状分析，指出其存在的不足并提出增加、修改或删除的建议；或者就因果关系、危险犯、犯罪构成、严格责任、刑罚等环境犯罪的某一方面展开，建议增加环境犯罪危险犯、适用严格责任、增加资格刑等；或者就环境犯罪的立法理念、立法模式等一般问题进行研究；还有从哲学高度对环境刑法进行整体性研究。除了从解释论与立法论角度看，还可以从宏观、中观与微观层面观之。环境犯罪理论研究既有环境刑法介入环境问题程度、环境刑法规定的环境犯罪的前瞻性、对环境犯罪惩治力度、环境犯罪规定的系统性科学性等宏观问题研究；也有环境犯罪概念、环境犯罪客体、环境犯罪的危险犯、环境犯罪主体、环境犯罪主观要件等中观争议问题研究；还有污染环境犯罪、破坏动物资源犯罪等具体罪名研究。但整体而言，我国大陆对环境犯罪和环境刑法的研究仍不系统，还有薄弱环节和空白地带，需要不断开拓进取。②

我国台湾在借鉴德国、日本的基础上，对环境刑法理论问题进行一定研究，成果以邱聪智的《公害法原理》、郑昆山的《环境刑法之基础理论》、许

---

① 详见本书的参考文献。
② 参见赵秉志：《环境犯罪及其立法完善研究》，北京师范大学出版社 2011 年版，第 170 页。

玉秀的《我国环境刑法规范的过去、现在与未来》为代表。但整体而言,"环境刑法之研究仍非常少"。①

但是,现有的环境犯罪理论研究存在一定的局限和问题。第一,除了姜俊山的《风险社会语境下的环境犯罪立法研究》,邓国良、石聚航的《风险社会下我国环境刑法的现代转型》,张亚平的《环境风险的刑法应对》等少数几篇论文结合风险社会进行论述外,其余论著基本都在传统刑法理论框架下展开,没有走出传统刑法的窠臼,表现在欠缺对风险社会的关注和回应、欠缺对风险的管控和分配、欠缺将应对风险社会的风险刑法一般理论运用到环境犯罪等具体领域等,即使其中某些内容突破了传统刑法的局限,但整体性的立法模式、指导性的立法目的、犯罪构成、刑事责任方式等仍囿于刑法的既有框架和刑法理论的既有模式,未能获得全面的根本性突破。第二,除了田肇树、陈海宏《生态文明建设的刑法保障》等个别论文,很少论著涉及刑法与生态文明,更没有将生态文明价值理念贯穿环境犯罪始终。第三,除了雷鑫的专著《生态现代化语境下的环境刑事责任研究》一书外,几乎没有环境犯罪刑事责任尤其是归责方面的专门研究,这反映了我国刑法研究历来重犯罪和刑罚、刑事责任研究相对薄弱的现状,或者说与我国刑事责任研究现状一致。就该著作主要内容而言,其论述的严格责任归责、刑罚与非刑罚手段运用、刑事责任立法模式以及各国刑事责任立法,仍局限在传统刑法之中,未能有所突破。综上,中外环境犯罪研究不仅取得了如刑法介入环境问题的必要性、环境违法行为入罪化、追究环境犯罪的刑事责任、强化环境的刑法保护等诸多一般性成果,也凸显了如风险社会下环境犯罪的特殊性认识、风险刑法介入环境犯罪的深度和广度、风险社会中环境犯罪的归责原则和责任实现、有效环境保护刑事治理机制的构建等重点和难点问题。具体来说,需要在以下几个方面对环境犯罪与环境刑法进行深入研究:第一,关于环境犯罪与环境刑法的背景。以往研究限于传统刑法,而传统刑法以工业社会为基础和背景。但是,当今社会已经进入风险社会,风险社会的风险是人为的不确定的技术性风险,人为风险已超过自然风险成为影响人类生活乃至人类生存与发展的主要或主导因素。面对风险和风险社会,不仅传统刑法要作出适当相应调适,更需要创设一种与传统刑法不同的新的刑法范式等。第二,关于风险社会下的环境犯罪与传统刑法下的环境犯罪的区别。以往在传统刑法领域内研究环境犯罪和环境刑法,对环境犯罪的本质、保护法益、行为类型、归责原则以及刑法介入环境保护时间、环境刑事立法价值、立法目的、立法策略等缺乏特殊的真正的深入的认识,造成实践困

---

① 张世东:《从比较法观点论我国环境刑法运作上之难题》,台北大学2009年硕士学位论文。

境。在风险社会和风险刑法下,这些都有待重新再认识,以寻求破解之道。第三,关于环境风险的防范。以实害犯为中心的传统刑法不仅对危险、风险关注较少,而且只关注因果关系确定或已被证明的危险,致使对风险的规制呈现出碎片化或断片性。为有效控制风险社会的典型风险即环境风险,刑法必须积极主动全面介入,创设新的适应风险社会需要的环境犯罪类型,以克服风险规制的碎片化。第四,关于环境法益的保护。刑法是法益保护法,风险刑法同样要保护法益。刑法全面介入环境风险,旨在有效保护环境法益。为了实现环境刑法对环境法益的有效保护,需要对涉及环境法益的环境犯罪的概念和特征、构成要件规范、犯罪类型、归责原则、刑事责任方式进行重构和完善。第五,关于风险社会下环境犯罪的归责原则。传统刑法的归责建立在因果关系、罪责基础之上,然而,包括推定因果关系在内的因果归责和包括严格责任在内的主观归责都不能妥善解决环境犯罪的归责问题。因此,环境犯罪归责需要与因果关系、罪责脱钩,即归责不再以因果关系、主观罪责为基础。风险社会的转型为重建归责原则提供了机会,客观归责理论为解决环境问题提供了有益尝试和借鉴。可在因果关系、主观要素与归责脱钩以及借鉴客观归责理论的基础上,建立风险刑法独特的归责原则。因此,本书将承接环境犯罪与环境刑法已有研究,借鉴其中的有益理论内涵和研究模式;同时,引入新的视角和方法,将已有的环境犯罪或环境刑法研究推向深入,并力图有所创新。

三、研究思路和框架

经济和科技的发展,带来日趋严重的环境问题。环境问题已成为制约人类生存和发展的最为主要的因素,因此,环境保护已引起世界各国的重视。运用何种手段保护环境、如何保护环境成为各国环境政策和法律政策的焦点问题。各国先后运用行政、法律等多种手段保护环境,法律手段的运用又经历了循序渐进的过程,即从行政法律、民事法律到刑事法律手段,并且刑事手段不断拓宽的过程。国内外大多强调刑罚在环境保护中的作用,通过制定惩治和预防环境犯罪的刑事立法保护环境。我国正在进行生态文明建设,需要国家和政府采取强有力的措施治理环境污染与破坏,保护环境。刑事手段作为控制环境污染与破坏最为严厉的手段,应发挥其独特的价值和功能。本书之所以选择风险社会下环境犯罪进行探讨,源于环境犯罪是风险社会典型风险——环境风险——的表征和体现,而传统刑法或者传统环境刑法是在对环境以及环境问题、环境风险、环境危机的无知无识或者一知半解的情况下建构的,必须重新审视。本书立足于我国的生态文明建设和美丽中国建设场域,以风险社会为背景,首先以刑法的积极应对即肯定风险刑法为前提,以安全为价值,以预防为目的,以责任为主线，以风险防控和分配为核心，勾画出与传统刑法不同的风险刑法相貌；其次在风险社会和风险刑法的基础上，以生态文明为理论内核，指出对环境犯罪存在模糊认识，导致现行环境刑事立法与司法存在问题和缺陷；最后也是最重要的，将风险刑法的一般理论运用到环境犯罪中，重构环境犯罪包括环境犯罪的规范重构、环境风险犯的创设、环境犯罪的归责原则再塑、环境犯罪的责任方式完善等，初步构建以风险社会为背景的以生态文明为内核的科学合理的环境犯罪理论体系和制度体系。

除导论和结语外，本书共六章，分为三部分。第一部分即第一章，是对风险社会生成及风险刑法面貌的描述。自反性现代化把西方带入了风险社会，压缩性现代化①使我国飞速进入风险社会。面对风险社会，刑法积极应对，出现风险刑法现象并形成与传统刑法不同的以风险社会理论为基础的风险刑法理论。其范式为：以安全为价值、以预防为目的、以风险犯为基本载体、以提前介入为特征、以行为无价值为立场、以规范化归责为原则。从立法背景、价值、目的、立场、保护法益、行为类型以及归责等方面观之，1970年以来的环境刑事立法与风险刑法具有同质性，属于风险刑法，由此，环境犯罪成为风险刑法的主要适用领域。

第二部分即第二章，对环境犯罪进行反思。风险社会理论和风险刑法理论不仅为解释当今刑法变化提供了全新视角，也为反思传统刑法提供了重要工具。环境犯罪长期被作为一般犯罪对待，表现为以个人法益为保护法益、以结果为本位、以因果关系为归责基础。在风险社会下，应舍公害犯罪而取环境犯罪之称谓，环境犯罪以环境法益为保护法益，反映了人们对环境及其价值认识的深化；环境犯罪具有科技复杂性、经济相关性、属性双重性、决策风险性等特征；实际中的环境违法犯罪行为数量庞大，但进入刑事司法程序的环境犯罪案件数量极少，环境犯罪面临实践困境；原因是多方面的，主要在于存在刑法谦抑、个人法益本位、结果本位、因果归责等理论误区，立法价值偏离、立法

---

① 贝克2010年谈论中国风险社会时使用了"压缩的现代化"一词，指代我国同时存在由传统社会到工业社会以及由工业社会到风险社会的复杂现代化景观，从而成为区别于西方风险社会进程的不同特征。参见［德］乌尔里希·贝克：《风险社会与中国》，邓正来、沈国麟译，载《社会学研究》2010年第5期。这里为了形式上对仗，将其修改为"压缩性现代化"。贝克在分析风险社会时，使用了自反性现代化这一具有基础性、基石性的概念，与其相对应的是简单或正统现代化，前者指由工业社会到风险社会的转向和过程，工业社会成为风险社会赖以存在的基础和解构的对象，后者指由传统社会到工业社会的转向和过程，传统社会是工业社会赖以存在的基础和解构的对象。参见［德］乌尔里希·贝克、［英］安东尼·吉登斯、［英］斯科特·拉什：《自反性现代化》，赵文书译，商务印书馆2001年版，第5页。由此，压缩性现代化与自反性现代化，分别为理解中国风险社会和西方风险社会的钥匙。

目的错位、立法技术失当等立法缺陷以及司法障碍；解决环境犯罪实践困境之道在于确立新犯罪观、将环境犯罪作为特殊犯罪对待、刑法积极介入环境风险、以风险犯为中心、进行规范化归责等理论上的突破，以可持续发展为立法价值、以预防风险为立法目的、以行为无价值为立法策略等完善立法，以及实现环境刑事司法与环境行政执法的有效衔接。

第三部分包括第三章、第四章、第五章和第六章，重构环境犯罪。第三章是环境犯罪的规范重构。环境犯罪所侵犯的被刑法所保护的是环境法益，中外环境法益一定程度上实现了独立，环境法益包括环境要素法益和环境管理秩序法益；环境犯罪以违反环境行政管理法规为前提，以确定行为的危害程度和可能性以及违法性，环境危害行为可分为污染环境行为和破坏环境行为两类典型性环境风险行为，环境危害后果既可以是实害，也可以表现为危险甚至是风险；环境犯罪主体包括自然人、单位或法人和国家，环境犯罪风险主体具备风险需要、风险意识和风险决策等三个特征；环境犯罪的罪过形式包括故意和过失。

第四章是环境犯罪风险犯的创设。为了有效保护环境法益，刑法应积极地主动地提前地全面地介入环境风险规制；环境犯罪类型经历了由结果犯到危险犯再到行为犯的演进过程，形成了结果犯、危险犯和行为犯共存的格局；在风险社会下，环境犯罪类型应与时俱进创设新的类型，刑法要在比危险更为遥远的行为阶段介入规制环境风险，从而形成环境风险犯；以法益保护和风险创设为标准设立环境风险犯，并以风险创设方式不同为标准，将风险犯分为行为犯、累积犯和预备犯。

第五章是环境犯罪归责原则的再塑。传统刑法建立的是以因果关系、罪责为基础的归责原则，但条件说、相当因果关系说以及推定因果关系等因果归责和罪过责任以及严格责任等主观归责都不能妥善解决环境犯罪的归责问题；风险社会的转型为重建归责原则提供了机会，德国的客观归责理论是这方面的有益尝试，为解决环境问题提供了诸多可以借鉴之处：动态归责、风险归责和规范归责，但该理论所说风险实为危险，而且并未区分风险与危险；为应对不确定的巨大风险及风险社会，必须建立新的归责原则，即因果关系、罪责与归责脱钩的规范化归责原则；该原则的归责要素和逻辑顺序或模式为：风险—规范—归责，即风险与风险行为同在，通过刑法对风险行为的规制，使行为风险化和风险规范化，行为人一经实施特定行为，就确定风险存在，从而直接对行为人归责。

第六章是环境犯罪刑事责任方式及实现。环境犯罪规范重构、环境风险犯之设立以及环境归责原则之再塑，都是为了保护环境法益；环境法益的刑法保护，最终必须通过必需的、及时的、合理的、有效的刑事制裁方能变为现实；完善环境犯罪刑事责任方式不仅必要而且可行，环境犯罪刑事责任方式的完善应遵循罪刑相适应等基本原则和预防性原则、恢复性原则、严厉性原则以及复合性原则等特殊原则；不仅要完善刑罚，而且要完善非刑罚方法；环境犯罪刑事责任方式的实现，立法上表现为设置侵犯传统法益的责任与侵犯环境法益的责任、环境可恢复的责任与环境不可恢复的责任、基本的责任与加重的责任、故意的责任与过失的责任、从宽的责任与从严的责任等复合责任，司法中表现为不同主体的责任承担。

第一章　风险刑法与环境保护

20世纪中后期以来，一方面，环境风险无处不在、无时不有；另一方面，环境刑法频繁修改，出现了刑事立法活性化现象。我们不仅要描述这些现象，更要解释这些现象。本章沿着由风险到风险社会、由风险社会到风险刑法、再由一般风险社会和风险刑法到环境风险社会和环境风险刑法的路径展开。

第一节　风险社会

一、风险

（一）风险变迁

风险这个概念并不是现代独有的概念。"风险并不是现代性的发明——比如哥伦布——当然已经认识了'风险'"；只不过，"在较早的阶段，'风险'这个词有勇敢和冒险的意思。"① 这个概念所描绘的风险现象，自有人类文明以来，一直存在。只是不同时期的风险的表现形式、显现程度和影响后果不同而已。

1. 前现代风险

这里的前现代，大体指东方中国半殖民地半封建社会以前的时期，西方欧洲封建社会以前的时期。古代，无论东西方，人们所面临的风险更多的由于外在的、不可抗拒的自然力引发，比如风暴、海啸、火山喷发、地震以及疫病等。这些风险来源相对单一，破坏性较小，其影响范围也十分有限。人为风险较少，影响更为有限。在东方，我国古汉语中，风险并不是一个独立的词汇，风有一种飘忽不定的意思，意指不确定性；险是指危险、不安全。但已有形容风险的相关词汇，比如灾、难、坎、劫数、险象、风云、居安思危、逢凶化吉、否极泰来等。而且，在我国传统文化中也存在一定的风险意识，如以预

---

① ［德］乌尔里希·贝克：《风险社会》，何博闻译，译林出版社2004年版，第18页。

言、龟卦等原始、朴素、直观的方式表达人们对未来生活不确定性的忧虑。在现代汉语中,风险成为一个合成词。在西方,欧洲的许多词源学词典普遍收录了风险词条,与风险相关的词根为意大利语 risco,来自意大利语的 risque,意指撕裂,含有暗礁或礁石的意思。[①] 在西方早期用法中,风险被解释为客观危险,体现为自然现象或者航海遇到礁石、风暴等事件。综合古代东西方的风险变迁及用法,其强调风险是客观存在的,是外在的客观危险,模糊地具有时间上的未来性以及未来的不确定性。

2. 现代风险

这里的现代大体是指,西方欧洲资产阶级革命开启的资本主义时代尤其是工业革命以来的资本主义时代,东方中国自洋务运动开启的近现代化进程。鉴于东西方近现代化的巨大差异,主要以西方工业化资本主义时代指代现代社会。为了与风险社会进行区分,这里借用贝克的称谓,即古典工业社会。回顾资本主义的发展史,首先是海上资本主义,接着是工业自由资本主义,再后来是垄断资本主义。无论是早期的海上资本主义还是随后的工业资本主义、垄断资本主义,都不断在世界范围内进行探险和扩张,主要是为资本开辟市场,追求资本巨额利润,维护资本家的最大利益。因此,随着资本主义的确立和发展,诞生于 14 世纪的西方风险概念发生了微妙的转变,首先是演变为资本商业活动中的理性算计,即风险是一种破坏或损失的机会或可能,或者说是收益与损失的概率;接着风险逐渐与人的决定和行动后果联系起来,被看作是影响个体和群体应对事件的特殊模式。人类进入工业社会以来,不断发展的科技正在缓和与消解外源性风险对人类的影响。因此,此时的风险主要表现为与工业生产相关的各种事故型风险,如劳动安全事故、工程安全事故、运输安全事故、重大责任事故等。鉴于事故发生的空间、时间和范围界限分明,即总是在一定的地点、一定的时间发生,涉及特定的人群,[②] 从而风险具有可计算性,风险的计算公式为 R(期待值)= H(事件及其后果发生的可能性)× S(损害规模)。因为,自启蒙思想以降,人们高扬民主与科学旗帜,崇尚理性。科学被作为理性工具广泛运用于自然、人和社会,认为世界万物遵循确定规律运作,而这些规律可以通过科学揭示出来,从而破译世界预先存在的、确定的、可预测的运行秩序,从而准确预测未来获得确定性。风险也一样,可以通过科

---

① 参见 Piet Strydom, *Risk, Environment, and Society: Ongoing Dedates, Current Issues, and Future Prospects*, Open University Press, 2002. 75。

② 参见〔德〕乌尔里希·贝克、约翰内斯·威尔姆斯:《自由与资本主义》,路国林译,浙江人民出版社 2001 年版,第 124 页。

学精确测量。风险损失可以通过经济赔偿加以弥补,保险制度就是以该风险计算公式为基础的,对风险损失进行经济赔偿的制度。同时,对风险后果通过提高技术和加强管理予以规避。综合西方古典工业社会风险变迁及用法,其已有比较明确的含义,即风险是可能发生的危险,强调风险是人为的风险,是可认知和可预测的,尽管此时的风险是一个面向未来的可能性范畴,但由于该可能性是能够依靠科学通过理性计算并可以预测而具有确定性,进而具有实在性。

3. 当代[①]风险

这里的当代,就西方而言,是指20世纪中后期以来的时代;就中国而言,是指改革开放尤其是20世纪末以来的时代。在当代,风险及不确定性成为当今社会的特征,"风险面前人人平等"。当代人类所面临的风险,更多源于自己所采用的技术手段和公共决策,是一种内生性的风险,表现为核安全风险、食品安全风险、环境污染风险、生态破坏风险等。这种风险并不是甘愿承受,就如同人类遇到自然灾害一样。但这种风险又是以"个人或机构的决定和行为"为基础的。即这种风险一方面表现为多个个人行为无意识的集聚效应,如空气污染、森林退化、土壤侵蚀等;另一方面表现为风险原因与风险影响范围之间的体系性割裂,如核工业、现代化学及基因技术。[②] 这些风险无时无刻不在我们的生活中,具有实在性;这些风险源于人的决策和行动,人类欲求得自身生存与社会发展,必须要作出一定的决策并付诸行动,风险就存在于人类的决策与行动过程中;风险具有人为性,以日本福岛核爆炸为例,有报道称,此次日本核危机"虽系天灾诱发但纯属人祸"。主要是东京电力公司在明知福岛第一核电站一号反应堆系统老化的情况下,仍然制定超期服役、长期保守运行的方案。超期服役的背后,是东京电力公司28次篡改记录的不良背景;[③]这些风险既包括技术引起的风险,也包括制度造成的风险,主要是技术风险,因为科技带来高效率,同时也深藏着高风险,即风险伴随科技左右;这些风险是否发生、何时何地发生、如何发生以及程度、概率、后果是科学所无法精确测量的,具有不确定性,即风险是对人的生命、经济活动不利状态发生的不确

---

① 这里的当代与现代不是严格历史意义上的划分,仅在社会学意义上使用,基本以贝克提出风险社会为分界线,以前称为现代或现代社会,以后称为当代或后现代或风险社会。另外,德国希尔根多夫教授也这样使用,他指出,政治家、社会学家及哲学家用风险社会这个概念来描述当代社会所具有的特征。参见〔德〕埃里克·希尔根多夫:《德国刑法学:从传统到现代》,江溯等译,北京大学出版社2015年版,第238页。

② 参见〔德〕埃里克·希尔根多夫:《德国刑法学:从传统到现代》,江溯等译,北京大学出版社2015年版,第241页。

③ 参见《日本核泄漏事件盘点虽系天灾诱发但纯属人祸》,载新民网,http://news.xinmin.cn/rollnews/2011/03/17/9798053.html,2011-3-17。

定程度及其结果大小程度；① 同时，风险结果在空间维度上具有全球性，在时间维度上具有延续性；科学理性的局限、风险的不确定性以及价值因素的存在，使得风险还具有建构性，风险总是需要借助想象和主观认知来呈现。科学无法精确计算、预测风险，风险是否发生及其程度、风险结果及影响都具有不确定，而且，科学的不确定性迫使我们在相对无知的情况下作出决策并自行驾驭，就会产生更大的不确定性，进而增加人们的忧虑。

这里简要回顾风险的历史变迁，本书关注的重点是当代风险，下文所谈风险即指当代风险。如前所述，当代风险具有人为性、科技性、实在性、建构性、不确定性等特点，综合起来，风险是人类围绕科技的决策行为所产生的不确定的伴随性结果以及对该可能性结果的判断和认知。

（二）风险分类

1. 前现代社会风险、工业社会风险和风险社会风险

这是从社会转型意义上对风险进行的分类。如果说前现代风险称为古代社会或者前现代社会风险，那么现代风险称为工业社会风险，当代风险可称为后现代社会风险或风险社会风险。这一分类与贝克、克里斯托弗·劳的分类大致相同。其中，克里斯托弗·劳试图将风险分为三种并列的类型：传统风险、工业——福利国家风险及新风险，并认为新风险具有以下几个特征：新风险不受时间、空间及牵连范围的限制；根据现有的因果关系、罪责及责任规则，不能对新风险进行归属；新风险是不能通过保险来分散的。②

2. 自然风险和人为风险

这是根据风险来源的不同所进行的分类。自然风险是来自自然的风险，因自然的不确定性或者固定性而带来的，如地震、洪水、火山、疫病等；人为风险是由于人的决策和行为所产生的风险，如环境污染、核泄漏、全球变暖等。这一分类基本等同于吉登斯的风险分类，吉登斯将风险分为外部风险和人造风险。③

3. 个体风险和系统风险

这是以风险的波及范围为标准进行的分类，前者主要影响个别人、家庭或者企业，后者则可以波及某个地方社会，全社会某个层面，整个国家甚至于全

---

① 参见［日］黑川哲志：《环境行政的法理与方法》，肖军译，中国法制出版社2008年版，第73页。

② 参见［德］埃里克·希尔根多夫：《德国刑法学：从传统到现代》，江溯等译，北京大学出版社2015年版，第240～241页。

③ 参见［英］安东尼·吉登斯、克里斯多弗·皮尔森：《现代性》，尹宏毅译，新华出版社2001年版，第194～195页。

球社会。根据风险的涉及时间或者风险的酝酿时间长短，系统风险又可以分为短期的或者阶段性风险和长期的或者结构性风险。①

这里主要从逻辑体系考量，对历史变迁中的风险进行简单分类。一般来说，第一种分类中的风险社会风险、第二种分类中的人为风险、第三种分类中的系统风险具备当代风险之特征，可纳入本书关注的当代风险之列。

二、风险社会

德国学者贝克1986年首次提出"风险社会"概念，用以描述当代社会所具有的特征。在贝克看来，风险社会是一种崭新的宏观社会学类型，是一种全新的社会结构，"在这个时代人类要应对的是取决于人类决定的、工业性地自我毁灭地球上所有生命可能性的挑战"，风险社会是"进步的负面因素制造了越来越多社会冲突的时代"。② 因为，20世纪中后期以来，人类社会发生了巨大变化，"危险和潜在的危险达到了一个我们前所未知的程度"，有可能使"这个行星上所有的生命形式处于危险之中"。社会学家贝克、吉登斯、拉什等从风险角度对当代社会巨变展开宏观分析，形成了风险社会理论，即从风险整体转型视角审视当代社会重大变迁的观点和看法的统称。根据社会学家的论述，风险社会既不是历史分期意义上的，也不是某个国家和社会发展的必经阶段，而是对当今人类所处时代特征的描绘。③ 即风险与不确定性成为当今人类所处时代的核心主题和核心特征，而且人为风险超过自然风险成为风险结构的主导内容。本书所使用的风险社会与社会学上的风险社会基本相同，是对当今时代特征的描述，特指人类在工业社会中从事科技活动产生的人为风险超过自然风险成为影响其生活乃至生存与发展的主要或主导因素的社会，人为风险与不确定性是风险社会的核心特征。自反性现代化使西方由工业社会转向风险社会，我国的现代化既包括从传统社会到现代社会或工业社会的转向，又同时包括从现代社会或工业社会到风险社会的转向，因此，我国已经部分地而不是全面地进入风险社会。

（一）西方风险社会

西方较早走出前现代社会，经历工业革命而步入工业社会。贝克形象地指

---

① 参见郑永年、黄彦杰：《风险时代的中国社会》，载共识网，http://www.21ccom.net/articles/zgyj/gqmq/article_2012103069961.html，2012-10-30。
② [德] 埃里克·希尔根多夫：《德国刑法学：从传统到现代》，江溯等译，北京大学出版社2015年版，第239~240页。
③ 参见杨雪冬：《风险社会理论述评》，载《国家行政学院学报》2005年第1期。

出:"阶级社会的驱动力可以概括为:我饿!"① 因此,在工业社会,思考的是利用自然或者将人类从传统束缚中解放出来,关心的是社会生产的财富如何通过不平等而又合法的方式分配。科学、民主、进步成为普遍接受的观念和制度,财富和确定性成为工业社会的核心和时代特征。尽管科学技术的不断发展带来了社会经济的飞速发展,给人类带来福祉,然而,人们正"生活在文明的火山上",面临环境污染、能源耗竭、核武器和生化武器威胁等各种现代化风险。现代化风险不仅客观存在,而且蕴含着产生巨大自我威胁、自我毁灭的可能性。贝克提出的"风险社会"概念,随即得到切尔诺贝利核泄漏事件等历史事件印证。可见,风险社会是对当今时代特征的客观描述,风险和不确定性成为社会的重心和时代特征。

那么,风险社会何以产生,或者说如何由工业社会向风险社会转型,其生成逻辑是什么?从外因看,有其客观生成的基础和前提:一是民主化、市场化、城市化、社会化等制度和环境;二是理性计算、强烈风险感知等心理条件。从内因看,风险社会的生成根源在于高度现代化与高度风险性之间的现代性的二歧矛盾。② 因此,理解风险社会的出路和钥匙在于现代性。自反性现代化或自反性现代性是指"创制性地(自我)毁灭整整一个时代——工业社会时代——的可能性"。③ 自反现代化是对工业社会的现代化,如同简单或者古典或正统现代化对前工业社会的现代化一样。"正如现代化在19世纪消解了传统的、等级制的农业社会,并形成了工业社会的基本架构一样,如今,现代化则正在消解工业社会的结构并在现代化的进程中形成了一种全新的社会结构"④,即风险社会是作为对工业社会的历史反拨而出现的。贝克正是从自反性现代化出发,揭示从工业社会到风险社会的发生机理:"现代性正从古典工业社会的轮廓中脱颖而出,正形成一种崭新的形式——(工业的)'风险社会'""工业社会退出历史舞台,它是经由副作用的后楼梯而退出的。"可见,现代性及其自反是风险社会的内在生成动力。现代性意味着构建未来、理性可控和进步,科学技术是建构现代性社会的重要工具和基础。但是,在现代化进程中,生产力的指数式增长,使危险和潜在威胁的释放达到了一个我们前所未

---

① [德]乌尔里希·贝克:《风险社会》,何博闻译,译林出版社2004年版,第57页。
② 参见刘岩:《风险社会理论新探》,中国社会科学出版社2008年版,第61~64页。
③ 参见[德]乌尔里希·贝克、[英]安东尼·吉登斯、[英]斯科特·拉什:《自反性现代化》,赵文书译,商务印书馆2001年版,第5页。
④ [德]埃里克·希尔根多夫:《德国刑法学:从传统到现代》,江溯等译,北京大学出版社2015年版,第239页。

知的程度。① 因为，科学理性具有局限性，随着科学技术和认知的发展，科学成为问题的成因，风险的质变和量变都与科技有关，由此科学祛魅；认知越多，带来了更多的未知和不确定，由此无知爆发。现代性基础受到侵蚀和削弱，现代化进程偏离了原来的目标，走向了它的反面。也就是说，在工业社会，简单现代化使科学获得突破性发展，人的理性能力被抬至空前高度，社会从技术—经济进步的力量中增加了巨大财富。对于技术、经济等领域现代化所包含的及所带来的各种风险，在理性工具主义支配下，人类作出了继续发展科技和经济的决策，将风险合法化为"潜在的副作用"，予以接受和承担，从而未进入社会主题。但是，从技术—经济进步中增加的财富日益为风险所生产的阴影所笼罩，风险暗中积累并产生威胁，逐渐成为经济、政治、社会与个人的关注重心和议题，无法再在幕后扮演"潜在的副作用"，而是走向前台，并占据舞台中心。即简单现代化使人类从自然风险中解放出来的同时，又自我制造了另一种更具毁灭性的风险，为了应对这种更高级的风险，又会制造出新的进一步的风险。正是在这种不断的循环中，风险变得越来越普遍。当这些由现代化自身引致的现代化风险逐渐充斥生活，不断带给人们不安全感时，便不知不觉地进入了风险社会。从而，现代化的风险及不确定性对工业社会的根基产生异议并将其瓦解，即风险及不确定性取代财富及确定性，成为社会的主题和时代的特征。

（二）中国风险社会

贝克描述的风险社会是站在西方中心主义的立场甚至完全置于西方社会场景的，故而在其提出风险社会时，没有考虑并提及中国。那么，西方风险社会的生成逻辑对中国同样适用吗？答案是否定的。与西方以风险生产逻辑演进的经由工业社会向风险社会转变的线性过程不同，中国的风险社会是以财富生产和风险生产的共同逻辑驱动即工业社会构建和风险社会生成在同一过程中进行。具体来说，尽管我国现代化进程始于19世纪中叶，但真正的工业化、现代化是由我国改革开放所开启的。不同于西方发达工业社会的发展阶段和处境，作为一个后发现代化国家，我国既要完成从前现代社会向现代社会的转型，同时又要应对从现代社会向风险社会转变的各种问题。对于前者，表现为社会主义初级阶段对半殖民地半封建社会的现代化。而且，这一现代化是一项未竟事业，因为某些地方还有某种程度的前现代社会痕迹。虽然我国整体上尚未完成由传统社会到现代社会的简单或正统的现代化，但已经出现了风险社会

---

① 参见 [德] 乌尔里希·贝克：《风险社会》，何博闻译，译林出版社2004年版，第15页。

的现实面。因为,在以经济建设为中心,发展就是硬道理的思想指导下,随着20世纪90年代中后期以来科技—经济加速前进、迅猛发展,科技的副作用在某种程度上被视为当然或者漠视,甚至被掩盖或压抑。这种状况被近年来日益凸显的真实风险所揭示和展示,暴露了中国社会的风险社会面向。西方发达国家在几百年工业化过程中分期产生、逐步应对的风险问题,在中国社会仅二三十年就集中呈现出来,历时性风险和共时性风险同在,前现代社会风险、现代社会风险和风险社会风险并存,内生风险和外来风险交织。这里的内生风险主要是因为社会发展与转型带来的各种制度性风险和技术性风险,外来风险主要是由于全球化导致原本限于一国或一个地区的风险随之扩散到更多的国家与地区。尽管我国面临复杂多样的社会风险形态,但风险社会面的特征日渐凸显,表现在中国人生存方式的改变,以前人们的日常生活节奏如生老病死、婚丧嫁娶都是固定的,日常行为是可预期的,但现在生死、工作、婚姻、吃住等问题都成为很多人的日常担心、忧虑、恐惧,即成为生活的"未知数",人们越发感到风险,无论是个人风险还是社会风险。中国已步入风险社会,只是这种风险社会是局部的而非全面的。虽然贝克出版《风险社会》时,或许没想到东方的中国即将形成风险社会。但中国社会的巨大变迁已引起其关注,贝克指出,当代中国正步入风险社会甚至是高风险社会,[①]"压缩的现代化"是中国风险社会与西方的一大区别,它加强了风险生产,但却未给风险的制度化预期和管理预留时间。[②] 贝克对中国风险社会及其复杂风险形态的分析高屋建瓴,极富启发性、共鸣性。

第二节 风险刑法

风险社会这一概念的巨大影响力超出了社会学领域。"'风险社会'这个词火了,政治家、社会学家及哲学家用这个概念来描述当代社会所具有的特征。那么,在法学领域广泛使用这个概念,也就没有什么稀奇的了。"最早尝试将贝克关于风险社会的思考用于法学领域的是赖纳·沃尔夫,他的出发点是,现代科技所带来的风险,要求在这些领域进行法律干预控制的呼声越来越高。格特布吕格迈尔将风险社会这个概念引入民法领域,用来解释环境责任

[①] 参见薛晓源、刘国良:《全球风险世界:现在与未来》,载《马克思主义与现实》2005年第1期。
[②] 参见[德]乌尔里希·贝克:《风险社会与中国》,邓正来、沈国麟译,载《社会学研究》2010年第5期。

法。那么,风险社会在刑法领域能否运用呢?"刑法是一种适当的而且——鉴于环境污染、核能设施及产品缺陷所产生的危险——也是必要的预防新风险的手段。在这个意义上,的确可以认为存在'风险社会的刑法'。"[①] 例证就是,风险社会成为促进包括环境犯罪在内的德国经济刑法发展的一大动力,印证风险社会的切尔诺贝利核事件以及巴塞尔化工厂事件对环境影响极大,最终促成1994年环境刑法的实质性改革。[②]

风险及风险社会对刑法变动和调整具有前提和基础意义。因为,刑法是一种以社会为基础的社会治理措施,必须回应社会的需求。因此,面对风险社会,即使以社会安全最后保障自居的刑法也应当反思,积极回应,"人们在这个领域内,肯定无法完全放弃刑法的干涉"。[③] 风险社会是现代性的更高阶段,即自反性现代性阶段,因此,风险社会为我们提供了一个对传统刑法进行反思的机会。因为传统刑法是以具有可控性和确定性特征的古典工业社会为基础的,其同样追求可控性和确定性,而风险社会走向了工业社会的反面,即风险呈现出前所未有的不可控性和不确定性。从而基于对概念和原则的演绎以及对工业社会生活经验的归纳所建立的传统刑法,在风险社会下,面对公众防控风险、保障安全的诉求,就暴露出其不足和缺陷,难以有效应对。由此,以不确定性为核心特征的风险社会与以确定性为基础的传统法律秩序之间产生了内在紧张关系。为此,必须在风险社会的逻辑支配下,建立一种新的刑法规范体系和一种新的刑法理论体系。这正是,风险社会呼唤并促成了风险刑法之诞生。这里的风险刑法应包括风险刑法规范和风险刑法理论,就前者而言,是与传统刑法规范相对应的刑法规范类型,是在传统刑法规范之外应对风险社会之风险挑战的某类刑法规范的总称;对于后者,是与传统刑法理论相对应的刑法理论范式,是在传统刑法理论之外以控制和防范风险为中心的刑法理论范式。

一、风险刑法现象

20世纪80年代以后,各国刑事立法表现出明显的活性化趋势,或者重新制定刑法典,或者频繁修改刑法典,或者出台大量单行刑法、附属刑法。就内

[①] 参见[德]埃里克·希尔根多夫:《德国刑法学:从传统到现代》,江溯等译,北京大学出版社2015年版,第238页、第242~244页。

[②] 参见 Marc Engelhart, "Development and Status of Economic Criminal Law in Germany," German Law Journal, 2014, 15, (4): 695-697.

[③] [德]克劳斯·罗克辛:《德国刑法学总论》(第1卷),王世洲译,法律出版社2005年版,第19页。

容而言，主要表现为：刑法保护早期化，或称为处罚早期化，①即大量增加危险犯、未遂犯、预备犯的处罚规定，逐渐使其由例外处罚类型变为常态类型；犯罪化，尤其是新型犯罪入罪化；处罚重刑化。在德国，刑法正经历着犯罪性质的转变，古典刑法特别强调侵害犯，犯罪分子必须给特定的利益造成某种程度的实际损害；风险社会的刑法中，危险犯处于中心地位。②这不仅表现在具体危险犯上，也表现在抽象危险犯上。由于不可能或很难证明被保护的法益损害，立法者越来越倚重抽象危险犯，主要体现在环境刑法、经济刑法和计算机刑法等。在日本，扩大适用抽象危险犯，处罚预备犯都是刑事立法活性化表现。2003年撬锁等防治法规定禁止持有特殊开锁用具，是把入室盗窃的预备或预备的前阶段行为或帮助行为加以独立并进行可罚化的犯罪。

在我国大陆，刑事修法频繁，刑法保护范围不断扩张、刑法介入时间不断提前。以食品药品犯罪为例，在犯罪行为样态上，经历了由结果犯到危险犯再到行为犯的发展历程。具体来说，1997年刑法修订之前为结果犯；1997年增加危险犯，即将生产、销售不符合卫生标准的食品罪修改为危险犯；2011年增加行为犯，即把生产、销售假药罪修改成行为犯。复以环境犯罪为例，通过《刑法修正案（八）》的重大修改，环境污染犯罪的不再以造成人员伤亡或财产损失为构成要件，代之以"严重污染环境"，从而降低了入罪门槛，使刑法得以提前介入和大范围介入环境污染案件。

在我国台湾地区，为了稳定风险社会的疑虑与不安，以预备犯与抽象危险犯为利器，不断提前刑事处罚界线。以资讯犯罪为例，为求得资讯风险的有效及时控制，"刑法"第358条规定入侵电脑或其相关设备罪，该条实际上是进行第359条变更电磁记录犯罪的准备活动，因此为实质预备犯，同时因该罪不要求损害结果，同时又属于抽象危险犯；第362条制作犯罪电脑程式罪被普遍认为属于实质预备犯，又因该条涵盖范围包括制作供实行第358条犯罪之电脑程式，那么，该条就是预备犯之预备犯。此外，经修改于2012年实施的"个人资料保护法"第41条和第42条以"足以损害于他人"为要件，从而使行为样态由实害犯转为抽象危险犯，这当然也是刑罚权前置的形态，扩张了处罚范围。③显然，这些刑事立法都使得处罚界线进一步被提前。

国内外三十几年来的刑事立法表明，借助危险犯尤其是抽象危险犯、预备犯、行为犯等犯罪形态或立法技术，刑法介入时间得以提前、介入空间得以扩

---

① 参见陈家林：《外国刑法：基础理论与研究动向》，华中科技大学出版社2013年版，第13页。
② 参见张晶：《风险刑法：以预防机能为视角的展开》，中国法制出版社2012年版，第34页。
③ 参见徐育安：《资讯风险与刑事立法》，载《台北大学法学论丛》2014年第91期。

大,呈现出鲜明的预防特征。"这种具备预防特征的刑事立法可以概括为'风险刑法'。"① 这些刑事立法不是空穴来风,是因应社会发展的必然。刑法发展史表明,刑法的每一次扩张都与社会发展密切相关。刑法最初只处罚实害犯,随着工业社会产生很多危险,危险对法益的威胁以及法益保护的必要性成就了刑罚提前介入的合理性和正当性,刑法进而处罚危险犯尤其是抽象危险犯。随着经济—科技的迅猛发展,风险无处不在无时不有,出现了由工业社会到风险社会的社会转向或转型,鉴于风险对法益存在潜在的威胁,一旦实现后果极其严重且影响深远,刑法介入的时间需要继续前移,介入的范围需要继续扩大。为此,风险社会中的刑法必须与传统刑法进行激烈交锋,不仅要找到其存在的价值和意义,而且要在原有的基础上得以发展和升华,这就是风险社会下的刑法即风险刑法。上述刑事立法可以视为是对风险刑法的描述,换句话说,伴随风险社会的到来,刑事立法出现风险刑法现象。如何解释刑法的这些新发展,找出其自身的处罚基础?这就是风险刑法理论。

二、风险刑法理论

(一)理论流变

20世纪70年代,德国刑法学者已经对风险刑法、危险刑法进行研究,目前德国风险刑法理论研究初见规模,同时对传统刑法理论形成强有力的挑战。针对风险的防范是否必须动用刑法展开激烈讨论,并形成学派式论争态势。以雅科布斯为代表的功能规范主义学派主张通过强化公民的规范意识、保障规范的有效适用,实现刑法预防风险的功能,并依此论证风险刑法存在的必然与必要;以哈塞默尔为代表的法兰克福学派坚守核心刑法领域,主张不必动用刑法,而采用干预法的形式完成防范危险的任务;以罗克辛为代表的折中派承认风险刑法存在的必要,同时主张对刑法早期干预形式采取有效地限制,防止过度地干预公民自由。② 贝克所描述的风险(Risiko)、风险社会(Risikogesellschaft)在日本被翻译为"危险""危险社会",危险和风险不加明确区分,混同使用。③ 或许是翻译原因所致,日本刑法学界对风险刑法问题的争论似乎表现得相当平静。

---

① 郝艳兵:《风险刑法:以危险犯为中心的展开》,中国政法大学出版社2012年版,第167页。
② 参见张晶:《风险刑法:以预防机能为视角的展开》,中国法制出版社2012年版,第41~42页。
③ 虽然有使用风险的情况,但同时又指出,德国有独特的风险用语,使用德国式用法会带来讨论混乱。参见[日]黑川哲志:《环境行政的法理与方法》,肖军译,中国法制出版社2008年版,第73~74页。

我国则不然，风险刑法成为近年来的理论热点。我国学术界最早接触到的风险刑法理论是 2005 年金德霍伊泽尔的《安全刑法：风险社会的刑法危险》一文，当时学界反应平淡。2007 年劳东燕的《公共政策与风险社会的刑法》一文，揭开了刑法学者研究风险刑法的序幕。从 2009 年到 2011 年，风险刑法研究瞬间骤热甚至达到白热化，而且至今热度不减，研究继续推进并不断深化。① 风险刑法研究主要分为三个方面：一是对一般理论研究，围绕风险、风险社会、风险刑法、风险刑法的风险等基本问题开展研究；二是对个别问题进行研究，包括刑法机能、过失犯、抽象危险犯、因果关系理论、严格责任、刑事立法等；三是对具体领域的研究，包括对经济刑法、环境刑法、产品责任、危险驾驶等领域。特别值得注意的是，2011 年众多刑法名家集中纷纷就风险刑法发声，并且，刑法理论界已开始对风险刑法进行反思，强烈的自省意识反映出刑法学自身发展的成熟。整体而言，我国风险刑法基本呈现了与德国刑法学界一样的多元立场：以劳东燕教授为代表②对风险刑法持肯定态度（肯定说），以于志刚教授为代表③对风险刑法持否定态度（否定说），以齐文远教授为代表④对风险刑法持折中态度（折中说）。

否定说论者批驳矛头涉及风险、风险社会的理论阐述、风险刑法与传统刑法的关系等。肯定说对这些问题都有阐述，通过与传统刑法的区分和自我限定，为其存在的正当性辩争。当然，这种正当性证明只是一定程度的，表现在对否定说指出的这些问题理论说明不够深入，缺乏一般理论的系统归纳，整体上未呈现风险刑法的真正全貌；专门问题和具体领域与风险刑法结合不紧密，未真正体现风险刑法的要求，难免落入传统刑法之窠臼。因此，否定说有助于肯定说的调整和完善。折中说论者既有革新，又有坚持：承认风险社会之面向，肯定风险刑法的必要性，同时要求风险刑法坚持传统刑法理念及原则，并化解自身风险。前者补强了肯定说的风险刑法正当性证明，后者为肯定说预设了法治底线，均有助于肯定说的丰富和发展。本书对风险刑法持肯定立场。

---

① 中国知网风险刑法文献数量可以表明这一点。2007 年只有 1 篇，2008 年 2 篇，2009 年和 2010 年数量分别达到 16 篇和 13 篇，2011 年则飙升至 44 篇，2012—2014 年每年都保持在 40 篇以上，分别为 43 篇、47 篇、41 篇，截至 2015 年 8 月 31 日，2015 年已有 25 篇。

② 持肯定立场的还包括陈晓明、赵书鸿、王立志、姜涛、程岩、张晶、郝艳兵、焦旭鹏等学者。详见参考文献。

③ 持否定立场的还包括张明楷、刘艳红、孙万怀、陈兴良等学者，详见参考文献。值得注意的是，陈兴良教授 2011 年对风险刑法持折中态度。

④ 齐文远、马克昌、刘明祥等学者持折中立场，详见参考文献。

（二）理论内涵

风险刑法理论内涵是指前述风险刑法一般理论的归纳概括。

1. 风险刑法的语境

风险刑法以风险社会为语境，风险社会为刑法理论思考提供了宏大的叙事背景和广阔的学术视野。1986 年贝克以其旷世名作《风险社会》宣告风险社会的到来。遗憾的是，在《风险社会》一书中，贝克甚至没有提到中国。他大概没有想到世界上规模最大的风险社会即将在东方的中国形成。改革开放重启的现代化进程，使我国社会急剧转型，中国正处于前所未有的社会转型期。整体上，我国是从传统社会转向现代社会，但与其相伴的还包括从现代社会到风险社会的转型。中国同样步入了风险社会，只是这种风险社会不是全面的而是局部的。短短二三十年间，中国已从一个对风险没有概念的社会变成一个风险四伏的风险社会。面对风险社会，我们已经无路可逃，"风险社会不是一种可以选择或拒绝的选择。它产生于不考虑其后果的自发性现代化的势不可挡的运动中"。① 既然已经失去选择的权利，唯有坦然应对。刑法必须应对风险社会，风险刑法正是以风险社会为基础和背景展开的，风险社会构成风险刑法存在的客观根据和活动场域。

2. 风险刑法的重心

风险刑法的规制对象是风险，或者说风险刑法的重心是风险。风险成为塑造刑法规范和刑法理论的重要工具。这一点从风险刑法的论争即可看出，无论是风险刑法肯定者还是否定者，抑或折中者都运用大量篇幅探讨风险。这源于风险是风险社会的重心和表征。风险是刑法的规制对象，刑法是规制风险的手段。本来，行为是刑法的逻辑起点，刑法规制的是行为，那么，风险何以成为刑法的规制对象？因为，风险社会的风险具有人为性，是人的行为和决策造成的。也就是说，人的决策和行为是风险产生的基础和原因。"当我们能够把人的决策及相应的行为视为风险诱因体系的变量之一时，就为风险法律规范提供了制度化理据——而在此意义上的人的决策与相应行为又往往早已大量发生或完全可以预计到其将要发生。"② "虽然新风险的实现与自然灾害相似，但终究是以人的决定为基础的，这种风险因此原则上是可控的。"③ 因此，风险刑法

---

① ［荷］沃特·阿赫特贝格：《民主、正义与风险社会：生态民主政治的形态与意义》，周战超译，载《马克思主义与现实》2003 年第 3 期。
② 焦旭鹏：《风险刑法的基本立场》，法律出版社 2014 年版，第 283 页。
③ ［德］埃里克·希尔根多夫：《德国刑法学：从传统到现代》，江溯等译，北京大学出版社 2015 年版，第 242 页。

规制的风险首先是人诱发、创设的风险以及导致或实现的风险。其次，风险刑法规制的风险是规范的风险。风险要成为刑法规制对象，必须经由法律赋予其规范的质和量。毕竟，刑法不可能处理一切风险。因而，风险刑法处理的风险是一种规范化的风险，不同于日常生活意义上的风险。用法律的标准去合理地界定风险赋予风险规范性意涵、合理地分配风险从而确定法所容许的风险以及法所不容许的风险，进而借助合法与非法二元符码提供清晰而稳定的可罚性界限，对于逾越法规范界定的风险界限的风险制造者、风险实现者进行否定性评价并归责。通过风险的规范化，强化民众规范意识。风险刑法规制风险，途径在于定义风险、控制风险的生产、分配风险等。

3. 风险刑法的价值

风险刑法的价值取向或价值追求是安全。根据马斯洛的需求层次理论，安全与生理、尊重、自我实现一样，都是人的基本需求，而且安全属于低级别的需求，是缺乏性需求。因此，无论在何种历史阶段，安全始终是法律价值体系中不可缺少的重要方面，即安全需要的满足是法律追求的重要价值。风险社会到来意味着，风险意识将引发安全需求。安全价值是霍布斯构建的法律体系中压倒一切的价值，被边沁视为法律所欲达致的四个目标中的最基本目标，是被庞德从个人利益和公共利益中提取出来成为最高层次的社会利益的重要组成部分。[①] 事实上，许多法律都直接或者间接服务于保障安全的需要。从法治进程看，随着社会发展和转型，安全观念的认知大体经历了交易安全、社会安全和生态安全的历史演变。虽然不同部门法视域下安全价值取向有所侧重，但作为保障法的刑法，具有保护社会的机能，是保护各种安全包括交易安全、国家安全、社会安全、生态安全等的利器。风险社会的到来，加剧了人们的不安感。随着社会生活的高科技化、复杂化，个人行为所具有的潜在风险飞跃性增大，不知道下一个瞬间会发生什么，个人只有被迫越来越多地自行决策并直接应对风险。不断发生的危及人类安全的各种风险及不确定性使得人们没有安全感或者安全感降低。对此，贝克形象地指出"风险社会的驱动力则可以表达为：我怕！焦虑的共同性代替了需求的共同性"。[②] 由于风险社会的特点是客观存在风险，以及人们主观上认知这些风险，并且有着与客观安全形势不符的恐

[①] 参见杨心宇：《法理学研究：基础与前沿》，复旦大学出版社2002年版，第34页。但是，在我国，将安全作为法律的价值的法理学论著较少。即使有关刑法价值的论著，也基本没有将安全作为刑法的价值，陈兴良教授的刑法哲学研究造诣深厚，他认为刑法追求的价值目标包括公正、谦抑和人道，学者张小虎认为刑法的价值核心在于公正，学者康均心认为刑法的基本价值形式包括秩序、自由和正义。将安全作为刑法的价值主要出现在风险刑法研究中。

[②] [德] 乌尔里希·贝克：《风险社会》，何博闻译，译林出版社2004年版，第57页。

惧，致使公民对于安全有更高的诉求。① 从而，风险成为风险社会中安全欲求与不安增强的原因的焦点所在，由风险产生的不安全感和安全欲求成为风险社会与风险刑法的链接点。刑法作为一种重要社会治理工具，理应尽力控制风险，维护社会稳定，促使刑法价值重心发生转变，即由对自由的关注转变为对安全的重视，保障安全是风险刑法的核心思想，安全成为风险刑法的价值追求。适应风险社会需要的新的刑法范式即风险刑法必须应运而生，这一刑法范式主要是从社会安全的角度出发。② 而且，风险社会现实决定了安全或者安全价值在风险社会中较之以往需要得到更多关注和体现。

4. 风险刑法的目的

风险刑法的目的是积极一般预防。在整个刑法体系中，刑法目的或刑罚目的居于核心地位，刑罚目的是整个刑罚制度的正当化理由和存在根据，贯穿整个刑事法律运行全过程。当今社会已经不再是传统的常态社会，风险与日俱增，危机四伏，风险一旦成为现实便会产生极大的破坏力，其破坏性、毁灭性后果将可能是社会无法承受之痛。风险的不确定性及后果的灾难性强化了民众的预防需求，刑法的功能重心由事后报应转变为事先预防。即风险意识的兴起及风险社会的转变，促使预防机制持续延伸，直到社会的不安感降低乃至平息为止。以刑法为手段向未来防卫应是社会发展的必然趋势，风险刑法应实行严格的预防导向，视为向未来防卫的刑法。③ 风险成为当代社会的基本特征后，刑法逐渐蜕变成一项规制性的管理事务。刑法作为风险控制机制组成部分，主要是为控制风险而不是为报应谴责，是进行威慑而不是惩罚，从而，威慑成为动刑的首要理由。④ 风险社会的公民对安全的期待和诉求，体现在刑事政策上，导致刑法范式的转换："刑法的镇压性功能不断地向预防性功能发生转变。"⑤ 彼得-阿列克西·阿尔布雷希特教授亦指出，"在从19世纪的自由法治国向20世纪的社会福利国家过渡的过程中，刑法的基本思想也从事后的镇压控制转向了事前的预防控制模式"。⑥ 这便是风险社会的发展对刑法产生的后果。风险刑法不仅以预防为核心，而且从消极一般预防转为积极一般预防。

---

① 参见［德］乌尔里希·齐白：《全球风险社会与信息社会中的刑法》，周遵友等译，中国法制出版社2012年版，第198页。
② 参见陈晓明：《风险社会之刑法应对》，载《法学研究》2009年第6期。
③ 参见陈晓明：《风险社会之刑法应对》，载《法学研究》2009年第6期。
④ 参见劳东燕：《公共政策与风险社会的刑法》，载《中国社会科学》2007年第3期。
⑤ ［德］乌尔里希·齐白：《全球风险社会与信息社会中的刑法》，周遵友等译，中国法制出版社2012年版，作者自序第4页。
⑥ ［德］埃里克·希尔根多夫：《德国刑法学：从传统到现代》，江溯等译，北京大学出版社2015年版，第245页。

在现实中，绝大多数人没有实施犯罪的想法，反而具有守法的意识。通过对违法行为的否定评价适用刑罚传递这样的信息：触犯规范是错误的选择，坚持遵守规范是正确的选择。适用刑罚的意义不在于让人犯罪，而是为了向民众强化规范的有效性及守法意识。因此，刑罚是使民众自愿遵守规范的动机来源，这与积极一般预防不谋而合。积极一般预防针对一般民众，运用将要适用的刑罚警告人们，不要实施那些法律不允许实施的行为，积极训练民众对规范的信赖和忠诚，从而使规范被遵守，保持安定的效应。积极一般预防的实质内容在于通过获得、加强或维持公众对法秩序的理解、信赖，来维持民众对规范有效性的认同，并以此防止法秩序遭受侵犯。具体来说，积极一般预防通过规范认同训练达成：训练规范信赖、训练法忠诚感、包容违规行为后果的训练；[1] 其具有三种功能：刑罚具有以社会教育为动机的学习效应，刑罚实践可以维持公民对遵守法规范的信赖感，刑罚实践使法规范被破坏引起的不安以及因犯罪造成的冲突得以平复。[2] 因此，积极一般预防的主旨是通过指导公众的行为，确立公众对于规范的认同、尊重进而预防犯罪。[3] 可见，风险刑法以积极一般预防为目的，有利于树立和强化民众对刑法规范的认同感、信赖感和忠诚感。通过积极一般预防来塑造民众的风险意识和行为模式，达到刑法规制风险的目的。在风险社会下，强调积极一般预防不仅符合民众追求安全与安宁的心态，也能够最大限度地保障社会及其成员的安全。因此，与风险刑法的价值取向一致的积极一般预防成为刑事政策不可替代的指导性原则，成为风险刑法目的。由于风险刑法更加强调预防特别是积极的一般预防，被称为"刑罚的积极主义"。[4] 借助积极一般预防，"刑法的正当化根据有望走出不太切实际的改善刑理念、生硬的报应观念以及多少有些青面獠牙的威慑理论，靠近训练法忠诚、信赖效果以及安抚效果等闪耀人性光辉的概念"。[5] 与积极一般预防目的紧密相关的是罪责功能化。罪责功能化是指，行为人对其行为负责是出于防卫社会安全的需要，有必要预防风险。如果没有预防风险之必要，就可能没有罪责。从而，风险刑法将罪责的意涵从非难可能性即应罚性转换为预防必要性即需罚性，即

---

[1] 转引自陈金林：《积极一般预防理论研究》，武汉大学出版社2013年版，第96~97页。
[2] 转引自王皇玉：《论刑罚的报应与预防作用》，载苏俊雄教授七轶华诞祝寿论文集编辑委员会：《自由、责任、法：苏俊雄教授七轶华诞祝寿论文集》，元照出版有限公司2005年版，第182页。
[3] 参见周光权：《行为无价值论与积极一般预防》，载《南京师大学报》（社会科学版）2015年第1期。
[4] 井田良语。转引自吕英杰：《风险刑法下的法益保护》，载《吉林大学社会科学学报》2013年第4期。
[5] 陈金林：《积极一般预防理论研究》，武汉大学出版社2013年版，第1页。

基于刑事政策的考量，风险刑法将刑法体系的判断基准予以置换，实现罪责功能化。

5. 风险刑法的立场

风险刑法的立场是行为无价值。基于安全价值追求，风险预防成为必要，刑法需要提前介入。刑法提前介入体现了刑法基本立场的调整，即从强调结果不法的结果无价值转向强调行为不法的行为无价值。由于隐藏在行为无价值论背后的是规范违反说，因此，积极的一般预防论与其具有天然的联系。积极的一般预防与行为无价值是一致的：行为无价值主张积极的一般预防，积极的一般预防也要求行为无价值，从而使犯罪论与刑罚论相互照应，也使刑法理论浑然一体，二者共同地构筑了风险刑法的理论基础。在德日刑法中，分析行为的违法性时，存在两种不同的理念和研究方法：结果无价值论和行为无价值论。行为无价值论认为，刑法是维持社会伦理秩序的手段，犯罪的本质就是对这种伦理规范的违反，行为是否违法，只能综合行为当时的各种情况，尤其是行为人的主观心态，而且从一般人的立场加以判断。鉴于行为无价值理论具有合理性，中国刑法学应当以（二元的）行为无价值论而非结果无价值论为核心来建构。① 这对于风险刑法同样适用。因为在风险社会，各种技术手段的日益复杂，所带来的新型风险对法益的侵害往往难以觉察，有些损害甚至要经过一定的时间积累才能表现出来，所造成的危害后果也比以往更为严重。因此，不能等待损害结果出现，风险刑法立足行为无价值判断，以刑事制裁震慑带有社会风险的行为。② 刑法着眼于规范的违反而不是法益侵害，行为无价值代替结果无价值成为认定与处罚标准。可见，刑法的提前介入，使得刑法评价或者非难的对象从行为的结果转为行为本身，行为本身被加以无价值判断。行为不法不注重行为是否实际产生实害或危险的结果，其不法的内涵在于行为人实施行为时客观上抵触法规范、主观上表现出对法的反对动机和意识。行为无价值表明，在风险社会下，行为方式本身即是可罚的，尽管该行为没有造成实害，只要制造了客观风险就已足。即不要求任何实害结果，只要求行为人的特定风险行为。这里的特定行为是规范化的典型风险行为，即制造法所不容许的风险的行为。其实，刑法的提前介入，足以彰显现代刑法容忍度已经全面降低。至于风险刑法，应当基于科学判断与生活经验，以社会相当性为依据，将一些具有高度风险的典型行为犯罪化，从而形成行为无价值的判定标准，即不需要出现

---

① 参见周光权：《违法性判断的基准与行为无价值论：兼论当代中国刑法学的立场问题》，载《中国社会科学》2008年第4期。

② 转引自林东茂：《危险犯与经济刑法》，五南图书出版公司1996年版，第15页。

具体的法益侵害或者威胁，只要行为造成法秩序所禁止的不可容忍的风险，就应该被认定为犯罪并加以处罚。在风险社会下，行为无价值论就是通过确立风险刑法来达到遵守已有和新生规范的目的。与违法性判断有关的问题，简而言之，是单纯对造成损害的行为进行惩罚，还是让国民养成规范意识注重防止损害再次发生？答案是后者，因为违法性的核心是对行为是否违反规范加以判断。这就是与风险刑法的立场即行为无价值紧密相连的规范主义。刑法规范主义在于通过规范塑造人的行为，保持人们对法规范的忠诚。刑法一般以禁止或命令的方式来对民众行为加以规范，为人们的行为划定一个界限，逾越这个界限则必须承担相应的后果，以此对民众的行为起规范和指导作用。这在风险社会同样适用。风险社会下，人们正在不断地制造风险，刑法不能再对各类巨大风险坐视不理，刑法成为一种控制风险的社会规范。风险刑法正是通过规范将风险标示出来，以法规范界定容许风险与不容许风险的界限，并对逾越此一界限的风险制造者或者实现者，予以非难。总之，风险刑法的行为无价值立场意在强势地贯彻刑法规范的行为指导功能和规制机能。通过刑法规范的宣示和引导，使社会大众形成新的规范意识，在社会生产生活中保持高度警惕并采取适当的防范措施，避免风险的发生，从而维护社会安全，形成新的社会伦理秩序。

6. 风险刑法的载体

风险刑法的载体或者说典型范式是风险犯。[①] 基于安全需求，预防成为必要，刑法已将防线大大推前。刑法中规定的抽象危险犯、具体危险犯、未遂犯、独立的预备犯、举动犯、持有犯等都成为刑法提前介入的范例。危险犯是将犯罪的成立从实害结果提前至危险形成阶段，而未遂标准的不断放宽、通常不予处罚的预备行为的被单独定罪、持有也成为一种危害行为表现形式等，显然表明立法者在降低犯罪标准这个方向越走越远。可以说，对这些行为进行处罚，的确比实害犯在法益保护上有所提前，但在提前程度仍然有限。在风险社会下，刑法要介入距危险发生更为遥远的阶段，即不只是在实害发生前的危险阶段动刑，也要在危险发生之前的阶段发动刑罚。风险刑法是一种前瞻性思维思考方式，具有为人类未来立法的前瞻性特点，因为它所规制的风险不仅具有实在性，也具有建构性。因此，风险社会下，刑法应关注风险，关注现实中的风险行为，确立风险犯在刑法中的中心地位。[②] 对于风险犯的类型，阿图尔·考夫曼认为，包括所有的侵害犯和具体危险犯以及依据现今知识水平对是否发

---

① 风险犯的具体内容参见第四章。
② 参见陈晓明：《风险社会之刑法应对》，载《法学研究》2009年第6期。

生损害存有疑问的案例群。① 显然，风险犯所处理的只能是以现今自然科学知识难以确定因果关系的类型。因为，在风险社会下，"根据现有的因果关系、罪责及责任规则，不能对新风险进行归属"。② 与风险犯较为接近的是抽象危险犯。抽象危险犯可分为传统的抽象危险犯和现代的抽象危险犯，前者以对可能把握的具体法益的抽象的危险为基础，如放火罪、决水罪等；后者以对把握困难的抽象法益的抽象的危险为基础，如交通犯罪等。抽象危险犯不仅可作为犯罪类型来理解，还可以作为立法技术来理解。在风险社会下，抽象危险犯成为立法和司法倚重的技术，服务于刑法的预防目的。就此而言，抽象危险犯与风险犯有异曲同工之处。抽象危险的概念日益朝着规范化和功能化的方向演化，而功能化发展内含自我消解的危险，结果使得抽象危险与具体的危险状态分离，仅与刑法规范上设定的风险界限有关，即抽象危险实质上已蜕变为风险。③ 因此，有学者以危险性（Gef·hrlichkeit）与危险（Gefahr）的内涵，建立起对危险性犯和危险犯的类型划分，危险犯内涵相当于具体危险犯，危险性犯则等同于风险犯的概念，包括抽象危险犯而又不限于抽象危险犯。④ 抽象危险犯强调行为本身的危险性，重在处罚行为本身的危险性，以观念上、规范上的危险性替代了现实的法益侵害或侵害可能性，着眼于行为的反规范性、脱离相当性，契合风险犯罪的构成特点，有利于达成风险刑法通过管理行为人的行为来控制风险的目的。虽然，风险刑法建立在风险与（具体）危险相区分之上，但是，一方面，风险强调不确定性，抽象危险也是一种不确定性；另一方面，抽象风险亦朝着规范化、功能化方向发展，二者具有相容性。因此，抽象危险犯的发展方向更接近纯粹功能化的风险刑法的理念，将在风险刑法中扮演更为重要的作用。从而作为风险刑法载体的风险犯，可以作为一个上位概念存在，包括但不限于抽象危险犯，是指行为人实施某一对法益具有一般性、典型性的危险性的行为就成立犯罪的情形，现实的法益损害或法益侵害的具体危险仅具量刑意义，对犯罪的成立没有意义。

7. 风险刑法的适用范围

风险刑法的适用范围或适用领域问题，可从两个方面考察：一是社会学角度，二是刑法角度。对于前者，贝克偏重技术风险的讨论，在其《风险社会》《世界风险社会》等巨著中提及核技术的风险、化学产品的风险、基因遗产技

---

① 参见郝艳兵：《风险刑法：以危险犯为中心的展开》，中国政法大学出版社2012年版，第170页。
② ［德］埃里克·希尔根多夫：《德国刑法学：从传统到现代》，江溯等译，北京大学出版社2015年版，第241页。
③ 参见郝艳兵：《风险刑法：以危险犯为中心的展开》，中国政法大学出版社2012年版，第170页。
④ 转引自林宗翰：《风险与功能：论风险刑法的理论基础》，台湾大学2006年硕士学位论文。

术的风险、环境风险等；吉登斯则偏重制度风险的论述，涉及政治风险、经济风险等。贝克和吉登斯的风险强调客观性、实在性，拉什则是从文化意义对风险进行阐述，强调主观性、建构性。在社会学里，风险社会的风险是有所限制的，风险类型主要是技术风险和制度风险，风险是人为的，具有不确定性、实在性、建构性。对于后者，即使持肯定立场的我国刑法学者，要么没有提及，要么虽有提及但没有展开论述。比如，《风险刑法：以预防机能为视角的展开》一书在抽象危险犯的适用范围部分，认为抽象危险犯是风险刑法的代表类型，已从古典公共危险核心类型发展到环境犯罪、经济犯罪、交通犯罪的多元化类型；《风险刑法：以危险犯为中心的展开》一书在风险社会下危险犯的扩张部分，认为危险犯是风险刑法的主要载体，集中体现在环境犯罪、经济犯罪、交通犯罪、计算机犯罪等领域；《风险刑法的基本立场》一书在风险刑法的存在方式部分，谈及环境犯罪、恐怖主义犯罪、食品犯罪、交通犯罪、医疗犯罪、金融犯罪等。综合三书，风险刑法涉及环境犯罪、经济犯罪、交通犯罪、恐怖主义犯罪、计算机犯罪、食品犯罪、医疗犯罪、金融犯罪等领域，三者重合的领域是环境犯罪和交通犯罪。可见，在刑法学中，虽然风险刑法论述不多，但已有泛化倾向。风险刑法应以社会学理论为基础，将风险限定在特定的范围内，特别是技术风险。因此，风险社会下，风险刑法应以规范人为的不确定的技术型风险为必须，主要适用于环境犯罪、产品食品药品犯罪领域。

8. 风险刑法的特征

风险刑法的特征是有别于传统刑法的特殊性或独特性，围绕风险社会之风险，较之传统刑法，风险刑法的价值、目的、立场、载体、适用范围、归责原则等都发生调整和变化。如前所述，风险刑法的价值取向从强调自由转向强调安全，风险刑法的目的由强调报应转向强调预防具体说是积极的一般预防，风险刑法从强调结果无价值转向强调行为无价值，风险刑法的载体从实害犯转向风险犯等。也将如下文所述，风险刑法的法益由具体化、实体化转向抽象化、精神化，风险刑法的归责呈现出客观化、功能化。无疑，这些都是风险刑法的特征。这里仅介绍风险刑法的另一个特征，刑法提前介入或者刑法保护提前或前置。刑法提前介入是风险刑法价值和目的的必然产物，从通过刑罚来确证规范的妥当与规范意识确立等目标看，积极的一般预防理论成为刑法保护提前的根据。面对风险社会之风险以及安全诉求，刑法必须强化积极的事前预防功能，提前介入风险行为，将防线前置。当然，刑法提前介入是以实害犯为核心的刑法体系为预设前提，如无此前提，就没有前置化的观察角度。以法益侵害为实质犯罪概念，原则上以不法行为产生实害为可罚性界限，以此建立起刑罚前置化的例外类型——未遂犯、预备犯、危险犯等。在风险社会下，如果不尽早介入某些带有高度风险的行为,一旦风险得到释放从而转化为实害,将会给社会共同体的安全造成不可弥补的、灾难性的后果。等到危害结果成为已然,刑法才进行干预,已经难以平复风险所造成的破坏。基于政策考虑,刑法作为控制风险的手段,必须提前介入。因为,在风险社会,社会生活日益复杂和高科技化,人类对于风险掌控及预测的能力越来越弱,无法根据对以往类似事件的认知积累把握风险发生的模式、频率与结果而提早作出预防准备,人们深感不安和无助。在不安和无助感的驱使下,唯一的办法就是预防性地提前使用刑法。刑法提前介入,包括处罚早期化,处罚严厉化以及处罚扩大化,①从而有效保护法益。刑事不法不仅要通过损害或者威胁法益构成,而且还要求行为人的可罚行为和所保护的法益之间存在特殊关系。显然,风险刑法也强调对法益的保护,刑法保护提前是与法益联系结在一起的。刑法的提前介入或者超前保护,可通过两种途径正当化:一是虽然没有损害法益,但是只要通过危险行为威胁到了法益就肯定刑事不法的存在;二是承认间接保护个人法益的共同体法益,这一概念将法益向危害行为的方向推移,创设了超前保护的空间。② 即风险社会下的法益保护,一是保护提前,二是扩大保护。正如德国刑法学家Prittwitz所指出的,在风险刑法的浪潮下,工业社会的预防刑法转变为风险社会的巨型控制,以保护更多类型的法益,并且在时间上提前保护。③ 德国、日本的活性立法以及我国的频繁修法中,刑法保护前置化或早期化现象大量存在,集中体现于抽象危险犯、持有犯、预备犯的增加以及帮助行为的独立入罪等。因此,从法益保护的角度观察,立法者将刑法的防卫线向前推置了。④ 由此,法益保护早期化成为刑法提前介入的表征。另外,风险刑法以防范风险发生为目的,关注点是风险及预防必要性,不是何种法益受到损害,因而不再预设法益的特定内容,致使法益非实体化、非物质化和非具体化,而是模糊化、精神化和一般化或抽象化。比如,将环境法益作为独立法益予以保护,使得法益扩展到作为人生存基础的环境。刑法的提前介入,不仅利于法益保护,而且便于犯罪追诉。⑤

---

① 参见张晶:《风险刑法:以预防机能为视角的展开》,中国法制出版社2012年版,第51页。
② 参见[德]乌尔里希·齐白:《全球风险社会与信息社会中的刑法》,周遵友等译,中国法制出版社2012年版,第208页。
③ 参见徐育安:《资讯风险与刑事立法》,载《台北大学法学论丛》2014年第91期。
④ 参见林东茂:《危险犯与经济刑法》,五南图书出版公司1999年版,第5页。
⑤ 参见 Marc Engelhart, "Development and Status of Economic Criminal Law in Germany," German Law Journal, 2014, 15, (4): 700。

9. 风险刑法的地位

风险刑法的地位主要涉及其与传统刑法的关系问题。一方面，二者有着明显区别，风险刑法在观念、功能和归责等方面与传统刑法有显著不同。第一，社会基础不同，前者以风险社会为基础，后者以工业社会为基础。第二，价值不同，前者侧重安全价值，后者侧重自由价值，价值观念的转变，导致刑法范式的变化：法益抽象化、行为拟制化、刑罚前置化、罪责功能化和预防积极化。① 第三，目的不同，前者以事前预防而且以积极一般预防为首要目的，后者以事后报应兼顾预防目的。目的的预防转向，深刻影响传统刑法体系，包括法益论的流变、刑事责任根据的结构性嬗变以及不法论、罪责论、因果关系与归责论等理论的调整与重构。② 第四，立场不同，前者持行为无价值和规范违反说立场，后者以结果无价值和法益保护说为立场。第五，载体不同，前者以风险犯和抽象危险犯为载体，后者以实害犯、具体危险犯为主要载体。第六，适用范围不同，传统刑法几乎适用全部犯罪，风险刑法仅适用于环境犯罪等有限领域。另一方面，二者有着紧密联系。首先，虽然风险刑法对传统刑法理论进行全方位改造，但是，基本上仍以维持传统刑法的原有理论和思维为前提，③ 风险刑法并未放弃原有的基本理论框架和思维模式，包括刑法的目的、法益论、不法论、罪责论、刑事责任论、因果关系、主观要素、归责等。④ 其次，风险刑法并不能全方位替代传统刑法。因为，传统刑法所标榜的平等、自由、权利、尊严等价值观念仍然是人类追求的基本价值，传统刑法仍将长久地发挥作用，风险刑法只能以这些基本价值为基础，为出发点和落脚点，只能遵循这些价值而不是相反；传统刑法可以解决以实害为基础的绝大多数犯罪，风险刑法因适用范围有限而不能。因此，风险社会下，一方面，由于风险刑法系因应社会变化而生的新的刑法范式，以风险为体系的核心，传统刑法亦应积极应对适当调整自身，并宽容地为风险刑法留出生存空间，最终形成传统刑法与风险刑法并存的二元刑法图景，各自发挥相应的功能，共同维护社会秩序和安全；另一方面，在风险刑法与传统刑法并存的情况下，应以传统刑法为核心，具有稳定的核心内涵；风险刑法为补充，并以传统刑法的内涵为基础。⑤ 总之，在风险社会语境中，风险刑法可以独立存在，但其只是传统刑法的一个有

---

① 参见陈晓明：《风险社会之刑法应对》，载《法学研究》2009 年第 6 期。
② 参见劳东燕：《风险社会与变动中的刑法理论》，载《中外法学》2014 年第 1 期。
③ 参见劳东燕：《风险社会与变动中的刑法理论》，载《中外法学》2014 年第 1 期。
④ 参见劳东燕：《风险社会与变动中的刑法理论》，载《中外法学》2014 年第 1 期；陈晓明：《风险社会之刑法应对》，载《法学研究》2009 年第 6 期。
⑤ 参见陈晓明：《风险社会之刑法应对》，载《法学研究》2009 年第 6 期。

益补充。

（三）风险刑法的风险应对

风险刑法研究的实质就是对风险刑法的正当性的证成。如前所述，风险刑法是与传统刑法相对应的规范体系和理论体系，有其特有的社会基础、立场、任务和功能，应被相对独立地加以研究。如果说风险刑法理论内涵的揭示，是对风险刑法正当性的正面证成；那么，风险刑法的风险及应对则是对风险刑法正当性的反面证成。

无论是风险刑法否定说还是折中说，甚至是肯定说，都论及风险刑法之风险。肯定说论者在肯定风险刑法的同时，也指出了刑法应对风险之内在风险：难以划定明确的处罚界限、违反刑法谦抑的价值取向、罪责伦理陷入困境、与传统刑法基本原则产生冲突。① 折中说论者直接提出风险刑法的风险命题，指出风险刑法偏重预防和管理，本身蕴含着摧毁自由的巨大风险，还存在仅具政治上的象征意义并不能真正解决问题、人权保障机能大大减弱以及扩大刑事处罚范围的风险。② 否定论者认为风险刑法是反法治的，危及谦抑性主义；③ 风险刑法使刑法具有恣意发动的可能性，将丧失其最后法、保障法特点。④ 综观风险刑法之风险论述，涉及刑法基本原则、刑法谦抑性、自由价值等问题。问题的核心是，在风险社会下，如何安置自由与安全两种价值？如何平衡人权保障与法益保护两种机能？以刑法谦抑性观之。首先，风险社会下，刑法提前介入典型高度风险行为，仍是保护法益的，并且是为了维护社会生存发展所必需的。其次，这些行为恐怕已非最后手段原则、谦抑性原则所能容忍。因为，刑法谦抑亦发生了变化。在确立近代刑法之初，刑法的谦抑反映了人们对自由、平等、人权的追求，具有进步意义，但是现在其只具有理念层面上的意义，不具有操作上的价值。正如 Schünemann 所言，自启蒙运动以来，刑法可以而且必须只能作为防止社会损害的最后手段理性，这一点作为刑法基本思想从未改变。然而今天，对这种近似天真的想法，必须予以排斥，因为刑法是一种直接有效的、甚至可以说是功能紧密、能滴水不漏地保护法益的工具。⑤ 既是为有效保护法益而动用刑法，就不能简单地以其违背最后手段原则或者谦抑性原则而批判之。再以自由审之。虽然风险刑法以安全为价值追求，但其并没有否定

---

① 参见陈晓明：《风险社会之刑法应对》，载《法学研究》2009 年第 6 期。
② 参见刘明祥：《"风险刑法"的风险及其控制》，载《法商研究》2011 年第 4 期。
③ 参见刘艳红：《"风险刑法"理论不能动摇刑法谦抑主义》，载《法商研究》2011 年第 4 期。
④ 参见于志刚：《"风险刑法"不可行》，载《法商研究》2011 年第 4 期。
⑤ 参见［德］Schünemann：《从下层阶级刑法到上层阶级刑法》，许玉秀、陈志辉译，载《不移不惑献身法与正义：许迺曼教授刑事法论文选辑》，新学林出版有限公司 2006 年版，第 15 页。

或放弃自由价值。本来自由与安全就是对立统一的。安全源于人类的社会倾向，自由根植于人类的自我扩张本能，这决定了二者必然产生冲突；同时，安全与自由的价值层次不同，安全是一种基础性价值，自由较之安全是一种更高层次的价值，这决定了人类对自由的追求在多数情况下会压倒对安全的追求。但是，无论安全还是自由，最终都归结于人类的自我实现，这决定了二者可以统一。因此，人类即使排斥最后手段原则与谦抑性原则，也并不意味着为了公共目的不择手段地牺牲个人自由，相反，必须折中和平衡保护法益与保障人权之间的紧张与冲突关系，即既要进行刑事立法处罚风险犯，又要限于合理的范围。自由与安全涉及价值衡量，而价值衡量并非以全有或全无之方式进行。立法者应遵循实践整合原则，不得以片面地牺牲其中一项法益以成全他项法益实现方式为冲突之解决，必须对有冲突的不同法益划定彼此间界线，使其即便在冲突情况下仍能各自获致开展其最佳效力与实现可能。具体到风险刑法，就是要求立法者在原则（核心）与例外（补充）之间寻找一个平衡点，以谨慎权衡的方式评估其后果，缓解和协调自由与安全两大价值以及安全维护和自由保障两大利益之间的紧张关系。首先，允许例外存在应对风险。刑事立法与司法应以刑法基本原则为指导，但这不意味着固守原则，也不意味着固守能带来最大化的利益。当原则的遵守不利于利益保护的最大化或不符合新型的社会需要时，只要合理并且能带来更多的社会利益，原则也是可以存在例外的。[①] 只要能满足新时代对刑法的需求，能够实现利益保障的更大化，在不被滥用的情形下应当赋予例外以存在的合法性。其次，在允许例外的情形下，必须对例外进行严格的规制，以保障自由。预防导向的风险刑法干预的行为不是漫无边际的，而是出于相对的刑罚目的，预防将来的刑事犯罪，即"必须通过已经实施的有责的不法这一点对刑法的范围加以限制：刑法性的干预以过往存在的、可以归责行为人并且有责地实施的不法犯罪行为为前提"。[②] 当然，在风险社会，自由价值和安全价值的冲突会更为突出。在这样危机四伏的风险时代，安全成了人们生活的核心，基于安全的需求使得对自由的保障有所弱化甚至自由要为其让位。理论上，价值发生冲突时，应当选择更能保全最大多数人的最大利益的价值当是人的基本需要。由于风险社会现实决定了安全或者安全价值在风险社会中较之以往需要得到更多的关注和体现，因此，保障安全价值即是保障最大多数人的最大利益，安全价值在特定情况下优于其他价值。事实上，就

---

① 参见高铭暄、马克昌：《刑法学》，北京大学出版社、高等教育出版社2007年版，第28~29页。
② ［德］乌尔里希·齐白：《全球风险社会与信息社会中的刑法》，周遵友等译，中国法制出版社2012年版，第205页。

连一向标榜自由的美国，在经历"9·11"恐怖袭击事件后，有近五分之四（78%）的民众愿意为了获得安全感而放弃某种自由。① 此外，刑事立法的活性化亦为此作了最好注脚。安全有赖于良好的社会秩序，刑法则是营造良好的社会秩序不可或缺的手段。因此，在风险社会，当安全与自由发生冲突时，对自由的行使施以必要的限制，在安全范围内追求自由具有正当性，符合正义价值。总之，以风险社会为背景，以应对风险与不确定性的安全需求为基础，以防范风险为目的的风险刑法的正当性完全可能在与自由保障之平衡或选择中得到理论确认、事实印证与规范支撑。

第三节 环境风险刑法

一、环境风险

环境风险是风险社会的典型风险。环境风险作为表达环境污染或破坏所产生损害的大小和其发生可能性或期待值的概念使用。② 在理论层面，环境风险具有风险社会下风险的典型特征：技术性、人造性、不确定性、客观性、建构性、延续性。在文本层面，贝克在论述风险及风险社会时，经常以环境风险为典型范例作为论述的基础。比如，以巴西的维拉帕里西的污染案、印度的博帕尔毒气泄漏案来论述风险的程度等。在事实层面，除了贝克列举的两大事件外，近三十年来，环境风险重大事件频发，环境风险普遍：新七大公害、全球大气污染、非洲大灾荒、波斯湾油污染事件、日本福岛核泄漏事件、欧洲大肠杆菌污染事件等；我国的环境问题和形势比绝大多数国家更严峻、危害后果更严重，表现在以淮河全流域污染为代表的河流污染，以滇池重污染为代表的湖泊污染，以大城市空气质量低下为代表的严重空气污染，水土流失、耕地退化、沙化、沙尘暴、雾霾等，2000年以来的重大环境风险事件有2002年南盘江水污染事件、2004年沱江特大水污染事件、2005年松花江重大水污染事件、2008年阳宗海水污染事件、2009年盐城水污染事件、2011年蓬莱中海油溢油事件、2013年青岛输油管道爆炸事件、2015年腾格里沙漠污染事件等。这些环境要素被破坏所带来的生态环境整体功能的退化以及更大的灾难性后果尚未

---

① 参见杨雪冬：《风险社会与秩序重建》，社会科学文献出版社2006年版，第189页。
② 参见［日］黑川哲志：《环境行政的法理与方法》，肖军译，中国法制出版社2008年版，第74页。

完全暴露,将长期影响我们的生活。

环境风险不仅具有风险社会下风险的一般性典型特征,而且还具有自身特点。环境风险的自身特征主要包括:第一,风险致害的难测性。环境风险主要是技术性风险,是技术风险在环境领域的具体体现与集中爆发。科学技术的局限性决定了技术风险的不确定性,进而决定了环境风险致害的难测性。第二,后果显现的滞后性。环境风险后果不是即刻显现的,其往往具有隐蔽性、长期性与潜在性。第三,因果判断的复杂性。环境风险危害的累积性、综合性与延续性,加重了因果判断的复杂性。在传统因果归责中,因果链条的漫长复杂,加之专业技术的困境、社会通识的缺乏,容易导致有组织的不负责任。[①] 第四,相关利益的冲突性。环境风险直接或间接地涉及价值冲突、地域冲突、产业冲突和代际冲突等多种利益冲突,在此背景下,环境决策因涉及复杂利益而需权衡和统筹。

二、环境风险刑法

20世纪70年代以来,各国环境刑事立法活跃,或修改刑法典、或出台单行刑法、附属刑法。这里首先以立法模式为线,简要介绍颇具特色的几个国家的环境刑事立法,进而论证这些环境刑法是应环境风险社会而产生,具有不同于传统刑法的新特征或新范式,是环境风险刑法。

(一) 国外环境刑法

1. 日本

日本环境刑法主要是单行刑法模式,即1970年的《关于处罚危害人体健康的犯罪法》(以下简称《公害罪法》),共7个条文。该法是一部综合性法律,融实体和程序于一体。该法为积极有效应对环境风险,作出系列有开创性的规定:第一,处罚危险犯。即不以实害为必要要件,只要是对公众的生命和健康造成危险的行为就可以构成犯罪。基于处罚实害犯的滞后性,将刑法防线前推,即使立法目的是保护公众的生命健康而不是环境。第二,因果关系推定。[②] 基于环境犯罪因果关系的复杂性及不确定性,因果关系证明有困难,难以根据传统的因果关系进行归责,有碍实质正义,从而规定因果关系推定原则。这不仅是事实上的推定,也是法律上的推定,对于明确责任是一种有效的

[①] 参见程岩:《风险规制的刑法理性重构:以风险社会理论为基础》,载《中外法学》2011年第1期。

[②] 参见《公害罪法》第5条。

制度。① 第三，双罚制。双罚制针对法人犯罪，基于法人犯罪易出现罚不当罪以及罪责无人承担问题，既处罚法人又处罚法定代表人，使两者无法推卸责任。

2. 德国

德国环境刑法的立法模式主要是刑法典，即在《德国刑法典》中单列一章"危害环境罪"，从第324条到第330条。德国被认为是"世界上处罚环境最为严厉、即刑罚权范围最广的国家之一"。② 德国环境刑法的特色在于：第一，在保护法益方面，认识到环境的价值，采用人类环境和生态环境两方面利益并重的保护立场；第二，在刑法介入环境保护的时间和范围方面，不仅介入时间提前，而且介入范围扩大，表现在环境犯罪的行为样态包括抽象危险犯、具体危险犯和行为犯三种类型，对于大量犯罪采取危险犯尤其是抽象危险犯模式，将刑罚前置，可达避免实害发生之结果以及宣示行为无价值的诉求；第三，尽管刑法不承认法人的刑事可罚性，但仍对有关责任人员规定了刑事责任。

3. 俄罗斯

俄罗斯环境刑法的立法模式亦主要为刑法典模式，即在《俄罗斯刑法典》中单列一章"生态犯罪"，从第246条到第262条。俄罗斯环境刑法的立法特色在于：第一，明确将保护环境作为刑法的任务，这种规定是其他任何国家所没有的，足见俄罗斯用刑法机制保护生态环境的坚决态度。③ 第二，无论是章罪名的称谓还是具体罪名、无论是内容还是形式，均体现出生态主义的价值理念。第三，刑法保护范围广泛，包括被开发利用的生态环境及其要素、与生态环境及其要素并非直接相关的工农业和特殊企业的生产活动，以及自然保护区和公海大陆架等领域，几乎包括所有的环境要素，保护范围是世界上最为广泛的。第四，俄罗斯环境犯罪的处罚方式多元化，包括强制性工作、劳动改造、限制自由、拘役、一定期限的剥夺自由、剥夺担任一定职务或从事某种活动的权利和罚金。

4. 美国

美国注重用刑罚手段保护环境，④ 环境刑法主要采取附属刑法的立法模式，包括《清洁水法》《资源保持和回收法》《清洁空气法》等。美国环境刑事立法的特色在于：第一，法网严密。一方面，美国从预防犯罪出发，不仅处

---

① 参见[日]藤木英雄：《公害犯罪》，丛选功等译，中国政法大学出版社1992年版，第54~55页。
② 王世洲：《德国经济犯罪与经济刑法研究》，北京大学出版社1999年版，第325页。
③ 参见蒋兰香：《环境犯罪基本理论研究》，知识产权出版社2008年版，第55页。
④ 美国民意调查表明超过2/3的被调查者支持对环境犯罪动刑。参见 Kathleen F. Brickey, *Environmental crime: law, policy, prosecution*, Aspen publishers, 2008. 2.

罚未经许可非法排放、倾倒、处理有毒有害废弃物的行为，还处罚环境保护有关文件制作过程中的虚假陈述行为，而且，将违反《清洁水法》《资源保持和回收法》等犯罪行为从轻罪改为重罪；另一方面，主观判断由原来的过错责任原则发展成严格责任原则，以制裁环境犯罪。[①] 第二，责任宽松。表现为从轻处罚等情节以及辩护事由的规定。

5. 英国

英国在20世纪90年代以后制定大量环境刑事法律，英国环境刑法亦主要采取附属刑法的立法模式，包括《环境保护法》《清洁空气法》《环境法案》等。英国环境刑事立法的特色在于：第一，以非人本主义为价值理念，只要环境要素遭受损害或者只要行为人实施危害环境的行为犯罪即告成立；第二，刑法保护环境的范围广泛，既包括对环境要素的污染、破坏行为，也包括拒不执行环保机关行政命令的行为，可以说，任何违反环境法规的行为都是犯罪，以致制定1995年环境法时因行政当局反对未能将应尽的努力规定为抗辩理由；[②] 第三，以预防犯罪为目的，以行为犯、危险犯形式告知公众哪些行为会受到否定性评价，只要危害环境行为一旦实施，就纳入刑事处罚范围，使公众避免实施该行为，防止犯罪发生；第四，环境刑法功能强弱依赖于环境行政法的具体规定，处于辅助地位，只有在环境行政手段难以发挥有效作用时，环境刑法才得以适用。[③]

6. 澳大利亚

根据澳大利亚的宪法，保护和管制环境的主要责任由州承担。因此，澳大利亚的环境立法、执法活动主要在州层面进行，其环境刑事立法以地方单行刑法为特色，即新南威尔士州的《环境犯罪与惩治法》。该法引人注目之处在于：第一，开创地方制定单行环境刑事法规的先河；第二，突破原有的过失理论，将环境犯罪界定为故意或过失以危害或可能危害环境的方式实施的违反环境法律规定的行为；第三，用代理刑事责任替代传统的公司责任原则，规定公司的管理人员、雇员、代理人员在职权范围内实施行为时的意图就是公司的意图，公司对其行为担责；第四，将环境犯罪分为重罪和轻罪两类。[④]

（二）我国环境刑法

我国环境刑事立法采用刑法典模式，特色在于：第一，起步晚、发展快。

[①] 参见蒋兰香：《环境犯罪基本理论研究》，知识产权出版社2008年版，第67页。
[②] 参见卢永鸿：《中国内地与香港环境犯罪的比较研究》，中国人民公安大学出版社2005年版，第19~20页。
[③] 参见王秀梅：《英美法系国家环境刑法与环境犯罪探究》，载《政法论坛》2000年第2期。
[④] 参见赵秉志：《环境犯罪及其立法完善研究》，北京师范大学出版社2011年版，第197~198页。

1997年以前，我国环境犯罪几乎空白，只有盗伐、滥伐林木罪等零星几个罪名。1997年刑法不仅专节规定了环境犯罪，还在其他章节规定了相关环境犯罪，如第九章规定的环境监管失职罪。此后，又多次对刑法进行修改，主要是《刑法修正案（八）》对重大环境污染事故罪和非法采矿罪的修改，降低入罪门槛，扩充犯罪容量。第二，价值取向上偏重人本主义，表现在没有对环境进行直接保护，以损害人类利益为入罪标准，没有规定危险犯等行为样态等；第三，环境犯罪的行政从属性。我国刑法规定的环境犯罪大多以"违反国家规定"为成立要件，体现了环境犯罪的行政从属性。

（三）环境风险刑法

1. 立法背景

一方面，我们接触的风险社会系贝克于1986年提出的风险社会，而日本的单行环境刑事立法早在1970年就已经存在，因此，单纯从时间上或表面或形式看，似乎当时的环境刑事立法演变与风险社会无联系，至少尚不清晰。但是，另一方面，从实质或西方风险社会的产生逻辑看，当时的环境刑事立法演变与风险社会有联系甚至是必然联系。因为科技、经济高速发展的日本在1970年前就已经使经济科技的潜在的副作用——风险不断走上前台，造成公害，成为政治、社会与个人的关注重心和社会主题，最终促成了日本国会在1970年前后不断立法，该届国会也因此被称为公害国会。这表明，风险社会已经在日本形成，同样情况出现在工业社会发展程度高、经济科技发展迅速的美国、英国等。贝克提出风险社会后，更多的国家和地区相继进入风险社会。作为风险社会的典型风险，环境风险经过量变积累，带来了质变，环境问题已成为社会问题、政治问题乃至全球性问题。因此，毫不夸张地说，我们已经生活在一个环境风险社会。

2. 立法内容

（1）保障环境安全的价值追求。随着经济社会的发展，人们越来越认识到环境安全的重要性，反映在刑事立法上，各国注重保障环境安全，除了专章或专节或者专门规定环境犯罪外，还在特别体现在俄罗斯刑法典第2条明确将"保护环境"作为刑法的任务。

（2）防范环境风险的刑法目的。环境风险具有不确定性，事实表明，环境风险不仅能转化为危险或者实害，造成极其严重影响深远的环境损害后果，而且具有不可逆性。因此，反映在刑事立法上，各国注重防范环境风险，在刑法目的层面，将预防而不是报应作为刑法体系性倾向，将危害环境的行为遏制在萌芽状态，这特别体现在英美法系法网严密的环境刑事立法中。

（3）法益的抽象化。在环境犯罪侵犯的法益上，经历了由只保护传统的个人法益到不仅保护个人法益而且保护环境法益即个人法益与环境法益并重保护,实现了环境法益的独立,环境法益不是传统的个人法益,而是一种超个人的法益。由此,只侵犯环境法益而不侵犯个人法益的危害环境行为同样构成犯罪,这特别体现在德国环境刑法中。

(4) 刑法介入前置化。从预防目的出发,为了更好地保护法益,各国环境刑事立法均强调刑法提前介入环境保护,不仅表现为介入时间的提前,也表现为介入范围的扩大。对于前者,主要是确立环境危险犯,特别体现在德国、日本、英国、美国等环境刑法中,尤其是德国的环境刑法,不仅确立环境危险犯,而且大量犯罪采取抽象危险犯模式;对于后者,虽然没有确立环境危险犯,但是通过降低环境犯罪成立标准,使得刑法介入环境保护的范围得以扩大,表现为我国《刑法修正案(八)》对污染环境犯罪的修改。

(5) 归责的功能化。传统刑法的归责是以因果关系为基础,一般来说,因果关系通过经验法则即可确定,但对于环境犯罪尤其是环境污染犯罪,因果关系难以确定,致使大量环境违法行为无法追责。为了弥补传统刑法在责任追究上的漏洞或障碍,充分保护法益,各国环境刑事立法注重创新,特别表现在日本环境刑法确立了因果推定原则,英美刑法中确立严格责任原则。

(6) 行为无价值。基于安全价值诉求以及预防目的和法益抽象化的要求,多数国家环境刑法强调义务违反或者规范违反即违法性为犯罪的本质特征,为了突出和明确违法性,环境刑事立法不以结果犯而以行为犯、危险犯形式告知公众哪些行为会受到否定性评价,只要危害环境行为一经实施,就纳入刑事处罚范围,这反映了刑法规范主义的立法思想,体现了行为无价值的立场。

3. 立法性质

从上述环境刑法的立法背景、价值、目的、立场、保护法益、行为类型以及归责等方面观之,1970年以来的环境刑事立法与风险刑法具有相近性、相似性甚至是同质性、同构性,因此,这里的环境刑法接近风险刑法偏离传统刑法或者属于风险刑法而不属于传统刑法,是应对环境风险社会的环境风险刑法。

"历史演进清楚地表明,作为环境政策的一种手段,刑法正越来越多地被依赖。"① 为了保护环境,对污染环境行为和破坏环境行为动刑,成为20世纪中后期以来国际社会的基本共识和普遍做法。因为,这些行为的本质是蕴含环境风险的风险行为,环境风险的累积聚变形成环境风险社会,环境风险社会引

---

① [瑞典] 舍格伦、斯科格:《经济犯罪的新视角》,陈晓芳、廖志敏译,北京大学出版社2006年版,第78页。

起了社会和环境犯罪的巨大变化，从而对传统刑法及其理论带来影响、提出挑战。作为风险社会的典型风险的环境风险具有不确定性，与以确定性为基础的传统法律秩序存在紧张关系，这要求转变传统刑法观念；环境风险不仅具有不确定性，而且距离实害和危险更为遥远，更多的是一种主观判断和认知，从而使得以实害为基础构建的传统刑法体系和基本原则无法对其进行有效控制，从而要求变革传统刑法体系，即环境风险社会要求在创设一种不同于传统刑法的新的范式解决和防范环境风险。上述环境刑事立法回应和实现了这种客观要求，环境刑法及其理论的发展正是社会变化——风险社会出现——的反映，[①]即风险社会成为环境风险刑法的基础和背景。基于预防或防范环境风险、保障环境安全的环境刑事立法，正是以环境风险社会为社会基础的环境风险刑法，其要求面向未来，确立风险犯的中心地位，价值在于保障环境安全，目的在于防范环境风险，持行为无价值之立场。

---

① 参见 Nigel South, Piers Beirns, *Green criminology*, Ashgate, 2006.429。

第二章 环境犯罪的实践困境及破解

风险社会理论和风险刑法理论不仅为解释当今环境刑法变化提供了全新视角，也为反思环境犯罪提供了重要工具。本章首先界定了环境犯罪的概念，接着指出环境犯罪面临的困境，最后针对环境犯罪困境的成因，从理论、立法和司法等三个方面提出困境解决之道。

第一节 环境犯罪概述

一、环境犯罪的用语

与环境有关或对环境的犯罪有不同称谓，如公害犯罪、危害环境犯罪、环境犯罪、破坏环境资源保护犯罪、生态犯罪等。从沿革意义上，先后主要使用公害犯罪、环境犯罪和生态犯罪等用语。

（一）相关术语

1. 公害犯罪

公害犯罪是与环境有关犯罪的早期用语。公害犯罪中的公害与私害相对，系日本借鉴英美法上的 Public nuisance 而创立，日本在狭义和广义两个层面上使用公害，狭义公害即环境，后者不限于环境，还包括食品公害、交通公害、药品公害等。环境指经由人为活动，特别是产业活动致环境污染或破坏进而造成公众生命、健康、财产受到侵害或遭受侵害可能的状态，具有如下特征：人为性，即环境必须是由人类的行为，特别是由产业活动导致或引发；媒介性，环境必须是以地域性的环境污染或破坏为媒介所产生的损害；公害性，即公众受害，是指经由环境污染或破坏最终侵害了公众的生命、健康、财产等利益。①

---

① 陈晓明教授指出，公害一般包括产业活动、环境污染和破坏、公众受害三个要素，参见陈晓明：《环境刑法论纲》，载《法治研究》2015年第2期。笔者认为，产业活动等三者不仅是公害的要素，也是公害的外在表现特征，本书在此基础上，将其更改为人为性、媒介性和公害性。

在我国，长期使用公害一词，而且公害常常与污染环境或破坏环境连在一起。我国大陆现行宪法和环保法都还使用"防治污染和其他公害"术语；我国台湾地区也使用公害术语，而且常把公害与污染相提并论，当然，污染强调对环境品质之改变，但不一定对人体健康造成损害，只有对人体健康造成损害时方称为公害，并认为公害具有人为性、间接性、累积性、持续性、复杂性、不平等性、不确定性、合法性和国际性等特征。[①]

公害犯罪首先出现于日本 1967 年制定的《公害对策基本法》，随后又出现于 1970 年制定颁布的《公害罪法》。根据《公害罪法》，公害犯罪的概念和范围得以确定，该法仅保护个人法益，即以人体健康为保护对象，从而将对公害犯罪的处罚限于对人体健康产生危害的公害行为。结合国内外公害的定义以及我国环境刑法把结果犯作为处罚对象的规定，可把公害犯罪界定为由人为活动所致的环境污染或破坏进而危害人体健康的行为，公众的生命和健康受害为公害犯罪的核心和关键要素。鉴于环境以及公害犯罪必须经由环境这一媒介的污染或破坏才造成人体健康损害，显然公害犯罪不仅侵害了人体健康，也对环境造成了污染或破坏，而且环境污染或破坏在先，人体健康受损在后，因此，只保护个人生命、健康法益不保护环境自身法益的公害犯罪是有问题的。

2. 环境犯罪

环境一词人们频繁使用。环境科学上的环境是以人类为中心、与人类密切相关的外部世界；环境科学上的人类中心主义的环境观进而透视到法学中，即环境法学是借助环境科学上的环境概念，也将环境理解为人类环境；环境法上的环境概念也大致如此。环境科学、法学以及立法中的环境定义大同小异，可从中抽象其共同意蕴，即环境通常指以某主体为中心的外部，内涵上强调自然因素。最广义而言，环境指人类的环境以及其他生物体的环境结合而成的相互影响的整体。首先，环境法的称谓本身各有不同。如欧洲国家称环境法为污染控制法，日本称环境法为公害法，苏联称环境法为自然保护法，我国称环境法为环境保护法，源于各国环境问题的阶段性及环境立法重点不同，但本质并无太大差异。[②] 其次，环境法中的环境概念相对确定。以我国环境环境保护法为例观之。2014 年修订的环境保护法规定的环境，是指"影响人类生存和发展的各种天然的和经过人工改造的自然因素的总体，包括……等"。此前，我国 1979 年试行的环境保护法第 3 条、1989 年环境保护法第 2 条也规定了环境的含义。比较三者，在人类的外部情况这一核心意义上，三者没有变化，而且始

[①] 参见谢志武：《环境公害入罪化之研究》，中正大学 2003 年硕士学位论文。
[②] 参见林健三：《环境保护法规》（第 4 版），全威图书有限公司 2012 年版，第 15 页。

终以自然因素为最重要的环境因素。变化的是：第一，从最初的列举式发展到归纳和列举同时运用；第二，环境因素的范围不断扩大，既包括将海洋从水中独立、将湿地独立，也包括将人文和自然遗迹纳入环境范围；第三，注重环境要素的系统性，加强环境的整体保护。可见，环境的立法概念既一脉相承，又略有变化，表明立法者对环境的概念认识不断深化。随着对环境问题认识的深入，人们逐渐认识到环境保护不能只停留在防范公害层面，而应对环境进行全方位的保护。因为环境问题所侵害的不仅仅是人身或财产权利，更重要的是它破坏了生态平衡以及人类赖以生存和发展的条件。因此，许多国家已将环境保护政策由控制公害转向对整个环境的保护，如日本改《公害对策基本法》为《环境基本法》，诉求建构一个可以永续发展的社会。相应地，环境犯罪的概念也发生了变化，除了已经存在的传统环境犯罪概念或者公害犯罪概念，即环境犯罪仍然要求必须对人类利益产生危害，认为环境犯罪是通过污染或破坏环境的形式对人身健康、财产造成损害或有损害可能的行为；还产生了新的环境犯罪概念，与要求行为对人类利益产生危害的传统环境犯罪概念不同，认为环境犯罪是指危害环境本身的犯罪，并不要求该行为与人类利益存在联系，从而突破了传统的刑法理念。从国际上看，1991 年国际法委员会《危害人类和平与安全罪法典草案》、1994 年国际刑法大会决议和 1998 年欧洲理事会《保护环境的刑法公约》规定了将环境利益作为保护法益的环境犯罪概念，即直接将环境犯罪定位于危害环境本身包括水、空气、土壤、动物、植物等环境要素以及由环境要素组成的环境系统的行为。

就我国来看，环境犯罪的概念主要是注释角度的定义。1997 年刑法专节规定的环境犯罪，一定程度上将环境利益作为保护法益。因此，1997 年刑法基本统一了我国刑法意义上或狭义上的环境犯罪概念，无论是概括的还是列举的解释论环境犯罪定义，如陈兴良教授认为，环境犯罪是指违反环境保护法规，破坏自然环境和自然资源，情节严重的行为。[①] 需要注意的是，国内外环境犯罪的范围是有所不同的，有广狭义之分：我国的环境犯罪包括环境污染型犯罪和环境破坏型犯罪，属于广义的环境犯罪；英美法系国家如英国、美国、澳大利亚等的环境犯罪是狭义的，特指环境污染型罪行，不包括环境破坏型犯罪。[②] 因为，长久以来环境破坏型犯罪在英美国家均是刑事罪行，环境犯罪方面所争论的核心问题只是应否将环境污染违法行为刑事化，其所研究的环境犯

---

① 参见陈兴良：《刑法疏议》，中国人民公安大学出版社 1997 年版，第 533 页。
② 参见 Rob White, *Environmental Crime*, Willan Publishing, 2009. 3. 13。

罪，都是关于环境污染的罪行和案件；① 大陆法系国家如德国、俄罗斯等的环境犯罪则也包括环境污染和环境破坏犯罪。鉴于刑法规定的只是部分而非全部的环境犯罪，因此，环境犯罪的概念不应局限于实然的刑事立法规定来定义。综上，环境犯罪是一类犯罪而不是一个具体罪名，是所有危害环境的犯罪的统称，是指违反环境保护法规，具有污染或者破坏环境的风险，需受刑罚处罚的行为。

3. 生态犯罪

在现代汉语中，生态是指"生物在一定的自然环境下生存和发展的状态"。② 生态有广义、狭义之分，广义的生态包括人与人、人与社会以及人与自然之间的关系，狭义的生态仅包括人与自然之间的关系。因此，生态包含了环境概念中的绝大多数要素，尤其是核心要素，即生态作为一切生物的生存状态，以及生物之间和生物与环境之间的关系。但是，环境是以人、人群、人类为视角，生态则是以生物为视角。因此，人并不是生态系统的中心，不会受到特殊关照。由此，环境强调人本位，客观性、二维性，生态则强调系统本位、关联性和三维性。③ 生态概念的提出，是对环境无论在认识论层面还是在方法论层面的进一步深化。环境保护不能只停留在人类环境保护层面，而应对非人类环境也要进行保护。因为人只是生物链中的一环，生态系统中各个要素是否具有独立价值取决于整体生态价值的存在，对环境任一要素的破坏都会影响甚至破坏整个生态系统以及人类赖以生存和发展的条件，因此，部分国家已将环境保护政策由一般的环境保护转向更广的环境保护甚至是生态系统保护，生态犯罪由此而生。立法上，典型的是 1996 年俄罗斯刑法典专章规定生态犯罪，章名即为生态犯罪，生态犯罪的范围比其他国家环境犯罪都要广泛，刑法保护环境的范围由被开发利用的生态环境及其要素扩展到与生态环境及其要素并非直接相关的工农业和特殊企业的生产活动，以及自然保护区、自然遗迹、公海、大陆架、专属经济区及其他受到保护的国家区域等领域。理论上，也出现一些研究生态犯罪的论著。④ 根据刑事立法和理论研究，生态犯罪强调对生态法益的保护，"生态法益是法律机制表达或实现的包括人在内的各种生态主体

---

① 参见卢永鸿：《中国内地与香港环境犯罪的比较研究》，中国人民公安大学出版社 2005 年版，第 8~9 页。
② 中国社会科学院语言研究所词典编辑室：《现代汉语词典》（第 5 版），商务印书馆 2007 年版，第 576 页。
③ 参见焦艳鹏：《刑法生态法益论》，中国政法大学出版社 2012 年版，第 34 页。
④ 详见参考文献。

对生态要素及生态系统的利益需求",① 生态法益的核心要素是生态安全法益,保护生态安全法益成为人与自然关系系统协调发展的基础。② 生态犯罪亦有广狭义之分,狭义的生态犯罪是指违反生态保护法规,破坏或威胁生态安全,依法应受刑罚处罚的行为;广义的生态犯罪是指一切危害生态安全需受刑罚处罚的行为。

（二）比较取舍

对环境的犯罪即环境犯罪的本质在于生态环境作为整体受到损害,整个生态系统的平衡与安全被破坏,进而影响人类利益。因此,上述环境犯罪的不同用语本质上并无太大差异,所要表达的实质性问题具有同质性,即对人类利益和生态环境利益的侵犯,当然,由于反映环境犯罪的阶段性及刑事立法侧重点不同而有所差异。鉴于用语的形式差异以及术语的统一性之需,仍有取舍之必要。

1. 环境犯罪与公害犯罪

一方面,二者存在根本区别,在于保护法益不同,前者将环境法益作为保护的法益,后者将个人法益作为保护的法益。具体来说,公害犯罪侵害的法益是人的生命、健康或财产法益等,表现在以是否导致了人的生命健康受损或者处于危险状态为犯罪成立要件;环境犯罪侵犯的法益是环境法益,包括同时侵犯人类利益和环境法益和单纯侵犯环境法益而不侵犯人类利益两种,前者主要是把侵犯人的利益作为犯罪成立要件,后者单纯把侵犯环境利益而不侵犯人的利益作为环境违法行为入罪的条件。与此相关的是,二者的保护对象不同。公害犯罪以人身、财产为保护对象;环境犯罪单纯保护环境或者不仅保护人、财产,还保护环境及其要素。此外,公害犯罪与环境犯罪的范围有所不同,广义的公害犯罪保护领域不限于环境领域,还包括交通公害、食品药品公害等,狭义的公害犯罪和环境犯罪等同。

另一方面,公害犯罪概念缺乏科学性。由于公害犯罪概念本身存在广泛性、模糊性和不确定性等缺陷,对这一概念的非科学性,西方国家有学者提出尖锐批评,不仅肯定废除公害罪名有充分理由,而且认为由于含混不清、能无限扩大的公害罪名的废除,刑法还可以得到改善。③ 因此,无论是基于法益认识的不同,还是基于其背后所体现的价值观的不同,公害犯罪的概念已与时代

---

① 焦艳鹏:《刑法生态法益论》,中国政法大学出版社 2012 年版,第 45 页。
② 参见邓国良、石聚航:《生态犯罪的惩治与预防》,法律出版社 2015 年版,第 78~79 页。
③ 转引自陈兴良:《经济犯罪及违法违纪的政策法律界限与认定处理》,中国方正出版社 1998 年版,第 940 页。

发展不符，目前仅具历史沿革意义。公害犯罪仅具历史意义，日本公害发展历程可从一个侧面印证。关于公害，无论是立法还是研究，日本都不失为发达。以立法观之，首先规定公害的是日本的特别法——河川法，其后以基本法的形式即公害对策基本法规定公害，并对其进行扩展，再后来以环境基本法取代公害对策基本法，实现了从公害到环境的回归。本来，起初是以公害问题替代环境问题，形成了公害法体系，公害犯罪法是其中的一环，后来的环境基本法虽然沿用了公害，但并不侧重于公害及其救济，而是着重规定自然保全或者说以其为原则和理念，显然，公害犯罪与环境基本法的基本理念和原则相去甚远。

2. 生态犯罪与环境犯罪

一方面，生态犯罪与环境犯罪之间存在差异。无论是从我国还是国外的环境犯罪刑事立法来看，刑法不仅规定环境犯罪而且不断修改完善，对生态保护确实具有积极意义。但是，刑法意义上的环境犯罪与生态犯罪不尽相同：第一，认识论和价值观不同。环境犯罪秉持人类中心主义的认识论和价值观，认识论上，认为人类可以控制自然，进而认为可以通过环境科学和环境法学等机器控制和解决环境问题；价值论上，强调人居于世界的中心，是价值的创造者和价值的尺度，对环境自身利益和独立价值视而不见。[①] 即人类中心主义下的环境犯罪是直接保护人类利益，并通过人类利益间接保护环境。所谓的兼顾经济发展与环境保护或相协调的原则或论调，实际上不能兼顾或协调，即当环境保护与经济发展二者发生冲突时，被选择项始终是经济发展，环境保护则成为牺牲品。这与下文的环境犯罪实践困境即案件数量极少的现实是一致的，因为，当环境保护被抛在一旁时，构成环境犯罪的行为自然就被"调"出。而生态犯罪是以生态中心主义或者非人类中心主义为认识论和价值观，符合保护生态之目的。第二，保护范围不同。环境犯罪在立法范围上只是涵盖了与当代人密切相关的环境与特定的几种资源，一系列应予保护、而且能够保护的生态利益如森林生态保护、草地生态保护、湿地生态保护、噪声污染防治等未纳入刑法规范视野，而生态犯罪要求对生态系统进行全方位的保护。

另一方面，生态犯罪与环境犯罪概念的内涵趋同。从犯罪的本质来说，两种不同犯罪的区别莫过于侵犯的法益不同。就生态犯罪来说，其将生态法益作为保护的法益，环境犯罪则将环境法益作为保护的法益；从前述环境与生态的区别来说，生态法益和环境法益应该存在差异，但在立法甚至在理论意义上，二者的内涵几无差异，基本趋同。表现在：第一，从立法上看，当前不少国家的刑事立法价值已经发生了转变，要么以人本主义与非人本主义并重为立法理

---

① 参见李永升、张光君：《生命刑法与环境刑法研究》，合肥工业大学出版社2014年版，第221页。

念，如德国、奥地利等国的环境刑法；要么以非人本主义为立法理念，如英国、美国等国的环境刑法；而且还出现了形式上以"生态犯罪"命名、内容上也体现生态化的立法，如俄罗斯环境刑法。因此，从立法上来看，单纯以人本主义为立法理念的环境刑事立法并非主流，前述伦理意义上的二者的价值观和认识论层面的差异在立法价值或立法理念层面，已经几乎不存在了。第二，以非人本主义或人本主义与非人本主义并重为指导思想的环境刑法，实质上或内容上已将生态环境及其要素作为一个具有独立价值的法益予以保护，已经突破了传统刑法及传统法益保护观念，即打击环境犯罪着重保护环境生态系统自身。因此，环境犯罪与生态犯罪的内涵及核心要素也基本一致。第三，关于环境犯罪的保护法益，尽管有论者认为应以环境法益为环境犯罪的保护法益，亦有论者认为应以生态法益为保护的必要法益。[①] 但是，其一，在中文语境中，生态常常与环境并列使用甚至混用；其二，从前述生态犯罪论著看，其所研究的生态犯罪的范围仍是我国现行刑法规定的环境犯罪所列罪名。[②] 因此，可以认为，理论上提出生态犯罪乃至生态法益并无多少新意，其所谓的生态犯罪或生态法益按照环境犯罪或环境法益理解和处理并无不妥。

综上，鉴于公害犯罪的概念存在缺陷，仅具历史沿革意义，生态犯罪形式上虽然新颖，实质上与环境犯罪并无根本区别，加之尽管有不同称谓，环境犯罪为目前国际上通行的用法[③]，因此，本书采环境犯罪的用语，而不用公害犯罪和生态犯罪之概念，一切违反环境保护法规，具有污染或者破坏环境的风险，需受刑罚处罚的行为是环境犯罪。这里的环境犯罪，是类罪名而非具体罪名，是所有对环境的犯罪的统称，是广义的或理论意义上的环境犯罪。

二、环境犯罪的特质

关于环境犯罪的特质，有学者认为，环境犯罪是一种新型的犯罪类型，具有自身特点：危害环境行为犯罪性判断上的复杂性、危害行为形成的依附性决定环境犯罪具有一定程度抽象性、社会对环境犯罪（尤其是污染类犯罪）具有矛盾的反常的心态、环境犯罪的被害者具有不正常的心态、犯罪实施者具有侥幸心理、环境犯罪具有较高"犯罪黑数"以及环境犯罪的成立与环保行政

[①] 参见《民生安全的刑法保护问题研究：2012年全国刑法学术年会综述》，载法制网，http://www.legaldaily.com.cn/bm/content/2012-10/24/content_3923574.htm，2015-10-10。

[②] 参见邓国良、石聚航：《生态犯罪的惩治与预防》，法律出版社2015年版；张霞：《生态犯罪研究》，山东人民出版社2013年版。

[③] 参见赵秉志：《环境犯罪及其立法完善研究》，北京师范大学出版社2011年版，第4页。

第二章 环境犯罪的实践困境及破解

法规规定的环境资源使用标准、各种污染物的排放标准以及行政机关许可密切相关。① 有学者指出,环境犯罪具有以下外部特征:环境犯罪行为具有一定潜伏性、环境犯罪行为的复杂性、环境犯罪行为的间接性以及环境犯罪行为带来的后果的极其严重性。② 有的学者认为,环境犯罪客体的复合性、环境犯罪后果的潜伏性、长期性、严重性、环境犯罪因果关系的难以认定性、环境犯罪与其他刑事犯罪的相伴性,是环境犯罪的特征。③ 还有学者认为,环境犯罪具有如下特征:高科技性、经济相关性、国际互动性、高决策风险性、高利益冲突性和高度行政依附性。④ 还有学者认为,环境犯罪的本质在于,其破坏生态系统及生态系统的平衡,进而危及依赖生态系统的人类生存和发展。⑤ 这五种观点可以分为两大类,传统刑法下的和风险刑法下的环境犯罪特征,前者包括前三种观点,第四种、第五种观点属于后者。

在传统刑法下,第一种观点主要从犯罪学角度来论述环境犯罪特征,危害环境行为犯罪性判断上的复杂性、危害行为形成的依附性决定环境犯罪具有一定程度抽象性、环境犯罪的成立与环保行政法规规定的环境资源使用标准、各种污染物的排放标准以及行政机关许可密切相关等三个特征是从规范角度概括的,由于三者都涉及环境犯罪的从属性,因此可以归纳为一点。第二种观点中的潜伏性、间接性和严重性都是围绕环境犯罪的危害后果展开的,特别是环境犯罪的间接性直接体现了传统刑法范式,即环境犯罪是通过作用环境进而作用受害人,其出发点和落脚点是人而不是环境,复杂性是就因果关系难以查明而言。第三种观点基本是从犯罪构成特征概括环境犯罪特点,包括客体特点、危害后果特点和因果关系特点,不过值得注意的是,环境犯罪与其他刑事犯罪的相伴性这一特点较有新意。第四种观点立足于新的社会背景即风险社会,概括出不同于传统刑法范式的具有时代气息的环境犯罪特征,值得肯定,很有启发性、共鸣性和借鉴性,当然,国际互动性、高利益冲突性与高决策风险性有交叉重合部分,正是因为环境犯罪具有后果空间上的延展性或国际互动性以及高利益冲突性,实施环境污染或破坏高风险行为决策时,行为人应全面权衡、统筹兼顾,从而,实施环境犯罪决策时不仅考虑科技具有的风险性,还要考虑

---

① 参见杨春洗、向泽远、刘生荣:《危害环境罪的理论与实务》,高等教育出版社1999年版,第110~113页。
② 参见蒋兰香:《环境刑法》,中国林业出版社2004年版,第53页。
③ 参见房清侠:《刑罚变革探索》,法律出版社2013年版,第279~281页。
④ 参见陈晓明:《环境刑法论纲》,载《法治研究》2015年第2期。
⑤ 参见冯军、李永伟:《破坏环境资源保护罪研究》,科学出版社2012年版,第10页;刘彩灵、李亚红:《环境刑法的理论与实践》,中国环境科学出版社2012年版,第42页。

其背后的冲突利益乃至国际全球影响。在此意义上，环境犯罪的这两个特征可以整合体现在高决策风险性特征之中。第五种观点突出了环境犯罪的法益特点，即环境犯罪的法益是独特的。因此，本书认为，环境犯罪的具有法益、科技、经济、决策以及兼具行政犯自然犯五个方面的特征，其中保护环境法益是环境犯罪的本质特征，科技性是环境犯罪的核心特征，经济性是环境犯罪的基础特征，决策性是环境犯罪的来源特征，兼具行政犯与自然犯双重属性是环境犯罪的属性特征。环境犯罪的特质决定了必须在制度设计上有别于传统法规，同时，因为这些特质的缘故，产生诸多法律上适用难题。比如，产生于环境决策的环境犯罪影响代际公平，具有长期不可逆性，形成决策与责任的严重分离后果，决策由谁作出，责任如何追究等。

（一）法益的独特性

刑法是法益保护法。环境犯罪的保护法益是环境法益或环境权，该法益是独特的。环境法学一般认为环境权是人权，而且是一项基本人权，源于面对环境危害人类对自身生存和发展的担忧。环境权不仅作为人权被提出来，而且在一些国家的宪法或组织法或综合性环境法律等立法和国际文件中被确定下来，还进行了环境权司法实践，如美国、日本、印度等。① 但是，按照人权是人的权利之逻辑，环境权应是环境、自然或者非人生命体的权利。这方面，美国律师 C. D. 斯通、美国学者 R. F. 纳什提出了与众不同的自然的权利的观点，纳什主张在环境伦理发展进程中，应将天赋人权扩展到非人类存在物的利益甚至是整个大自然的利益；大自然虽然没有要求但有自己的权利；人对大自然有义务和责任。② 结合环境法学的研究成果，刑法学关于环境犯罪所保护的法益是什么，理论上有三种学说：纯人类中心的法益论、纯生态学的法益论和生态学的人类中心的法益论或者折中说。纯人类中心的法益论认为，环境犯罪的保护法益是人的生命、身体、健康等，环境自身则不是，代表性学者有 Olaf Hohmann、伊藤司、刘艳红等；纯生态学的法益论认为，水、土壤、空气、动物、植物等环境本身及环境利益是环境犯罪的保护法益，Arzt、Weber、Wessels、Hettinger、伊东研祐、王勇等持此观点；生态学的人类中心的法益论则认为环境犯罪的保护法益，是包含水、空气、土壤、植物、动物在内的与人的生命、健康等相关的环境，Gramer、Heine、中山研一、今井猛嘉、周光权等赞成该观点。③ 本书认为，不应固守人本主义法益观，应采取非人本主义法益观，环

---

① 参见吕忠梅：《环境法新视野》（修订版），中国政法大学出版社 2007 年版，第 104~124 页。
② 参见［美］R. F. 纳什：《大自然的权利》（第 2 版），青岛出版社 2005 年版，第 4~37 页。
③ 参见张明楷：《污染环境罪的争议问题》，载《法学评论》2018 年第 2 期。

境权既是人的权利也是非人生命体甚至是大自然的权利,具有以下特点:首先,环境法益具有先在性。科学研究表明,人类是地球环境演化的产物,是自然创造了人,因此,相对于人类的存在,环境本身具有先在性。其次,环境法益具有独立性。环境不仅具有自身的利益,而且具有独立的生态价值。再次,环境法益的复合性。独立的环境法益包括个人的生命、健康、财产等法益在内的环境要素法益和环境管理秩序法益①,体现了生态主义与人本主义的结合,"即一方面认为,环境及其具体表现形式可以成为独立的法益类型;另一方面也强调,环境法益的保护并不是为了其自身,而是为了人类基本生存基础的存续"。② 最后,环境法益的复杂性。某些环境要素法益以及环境系统法益具有间接性,且环境具有的稳定和改善气候等方面的生态价值难以用传统的经济价值衡量。可见,具有先在性、现代性、复合性等特点的环境法益,使之与传统的个人法益不同。但是,在传统刑法即使公害犯罪时期,都是只保护个人法益而不保护环境法益,直到环境犯罪概念阶段,环境法益才成为环境犯罪的保护法益,实现了环境法益的独立。因此,尽管各种犯罪法益都具有自身的特性,比较而言,环境犯罪法益更为独特。

(二) 科技的复杂性

在风险社会下,环境刑法规制的风险就是环境风险或环境问题,而环境风险的核心维度是技术风险。因此,一方面,环境犯罪具有科技的高依赖性。环境风险来源于科技,环境风险伴随着科技的发展而来,科技越发达,环境风险越复杂。技术的改革与创新,大于或超越一般人的认知接受接受能力,是不自然的,具有破坏性。环境风险作为新型风险,很难依照一般经验规则加以判断,不是靠纯经验积累就能预测和评估,其预测与评估高度依赖科技。不仅刑事立法过程中对于不同行为类型的环境危害评价受制于科技认知水平,而且司法过程中的环境危害评估如环境是否被污染以及污染的程度也受限于科学技术认知水平。另一方面,环境犯罪对科技的高依赖性进而决定了环境犯罪认知的复杂性。即受科技水平的限制,环境风险的原因具有科技上的难认知性。特别是在环境污染中,污染源多、污染物繁杂,加之,污染物进入环境以后,经过各种物理、化学及生物反应和作用,会引起什么样的后果尚无定论。这些最终都增加因果关系判断、归责的难度。

(三) 经济的相关性

环境问题或环境风险不仅与科技密切相关,而且与经济密切关联。环境污

---

① 具体内容参见第三章第一节。
② 徐凯:《抽象危险犯正当性问题研究》,中国政法大学出版社2014年版,第165页。

染行为和环境破坏行为常常是各种促进生产发展和社会物质进步的经济行为的附带行为，人类在利用自然、改造自然中无时无刻不在产生环境问题，特别表现为行为人在生产过程中，为追求经济利益，而降低生产成本、节省环保费用放任环境污染于不顾，即以牺牲环境保护为代价发展经济，谋取高额利润。但无论如何，经济行为本身对社会并不具有危害性。故而，经济学上常称之为社会成本。只是在工业社会，对财富的追求使人类作出发展经济的决策，将环境风险合法化为"潜在的副作用"，予以接受和承担。但是，在风险社会，增加的财富日益为环境风险所生产的阴影所笼罩使环境风险无法再在幕后扮演"潜在的副作用"，从而取代财富走向前台。因此，环境问题实际上是人类在实践中主动创造出来的不可避免的伴随性结果，是经济发展过程中所带来的副作用与负面效应，与经济具有相关性，不过，不同时期表现不同。经济相关性也反映了从古典工业社会到风险社会的转型逻辑，可以更好地理解风险以及环境风险变迁。

（四）决策的风险性

环境风险是人为的，源于人的决策与行动。而涉及环境问题的决策具有高风险性：首先，这与环境风险的浓厚技术关联性与广度利益冲突有关。环境风险具有利益冲突性，前面所提及的环境保护与经济科技发展之间的冲突就是最容易想象的冲突，除了这种价值冲突，环境决策时还要权衡和统筹地域冲突、产业冲突、代际冲突以及环境保护与劳工权益、消费者权益等多种利益冲突。这二者决定了，环境决策如环保标准的确定等中的考量因素或因时间的拖延、或因成本的不经济，或基于事物的性质，乃至国际压力等，存在各种程度的不确定性，致使决策中无法充分掌握决策所有信息，面对决策现实压力，仍必须作出决策，从而形成决策于未知之中的情形，此时决策对错很难判断，事后亦难论证得失，无形中提高了决策的风险性。其次，环境风险不会立即实现，环境危害如水土流失、资源枯竭、生态失衡、环境污染等具有潜伏性，往往是在经年累月后才被发现。许多环境危害行为都要经历一定的潜伏期，即从行为实施到危害结果的显现要经过很长一段时期。以环境污染为例，环境污染是通过环境要素或媒介载体进行的，危害结果的出现与否，最终取决于环境的自净能力和承载能力，即只有当环境本身无法负荷外界施加的污染时，危害后果才会显现。因此，污染行为与污染结果的出现通常需要经历一个较长的时间周期。最后，环境风险危害后果具有弥散性，表现在时间上的持续性与空间上的延展性。就前者而言，环境危害结果出现后，往往不会立即消失，危害长期持久地存在；就后者而言，一方面，发生在国际领域或者跨国界的环境犯罪本身就具有国际性，另一方面，即使发生在一国领域内，环境危害后果也会在地域上不断蔓延，超越地理边界和社会文化边界的限制，超越国界甚至呈全球化趋势，尽管对各国的危害程度因距离等情况而有差异，但由于我们同住地球村，进而会对全球的生态环境产生长远的影响，甚至引起国际性灾难。浓厚的国际性成为环境犯罪的一项特色，使得外交、国防及国际势力介入环境问题，正因为如此，国际社会明确将环境犯罪列为国际犯罪。

(五) 属性的双重性

"环境犯罪不单纯是违反秩序，而是和真正的刑事犯罪，如伤害、盗窃、欺诈行为一样可非难。"① 这表明，环境犯罪兼具行政犯属性和自然犯属性，具有属性上的混合特征。首先，环境刑法具有行政犯的特征，即环境刑法对环境行政法律规范具有高度的依附关系。而且，行政犯属性是环境犯罪的主要属性。环境问题不仅涉及环境保护与经济发展之间的矛盾，而且涉及不同世代甚至不同物种间的资源分配，甚至还涉及如何看待生态环境的价值理念问题，因此，需要应对措施的多元化。行政规制目前仍是最基本和最适合的环境管制手段。因此，环境刑法对于环境行政法律的从属性意味着环境刑法必须建立在行政法规基础之上，其行为的违法性判断、责任主体等都需要依赖于行政法规才能加以确定。其次，环境犯罪亦具自然犯属性。第一，某些环境犯罪如盗伐林木罪，长期被视为自然犯。盗伐林木的行为早就被作为犯罪对待，而并非是因环境行政法规《森林法》制定后禁止才作为犯罪被规制，这一立法事实足以表明，盗伐林木与生俱来具有危害他人、危害社会的反社会性，因而具有自然犯属性。② 即便现行立法将该罪作为法定的环境犯罪，其自然犯属性并不因此改变而改变。当然，盗伐林木罪在保留自然犯属性的基础上，又具有新的属性即行政犯属性。总之，盗伐林木行为具有危害社会的反社会性和破坏人类爱他、诚实的情感和要求的反伦理性。第二，环境犯罪违反了环境道德观。以公平观之，环境犯罪不仅破坏种际公平、代内公平，而且侵犯代际公平。社会发展进步将使种际公平、代际公平的公平伦理问题更加凸显。第三，从各国刑事立法法益保护的多重性亦可看出，环境犯罪有自然犯的属性。只是，多重性法益呈现此强彼弱关系：立法基于保护环境法益而规定的环境犯罪，自然犯属性较为明显，行政犯属性次之，反之亦然。最后，自然犯属性与行政犯属性的转化。随着伦理道德演变，环境犯罪等法定犯越来越转化为自然犯。③ 因此，危

---

① [德] 叶瑟:《环境保护：一个对刑法的挑战》，黄荣坚译，载国际刑法分会:《环境刑法国际学术研讨会论文辑》，1992年版，第27页。

② 参见蒋兰香:《环境刑法》，中国林业出版社2004年版，第83页。

③ 参见陈兴良:《本体刑法学》，商务印书馆2001年版，第173页。

害环境的行为不仅是因为法律的禁止规定而成为法律禁止的恶的行为，而是随着人们环境观念的提升，环境犯罪本身的性质要回归本质，即危害环境的行为本身就应当被视为不道德，是一种自体的恶的行为。

三、环境犯罪的分类

（一）立法分类

我国的环境犯罪，除了刑法第六章第六节外，还有分散在第三章第二节走私罪、第八节扰乱市场秩序罪，第六章第四节妨害文物管理罪、第五节危害公共卫生罪以及第九章渎职罪中部分与环境有关的犯罪。因此，立法上将环境犯罪分为三类：

1. 破坏社会主义市场经济秩序罪

涉及走私珍贵（稀）动植物、珍贵（稀）动植物制品、废物犯罪，[①] 以及非法转让、倒卖土地使用权犯罪。以走私废物犯罪为例，它不仅侵犯了海关进出口管理秩序，还侵犯了环境法益。走私废物的行为虽然不会直接危害环境，但可能会间接危害环境，即对环境犯罪的产生具有辅助和促进作用。

2. 妨害社会管理秩序罪

包括环境污染犯罪，破坏环境资源犯罪，故意毁坏、盗掘文物犯罪，妨害动植物防疫检疫犯罪。对于故意毁坏名胜古迹罪、盗掘古文化遗址、古墓葬犯罪，因为我国环境保护法将自然遗迹、人文遗迹、风景名胜区等归入环境因素，又由于文物本身具有一定环境价值，实施破坏文物的行为可能危及人与环境的良好关系，还有从国外立法例如巴西看，文物犯罪如对公共纪念牌、具有历史、考古或纪念价值的建筑物等的犯罪也是环境犯罪的一部分，因此，应归入环境犯罪之列。对于妨害动植物防疫、检疫罪该罪，不仅侵犯了动植物检疫管理制度、海关管理秩序，还侵犯了环境法益，因为动植物本身就是环境要素，妨害动植物防疫、检疫行为，会引起动植物疫情或者有引起动植物疫情的危险，不仅危及动植物的生存，对于土壤、水以及空气亦有重大影响，造成土壤、水及空气污染。以土壤为例，土壤是多种微生物的居住场所，未防疫的动植物带有大量致病性微生物如细菌、病毒、寄生虫等，超过土壤的自净能力，就会污染土壤，污染的土壤又会通过不同的途径污染水、空气。

[①] 走私类环境犯罪涉及走私废物罪，走私珍贵动物、珍贵动物制品罪，走私国家禁止进口货物、物品罪（以珍稀植物、珍稀植物制品为对象的部分）三个罪名。参见赵秉志：《环境犯罪及其立法完善研究》，北京师范大学出版社2011年版，第73页；徐平：《环境刑法研究》，中国法制出版社2007年版，第25页。

3. 渎职罪

包括林木采伐许可证管理犯罪、环境监管犯罪、土地管理犯罪①、动植物检疫犯罪。这些犯罪涉及环境行政管理关系,是从管理者角度具体是从渎职角度规定的犯罪,本质上属于环境犯罪。以环境监管失职罪为例,行为人负有环境监管职责即保护环境防治污染的义务,能履行却不履行,致使发生重大环境污染事故。可见,监管失职行为对环境污染犯罪的产生具有辅助和促进作用。

(二) 学理分类

1. 分类简评

关于环境犯罪的分类,有学者从犯罪手段上,将破坏环境资源保护罪分为污染环境犯罪和破坏环境犯罪。② 有的学者认为,理论上危害环境的犯罪包括污染环境的犯罪、破坏生态资源的犯罪、抗拒环保行政监督的犯罪。③ 有学者以同类客体即侵犯法益相同或相似为标准,将环境犯罪分为七类:环境污染和环境监管失职方面的犯罪、废物污染环境的犯罪、破坏动物资源的环境犯罪、破坏植物资源的环境犯罪、破坏动植物保护制度的环境犯罪、破坏土地资源的环境犯罪、破坏矿产资源的环境犯罪。④ 有的学者则分为污染环境犯罪、破坏自然资源犯罪、侵害动物类群犯罪、妨碍环境管理犯罪、其他危害环境的犯罪。⑤ 还有学者虽然并非专门对环境犯罪进行分类,但在典型案例评述部分的体系归纳有异曲同工之妙:环境污染犯罪、破坏自然资源的犯罪、环境渎职犯罪。⑥

这五种分类大体可以归纳为两种类型:解释论类型和立法论类型,第二种分类属于后者,其他几种分类属于前者。鉴于我国刑法没有规定抗拒环保行政监督的犯罪,因此,第二种分类的论者是从应然意义上进行的划分。属于解释论类型的几种分类,差异在于:第一,所解释的对象即环境犯罪的范围不同,第一种分类仅限于专节规定的环境犯罪,其他几种分类则包括刑法中所有与环

---

① 其中,《刑法修正案(九)》对非法批准征用、占用土地犯罪进行了修改,《关于执行〈中华人民共和国刑法〉确定罪名的补充规定(六)》将修改后的罪名确定为非法批准征收、征用、占用土地罪。

② 参见王秀梅、杜澎:《破坏环境资源保护罪》,中国人民公安大学出版社1998年版,第8页。

③ 参见杨春洗、向泽远、刘生荣:《危害环境罪的理论与实务》,高等教育出版社1999年版,第207页。

④ 参见蒋兰香:《环境刑法》,中国林业出版社2004年版,第74页。

⑤ 参见赵秉志:《环境犯罪及其立法完善研究》,北京师范大学出版社2011年版,第73~74页。

⑥ 参见雷鑫:《生态现代化语境下的环境刑事责任研究》,知识产权出版社2010年版,第236~248页。

境有关的犯罪;第二,所划分的种类是否存在交叉或重合。对于第一种分类,简单明了,值得肯定并借鉴。对于第三种分法,学者进行了一定整合,即将立法中非环境犯罪专节的罪名,包括走私罪、危害公共卫生罪以及渎职罪中与环境相关的犯罪全部纳入环境犯罪中进行分类,其中,既有环境污染和环境监管失职方面的犯罪,又有废物污染环境的犯罪,显然,二者都属于环境污染犯罪,存在交叉,有进一步整合的空间。对于第四种、第五种分类,与第三种分法大同小异,由于环境渎职犯罪或妨碍环境管理犯罪与环境污染犯罪存在交叉,无独立成为类型之必要,可以继续整合。

2. 本书分类

首先申明的是,这里的分类是学理分类,理应包括所有的环境犯罪。其次,在立法论上,可以增设新的罪名、修改已有的罪名,如增设破坏草原罪、破坏湿地罪、破坏自然保护区罪、抗拒环保行政监督管理罪、虐待动物罪等,将污染环境罪分解为污染水罪、污染海洋罪、污染大气罪、污染土地罪等,然后根据一定的标准进行归类。最后,解释论分类。各种解释论分类的共同之处在于都包括污染环境犯罪和破坏生态资源犯罪两类,除了第一种分类只此两类,简单明了外,其他分类在此基础上都有所增加,但是,第三、四、五种分类可以整合。初步的整合是,第三种分法中,前两类属于污染环境的犯罪,后五种属于破坏环境的犯罪,由此,第三种分类实际只有两类:污染环境的犯罪和破坏环境的犯罪;第四种分法中,第二类、第三类、第五类都可归入破坏环境的犯罪,这样,第四种分类还剩下三种:污染环境犯罪、破坏环境犯罪和妨碍环境管理犯罪。后两种分类还可以继续整合。这里的关键就是,能否将环境渎职犯罪或者妨碍环境管理犯罪融入环境污染犯罪与破坏环境犯罪两类之中。本书认为是切实可行的。以环境监管失职犯罪为例,可将其归入污染型环境犯罪之列。其一,从立法来看,二者密切关联。刑法规定的环境监管失职犯罪构成要件已将监管失职行为与环境污染捆绑在一起,如果具有监管职责的行为人的严重不负责任行为未发生污染事故或者未发生重大污染事故,显然是不用负刑事责任的。其二,从法律关系来看,环境监管失职罪涉及环境管理关系,是对环境管理人课赋的义务,本质上为了保护环境,与刑法规制环境犯罪目的一致。其三,从司法实践来看,污染环境或者环境破坏行为背后总有保护伞,环境犯罪背后的监管渎职犯罪严重。环境犯罪的爆发往往多因政府机关及其工作人员的渎职行为在姑息养奸,或者说环境领域的职务犯罪成为环境犯罪的"同谋"。案件关联性强,与贪污贿赂犯罪交织是当前生态环境领域渎职犯罪一大特点。① 同样地，根据案件实际情况，抗拒环保行政监督管理罪或归入污染环境犯罪或归入破坏环境犯罪之中。

基于上述分析，以行为方式为标准，可将环境犯罪分为环境污染型犯罪和环境破坏型犯罪两类。前者是指向环境中添加某种物质或能量，由于超过环境的自净能力使环境污染或者有污染风险的行为，简单地说就是"增加因素使环境污染"，在刑法中表现为污染环境犯罪；后者是指不合理地开发、利用环境使动物、植物、土地、森林、湿地等生态环境破坏或者有破坏风险的行为，简单地说就是"减少因素使环境破坏"，在刑法中表现为破坏环境犯罪。这一分类可以得到刑法的规范支撑。我国 1997 年刑法环境犯罪条文就是按照污染环境犯罪、破坏环境犯罪依次排列的，前者涉及第 338 条、第 339 条，即污染环境罪、非法处置进口的固体废物罪和擅自进口固体废物罪，后者涉及第 340 条至第 346 条。当然，这里的分类规范印证，仅从最狭义的即刑法第六章第六节规定的环境犯罪角度来理解，不包括刑法其他章节中的环境犯罪。总之，这里的学理分类应涵盖一切环境犯罪。

第二节　环境犯罪的实践困境及其成因

一、环境犯罪的实践困境

随着环境问题的日益加剧，各国正在尝试越来越多的刑事治理方法，我国在应对环境问题时亦采用刑事手段以保护环境。那么，我国环境刑事司法实践现状如何？这里以 1997 年刑法规定的环境污染型犯罪为例分析。现实中环境污染案件很多，但进入刑事司法程序的案件较少。即使环境污染案件进入了刑事司法程序，仍然存在取证难、认定难、鉴定难等问题，而且在定罪量刑方面存在适用法律不一致的问题。因此，环境污染刑事司法实践存在困境。关于环境污染犯罪案件的数据，据环保部统计，2001 年至 2010 年的环境污染刑事案件判决数量为 37 件；② 据全国法院系统统计，2002 年至 2011 年的环境污染刑

---

① 参见《最高检：严打破坏生态环境犯罪背后的"保护伞"》，载新华网，http://news.xinhuanet.com/legal/2014-06/12/c_126610976.htm，2014-6-12。

② 根据环境保护部《全国环境统计公报》整理。参见《全国环境统计公报》，载环境保护部网，http://www.mep.gov.cn/gzfw_13107/hjtj/qghjtjgb/，2015-06-22。遗憾的是，2011 年以来的全国环境统计公报未公布判决数据。

事案件审理数量为109件。① 尽管环保部没有明确其公布的环境犯罪案件的范围，但可以推断，仅指污染环境罪、非法处置进口的固体废物罪和擅自进口固体废物罪，不包括破坏环境犯罪，因为每年全国盗伐、滥伐林木犯罪远不止公布的这些案件。② 可见，环境污染刑事案件总体数量有限。与此形成鲜明对比的是我国数量庞大的环境行政处罚案件，1997年至2012年总数为1330739起。③ 巨大的数据反差表明，一方面，我国绝大多数环境污染案件没有进入刑事程序；另一方面，刑法应有的威慑力并没有减少环境行政违法。为顺应形势的发展，《刑法修正案（八）》对重大环境污染事故罪进行较大修改，降低污染环境的入罪门槛。一般认为，由于污染环境的入罪门槛降低，司法实践中会出现较多的刑事判决。然而在《刑法修正案（八）》实施后的两年里，污染环境犯罪的案件数量并没有呈现"井喷式"上升。④ 为切实提高环境刑法的执行力，2013年6月，最高人民法院、最高人民检察院联合出台《关于办理环境污染刑事案件适用法律若干问题的解释》（以下简称《2013年环境污染刑案解释》）⑤，明确并降低污染环境犯罪的定罪量刑标准。该司法解释施行后的半年

---

① 参见袁春湘：《2002—2011年全国法院审理环境案件的情况分析》，载《法制资讯》2012年第12期。

② 仅广西一个县法院，2008年至2011年就审结盗伐、滥伐林木案件48件，其中，2008年3件，2009年13件，2010年22件，2011年上半年10件。参见《那坡县盗伐、滥伐林木案件情况的调研分析》，载广西法院网，http://gxfy.chinacourt.org/public/detail.php?id=41475，2011-7-11。

③ 另据生态环境部《全国环境统计公报》整理，2013—2015年的环境行政处罚案件数为338227件，其中，2014年为97084件，2015年为102084件。参见《全国环境统计公报》，载生态环境部网，http://www.mee.gov.cn/gzfw_13107/hjtj/qghjtjgb/，2019年3月28日访问。截至访问时间，生态环境部尚未公布2016年、2017年、2018年的全国环境统计公报，环境行政处罚案件数量不得而知。

④ 参见焦艳鹏：《污染环境犯罪的司法困境及其解决》，载《中国环境法治》2013年第1期。

⑤ 为进一步加强对环境污染犯罪的惩治力度，继《2013年环境污染刑案解释》之后，有关机关又分别出台一个解释和一个纪要：针对《2013年环境污染刑案解释》实施后环境污染犯罪出现的一些新情况、新问题，为加大生态环境的刑事司法保护力度，2016年12月，最高人民法院、最高人民检察院出台新的《关于办理环境污染刑事案件适用法律若干问题的解释》（以下简称《2016年环境污染刑案解释》）（详见附录四），同时废止《2013年环境污染刑案解释》。为切实推进生态文明建设，统一执法司法思想和尺度，形成依法惩治环境污染犯罪合力，2019年2月，最高人民法院、最高人民检察院、公安部、司法部、生态环境部联合出台《关于办理环境污染刑事案件有关问题座谈会纪要》（以下简称《2019年环境污染刑案纪要》）（详见附录四）。为保持拙著原貌，不在正文中作修改，特此注释说明。

第二章　环境犯罪的实践困境及破解

时间内①，环境刑法的执行取得显著效果：全国法院共审结污染环境刑事案件100 件，其中，环境污染罪案件87 件。② 较之以前每年的个位数案件，不可否认是长足进步，但同当年的139059 件行政处罚案件③相比，仍然不可同日而语。因此，"司法在惩治环境污染犯罪中未能有效发挥作用成为环境刑事司法最大的问题"。④

反观国外环境污染刑事司法实践，美国自20 世纪80 年代起加强环境刑事执法工作力度，在国家环保局、司法部成立专门机构，用以对付环境犯罪。虽然环境污染刑事执法总体有限，但还是保有一定的数量，并持续增长。以控制危险废物为例，联邦级刑事检控数量，1982 年20 个，1991 年81 个，⑤ 1995年总数超250 个，⑥ 2001 年起诉的被告人从1984 年的36 人猛增至371 人。⑦在澳大利亚，刑事起诉环境污染违法者的刑事执法实践也是有限的，即使在素来积极支持环境违法行为刑事化及在澳大利亚建立最具规模的刑事执法之法律基础的新南威尔士州亦不例外。但是，从新南威尔士州的检控统计数字看，污染者被提起公诉的数目显著增加。⑧ 在大陆法系国家，虽然目前尚无既判案件

---

① 拙著写作期间，受个人能力等方面限制，仅收集了《2013 年环境污染刑案解释》实施后半年的环境污染刑事案件数据。这里补上2014 年至2018 年的数据：在2013 年全国法院审结环境污染刑事案件数达三位数的基础上，2014 年环境污染刑事案件审结数接近四位数，达988 件，2015 年达1691件，参见参见喻海松：《〈关于办理环境污染刑事案件适用法律若干问题的解释〉实施情况分析》，载《中国环境报》2016 年4 月6 日第5 版；2016 年全国法院审结环境污染刑事案件1847 件，参见罗沙：《全国法院2016 年审结环境资源刑事案件近2 万件》，载 http：//www.xinhuanet.com/politics/2017 - 06/22/c_1121192290.htm，2019 - 03 - 28；2017 年全国法院审结环境污染刑事案件2258 件，2018 年审结2204 件，参见孙航：《环境污染刑事案件怎么"办"？五部门给出答案："两高三部"首次就办理环境污染刑事案件有关问题联合出台专门文件》，载 https：//www.chinacourt.org/index.php/article/detail/2019/02/id/3733088.shtml，2019 - 03 - 28。纵向比较，可以说，污染环境刑事案件激增，环境污染刑事司法进入新阶段。但是，与每年环境行政处罚案件进行横向比较，仍不能改变环境污染案件进入刑事程序数量较少的判断，刑法在保护生态环境方面仍有很大的作用发挥空间。

② 参见《湖北公布十大环境资源案》，载湖北省环境保护厅网，http：//www.hbepb.gov.cn/hbdt/hjxw/201402/t20140226_67374.html，2014 - 2 - 26。

③ 参见《全国环境统计公报（2013 年）》，载环境保护部网，http：//www.mep.gov.cn/gzfw_13107/hjtj/qghjtjgb/201605/t20160525_346105.shtml，2016 - 5 - 25。

④ 王树义、冯汝：《我国环境刑事司法的困境及其对策》，载《法学评论》2014 年第3 期。

⑤ 参见 Mary Clifford, *Environmental Crime, Enforcement, Policy, and Social Responsibility*, Aspen publishers, 1998.237。

⑥ 参见 S. M. Edwards, T. D. Edwards, C. B. Fedlds, *Environmental Crime and Criminality: Theoretical and Practical Issues*, Carland Publishing, 1996.68。

⑦ 参见 Michael M. O'Hear, "*Sentencing the Green - Collar Offender: Punishment, Culpability, and Environmental Crime,*" The Journal of Criminal Law and Criminology, 2004, 95, (1): 144。

⑧ 参见卢永鸿：《中国内地与香港环境犯罪的比较研究》，中国人民公安大学出版社2005 年版，第18 ~ 19 页。

数量的统计资料,但是,一方面,欧陆主要国家包括德国、法国、意大利、荷兰、比利时、丹麦、芬兰、奥地利、葡萄牙、西班牙等国都已将环境污染违法行为犯罪化,污染环境犯法网严密;另一方面,这些国家都建立了环境污染刑事执法制度,以起诉权观之,不仅所有国家的公诉人,而且奥地利、比利时、芬兰、法国、葡萄牙、西班牙等六国的个人以及比利时、法国的公共机构均享有刑事起诉权;① 据此可以判断,欧陆国家为保护环境动刑打击污染犯罪的决心和力度,环境刑事司法领域中应有一定数量的判决。

此外,有限的环境犯罪司法实践中,还存在定罪量刑问题。定罪方面,对于极具相似性甚至是同一行为,如同样的排放污水污染环境的行为,有的以投放危险物质罪定罪②,有的以污染环境罪定罪③。量刑方面,一方面,由于案件定性的问题,导致轻者重判、重者轻判;另一方面,存在量刑不一致现象,主要是司法实践中适用的刑事责任方式相对多元:不仅适用了不是针对环境犯罪配置的但刑法中有一般性规定的刑事责任方式,如剥夺政治权利等;而且适用了既没有针对环境犯罪配置也没有刑法一般性规定的责任方式,如植树④。

二、环境犯罪实践困境的成因

环境犯罪存在现实困境,究其原因,是经济、政治、社会等多方面相互制约的集中表现,根本原因在于我国的环境保护是从属于经济发展的。本书关注的是环境犯罪的理论、刑事立法和刑事司法等方面的原因。

(一) 理论误区

当风险成为当代社会的特征时,风险社会就来临了。作为社会治理利器的刑法,不能对风险行为置之不理。面对新型风险,以罪责理论为基础的注重自由保障的传统刑法无力应对。环境污染和环境破坏等风险行为正吞噬着人们的美好家园,因此,预防环境犯罪、保护环境以及如何预防环境犯罪、保护环境成为国际议题,我国理论界亦探讨如何应对环境犯罪、保护环境。那么,我国环境刑法理论现状如何?整体而言,仍沿用传统刑法理论,无法应对具有自身

---

① 参见[荷]迈克尔·福尔、[瑞士]冈特·海因:《欧盟为保护生态动刑:欧盟各国环境刑事执法报告》,徐平、张浩、何茂桥译,中央编译出版社2009年版,第10~11页。

② 参见《胡文标、丁月生投放危险物质案》,载中国法院网,https://www.chinacourt.org/article/detail/2013/06/id/1014577.shtml,2016-06-18。

③ 参见《被告人樊爱东、王圣华、蔡军污染环境案》,载中国法院网,https://www.chinacourt.org/article/detail/2014/04/id/1285757.shtml,2016-06-18。

④ 最早的案例是1992年的张华林、张华刚盗伐林木案判决被告植树。参见祝铭山:《破坏环境资源保护罪》,中国法制出版社2004年版,第11页。

特殊性的新类型的环境犯罪，尤其是在环境风险社会背景下。环境刑法与传统刑法的诸多理论相龃龉，或者说束缚于传统刑法体系的环境刑法存在理论误区。

1. 关于犯罪本质。按照犯罪学的经典定义，"犯罪是严重危害社会的应受制裁的行为"。① 结合刑法学基本原理，第一，只有严重危害社会的行为才是犯罪；第二，只有个人严重危害社会的行为才是犯罪。但问题是，对于严重危害环境的行为，是否构成犯罪？社会严重危害自己的行为，是否构成犯罪？我们知道，环境破坏行为和环境污染行为严重危害生态环境整体，而且危害具有跨时空性，对于当下社会如同自杀自伤，对于未来社会或下代人则如谋杀伤，显然具有严重的危害性。对此，传统刑法理论无法解答，从而造成一般人甚至是包括法官在内的职业法律人不认为污染环境或者破坏环境的行为构成犯罪，即存在非罪认识，认为污染环境或者破坏环境的行为缺乏"罪感""耻感"或者"罪感""耻感"模糊、不明显、相当淡薄。

首先，环境犯罪"罪感"淡薄。社会公众对诸如杀人、伤害、强奸、盗窃、抢劫等传统犯罪具有强烈的、明显感知的罪感，因为这些犯罪伤害了人类基本的同情心、怜悯心和正直情感等利他情感。随着社会的发展，刑法规制范围不断扩大，把经济犯罪、环境犯罪等新型犯罪纳入调控范围，但是，人们对环境犯罪等具有痛恨情形的的犯罪意识即"罪感"十分淡薄。因为，一方面，杀人、伤害、盗窃等传统犯罪属于自然犯罪，是自体的恶；环境犯罪等新型犯罪属于法定犯罪，是法律禁止的恶，人们在道德情感上总觉得法定犯罪的主观恶性要小于自然犯罪，从而对法定犯罪抱着较为宽容的态度，即使是环境刑事立法较为完备的德国的环保机关也并不愿意将环境违法行为作刑事化处理。② 而且，由于环境犯罪具有潜伏性、隐蔽性，被害者意识不到被害，加害者更没有"加害"的意识，自然没有明显的"罪感"。另一方面，人们对环境犯罪造成的危害缺乏足够认识，对其犯罪性缺乏认识，且抱着事不关己的态度，只要不危及自身利益，听之任之。在我国，随着经济的迅速发展，环境问题呈爆炸性增长。由于经济利益与环境利益的微妙关系，市场主体追求利益的无效欲望，以及环境保护严重依赖行政手段的情况下，"警告、罚款等行政处罚对相关主体行为的法律评价尚不能达到让其有效感知'罪'与'恶'的程度，相关主体很有可能将污染环境行为与'闯黄灯'一样自我界定为'刹不住车'

---

① 储槐植、许章润：《犯罪学》，法律出版社1997年版，第2页。
② 参见李建明：《德国刑法对环境的保护》，载《学海》1994年第4期。

的无奈,甚至去错误地坚持或主张其行为的所谓正当"。① 在国外,一些国家公众对环境犯罪危害结果的意识仍然较低;有时法官并不认为环境犯罪对环境产生了巨大的危害,没有意识到严重的违法行为破坏了生态价值。② 由于环境污染和环境破坏行为所具有的社会价值判断上的双重性,及其所引发的危害后果的长期性和潜伏性,使得人们很难清楚认识到其犯罪本质。

其次,环境犯罪无明显"耻感"。耻感在我国有深厚的文化背景,经长期积淀形成了耻感文化。耻的古汉字为"恥",《说文解字》的解释是:"辱也。从耳,心声。"③ 作为对耻的一种心理认同,耻感是人们趋荣避辱的道德情感和道德心理,是人的行为与个体的内在化群体意志发生冲突时所产生的痛苦体验。④ 中华民族是一个极具羞耻感的民族,人们根据社会公认的道德准则规范,哪些事情不当为,如果做不当为的事情,其行为就为他人所鄙视,为群体所贬斥,自己则感到耻辱、羞耻。即个人的所作所为,考虑的是他人、社会的评价,以受人排斥为自己的羞耻。因此,作为伦理道德范畴,耻以否定的形式表达了对善的追求。我国传统文化道德中,有礼、义、廉、耻四德,强调知廉耻、耻不从枉即知耻者便能自觉拒绝错误的行为,充斥着以强化人的羞耻感来增进修养、预防越轨的内容。可见,耻感在我国有着深厚的文化背景,我国传统文化要求人们要有羞耻之心,以做坏事为耻。而且,长期积淀形成了耻感文化,传统耻感文化在我国传统道德文化中占据极为重要的地位。⑤ 因为,羞耻感作为一种基本价值尺度,一开始便承担起了约束个人行为以尊重公共道德规范的责任。自然,在我国传统文化和道德观念中,犯罪是羞耻的事情。不仅如此,古今中外,在伦理道德领域,犯罪是一种罪恶无须向人们反复强调,犯罪应当受到羞恶也不是什么奥秘。"但遗憾的是,迄今为止,我们仍然在用人道主义的眼光,仍然在用情感的逻辑支配着我们作出的决定,还没有真正做到自觉地理性地运用科学主义的眼光审视道德在社会生活中和个人生活中的地位和作用,还没有用现代科学的理念去武装那棵老树。"⑥ 最早在犯罪学科中引入羞耻感并加以科学系统解释的是澳大利亚的布雷思韦特教授。1989 年他出版

---

① 焦艳鹏:《生态文明视野下生态法益的刑事法律保护》,载《法学评论》2013 年第 3 期。
② 参见 [荷] 迈克尔·福尔、[瑞士] 冈特·海因:《欧盟为保护生态动刑:欧盟各国环境刑事执法报告》,徐平、张浩、何茂桥译,中央编译出版社 2009 年版,第 53 页。
③ [汉] 许慎撰、[宋] 徐铉校定:《说文解字》,中华书局 1963 年版,第 223 页。
④ 参见高春花、刘俊娥:《论耻感的道德价值——以中国传统道德文化为例》,载《河北大学学报》(哲学社会科学版)2007 年第 4 期。
⑤ 参见王平、林乐鸣:《中国传统耻感文化对罪犯教育感化的影响及其现代启示》,载《中国刑事法杂志》2009 年第 10 期。
⑥ 皮艺军:《犯罪学研究论要》,中国政法大学出版社 2001 年版,第 285 页。

了专著《犯罪·羞耻感和重新整合》①，首次系统地介绍了重整羞耻理论。在理论叙述中，布氏使用了"shame"和"shaming"。前者为名词，意为羞耻感；后者应理解为动词，意为羞恶，针对犯罪人是指羞恶犯罪者或使犯罪者感到羞耻，针对犯罪行为则是指使人们对犯罪行为感到羞耻。羞恶意味着所有表达否定的社会过程，这些否定表达具有引起被羞恶者认识到其实施的犯罪行为是羞耻的行为，进而产生懊悔的意图或者效果，起到预防犯罪之功效。当然，羞辱的制约机制是外在的，强调外在的约束力。只有罪错暴露，才会受到他人的谴责与惩罚，社会才会把耻辱降落到这个人头上。否则，就不会有耻感或者耻感不明显。这对环境犯罪无疑是恰如其分的。在环境犯罪中，行为人实施了环境污染或环境破坏的行为，其内心很清楚或心中有数，也最为熟悉，但行为人并不具有耻感或者无明显耻感，即使是受到刑罚处罚。因为，一方面，环境犯罪具有潜伏性、长期性，危害后果短期难以显现，行为人以外的单位或个人也难以及时获取犯罪信息，即使发现已时过境迁，使行为人觉得反正危害环境行为难以被发现，就抱有侥幸心理甚至明目张胆地实施环境犯罪行为，即使被处理顶多也是行政处罚而已。而最严厉的行政处罚莫过于罚款，一些企业年初在做预算时，就把环境罚款列入了预算。罚款对于违法企业来说根本构不成压力，甚至连耻辱感都让他们感觉不到，②即行为人自身不以为耻。另一方面，在优先发展经济的指针和追求物质财富的欲求下，人们对环境犯罪行为态度暧昧，甚至把环境犯罪视为合法的副产品或副作用，普通民众、社会甚至政府也就视而不见、听而不闻甚至纵容放任，从而社会公众也不对污染或破坏环境的犯罪行为感到羞耻。总之，环境犯罪一般都是伴随经济利益的追求而发生，道德谴责性不明显，无论行为人还是社会大众的内心不会有剧烈的道义斗争，往往没有耻感或者不明显的耻感。综上，对污染环境或者破坏环境的行为构成犯罪的意识不强、社会容忍度高，即环境犯罪的缺乏"罪感"与"耻感"，至少是环境犯罪的"罪感"与"耻感"模糊、不明显、相当淡薄。

2. 关于犯罪的特殊性。即使承认污染环境或者破坏环境的行为构成犯罪，仍然存在问题。毕竟环境犯罪与一般犯罪不同，环境犯罪侵犯的法益是环境法益，以环境法益为保护法益，与一般犯罪侵犯的个人法益不同。从而对环境犯罪究竟如何处理，是作为传统的一般的犯罪论处还是作为有别于传统的一般犯罪的新型的特殊的犯罪论处，便成为问题。我们看到的事实是，"基本上是以

---

① 参见 John Braithwaite, *Crime, Shame and Reintegration*, London, 1989。
② 参见郄建荣：《行政处罚难震慑环境违法打击环境犯罪司法为何使不上劲》，载福建普法网，http://www.fuzhoupufa.com.cn/qypd/news315.asp?newsid=182963, 2008-9-24。

传统的刑事观来处理环境违法行为,将环境犯罪界定为严重的刑事罪行,与一般的刑事罪行的本质相同"。① 回顾环境刑法的变迁,基本可得此认识。工业革命后至20世纪60年代以前,虽然环境问题主要表现为地域性的环境污染与环境破坏,但已具影响力,西方各国政府开始重视以法律来解决环境问题,制裁手段包括刑事制裁。但是,刑事制裁的法律依据是原有的刑事法律规则和制度,没有针对严重危害环境的行为设立新罪名,更没有制定新的环境刑法法规。因此,我国台湾学者将这一时期称为民刑法沿用阶段,即遇到环境违法犯罪问题,由法院援引传统的民事、刑事法律原则和制度加以处理。② 20世纪60年代后,环境问题更加严重,民事与行政制裁对于环境问题的解决微乎其微,各国政府将目光转向刑事制裁,环境刑法大量出现,典型的是日本的《公害罪法》。该法的目的是防治公害,即防治危害人体健康的公害,而且将公害防治视为至高无上的目的。可见,该法依然承袭了传统的价值观,将着眼点放在对人的生命、健康保护上,没有把环境要素作为真正的保护客体,只要不危及人体健康及生命,对环境的危害可以不受此法追究,③ 即追究环境犯罪旨在保护人的基本健康权。总体来说,20世纪70年代以前,大陆法系国家普遍认为环境犯罪侵害的是个人法益。④ 20世纪80年代以来,随着对环境犯罪的认识进一步深化,多数国家采取非人本主义,表现在刑事保护范围逐步扩展到环境的各个要素,并更加着眼于防治环境犯罪的间接的、持久的和潜在的危害。⑤ 但是,我国对环境犯罪的认识仍然停留在人本主义,而且将环境犯罪与扰乱公共秩序罪、妨害司法罪、卖淫犯罪、毒品犯罪等传统犯罪一起置于妨害社会管理秩序中,可见,我国立法者并未将环境犯罪真正视为特别的犯罪,仍然视为传统犯罪,而且仅仅是妨害社会管理秩序的犯罪。

3. 关于刑法谦抑原则。由于环境风险严重影响和威胁着人类的生存和生活,已经极大威胁了国民安全,刑法必须以一种积极的姿态来应对,需要提前介入,以承担控制风险的重任,保障国民安全。但是,我们看到的是,尽管1970年以来,环境问题更加严重,民事与行政制裁对于环境问题的解决微乎其微,各国政府将目光转向刑事制裁,环境刑法大量出现。尽管环境刑事立法

---

① 卢永鸿:《中国内地与香港环境犯罪的比较研究》,中国人民公安大学出版社2005年版,第270页。
② 参见叶俊荣:《环境政策与法律》,中国政法大学出版社2003年版,第137页。
③ 参见杨春洗、向泽远、刘生荣:《危害环境罪的理论与实务》,高等教育出版社1999年版,第73页。
④ 参见赵秉志:《环境犯罪及其立法完善研究》,北京师范大学出版社2011年版,第36页。
⑤ 参见郭建安、张桂荣:《环境犯罪与环境刑法》,群众出版社2006年版,第173页。

频繁，被追究的环境犯罪行为也有所增加，但环境犯罪司法实践并不乐观，环境状况整体并未好转甚至进一步恶化。因为将环境犯罪作为一般的传统犯罪对待的传统刑法，恪守谦抑原则，不轻易介入社会生活，极具被动性。

4. 关于人本法益。传统刑法所保护的法益是个人法益，是实体的具体的。但环境法益既不是实体的也不是具体的，而是抽象的精神的法益，因此，环境法益应当以独立的法益形态被保护。但是，其一，传统刑法将环境犯罪放入妨害管理秩序罪中，从而使其法益失去了独立性。英美法系国家如此，我国也是如此，我国现行刑法仍将环境犯罪与扰乱公共秩序罪、妨害司法罪、卖淫犯罪、毒品犯罪等传统犯罪一起置于妨害社会管理秩序中。其二，自日本的《公害罪法》开始，环境刑法就承袭了传统的价值观，将着眼点放在对人的生命、健康保护上，没有把环境要素作为真正的保护客体，只要不危及人体健康及生命，对环境的危害可以不受此法追究，即追究环境犯罪旨在保护人的基本健康权。总体来说，20世纪70年代以前，大陆法系国家普遍认为环境犯罪侵害的是个人法益。[①] 20世纪80年代后，随着对环境犯罪的认识进一步深化，虽然一些国家已采取非人本主义，表现在刑事保护范围逐步扩展到环境的各个要素，并更加着眼于防治环境犯罪的间接的、持久的和潜在的危害。[②] 但不少国家仍然停留在人本主义，对环境法益保护，是通过对人的法益的保护间接地而不是直接予以保护，无论是环境污染还是环境破坏的评价都没有逃脱传统的人身财产价值评判标准。其三，传统刑法只保护当代人的现实的法益，不涉及子孙后代的法益。可见，环境法益没有得到独立的直接的保护。

5. 关于结果本位。传统刑法以法益侵害为犯罪本质、处罚基础，只有当出现法益损害或损害危险后果时，刑法才能介入，此时的刑法介入方为适当，[③] 可见，传统刑法以处罚实害犯为核心。故而，只有在危害环境行为造成实际损害时，刑法才会反应。然而，风险社会之环境风险蕴含着灾难性的后果，等到造成实际损害，将会给社会共同体的安全造成不可弥补的后果，此时刑法干预为时已晚，已经难以平复风险所造成的破坏。

6. 关于因果关系。传统刑法的归责逻辑是建立在明确的个别的因果关系基础上，对于传统犯罪，这种因果关系往往简单明确，要确证其存在并不困难。但是，环境犯罪是环境风险的产物，一方面脱逸过去之经验，环境污染和破坏行为与损害结果间是否存在因果之关联性，运用一般的常识和方法难以查

---

① 参见赵秉志：《环境犯罪及其立法完善研究》，北京师范大学出版社2011年版，第36页。
② 参见郭建安、张桂荣：《环境犯罪与环境刑法》，群众出版社2006年版，第173页。
③ 参见黄荣坚：《刑罚的极限》，元照出版社1998年版，第229页。

明,纵使经验科学上可确定某一环境干扰在多数情况下可导致损害,但此多数条件未广为熟知;另一方面,加之科技的局限性而又欠缺现存实证科学的资料和数据参考,以及人的认知局限性致使人类有时对自己的行为造成的后果并不都知道,等意识到时由于牵连广泛致因果关系连接已被稀释,从而难以探知,纵使可确定多种条件,但要从中找出个别的原因却特别困难,因其在各个干扰过程中环环相扣相互依赖,况且该干扰因素经常未被充分研究而只是模糊或者可确定而已。换言之,环境犯罪因果关系并未充分研究或者实证上尚无定论,内容被迫受限至少存在缺陷。因此,环境侵害行为与法益损害之间仅在特例时存在足以确定的因果关系,因果关系问题成为环境刑法对传统刑法的新挑战之一,[①]进而,在环境犯罪案件中,被害人及控方面临因果关系举证困难,因果关系遂成为环境刑法运作难题。[②]那么,固守传统的因果关系理论,必然排除大量环境犯罪。

(二)立法缺陷

在刑事立法方面,我国环境犯罪立法的价值、目的、技术等方面存在缺陷。这成为环境犯罪实践困境的立法原因。

1. 价值偏离

立法首先会面对价值选择和预设问题。一般来说,刑事立法价值主要存在自由与安全或秩序这两种冲突的价值取向。虽然这两种价值并不完全对立,但是,在价值选择时,偏向或者侧重一种价值自然会影响另一种价值,保障一种价值势必会损害另一种价值。具体到环境刑事立法,两种冲突的价值取向可以转换为经济发展与环境保护之间的冲突。本来环境刑事立法价值就应当是保护环境及其利益而不是其他,但是,我国目前的环境刑事立法没有体现该价值,而是较多考虑人类自身以及眼前利益,对环境保护力度不够。这集中体现在我国环境刑法以人本中心主义为立法理念。在发展就是硬道理、发展就是一切的指针下,专心致力于追求经济的高速成长,是否有利于经济发展成为一切工作的评价尺度。加之环境危害往往发生在促进经济发展的生产活动中,自然被视为谋求经济发展所必须付出的必要成本和代价,进而对环境问题的严重性缺乏全面而长远的认识。在此发展模式下,以环境污染和破坏为代价对现实的经济利益的追求成为价值选项,即面对经济发展和环境保护的冲突,基于眼前经济利益的考虑,人们往往倾向于前者。当然,如此价值选择不只是我国的独特现

---

① 参见[德]海涅:《环境破坏行为类型化之国际比较:论因果关系与特殊归责问题》,郑昆山译,载国际刑法分会:《环境刑法国际学术研讨会论文辑》,1992年版,第408~409页。

② 参见张世东:《从比较法观点论我国环境刑法运作上之难题》,台北大学2009年硕士学位论文。

象，世界上许多国家都出现过发展经济为主还是保护环境优先的艰难选择。

2. 目的错位

立法不是为了存在而存在，而是为了某个目的而存在。刑事立法的目的，不外乎报应和预防两种。如同立法价值选择一样，立法目的也面临着选择问题。具体到环境刑事立法，鉴于环境问题或环境风险的隐蔽性、潜伏性、延续性等特殊性，危害是否发生以及危害发生的范围和规模难以估计，而且危害一旦发生，损失难以恢复甚至无法挽回，因此，刑法应当提前介入，以预防尤其是积极的一般预防为目的。但是，立法现实恰恰与此相反。具体表现为刑事立法将环境犯罪的行为模式主要设置为结果犯和情节犯，而且设置的刑事责任方式只有刑罚，刑罚又主要是有期徒刑和罚金。显然，环境刑法以报应惩罚而不是保护预防为目的。然而，报应目的根本无法实现。因为，环境犯罪可能超过环境的承载负荷能力和净化修复能力，导致生态环境长期或永远不能复原，由后代去承受恶果。即使通过治理，环境有一定程度改善但却无法根治，且代价高昂。

3. 技术失当

除了存在宏观的立法价值和目的问题，环境刑法还存在微观的立法技术问题。这里的立法技术主要是指环境刑法规范设计。表现在：第一，法益方面的不足。从环境法益的定位看，环境刑法既没有确立独立的环境法益，也没有显性或隐性实现以环境法益为主或者环境法益和个人法益并重。现行刑法将环境犯罪侵犯的法益定位于社会秩序法益，并没有直接保护环境法益，而社会秩序法益又是通过个人法益来体现的。如此，环境刑法保护的环境法益具有双重从属性：环境法益从属于社会秩序法益，而社会秩序法益又从属于个人法益；或者说具有双重间接性：环境犯罪通过侵害个人法益而侵害社会秩序法益，进而通过侵害秩序法益又侵害环境法益。从犯罪对象看，环境刑法规定的环境犯罪的罪状表述，也只是将人身、财产作为犯罪对象，根本未将环境作为环境犯罪的直接侵害对象。由此可见，环境刑事立法即使保护环境法益，充其量也只是人的法益的间接折射，即环境法益依附于人的法益，通过保护个人法益的方式间接保护环境。但事实是，环境犯罪直接侵害的是环境要素，包括水、大气、土壤等，然后以这些环境要素为媒介进而侵害人类的人身权、财产权。显然，环境要素才是人身、财产利益受到保护的第一道屏障，对人身、财产利益的侵害只是环境要素受到侵害的间接后果。正因为环境刑法没有直接保护环境法益而是保护秩序法益进而保护个人的人身、财产法益，直接导致的后果就是公安司法机关积极关注污染环境或者破坏环境行为所侵害的秩序法益是否受到侵害，而社会秩序侵害与否并非微观司法行为的强项，最终导致环境刑事司法弱化环境保护功能。同时,环境刑法对环境法益的保护不足,导致环境法益的认同度较低,从而导致认识论中的环境犯罪的"罪感""耻感"的模糊甚至是缺乏,进而造成环境犯罪较少追究的局面,最终导致无法有效惩治和预防环境犯罪。与环境法益保护不足直接相关的是,环境犯罪的范围过窄。因为环境刑法没有设立独立的环境法益,进而许多对于人类长期生存发展具有决定作用的环境要素不可能纳入刑法保护视野。第二,犯罪客观方面的不足。首先,环境犯罪多为结果犯。在犯罪类型设计上,大部分环境犯罪是结果犯,而且还有行为犯,但是偏偏没有危险犯或风险犯的规定。将危险犯、风险犯排除在环境刑法之外,听任环境危险或风险变成现实即危害环境结果产生,环境便很难修复或者难以恢复其原貌。其次,因果关系。既然环境犯罪多为结果犯,就不能避开因果关系。传统刑法下的因果关系强调的是个别的明确的因果关系,但环境犯罪的特殊性,特别是危害行为具有复杂性、危害结果具有潜伏性、隐蔽性,从而产生了因果关系认定难题。第三,犯罪主观方面的不足。现行环境刑法规定,部分犯罪的主观罪过只能是过失。这样规定,不仅违反举轻以明重的当然解释原理,而且不符合环境犯罪行为人可能过失也可能故意实施危害环境行为进而造成危害后果的现实。第四,刑事责任方面的不足。尽管我国刑法规定刑罚和非刑罚方法两类刑事责任方式,但环境犯罪的刑事责任方式配置单一,只有刑罚规定,没有非刑罚方法规定;另外,刑罚以自由刑和罚金刑为主,资格刑缺失。因此,没有确立资格刑在环境犯罪刑罚体系中的应有地位,以及缺乏非刑罚方法的配合适用是我国环境犯罪刑事责任存在的问题。[①]

(三) 司法障碍

环境犯罪不只是存在理论误区、立法缺陷,司法过程也存在障碍。虽然公安司法机关在环境犯罪司法实践中面临的实质问题的确大致相同,但程序上各自的任务和侧重点不同,因此,整个司法过程可谓障碍重重。由此,环境犯罪之司法障碍成为其困境产生的重要原因之一。

1. 程序障碍

这里的程序障碍是指程序缺乏,即缺少单独适用于环境犯罪的诉讼程序。比较而言,我国对环境犯罪的实体性立法较为重视,很少涉及环境犯罪的程序性立法。由于环境犯罪具有不同于传统的一般的刑事犯罪的特点,适用传统的刑事诉讼程序并不适合环境犯罪追究。缺少专门的环境犯罪诉讼程序主要表现为:缺乏环境污染致害原因的技术鉴定机构,缺少环境污染损害后果的法定评

---

① 参见赵秉志:《环境犯罪及其立法完善研究》,北京师范大学出版社2011年版,第121~122页。

价机构，没有专门的环境犯罪侦查部门，亦缺乏专门环保司法人才等。此外，环境案件审理组织是环境民事、行政、刑事各自为政。但恰因为环境问题与民事、行政及刑事问题混合交叉，环境保护需要民事、行政和刑事手段。环境案件的综合性、复杂性、特殊性要求审判一体化，即建立一个独立的专门的审判机构①来一揽子处理环境违法犯罪行为，从行政诉讼的处理到刑事责任的追究，并辅助以民事赔偿。也由于环境违法行为与环境犯罪行为的评价对象是重合的，二者区别仅在于违法程度不同，从而使违法主体自身难以判断是违法还是犯罪，对一般公民、法官也是一样。在这样的情况下，如果审理机关条块分割，对于违法犯罪不明晰的行为连确定管辖权都成问题，更不要说对该行为进行厘定并在性质认定和处罚力度上做到罚当其罪了。

2. 立案障碍

根据我国刑事诉讼法的规定，环境犯罪案件由公安机关立案管辖。但是，公安机关获取环境犯罪的立案线索信息缺乏，即环境犯罪信息的缺乏或者不对称造成环境犯罪立案难。环境犯罪信息缺乏或者信息不对称表现为：一是环保行政机关对分布在辖区内的环境污染和环境破坏行为的信息收集、分析与研判缺失，由于缺乏有效、快捷的信息传递渠道与形式，难以宏观掌握；二是环境污染和环境破坏行为从发生到发现存在隔时性，行为人以外的单位或个体难以及时获取相关信息；三是环境污染和环境破坏行为具有流动性、扩散性，从发生到发现存在隔空性也导致环境犯罪信息的缺失。现实中，公安机关对环境犯罪进行立案的线索主要是群众举报与行政机关移送两种。对于前者，即使群众获取了环境犯罪信息，由于生态环境的公共性，在没有人员及私人财产权受到侵害情形下，群众对环境污染和环境破坏犯罪的举报意识不够。对于后者，行政机关移送包括环保行政机关和海关移送两种，但主要是环保行政机关的案件移送。尽管环保行政机关忽视对环境污染和环境破坏行为信息的收集、分析与研判，但作为环保监管部门，负责本辖区内的环境管治，对本辖区内的环境污染和环境破坏行为还是关注和重视的，只是环保行政机关主动向公安机关进行案件移送的动力不足。主要原因在于，包括环境刑法在内的我国环境法律法规的出发点主要是维护稳定的环境管理制度。这意味着环境违法行为与环境犯罪

---

① 具体来说，环境审判机构称谓不一，包括环境法庭、合议庭和巡回法庭等。2007年，我国第一个环保法庭——清镇市人民法院生态保护法庭成立。此后，其他省区市相继成立环境审判机构。2014年7月，最高人民法院设立环境资源审判庭。需要注意的是，虽然四级法院均成立了环境案件审判，但在审理范围上，与本书提议尚有差距。本书主张，成立的环境案件审判统一审理环境民事、行政、刑事和公益诉讼案件。以最高人民法院环境资源审判庭为例，其职责仅限于审理环境民事纠纷案件。参见安克明：《最高人民法院设立环境资源审判庭》，载《人民法院报》2014年7月4日第1版。

行为的评价对象基本是竞合的，区别仅在于侵害程度不同。① 加之出于多种因素考虑，因此，在行政执法过程中，环保行政机关发现环境违法犯罪行为时，不是考虑分辨环境违法行为还是环境犯罪行为进而进一步采集证据并移送公安机关立案，而是直接按照行政执法程序处理，进行行政处罚或者采取行政强制措施，对于成立犯罪的，也经常以行政处罚代替刑事处罚，致使大量环境犯罪案件不能进入刑事司法程序。当然，立法粗疏、缺乏可操作性等立法原因同样导致立案障碍。

3. 侦查障碍

即使由于群众举报或者环保行政机关移送环境犯罪案件，公安机关依法对环境犯罪立案，环境犯罪进入了刑事司法程序，公安机关依然面临着侦查难题。这一方面是因为环境犯罪是一种新型犯罪，尤其是技术含量高，需要较高的环境保护专业知识和技术水平，如环境科学知识、物理化学知识、废物取样技术等；另一方面，从事环境犯罪案件调查的经济侦查部门及其人员往往缺乏或不具备这些专业知识和技术水平，能力不足，对危害行为、危害结果，尤其是因果关系的判定以及损害损失的鉴定核定往往缺乏足够的技术支撑，致使环境污染和环境破坏的犯罪事实难以查清。此外，侦查机关及人员对环境行政法规规章及程序不熟悉，也是造成侦查不易成功之原因。

4. 起诉障碍

本来通过刑事立案进入刑事司法程序的环境犯罪案件就少，加之侦查难，又过滤一部分，移送审查起诉的环境犯罪案件就更少了。环境犯罪案件属于公诉案件，由检察机关行使起诉权。检察机关负责对侦查机关移送的环境犯罪案件审查，并作出是否起诉的决定，而影响是否起诉的因素很多，如是环境行政违法行为还是环境犯罪行为、有无主观过错、因果关系是否存在等。此外，与公安机关一样，检察机关也缺乏环保专业知识和技术水平。因此，在承担环境犯罪案件审查起诉重任时，检察机关面临诸多障碍。② 以环境污染因果关系为例，检察机关要证明因果关系存在十分困难，对于环境污染因果关系不能证明

---

① 参见赵星：《环境犯罪论》，中国人民公安大学出版社2011年版，第123页。
② 2018年12月，最高检改革内设机构，将检察职能划分为刑事、民事、行政、公益诉讼四大检察。"四大检察"在十三届全国人大二次会议上，第一次被写入关于最高检工作报告的决议。四大检察并行的法律监督格局是新时代我国检察制度的重大发展，彰显了中国特色。检察机关依法大力开展公益诉讼，2018年共立案民事公益诉讼4393件、行政公益诉讼108767件，其中，涉及生态环境和资源保护59312件；共提起公益诉讼3228件，法院已判决1526件，支持起诉意见1525件。生态环境和资源保护公益诉讼的办理，对环境犯罪的审查起诉有一定的借鉴和推动作用。公益诉讼数据参见张军：《最高人民检察院工作报告》，载中华人民共和国最高人民检察院网，http://www.spp.gov.cn/tt/201903/t20190312_411422.shtml，2019-06-06。

或者达不到排除合理怀疑证明标准，只好不起诉。因此，在起诉阶段，一部分环境犯罪案件又被过滤。

5. 审判障碍

环境犯罪，无论是环境污染犯罪还是环境破坏犯罪，最终都由法院认定。一方面，由于环境犯罪大多以违反环境行政法律法规为前置性条件，因此，在环境犯罪的入罪标准上，法院对行政机关相关标准高度依赖。比如，法院对环境污染罪的认定，必须以行政机关对是否构成污染事故以及事故级别的认定为前提。法院在依赖行政机关的基础上，制定相应的司法解释，细化公私财产重大损失、人身伤亡等入罪标准。在二者矛盾的情况下，如何定罪自成问题，即使不矛盾，公私财产重大损失的司法判定仍具有较大难度，人身伤亡的司法判定仍存在技术障碍，环境污染的其他标准如何认定，因果关系的判定亦成障碍，最终导致出现被起诉的案件难以被法院判决有罪的情况。

6. 证据障碍

贯穿环境刑事司法全程的是证据问题，环境犯罪案件的证据，无论是调查还是取证，无论是衔接还是转化，无论是鉴定还是认定，都存在难题。一方面，环境犯罪的技术性强，而公安司法机关对环境科学与技术的专业知识和水平欠缺，致使环境犯罪因诸多技术问题得不到证明尤其是欠缺直接证据证明，既无力证明因果关系，又难以证明主观罪过，而使刑事追诉无法进行。因为加害方尤其是环境污染企业对污染的证明具有知识的排他垄断性。企业不仅不会将其工业活动的具体情况主动告知其他人，甚至还作为商业秘密加以保护。受害者和第三者根本无法知道企业在工业生产活动中是否有有害物质产生，产生何种有害物质，其成分构造如何，以及致害机理是什么等。另一方面，鉴于环境犯罪具有行政依附性，因此，与环保行政法规定的资源使用标准、污染物排放标准以及环保行政机关的行政许可等密切相关证据的有无以及多少，往往决定环境犯罪成立与否。而这些证据的有无与多少，主要依赖环保行政机关协助收集和提供，比如污染的来源、污染类型、污染性质以及污染后果等方面的证据都需要环保机关协助调查收集和提供，而有关环保行政机关移交作为证据的检验报告、监测报告、鉴定结论，则要征得省级环保行政机关的同意。这是其一。其二，环境行政执法的证据要求与环境刑事司法的证据要求不同，尤其是证明程度。环境刑事司法对环境行政执法中收集的证据往往由于严格性不足而不能予以采纳，造成两大执法体系的证据衔接与转化出现困难。[①] 这与环境犯

[①] 参见王敏远、郭华：《行政执法与刑事司法衔接问题实证研究》，载《国家检察官学院学报》2009年第1期。

罪案件尤其是污染犯罪案件的立案难、侦查难、起诉难、审理难、取证难、鉴定难、认证难等问题密切相关。最终使得环境刑事司法与环境行政执法严重脱节，进入环境刑事司法程序的案件与实际发生的案件存在巨大差距。

除了这些障碍，实践中还存在司法解释障碍。司法解释在我国具有很高的效力，下级司法机关对司法解释具有高度依赖性。一方面，没有相关环境犯罪适用解释时，如对于没有造成人员伤亡、财产损失但造成野生动植物伤亡、自然保护区、风景名胜区环境污染的行为、环境危险行为，基层司法机关不知如何处理；另一方面，对于有相关环境犯罪适用解释时，由于我国特殊的司法解释体制，存在最高人民法院与最高人民检察院解释不一致等情况，导致出现按照法院解释应追究刑事责任而按照检察院解释不应追究，或者按照法院解释不应追究刑事责任而按照检察院解释应追究的矛盾，严重影响对环境犯罪的预防和惩治。

第三节 环境犯罪实践困境的解决路径[①]

造成环境犯罪困境的原因是多方面的，刑法理论误区、刑事立法缺陷和刑事司法障碍是重要原因。针对这些原因，对策分别是突破刑法理论、完善刑事立法、畅通刑事司法。

一、理论突破

（一）新犯罪观的确立

传统的犯罪观认为，犯罪是个人反社会的行为，犯罪是严重危害社会的应受刑罚处罚的行为，严重的社会危害性是主要特征。因此，根据传统犯罪观，个人反自己就可能不是犯罪，具有正义性的社会是不会自己反自己的，即使社会做了某种自己反自己的行为，也因"法不责众"不能给予刑事处罚。但是，危害环境的行为是否构成犯罪，社会严重危害自己的行为是否构成犯罪，不无疑问。虽然传统法学以人为中心或本位，环境或自然是人操纵和控制的对象；但随着人类认识水平的提高，对环境或自然及其价值的认识不断深化，生态环境是先在的独立的，人只是生态环境系统中的一个链条或者环节，危害环境行

---

① 该节部分内容已发表。参见学院课题组、张继钢：《广西生态污染的刑事责任追究现状评析》，载《广西政法管理干部学院学报》2016年第5期。

为破坏生态系统的平衡与安全以及人类赖以生存和发展的条件,不仅具有社会危害性,也具有环境危害性,受侵犯的人类利益只是生态环境系统的一个组成部分。因此,危害环境的行为可以构成犯罪。另外,我们也必须承认,社会是个人的集合体,不过是放大的单位,单位犯罪根据法律规定会受到处罚,因此,社会亦可能因犯罪而受到制裁。可见,危害环境的行为不仅是构成犯罪的行为,而且是社会严重危害自己的行为,不只危害当代人,还危害下一代人。由此,"可以将严重危害社会的行为视为严重危害社会生态系统的行为,可以与严重危害自然生态系统的行为一起,整合进入严重危害环境大生态系统的行为,从而建立起环境大生态理论视野下的犯罪观"。[①]

(二) 新型犯罪的认同

新犯罪观的确立可以解决环境犯罪的犯罪性问题,从而使整个社会清晰认识污染环境或破坏环境的行为是犯罪行为,具有犯罪性质。而且应当更多地从公共政策、伦理道德等方面需要出发,来认识和揭露环境污染和环境破坏行为的犯罪性质。[②] 在此基础上,应进一步认识到环境犯罪是特殊的犯罪而不是一般的犯罪、是新型的犯罪而不是传统的犯罪。这需要对环境犯罪所具有的不同于传统犯罪的外部特征有充分认识:环境犯罪侵犯了环境法益,这是环境犯罪区别于其他犯罪的本质特征;此外,环境犯罪与科技密切相关,具有科技的复杂性特点;环境犯罪是伴随经济发展行为而生产,具有经济相关性;由于环境犯罪与科技及经济的关联性,致使行为人的环境决策具有高度风险性;环境犯罪不仅是法定犯,而且具有自然犯属性。

(三) 刑法积极介入

近代刑法之初,为了保障人权、限制刑罚权的发动,确立了刑法谦抑原则,即刑法可以而且必须只能作为防止社会损害的最后理性手段。但如今,刑法谦抑只具有理念层面上的意义,不具有操作上的价值。随着刑法的社会基础的变迁,当时的刑法谦抑或绝对谦抑,已发生了变化。正如 Schünemann 所言,对这种近似天真的想法,今天必须予以排斥,因为刑法是一种直接有效的,甚至可以说是功能紧密、能滴水不漏地保护法益的工具。这对于环境犯罪完全适用,因为环境风险严重影响人类的生活和生存,已经极大地威胁国民安全,刑法必须以一种积极的姿态来应对,需要提前介入,以承担控制风险的重任,保障国民安全。毕竟风险社会下,刑法提前介入环境污染和环境破坏等典型性风

---

① 李永升、张光君:《生命刑法与环境刑法研究》,合肥工业大学出版社2014年版,第255页。
② 参见王树义等:《环境法基本理论研究》,科学出版社2012年版,第126页。

险行为，是为更好地保护环境法益，这些行为恐怕已非最后手段原则、谦抑性原则所能容忍。

（四）法益抽象化

刑法是法益保护法，这对传统刑法和风险刑法一体适用。所不同的是，二者所保护的法益有所不同，前者保护的是个人法益，是具体的实体的，而风险刑法所保护的法益如环境法益是普遍法益，是抽象的精神的。这是因为，环境犯罪对环境造成的是严重的不确定的威胁，且该不确定的后果在时间和空间上均具有不确定性，即侵害的大小、程度、范围等难以判断和控制，因此，环境法益是超个人法益，这里的个人不限于当世之人，亦包括后代人。从而为了防范环境风险的发生，不要求预设法益的特定内容，不在意何种具体的实体的法益受到损害。

（五）风险犯中心

传统刑法以法益侵害为犯罪的本质标准、处罚的正当性基础，进而建立起以实害犯为中心的刑法体系，实害犯是刑法规范的主体对象，与风险有关的部分行为，如危险犯、预备犯、未遂犯等，仅作为例外存在。按照传统刑法，只有在危害环境行为造成实际损害时，刑法才会反应。然而，风险社会之环境风险蕴含着灾难性的后果，等到造成实际损害时，刑法干预为时已晚。显然，以实害犯为中心的实然刑法体系，难以控制新型社会风险，无法满足风险社会对刑法的应然保护要求。环境风险是风险社会的典型风险，其不确定性给社会带来了极大不安，为更好保护环境法益，本着保障环境安全的诉求和预防环境风险的目的，刑法绝对不能等到实害发生之时才介入，要在比实害或者危险更为遥远的时间就介入，密切关注环境风险和环境风险行为，确立风险犯的在刑法体系中的核心或中心地位。

（六）归责规范化

传统刑法的归责是以因果关系为基础，一般来说，因果关系通过经验法则即可确定，但对于环境犯罪尤其是环境污染犯罪，因果关系难以确定，致使大量环境违法行为无法追责。为了防范环境风险，弥补传统刑法在责任追究上的漏洞或障碍，充分保护法益，必须突破因果关系归责。可以通过风险的规范化以及因果关系的脱离，即无须建立因果关系，经由刑法规范直接将行为与风险相连，只要行为人的环境风险行为违反刑法的风险规制，就将责任归属于行为人，或者说行为人因其风险决定而应承担刑法规定分配的责任。

二、立法完善

(一) 立法价值

随着科学技术和社会的发展,资源枯竭、环境污染、生态破坏等环境问题不断恶化,已经危及人类的生存与发展。此时,人类面对的主要任务是如何使发展持续并让当代及后代能够生存。于是,人类开始重新审视环境保护和经济发展问题,寻求既能维持经济发展,又能保护生态环境之道,调和二者的冲突,实现人、资源、环境、经济、社会的全面协调持续发展。联合国世界环境与发展委员会于1987年正式提出可持续发展,1992年联合国环境与发展世界首脑会议与会各国达成共识,一致承诺把其作为未来的、长期的共同发展战略。可见,可持续发展成为世界认同的发展模式。进而,所有与发展有关的机制、体制、组织、制度都面临是否与可持续性相一致的考验,可持续性成为当前发展的判断基准。关于可持续发展的内涵,一方面,可持续发展是在不放弃发展的同时,承认环境的极限并在其可承受的限度内发展,从而使环境资源得以永续;另一方面,使这一代的决策长远看有转圜余地。不仅应从环境资源生态面追求可持续发展,还要在社会制度面促成可持续性,从而达到真正的可持续发展。① 可持续发展以人与自然和谐为理念,追求人、自然环境、经济、社会的协调发展,旨在解决人类无限发展的需求和自然资源有限性的基本矛盾。② 其实,可持续并非新观念,人类社会发展中,可持续观念早已有之,如不能涸泽而渔、焚林而猎就是可持续的表现,不仅资源方面强调可持续性,社会人文方面也同样强调,如家族持续、文化持续、政权持续等。以前人类虽然也讲可持续,但没有在环境保护与经济发展严重冲突的当下对环境可持续的体会更为深刻与具体。也并不是说那时候,经济发展与环境保护没有冲突,只是冲突不严重而已。可见,人类一直以来都在谋求经济发展与环境保护之间的调和。

较之传统发展观,可持续发展观具有更大的吸引力。③ 因为传统发展完全以人类为中心,只关注现在、只关注当代人的利益,传统发展则把发展等同经济发展,以财富作为发展衡量标准;可持续发展注重人类与自然,考虑现在与未来,考虑当代人与后代人的生存发展,认为发展不纯粹是一个经济关系而且

---

① 参见叶俊荣:《环境行政的正当法律程序》,叶俊荣自版2001年版,第44~45页。
② 参见傅华:《生态伦理学探究》,华夏出版社2002年版,第301页。
③ 参见金瑞林、汪劲:《中国环境与自然资源立法若干问题研究》,北京大学出版社1999年版,第65页。

以环境质量作为衡量发展水平的重要标准。显而易见,传统发展所追求的目标是单一的、有限的和现实的,可持续发展跳出了"人类自我"的圈子,所追求的目标是全面的和长远的。① 可持续发展观提出以后,以其强大的生命力渗透到生态学、经济学、社会学等各个领域,法学也不例外。如今的国外环境法领域,可持续发展已经超越经济发展等片面性的价值,成为普遍接受的综合性价值。② 在国际环境法中,可持续发展通过国际条约、宣言实践,已具有国际习惯法的地位。③ 而我国刑法,无论是犯罪本质还是保护法益都体现了传统发展观。整体刑法如此,环境刑法亦是如此,需要以可持续发展观为价值指导变革。遵守和体现可持续发展的目的价值是国外环境法发展的经验,因此,我们应借鉴、吸收国外环境法建设的先进和成熟经验。由此,环境刑法应抛弃短视的传统发展价值取向,可持续发展应成为未来环境刑法的立法价值选择。环境刑法的具体价值目标包括保护人类利益和环境利益、促进人与自然和谐以及实现经济社会持续发展。

(二) 立法目的

与现行环境刑法体现的传统发展价值观相适应,环境刑法的立法目的是报应,即事后惩治。表现在环境犯罪具体条文规定大多为结果犯和情节犯,这样的规定显然不能保证环境和经济社会的可持续发展,事后补救无法达到动用刑法保护环境的目标。因此,环境刑法的立法价值要重新选择,即由传统发展转向可持续发展。与新价值选择相一致,环境刑法的立法目的也应进行调整,即从事后惩治转向事前预防。事后惩治表明环境刑法扮演的是法益侵害的事后处理的被动角色,体现的立法目的是报应;事前预防表示环境刑法扮演的是以预防功能为主的主动角色,体现的立法目的是预防。从事后惩治到事前预防的立法目的转变,是因为环境问题或者环境风险是新型的巨大风险,具有自我毁灭的潜能,而准确评估这些风险并在此基础上加以控制已为人力所不逮。从而导致人民普遍的自身安全感缺失,为满足人们的安全需求,有必要通过规范创设和执行来弥补人们内心缺失,重塑安全。因此,"今天的刑法不仅是对侵害的反应,而且它还有这样的任务:使保障社会安全的基本条件得到遵循"。④ 考虑到风险发展的不确定性以及可能引起的灾祸性的后果,理想的做法是在源头

---

① 参见陈晓明:《环境刑法论纲》,载《法治研究》2015年第2期。
② 参见常纪文、杨朝霞:《环境法的新发展》,中国社会科学出版社2008年版,第150页。
③ 参见叶俊荣:《环境行政的正当法律程序》,叶俊荣自版2001年版,第44页。
④ 薛晓源、刘国良:《法治时代的危险、风险与和谐》,载《马克思主义与现实》2005年第3期。

上控制它。因此，应借鉴国际环境法的风险预防原则①和欧美等环保先进国家的风险预防思维形成全程控的环境保护思想②。在今天各国的刑事立法中，提高刑事立法对预防犯罪的有效性已成为发展方向。③ 提前预防可以切断环境问题通往实害、具体危险之路，尽可能减少和阻止环境问题的发生。预防环境损害风险不仅是刑事立法的目的，也是立法意义之所在。

（三）立法策略

现行环境刑法的立法价值体现为传统发展观，立法目的体现为事后惩治，与此相适应，环境刑法重结果而轻行为，即把危害环境行为是否侵犯人的人身、财产权益以及侵犯的程度如何作为评价是否构成犯罪的标准，只要没有造成重大实际危害结果，就不成立犯罪。但是，如果等到实害发生，环境损害后果就无可弥补。为防止这种局面的发生，也与可持续发展的立法价值以及事前预防的立法目的相适应，环境刑法的立法策略需要重新调整，即从结果无价值转向行为无价值。事前预防的立法目的要求，要提前介入环境风险的控制即从源头上控制风险，而不是等到环境风险已经造成危险甚至实害的时候才干预。因此，环境刑法评价或者非难的对象从行为的结果转为行为本身，行为本身被加以无价值判断，由此，行为不法成为刑事不法的核心。行为不法不注重行为是否实际产生实害或危险的结果，而是立法者针对各种具有典型危险性的行为从根本上予以禁止，其不法的内涵在于行为人在实施行为时主观上表现出了对法的敌对意识。④ 这种通过行为控制的方式，旨在提前介入法益保护。因为对于风险，尤其是涉及实害发生可能性很低或者系统十分复杂的风险，只有从源头上对行为方式进行规制才能防患于未然。如何对行为方式进行规制，这就涉及环境犯罪的规范设计问题。简单来说，就是立法者将行为风险性指示因素编制在一起并规定下来，只要行为实现了这些因素，就直接适用相应罪名的构成要件。

三、司法能动

（一）司法立场

一般而言，司法的根本属性是裁判、追求的目标是公平正义、以独立为组

---

① 参见杨兴、谭涌涛：《环境犯罪专论》，知识产权出版社2007年版，第29页。
② 参见赵红艳：《环境犯罪定量分析与思考》，人民出版社2013年版，第215~216页。
③ 参见张明楷：《刑事立法的发展方向》，载《中国法学》2006年第4期。
④ 参见陈晓明：《环境刑法论纲》，载《法治研究》2015年第2期。

织活动原则。生态环境不仅关乎人的正义,也关乎动植物等生物以及其他非人存在物的正义,既关乎当代人的正义,也关乎后代人的正义,即人际、代际和种际正义。为了保护生态环境,司法必须秉持保护型、治理型立场,以发挥其独特的应有作用。

1. 保护生态环境立场。保护生态环境是宪法规定的法律义务,任何机关单位和个人均负有此种义务,司法机关也不例外。因此,生态环境刑事司法必须首先树立保护生态环境的立场,从生态环境污染犯罪的立案到判决执行、从生态环境污染犯罪的定罪标准到量刑规范、从生态环境污染犯罪的举证到质证到认证等,都要贯彻保护立场,以真正保护生态环境。

2. 治理生态环境立场。本来治理生态环境是保护生态环境的应有之义,不宜再做细分,但是,以往的生态环境刑事司法仅仅重犯罪后的惩罚,较少关注甚至忽视被污染和破坏的生态环境的修复,导致惩治了行为人,环境却没有得到恢复的尴尬局面。为了真正有效地保护生态环境,生态环境刑事司法不只惩罚犯罪人、惩治犯罪,更要使被污染或被破坏的环境得以补偿、恢复,即通过责令行为人治理被污染和破坏的生态环境,实现人类生存环境更加和谐美好的最终目的。

(二)司法路径

1. 生态环境司法机构专门化。环境审判专门化是环境案件有效解决的保障,也是破解环境刑事司法启动难、使司法真正发挥环境保护作用的关键。[①] 在国外,为应对严重的环境污染,美国、英国、俄罗斯等国家纷纷建立环境警察制度。20世纪90年代莫斯科成立的环保警察,在惩治环境犯罪方面发挥了重大作用,成立三年间,共有477起案件被移交提起刑事诉讼;[②] 美国和英国的程序法赋予环保部门独立的起诉权,以便其在行政执法过程中对那些可能构成犯罪的环境污染违法行为提起控诉。澳大利亚等国家建立专门环保法院。澳大利亚新南威尔士州专门设立土地与环境法院,凡属于土地资源环境破坏方面的案件全由该院审理,构成违法就按违法处理,构成犯罪则按犯罪处罚。[③] 国外的这些做法值得我们借鉴。可喜的是,经最高人民法院同意,2007年11月在贵阳清镇市人民法院设立环保法庭。贵阳市设立的环保法庭,实行民事、刑事、行政审判合一,集中专属管辖环境案件,对环境刑事案件由专人进行专门

[①] 参见王树义、冯汝:《我国环境刑事司法的困境及其对策》,载《法学评论》2014年第3期。
[②] 参见邢捷:《论公安执法对公民环境权的保护》,载《中国人民公安大学学报》2009年第1期。
[③] 参见徐平:《环境刑法研究》,中国法制出版社2007年版,第28~29页。

审判。① 贵阳环保法庭的设立重启国内环境司法专门化进程，已有改革试点经验值得总结推广。如今，最高人民法院设立环境资源审判庭、部分高级、中级和基层法院设立环保法庭。环境审判专门化是环境案件有效解决的保障，也是破解环境刑事司法启动难、使司法真正发挥环境保护作用的关键。②

2. 生态环境司法能力建设。公安机关、检察院和法院处理传统的刑事案件基本得心应手，但是，随着经济和科技的发展，某些新类型案件尤其是技术性含量高的刑事案件不断挑战公安司法机关的能力。对于环境犯罪这种高技术含量的新型犯罪，无论是侦查、起诉还是审判，都普遍存在环境知识与能力方面的障碍。可以说，当前我国公安司法机关的环境刑事司法认知与能力较为有限，难以满足公正司法裁判需要，公安司法机关的环境刑事司法能力亟待提升。公安司法机关能力不足，产生环境犯罪实践困境顺理成章。欲走出困境，必须提升公安司法机关的环境刑事司法能力，建议遴选专门从事环境犯罪案件办理的公安司法机关的工作人员，并对其进行环境保护领域的知识和技术的专门培训，着重增强公安司法公作人员专业素质，进而提升公安机关的环境犯罪案件侦查能力、检察机关的环境犯罪案件审查起诉能力和法院的环境犯罪案件判定能力。同时，建议吸收知名环境学者、环境科学工作者以及民间环保团体代表等专业人士作为人民陪审员、人民监督员参与案件的诉讼，以便于提高司法效率、节约诉讼成本、增加判决的权威性。

3. 创制生态环境污染犯罪典型案例。典型案例可由地方各级法院创设，主要是地方法院在审理生态污染犯罪案件时，通过弘扬司法理念、论证法学理论观点甚至填补法律空白等方式创造性地适用法律，作出有特色的刑事判决。地方各级法院适时对创制的典型案例进行选编，首先在各自辖区内发挥一般性指导作用，进而对典型案例的理论和实践价值进行探讨和挖掘，力争将其上升为指导性案例，以发挥其强制性指导作用，实现典型案例与指导性案例的良性互动。③

（1）明确独立的环境法益。生态环境污染刑事司法要明确环境刑法保护的被环境犯罪侵犯的法益是独立的环境法益，环境犯罪直接侵害的是环境而非个人利益，是通过对整体生态环境的破坏进而侵害个人利益，因此，对于行为人的行为只要污染了环境，即使没有造成人员伤亡或者财产损失，也要追究行

---

① 参见肖建国：《环保审判的贵阳模式》，载《人民法院报》2011年7月7日第5版。
② 参见王树义、冯汝：《我国环境刑事司法的困境及其对策》，载《法学评论》2014年第3期。
③ 参见张继钢：《污染环境的刑事司法保护研究——以最高人民法院污染环境犯罪典型案例为中心》，载《生态文明法制建设——2014年全国环境资源法学研讨会论文集》（第三册），2014年版，第1023～1027页。

为人的刑事责任，以凸显生态环境法益的刑事保护。

（2）明确故意的罪过形态。在《刑法修正案（八）》之前，一般认为重大环境污染事故罪的主观罪过是过失，对于故意污染环境的，根据罪刑法定原则，往往无法直接以重大环境污染事故罪定罪处罚。历经《刑法修正案（八）》修改后，污染环境罪的罪过形式是否包括故意形态，学理上对此有不同理解。为了保护和实现环境法益，生态环境刑事司法可运用"举轻以明重"的当然解释，以故意污染环境罪追究行为人的刑事责任。

（3）实现量刑规范化。从现有的污染环境犯罪刑事司法实践看，定罪量刑均存在不一致的问题。一方面，适用罪名不同导致的量刑差异：罪名适用上，对于污染环境行为，有的以污染环境罪（重大环境污染事故罪）定罪，有的则以投放危险物质罪定罪。另一方面，罪名适用相同情形下单纯量刑上的差异，一般适用自由刑和罚金刑，有的适用非刑罚方法；有的不仅适用非刑罚方法，而且适用刑法没有配置的刑事责任方式。污染环境犯罪司法实践中存在的定罪量刑差异，不仅不利于保护生态环境，也有损司法权威。因此，建议推行污染环境犯罪量刑规范化，建立一个相对统一的办案标准，要求各级法院对不同地区发生的相同类型的案件要作出基本相同的处理决定。

（4）降低证明标准。污染环境犯罪存在因果认定难和主观认定难两大实践问题。污染环境犯罪的因果关系有着不同于普通刑事犯罪因果关系的特殊性：原因行为具有间接性、科学上的难以认知性和多元参与性，原因物质难以查清；污染环境犯罪的危害结果具有潜伏性，通过环境间接作用于人体对人体产生损害往往需经历漫长过程；污染环境犯罪危害过程复杂、表现周期长、侵害具有反复性。如果固守传统的建立在个别的明确的因果关系基础上进行归责的因果关系理论，必然排除大量污染环境犯罪，司法实践中存在因果关系难题。1997年刑法和2011年《刑法修正案（八）》都没有明确规定污染环境犯罪的主观罪过，而污染环境犯罪的认识因素和意志因素都具有特殊性，对污染环境的危害可能具有难以认知性，对危害结果的心理态度趋于模糊，导致司法实践中存在主观认定难题。为了加强刑法对环境的保护力度，便于司法实践中正确辨别和认定污染环境犯罪，理论上产生了新的归责原则，即因果推定和过错推定原则，以降低控方对因果关系和主观罪过的证明难度，控方只需对行为人的危害行为和危害后果负举证责任，被告人则需证明其没有犯罪的主观过错、其危害行为与危害结果之间不存在因果关系，如果被告人能够证明自己需要举证的事项，就无须承担刑事责任。生态环境污染刑事司法应积极运用推定原则，对于证明生态环境污染犯罪的因果关系和主观罪过极为困难的情形，可通过推定因果和推定过错的方式，降低证明难度以追究刑事责任。

(5) 加大惩罚力度。生态环境污染刑事司法实践中应加大处罚力度,增强刑事责任的严厉性,以加强对环境法益的刑事保护力度。中外环境犯罪的刑事责任整体体现出轻缓特征,不仅立法规定的刑事责任轻缓,而且司法适用更为宽松。这些进一步造成环境犯罪形势严峻,环境问题进一步恶化。而随着人类认知能力的提高,人们对于环境及其价值的认识不断深化,环境是一个系统整体,不仅先于人类存在,而且具有自身价值,人只是其中的一环。因此,生态环境污染刑事司法必须进一步增强环境犯罪的刑事责任量,以严厉的刑事责任惩罚和预防环境犯罪,切实有效保护环境。

(三) 畅通环境刑事司法与环境行政执法

基于环境犯罪的行政从属性以及环境犯罪的专业技术性,环境行政执法与环境刑事司法之间的协调和衔接就显得尤为重要和必要。因为,一方面,公安司法机关不具有相应专业技术水平,如对环境采样、污染现场稽查勘验、检测报告判读等专业性极强的知识技术欠缺,不仅如此,就是对繁多的环境行政法规规章程序也并不熟悉甚至不了解,从而造成主动打击环境犯罪时力不从心;另一方面,环境行政执法机关虽然具有环境领域的专业知识、人才与技术优势,但受部门保护主义、地方保护主义以及"家丑不可外扬"的传统观念影响,对于环境违法行为更多以行政处罚代替刑事处罚,很少向公安司法机关移送涉嫌犯罪的环境案件。二者的有效协调与衔接,可以有效惩治、预防环境违法犯罪行为。二者衔接与协调不畅,自然就会产生环境违法犯罪案件得不到有效惩处的环境犯罪实践困境。欲走出环境犯罪实践困境,必须实现环境刑事司法与环境行政执法的衔接与贯通。《关于加强行政执法与刑事司法衔接工作的意见》已提出建立衔接联席会议制度、信息共享平台等建议,这里再补充二者衔接的相关意见。一方面,由于环境行政机关负责对环境违法行为进行行政处罚,具备相关领域的专业知识、人才与技术优势,对环境犯罪案件的事实具备核准能力,环境刑事司法机关首先应加强对行政机关环境行政执法的认识,充分认识到环境行政执法可以节约刑事司法资源、有利刑事司法开展;进而应加强与环境行政机关的协作,"特别是在证据取得、事实认定、损害核定、因果关系判断等需要专业技术的领域,实现行政管理机关相关资源与技术与刑事司法机关的共享"。[①] 可喜的是,2012 年刑事诉讼法在证据共享方面已有明确规定。公安司法机关与环保行政机关的合作是包括立案、侦查、起诉、审判乃至执行在内的全程合作,通过协作,以厘清案情,以免误判。另一方面,环境

[①] 焦艳鹏:《生态文明视野下生态法益的刑事法律保护》,载《法学评论》2013 年第 3 期。

行政机关首先也应加强对环境刑事司法的认识,充分认识到环境刑事司法机关行使的是司法权,既不能僭越也不能替代,追究环境犯罪既具有报应功能,还具有一般预防功能;进而提高主动移送案件的意识,加大环境行政执法机关向公安机关移送环境犯罪案件的力度。对故意不移送环境刑事案件的行为,应进行相应的责任追究。可喜的是,在环境行政机关案件移送方面,取得了初步的明显效果:"两高"出台《2013年环境污染刑案解释》后的半年时间里,环保部门向公安机关移送了300起涉嫌污染犯罪案件,数量超过之前5年的总和。[①] 当然,环境行政机关应充分发挥其前端管理作用,积极发现环境违法行为,但应赋予其一定的裁量权,即在其决定是否移送案件时,可考虑行为人信息披露的自愿性、合作的程度及时间、预防措施及合规性计划、内部惩戒体系以及后续合规努力程度等旨在鼓励环境行政相对人自我审核、自我监管以及自愿披露环境违法行为的因素。[②] 当然,这些衔接建议尤其是对不移送环境刑事案件的追责有待于上升为立法,以增强其刚性执行力。

为了更好地实现环境行政执法与刑事司法衔接,也要加强环境行政执法能力建设。环境行政执法能力建设主要是环境行政机关加强环境刑法知识学习和培训,掌握环境犯罪的构成标准,明晰环境违法行为与环境犯罪行为的界限,既要避免因难以辨析违法行为是否构成环境犯罪而以行政处罚代替刑事处罚局面的出现,也要避免因较易分辨出构成环境犯罪但因非法定原因同样以行政手段代替司法手段情况的发生,毕竟环境行政机关只具有行政处罚权,而不具有刑事司法权,行政执法过程中应防止行政权入侵司法权领域。

[①] 参见蒋兰香:《污染型环境犯罪因果关系证明研究》,中国政法大学出版社2014年版,前言第4~5页。

[②] 参见 Ashley Crooke, Karri Ridgeway, Wendy Wineholt, Rosalie Winn, "*Environmental Crimes*," American Criminal Law Review, 2014, 51 (4): 1056-1057。

第三章 环境犯罪规范重构

如前所述,我国环境刑事立法虽历经修改,仍存在诸多缺陷,不能防范环境风险,无法保障环境安全。显然,仅在传统刑法框架内对环境犯罪进行修修补补不能有效保护环境法益。因此,环境刑事立法必须走出传统的立法模式,在传统刑法框架外进行创新,对环境犯罪进行规范重构。鉴于环境犯罪不是某个具体罪名,而是所有危害环境的犯罪的统称。因此,这里的环境犯罪规范重构,是针对环境犯罪这一类罪而非某个具体环境犯罪进行的规范重构。本章按照我国的犯罪构成四要件顺序展开。

第一节 环境犯罪的法益

环境犯罪的法益问题与所有环境刑法问题都密切相关,可以说,刑法规范系统的建构,基本就是法益理论问题。[①] 因此,必须首先确定环境刑法所保护的法益应有的内涵,确保相关规定的正当性。

一、法益概述

我国刑法理论认为,犯罪客体的核心是社会关系。当然,该社会关系是蕴含一定利益的社会关系,包括利益享有主体、利益侵害者、其他主体等关系主体,表现社会关系的物质因素以及以利益为核心的关系内容。犯罪客体在刑事司法、刑事立法和理论研究中具有其独特作用。与犯罪客体密切相关的是犯罪对象。犯罪对象是指犯罪行为直接作用或指向的具体的物或人。

大陆法系刑法理论中与我国犯罪客体相对应的是法益,与我国的犯罪对象相对的为行为客体。法益是被法律所保护的而被犯罪行为所侵犯的利益,行为客体是符合构成要件的行为所涉及的具体对象,其与法益的区别在于:前者是

---

① 参见古承宗:《环境风险与环境刑法之保护法益》,载《兴大法学》2015 年第 18 期。

形式的，后者是实质的；前者是感知的对象，后者是观念的形象；前者是构成要件要素，后者不是构成要件要素。鉴于利益是与社会关系具有密切关系的概念，主体依据法律、习惯或其他规范获得某种利益后即形成一种人与人之间的、以这种利益为内容的特殊社会关系，当这种利益受刑法保护时，这种特殊的社会关系也是受刑法保护的，进而侵犯刑法所保护利益的行为，同时侵犯了刑法所保护的社会关系。因此，本书在同一意义上使用法益与犯罪客体，以及行为客体与行为对象、犯罪对象。

法益与行为对象存在重合与分离两种关系。对于重合关系，又包括形式与实质兼具的重合，如《刑法》第266条诈骗罪中，法益财产就是被用来描述行为对象的，因此法益与行为对象具有同一性；以及形式不同但实质上的重合，如《刑法》第232条故意杀人罪中，法益是人的生命，行为对象是具体的人，二者使用了不同的术语，但实质内容是相同的、一致的。对于分离关系，也包括两种情况：一是因行为对象不存在而导致法益与行为对象的分离；二是行为对象存在但法益与行为对象不一致的情形。对于前者，如《刑法》第133条之一危险驾驶罪，《刑法》第316条脱逃罪、第322条规定的偷越国（边）境罪都没有行为对象。但绝对不能以没有行为对象为由认为没有法益，因为规范源自法益，没有保护的法益，刑法规范就失去正当性基础，就没有合法性。以危险驾驶罪为例，其法益为公共安全。对于后者，如《刑法》第277条妨碍公务罪，本罪的法益是国家机关、人民代表大会、红十字会的公务活动，行为对象为国家机关工作人员、全国人民代表大会和地方各级人民代表大会以及红十字会工作人员。公务人员是妨碍对象，从中只能间接了解对法益的妨碍，在行为对象的基础上还需进一步的价值判断才能理解法益。通过行为对象与法益的重合与分离关系，可以进一步深入理解：虽然行为对象作为法益的物质表现或者参与主体，可以直接或者间接理解法益，但其仅具表面化形式化，相对于行为对象，法益才具有内在的实质的特征。从而，包括立法目的在内的所有问题都与法益具有密切关系。

二、环境法益的独立化

在漫长的人类发展过程中，人类只是开发、利用环境，除此之外，并未给予环境更多关注。因而，环境一开始并未成为法律保护的对象。当环境问题产生后，人们开始关注环境，但此时环境并未成为法律独立保护的对象。从法益角度，传统刑法保护的法益都是以人为中心，将法益分为个人法益和超个人法益。当然，这种以人为出发点的法益是实然的，那么，从应然的角度，我们是否能跳出以人为出发点的法益，换句话说，是否存在环境自己的法益，即空气、水、土壤以及动植物等是否有自己所属的法益存在。答案是肯定的。一方面,自然是客观存在的,以自然规律证明其具有自身利益和内在价值,因此,环境是独立于人的,具有独立性。当然,环境也是人类赖以生存和发展的前提与基础。另一方面,环境是先于人的,具有先在性。人是自然的产物,而不是相反。这是简单的事实,是常识。但是,环境的独立性、先在性并没有即刻在刑法中反映与显现出来。在基本没有环境犯罪概念的时期,刑法中自然不存在独立的环境法益。当有单独的环境犯罪规定之时,刑法保护的仍是传统法益,环境法益仍不具有独立的保护意义。我国1979年刑法规定的环境犯罪,就是从经济、财产、人身法益角度而不是从环境法益角度考虑的。20世纪80年代以来,出现了既承认环境法益作为独立法益类型的意义,又不把它看作与人类毫无关联的利益,保护人类法益和保护环境法益并重的环境刑法,[①]环境本身成为刑法直接保护的对象,环境刑法所保护的不只是生命、健康或财产法益,同时还包括环境法益,[②]如生物的多样性、河流的清澈、空气的清新、海岸生态的完整,即仅涉及环境的价值本身。可见,环境法益经历了从不被保护到被保护、从不独立保护到独立保护的发展过程。环境法益日益独立化,不仅可以更周全保护环境,而且必然会对包括环境刑法立法模式、处罚门槛、构成要件在内的所有问题都产生影响。从传统法益向环境犯罪所侵害法益的独立性转变,已经成为各国环境刑法法益发展的共同趋势。[③]当然,环境法益的独立化进程在不同国家地区具体表现有所不同。鉴于英美法系具有明显功利主义色彩,强调实用价值,理论上一般并无法益或犯罪客体的概念。当然,有个别文献提及环境犯罪法益,认为环境刑法保护行政、人以及纯环境的利益,[④]另外,有学者在国际犯罪层面,提及危害国际环境罪侵犯社会法益[⑤]。英美法系环境犯罪的法益理论研究现状与其环境犯罪立法模式密切相关。虽然英美法系环境刑法体系全面,环境犯罪法网严密,如规定了水污染犯罪等各种污染犯罪,但这并不等于将水等环境要素作为独立的保护对象、把环境法益作为独立

---

① 参见[加]布鲁斯·米切尔:《资源与环境管理》,蔡运龙译,商务印书馆2004年版,第118页。

② 参见郑昆山:《论空气污染犯罪及其刑事法防制之道》,载《刑事政策与犯罪研究论文集(一)》,1998年版,第169页。

③ 参见冯军、李永伟:《破坏环境资源保护罪研究》,科学出版社2012年版,第9页;刘彩灵、李亚红:《环境刑法的理论与实践》,中国环境科学出版社2012年版,第44页。

④ 参见 Susan F. Mandiberg, Michael G. Faure, "A Graduated Punishment Approach to Environmental Crimes: Beyond Vindication of Administrative Authority in the United States and Europe," Columbia Journal of Enviromental Law, 2009, 34 (2): 493.

⑤ 参见[美]巴西奥尼:《国际刑法导论》,赵秉志等译,法律出版社2006年版,第135~137页。

的保护法益。因为英美法系环境刑法表现为附属刑法,即将环境犯罪及其刑罚规定在环境行政法之中,环境刑法起着保障行政法的作用,保护的是社会管理秩序法益或社会法益。因此,英美法系国家的环境犯罪所侵犯的法益或环境刑法所保护的法益是社会法益,而不是独立的环境法益,换句话说,英美法系国家环境犯罪的法益是不独立的。因此,这里的环境法益独立化只讨论大陆法系国家而不涉及英美法系国家。

(一)大陆法系国家环境法益独立化

20世纪60年代以前,大陆法系国家已开始重视以法律包括刑事法律来解决主要表现为地域性的环境污染与环境破坏的环境问题,但是,此时刑事制裁所依据的是原有的刑事法律规则和制度,既没有设立新罪名,也没有制定新的环境刑法。六七十年代后,环境问题更加严重,民事与行政制裁对于环境问题的解决微乎其微,环境刑法不断出现,典型的是日本制定的单行环境刑法即《公害罪法》。根据该法,只有当污染环境的行为造成了危害人类生命、健康之结果,为公害犯罪,只危害环境但不危及人体健康及生命,不构成公害犯罪。显然,该法的保护的是人的法益,环境法益不具有独立的保护意义。20世纪80年代以来,随着对环境犯罪认识的进一步深化,大陆法系不少国家采取非人本主义,表现在刑事保护范围逐步扩展到环境的各个要素,并更加着眼于防治环境犯罪的间接的、持久的和潜在的危害。[①] 以德国为例,德国1980年对刑法典作第18次修改,增设危害环境罪一章。这一方面反映出对环境法益的确认,另一方面通过环境犯罪与侵害个人权益犯罪、危害公共安全犯罪等并列规定,实现了环境法益的独立化。德国环境刑法充分考虑人类与环境的密切关系,采取人类法益与环境法益并重的保护方式。俄罗斯刑法不仅把保护环境作为刑法的任务,设环境犯罪专章,称之为生态犯罪,而且在内容上将环境法益作为独立的法益类型保护,突出表现在:法条要么以其为唯一被保护的法益,如根据第259条规定,毁灭特殊的生物关键性栖息地导致该物种灭绝就构成犯罪;要么将其与人类法益一并保护但对环境法益优位于人的利益加以保护,如第246条工程施工过程中违反环境保护规则的犯罪规定,从"……并造成放射性环境的重大改变、损害人身健康……"可见,环境利益位居人的利益之前被保护。

大陆法系环境法益的独立化过程,与国外整体环境法的历史演进过程基本一致。[②] 20世纪60年代以前,环境法的控制目标及立法态势是朝向生活环境

---

① 参见郭建安、张桂荣:《环境犯罪与环境刑法》,群众出版社2006年版,第173页。
② 参见汪劲:《环境法学》(第3版),北京大学出版社2014年版,第41~44页。

保护、注重环境污染防治,保护法益主要是公民的生命健康权、财产权;70年代后,进入全方位环境保护时期:环境法的控制目标和立法态势是环境污染防治大量立法、自然资源立法目标转向自然保护,保护法益除了生命健康权,开始保护自然的权利;90年代以来,扩大保护对象和目标,全球环境保护理念形成,环境法律绿化或者生态化。

(二) 我国环境法益独立化

1979年以前,我国没有真正意义上的环境刑法。1979年刑法既没有使用环境犯罪一词,也没有环境犯罪的专门规定,只是在侵犯财产犯罪中规定非法狩猎等3个与环境有关的犯罪。据此,可以认为1979年刑法是我国环境刑法的初步确立,只是从财产或者环境的经济价值的角度进行保护,而不是对环境自身的保护,环境法益不具有独立的保护意义。由于环境问题的日益严峻,刑法也不断发展,1997年刑法在第六章中专门规定环境犯罪一节,实现环境犯罪的法典化、专门化。由于1997年刑法将环境犯罪与扰乱公共秩序罪、妨害司法罪、卖淫犯罪、毒品犯罪等传统犯罪一起置于妨害社会管理秩序中,可见,我国立法者仅仅是将环境犯罪视为妨害社会管理秩序的犯罪。据此,环境犯罪客体为环境管理秩序。但是,理论上对环境犯罪客体争议较大,除了通说认为客体是环境管理制度外,还有认为是人与自然之间的生态关系和人与人之间的社会关系的双重客体说,社会利益、社会管理秩序和环境权益的多重客体说,环境权说,狭义上的环境管理秩序和广义上的环境权的双层次客体说,公共安全说,公民的环境权和公民的人身权、财产权的复杂客体说,环境法律关系说,环境社会关系说等。[①] 应然可以继续探讨,但实然是1997年刑法将环境犯罪侵犯的法益定位于社会秩序法益,而社会秩序法益又通过个人法益来体现。可见,1997年刑法既没有确立独立的环境法益,也没有做到个人法益与环境法益并重。

20世纪末21世纪初,我国的环境形势非常严峻,环境问题不断加剧。随着环境状况的日益恶化,我国2003年提出科学发展观即全面、协调、可持续发展,环境法治理念亦发生重大转变:从环境保护滞后于经济发展转变为二者同步,从重经济增长轻环境保护到二者并重,从单纯的行政手段到综合运用多种手段解决环境问题。[②] 环境法治理念的变化需要反映在刑事立法中,加之1997年刑法不能满足新出现的环境犯罪需要,先后通过《刑法修正案(二)》《刑法修正案(四)》和《刑法修正案(八)》对环境犯罪进行修改补充完善,

---

① 参见赵秉志:《环境犯罪及其立法完善研究》,北京师范大学出版社2011年版,第41页。
② 参见常纪文、杨朝霞:《环境法的新发展》,中国社会科学出版社2008年版,第23页。

其中，对环境犯罪进行重大修改的当属《刑法修正案（八）》。《刑法修正案（八）》对环境犯罪的修改是贯彻落实党的十七大提出的生态文明建设的体现，集中表现在对1997年《刑法》第338条规定的重大环境污染事故罪的修改。一方面，重大环境污染事故罪位于分则第六章第六节之首；另一方面，该罪以实际造成的公私财产损失或者人员伤亡为犯罪构成要件，从而造成理论上对该罪客体的较大争议，通说认为，重大环境污染事故罪的客体是"国家环境保护制度、公私财产权与公民健康、生命安全"，[①] 即本罪的客体是复杂客体。本来国家的环境保护制度应为主要客体，公民的人身权、财产权为次要客体。但本罪的罪状表述致使前述主次客体发生错位，因为该罪并没有规定侵犯主要客体的结果，而只规定侵犯次要客体的结果。主次客体错位的立法模式表明我国侧重保护人身权和财产权，体现的是人本中心主义思想，不能真正保护环境。为了真正体现环境的自身利益和独立价值，并有效保护环境，环境污染犯罪必须有新的法益观。环境犯罪的实质是对生态环境法益的损害，生态价值才是刑法介入环境保护的出发点。[②] 非人本法益思想认为，水、空气、土壤甚至安宁都可以是和人类利益并列的独立法益，应承认所谓独立的环境利益。[③]

《刑法修正案（八）》对重大环境污染事故罪的修改是对该罪构成要件及其要素的形式变更，还是实质变更？实质性还是形式性的变更判断，应当综合考虑刑法在保护法益方面的态度是否发生变化以及目的解释的要求。[④] 就法益保护的范围大小而言，此次修改显然扩大了处罚范围：删除"向土地、水体、大气"，使受保护的环境要素范围不限于土地、水体和大气，从而扩大到保护森林、草原等一切环境要素；将"其他危险废物"修改为"其他有害物质"，使造成环境污染的排放物由危险废物扩展到不属于危险废物的普通有害物质；污染后果的修改，使得不属于重大环境污染事故但具有累积性的污染行为以及没有造成财产损失、人员伤亡但造成严重的污染行为被纳入处罚范围。就目的解释而言，罪状的修改，使得解释污染环境罪状规范时，就可以包括即使没有造成重大环境污染事故但污染严重的行为。因此，《刑法修正案（八）》对重大环境污染事故罪进行了实质性变更。修改实质在于强调对国家公民环境权的保护以及对自然环境本身的关注，体现了环境法益的独立价值及刑法对环境的

---

① 参见高铭暄、马克昌：《刑法学》（第4版），北京大学出版社2010年版，第649页。
② 参见蒋兰香：《环境犯罪基本理论研究》，知识产权出版社2008年版，第42页。
③ 参见许玉秀：《主观与客观之间：故意理论与客观归责》，法律出版社2008年版，第345页。
④ 参见肖中华：《构成要件的形式与实质变更及其合理解释：尤以〈刑法修正案（八）〉为例》，载《政治与法律》2011年第8期。

人文关怀,① 体现了立法理念的转变,即从人本主义或人本位转向非人本主义或者环境本位,从而为环境法益的独立化奠定观念基础,独立法益形态已经昭然若现。

环境刑法立法理念的变化,即由人本位到环境本位,相应要求法益观念的变化,进而引起犯罪判定标准的变化。在人本位的认识论和价值观下,人是万物的主宰,人是自然的主人,人是独立于自然的,人能够理解自然并控制操纵其为己所用,人们有能力理解我们的行为如何影响自然,并且有办法减少我们行为所造成的环境问题的风险或者解决我们所造成的问题,环境充其量只具有能被人加以利用的工具价值,其自身没有独立的价值和地位;在环境本位的认识论与价值观下,人只是自然中存在的一个物种,是自然界的一个组成部分,过去不是、现在不是而且将来也不会是自然的主人,我们不仅不能操纵和控制自然,甚至尚不能充分理解生态系统如何回应人类为防止生态危害及恶化而设计技术和控制措施的干预活动,自然不只是在一定程度上可以被人类利用,而是具有明显的独立价值。② 相应地,前者要求刑法以人的生命、健康、财产法益为环境犯罪定罪量刑之标准,后者要求仅仅侵犯环境本身即可构成犯罪。从而,由《刑法修正案(八)》体现的环境刑法立法价值理念的变化,使环境刑法的关注重心是环境而不是人,保护的主要是环境法益而不是个人法益,犯罪是以环境本身的损害为判断标准而不是以对人身、财产损害为标准。

三、环境法益的内涵

(一) 实然的环境犯罪法益

从中外环境法益的独立化进程看,环境刑法所保护而被环境犯罪侵犯的法益可分为两类:传统法益、环境法益。由于没有看到环境法益的特殊性,从而将其等同于传统法益类型,传统法益具体又分为个人法益和社会法益。前者以日本环境刑法为代表。日本环境刑法没有专门保护环境法益的条文规定,即未将环境要素作为直接对象加以保护,所保护的只是人的利益,这是人本主义立场的体现。由于日本环境刑法保护传统法益,如人(当代人)的生命、健康、财产等利益,只是出于保护人的基本生命健康权才追究危害环境行为刑事责任,所以环境至多处于间接或者附属的保护地位。后者以英美环境刑法为代

---

① 参见陈君:《对〈刑法修正案(八)〉关于污染环境罪规定的理解与探讨》,载《北京理工大学学报》(社会科学版) 2012 年第 6 期。
② 参见 Oliviai Woolley, *Ecological Governmance: Reappraising Law's Role in Protecting Ecosystem Functionality*, Cambridge University Press, 2014. 42 – 43。

表。英美法系国家的环境刑法立法模式是附属刑法模式,即将环境犯罪的刑事罚则规定在环境行政法中,环境刑法功能强弱依赖于环境行政法的具体规定,环境刑法起着保障行政法的作用。如美国普遍性地将对相关文件进行虚假陈述或故意篡改或故意不缴纳有关费用的行为犯罪化,旨在加强对环境管理秩序的保护,因此,英美环境犯罪的法益为社会法益。即使在环境法益独立性极强的俄罗斯,刑法典仍然将生态犯罪置于第九编危害公共安全和社会秩序的犯罪中,因此,形式地看,俄罗斯环境犯罪的法益仍为社会法益。我国更是如此,将环境犯罪置于妨害社会管理秩序罪之中。当然,俄罗斯环境刑法保护的实质法益是环境法益,因为其环境犯罪构成突出了对环境要素的独立性保护,因此,其与德国刑法同为环境法益独立型的代表。环境法益体现了非人本主义立场,或者说是对人本主义的超越。因为环境问题的持续恶化及其严重后果,使人类认识到,环境具有独立价值,对环境的保护不能附属于人类利益。如今,"一个清洁的环境至少已变得和上述利益一样重要"。① 环境刑法不能仅限于保护人自身的利益,还应保护环境自身的利益。除了人之生命、身体、财产等外,环境刑法还应保护包括空气、土壤、水、湿地、森林等环境要素。其实,无论何种类型的环境犯罪法益,即使不承认环境法益的日本,都呈现环境要素保护范围不断扩大之趋势。

(二) 应然的环境犯罪法益

实然的环境犯罪法益表明,环境犯罪法益具有复合性或者多元性。环境犯罪法益的复合性,一是取决于人类与环境之间的复杂关系,二是由环境刑法的立法模式决定。前者表现为,在一个罪名中,当行为具有直接公众危害性时,环境犯罪侵犯的法益就是个人法益或社会法益;当行为不具有直接的公众危害性时,环境犯罪侵犯的法益就是环境法益,因此,就会出现对个人法益、社会法益与环境法益的一体保护。这也与环境犯罪本质一致,即环境犯罪并不仅仅侵害人身权益、财产权益,而且破坏对生态系统及其平衡,进而危及人类的生存和发展。后者表现为,绝大多数国家采用刑法典或单行刑法与附属刑法相结合的立法模式,使得环境犯罪具有多种法益的混合。这些实然的混合法益是否以及如何反应在应然法益中,根本上仍然取决于人类和环境之间的复杂关系,即究竟视人为万物的主宰,还是视人为环境的要素之一。如果是前者,只能维持环境犯罪的实然法益,因为这是人本主义或者人类中心主义的必然产物;如果是后者,可以对实然法益进行重构,即揭示应然法益之内容。

---

① [瑞典]舍格伦、斯科格:《经济犯罪的新视角》,陈晓芳、廖志敏译,北京大学出版社2006年版,第65页。

显然，人类已经认识到人并非万物之主宰，只是环境的要素之一。人处在生态链当中这个生命现象具有两层意义：水平方向的意义是需要用规范去保护的资源增加，即法益的概念扩大；垂直方向的意义则是下一代的资源享有权被凸显。① 因此，应首先将人类法益置于环境法益中考察。环境法益不仅包括人类法益，也包括自然法益。所谓环境法益，是指人与自然之间的关系及其在此基础上的人与人之间的关系，"对环境的保护，实际上是调整人与自然的关系"；② 其次，环境保护的根本价值诉求在于人类自身之生存和发展。同时，从法律的规范目的来看，任何法律都无法脱离人的利益，甚至纯粹的环境利益也不例外。"只是人类必须以前瞻的目光顾及自身长远利益、未来利益，顾及生态环境的容量及可持续发展。"③ 因此，人类法益应为环境法益中的重要法益。

应然环境法益内涵的界定，应结合考虑实然之规定，从中归纳出共性的东西。就保护客体而言，各国表现不同，有的国家如希腊、捷克、哥伦比亚保护整体环境；有的国家如波兰、西班牙、瑞典、荷兰、比利时将空气、水与土壤作为中心环境法益予以保护；有的国家如德国、瑞士、葡萄牙对水体保护相对广泛，对空气与土壤边缘地加以保护。综合来看，无论方式如何，都有关环境保护，一致性显而易见，受环境刑法保护的法益有两种：环境法益和环境行政法秩序之安全。④ 这里的环境法益，应为环境要素法益，就是直接将空气、土壤、水或其他自然生态、动植物等作为保护对象，环境行政法秩序本身有其独立保护之价值，虽然不以环境要素为直接保护对象，但维护环境行政法秩序，仍然意在保护环境包括保障人和非人类存在物的生存与发展。因此，环境刑法保护环境要素法益和环境管理秩序法益两类法益。只有对该应然环境法益进行保护的环境刑法，才能真正直接或独立有效地保护环境法益，并通过保护环境法益而间接保护人类自身。

环境要素可分为人类和非人类存在物两类，后者又可分为生物以及其他非人类存在物两种。人作为自然界物种之一，其利益需求主要是生活环境的舒适性等生存、生活要素，包括基本的环境需求、基本的资源需求等，因此，破坏人的基本环境需求的行为如污染行为以及破坏土地、森林、矿产等基本资源需求的行为往往被人类界定为犯罪行为，在各国立法中极为普遍。当然，过去的

---

① 参见许玉秀：《当代刑法思潮》，中国民主法制出版社2005年版，第30页。
② 马克昌：《百罪通论》，北京大学出版社2014年版，第1070页。
③ 蒋兰香：《环境犯罪基本理论研究》，知识产权出版社2008年版，第69页。
④ 参见［德］海涅：《环境破坏行为类型化之国际比较：论因果关系与特殊归责问题》，郑昆山译，载国际刑法分会：《环境刑法国际学术研讨会论文辑》，1992年版，第411~412页。

立法将上述行为以犯罪论处，是人本主义的产物，完全以人的利益受到侵害或侵害危险为出发点和落脚点。其实，这些行为不仅侵犯了人类法益，还侵犯了水、空气等环境要素法益。此外，基本的生态伦理需求也是作为生态要素的人的核心法益。① 生物是与人具有相似性的非人类存在物，包括珍稀的野生生物物种、其他生物资源等，世界各国基本都把破坏珍稀野生生物资源、非法获取生物资源的行为纳入犯罪范围。另外，对于严重干涉感知类动物的生存感知以及造成生物的人为死亡也构成生物的核心法益，刑法应予以保护。② 虐待动物罪在一些国家已有规定，如《意大利刑法》第544条第3款，就是对感知类动物的生存感知的保护的体现。生存是生物法益的核心，《奥地利刑法》第182条就是其他危害动、植物生存犯罪的规定。其他非人类存在物即各类自然物，包括空气、水、土壤等，各种污染自然物和破坏自然物的行为，在多数国家被界定为犯罪，如俄罗斯刑法规定的水体污染罪、污染大气罪、海洋污染罪、毁坏土地罪以及毁坏森林罪等。对非人类存在物尤其是生物之外的其他非人类存在物的保护，带有更明显的自然色彩，超越了人类的狭隘利益。

人、水、空气、生物资源、土壤、森林资源等各种环境要素结合构成环境系统，不仅其自身按照特有的模式和规律存在着，有其自身价值，而且可为所有环境要素提供生产环境和栖息场所，其功能性及适应性的发挥与发展，对各环境要素的发展的至关重要，因此，环境系统法益亦为被保护的法益。当然，由于环境系统由环境要素组合而成，环境系统法益是环境要素法益的延伸，将其视为环境要素法益的组成部分即可，无须作为独立的一种类型。环境系统法益包括整体环境系统功能的完整、局部环境系统功能的存在和特殊环境系统的独立保护。导致整体环境系统功能的影响、局部环境系统功能的散失、特殊环境系统的破坏的行为都将对环境产生不利影响，对环境法益主体的法益实现造成障碍，应通过刑法立法来表达和刑事司法来实现。③ 就刑事立法来看，对整体生态环境系统即包括大气圈、水圈、生物圈和岩石圈四类在内的地球生态环境系统功能的完整的影响行为尚没有入罪化，大规模的跨境空气污染、生化核武器等导致生态系统功能受损或者大规模物种灭绝等，不仅应当犯罪化而且应规定为国际罪行，受到全人类的惩罚。对局部环境系统功能的散失的行为以及对特殊环境系统的破坏的行为，部分已经被规定为犯罪行为。前者如违法围湖造田、毁林开荒以及水、空气、海洋、土壤污染等，都会造成局部环境生态系

---

① 参见焦艳鹏：《刑法生态法益论》，中国政法大学出版社2012年版，第123页。
② 参见焦艳鹏：《刑法生态法益论》，中国政法大学出版社2012年版，第124~125页。
③ 参见焦艳鹏：《刑法生态法益论》，中国政法大学出版社2012年版，第117~121页。

统功能的丧失或者不可恢复或者恢复成本极大，不少国家都通过刑事立法将严重污染行为规定为犯罪行为，如德国刑法不仅把水污染、土地污染、空气污染等入罪化，而且 1998 年修订的第 325a 条还把噪音、震动污染等新型污染也作为犯罪处理。自然保护区、风景名胜区等特殊类型的环境系统，一般得到独立的立法保护，如果受到破坏，会被施以刑事制裁，如《俄罗斯刑法》第 262 条规定的违反受特殊保护的自然区域和自然客体的制度的犯罪，涉及自然保护区、禁止渔猎采伐区、国家公园、自然遗迹以及其他受特殊保护的国家自然区域。

环境管理秩序作为法益的一种，因为包括环境刑法在内的整个环境法源自人与自然的无序，因此，环境管理秩序是所有生态主体的需求，对环境管理秩序的侵害行为构成犯罪。现有国内外环境刑法对环境管理秩序的保护已经得到体现。在英美法系表现最为明显直接，即英美法系国家的环境刑法保护的法益即社会法益，就是基于社会管理秩序而生的法益。我国也一样，1997 年刑法直接将环境犯罪置于妨害社会管理秩序罪之中，且罪名成立多以违反行政法律法规为前提，而这些法律制度实际就是建构环境管理秩序。就连以环境保护为任务、以生态犯罪为章名的俄罗斯环境刑法同样反映出对环境管理秩序法益的保护，因为其法条中也大量适用违反保护水或矿产的法规等作为界定生态犯罪的前提。

由环境要素法益和环境管理秩序法益构成的环境法益，体现了生态主义与人本主义的结合：既认为环境及其具体表现形式可以成为独立法益类型，也强调环境法益的保护并不是为了其自身而是为了人类基本生存基础的存续。生态—人本主义学说认为刑法的任务在于确保个体实现自由发展的必要条件，而个人实现自己生活计划的基本前提还包括保障使切实履行个人自由成为可能的共同基础，保护基本的自然环境就是确保这一共同基础的重要体现。[①] 从而，环境刑法保护的不再是如生命、健康、财产等具体的个人法益，而是为了确保个人法益得以实现的共同基础，由于这种法益的视线早已掠过个人法益的内容或者说是脱离具体的个人法益的内容，可称为普遍性法益或超个人的集体性法益，即环境法益是社会主体共同享有的一种利益，受益对象具有广泛性，环境利益的维护需要人们的奉献而不是索取。揭示这种超个人法益的内涵和特征，对于发挥其风险应对机能具有重要意义。

---

① 参见徐凯：《抽象危险犯正当性问题研究》，中国政法大学出版社 2014 年版，第 165 页。

第二节　环境犯罪的客观要件

犯罪客观要件在诸要件中居于中心地位，而且内容众多，包括危害行为、危害结果、因果关系、特定的时间、地点以及方法和手段等。基于犯罪时间、地点、方法与手段是犯罪的选择性要件，行为无价值的立场，以及风险社会下风险刑法脱离因果关系进行归责[①]，这里重点关注环境犯罪的客观行为。由于立法技术的限制，刑法不可能囊括所有环境危害行为，只能类型化环境危害行为，并标明其违法性。

一、环境危害行为的类型化

环境危害行为复杂多样，具体环境危害行为需要在具体环境犯罪罪状中进行设计。这里不涉及具体环境犯罪行为，只关注一般环境犯罪行为即类型化的环境危害行为。如前所述，环境犯罪行为可类型化为环境污染型犯罪行为和环境破坏型犯罪行为两种。环境污染犯罪行为是指向环境中添加大量某种物质或能量，由于超过环境的自净能力使环境污染或者有污染风险的行为；环境破坏犯罪行为是指不合理地开发、利用环境，使动物、植物、土地、森林、湿地等生态环境破坏或者有破坏风险的行为。前者包括作为和不作为两种形式，后者多由作为形式构成。环境不作为犯罪以承担特定的作为义务为前提，义务来源包括法律的明文规定、职务或业务的要求、法律行为引起的义务以及先行行为引起的义务。值得注意的是，德国刑法第 330d 条专门规定了行政法义务。[②]

构成要件源自规范，规范源自法益。[③] 因此，作为构成要件"寓所"的罪状，必须体现或反映规范所要保护的法益。环境犯罪行为的本质在于侵犯了环境法益，从而，前述多元复合的环境法益内容，亦需在罪状中有所反映。环境污染犯罪行为和环境破坏犯罪行为本身表明了对环境的污染或破坏，即侵犯了环境要素法益以及由其衍生的环境系统法益，当然，其同时也侵犯了环境管理秩序法益，但这需要通过另行设定环境污染或破坏行为违反环境行政管理法规的要件来实现。

---

① 具体内容参见第五章因果关系的脱离部分。
② 根据该条规定，行政法义务包括基于法规、法院判决、可执行的行政行为、可执行的义务以及公法上的合同所产生的义务等。
③ 参见［德］耶赛克等：《德国刑法教科书》，徐久生译，中国法制出版社 2001 年版，第 314 页。

二、违反环境行政管理法规

环境危害行为的类型化表明其具有危害性，在此基础上，要进一步标明其违法或不法的内涵，从而明确其处罚范围。环境危害行为的违法性主要是通过在环境犯罪的构成要件中设计行政从属要件，即依附或借助环境行政法规来决定环境危害行为的刑事不法，这涉及理论上的空白罪状。环境刑法规定的罪状主要为空白罪状，我国刑法中的空白罪状规定有第338条、第339条第1款、第339条第2款、第340条、第341条第2款、第342条、第343条第1款、第343条第2款、第344条、第345条第2款等，这些犯罪的成立都依赖环境行政法律法规，法条仅指出了违反环境行政法律法规的名称或笼统指出违反国家规定；德国刑法中的空白罪状规定有第324条、第324a条、第325条、第325a条、第326条、第327条、第328条，第329条等，这些法条指出，犯罪的成立要么违反环境行政法律法规，要么违反行政法义务或违法行政许可；俄罗斯刑法中的空白罪状有第246条、第247条、第248条、第249条、第251条、第252条、第253条、第254条、第255条、第257条、第259条、第262条等，这些法条指出，犯罪的成立需违反环境保护的立法、制度、规则等。

由于环境管理法律法规为环境保护规定相应的标准，如果超此标准即违反环境法律法规，已然表明行为的违法性。当然，违反环境行政法律法规只是环境犯罪刑事违法性的前提条件，即违反环境行政法律法规必须与其他要件结合才能确定环境犯罪的成立。一般来说，危害环境的行为除了要违反行政法律法规、规章制度、禁令或许可等外，还要具备造成严重的后果、形成危险状态或者创设风险等其他要件才构成犯罪。这也与认定环境犯罪的步骤一致：首先查明污染环境或者破坏环境的行为是否超过国家设定的标准，如果超过就是环境违法行为，如果没有超过则属于国家容许的行为；如果系违法，则需进一步区分属行政违法需要行政处罚还是构成犯罪需要刑事制裁，这就要结合刑法规定的将严重的环境犯罪行为与一般的环境行政违法行为相区分的定量标准进行，包括情节是否严重、后果是否严重以及数额是否较大等情形决定，如果达到情节严重等定量标准，就应当将该行为确定为犯罪进而追究刑事责任，如果达不到情节严重等定量标准，则为一般行政违法行为，用行政处罚即可。由于空白罪状指出环境犯罪的成立要以违反其他环境法律法规为要件，从而环境犯罪空白罪状首先与环境管理秩序法益产生关联。当然，环境犯罪罪状与环境管理秩序法益关联，不仅是从具体犯罪角度的分析，而且也是从类罪角度的总结。

环境犯罪空白罪状的选择，首先表明与环境法益尤其是环境管理秩序法益密切联系。其次表明了环境刑法的从属性。体现在环境犯罪规范中，就是设计相应的行政从属要件，关键性要素包括"违反环境行政法律法规"和行为人负有"预防环境危害之义务"两项，前者用以确定危害程度及可能性，后者用以确定行为人违反法规范所承载的法定义务，凸显行为人对环境法益和法规范的敌视态度。① 考虑到空白罪状使环境犯罪入罪标准不够明确，且增加环境刑法对环境行政法的依赖，不利于公众的法认知，因此在选择空白罪状时，适度明确违反环境法律法规的具体情况，以明确环境犯罪入罪标准，减少对行政规范的依赖。从环境犯罪空白罪状的现状看，环境犯罪空白罪状表现为违反相关环境行政法律法规，分为两种情况：一是完全参照其他环境行政法律法规和行为要件，刑法分则对具体犯罪构成行为要件未作任何限制的空白罪状；二是虽然需参考其他环境行政法律法规，但分则条文对具体犯罪构成行为要件作出了类型化表述的空白罪状。两相比较，环境犯罪应优先选择第二种空白罪状模式。鉴于我国法源的多样性，为了保证犯罪构成的明确性和司法操作性，环境犯罪还可以适当提高参照规范的效力位阶，并进一步细化相关条文表述中的"违反国家规定""违反某某管理法规"之具体情形，如将污染环境罪中的"违反国家规定"细化为"违反国家环境污染管控法律、法规中关于污染物排放标准、方式等的规定"等。该细化规定既使空白罪状适度明确，又不影响刑法条文表述的适度抽象性、简洁性。除此之外，环境犯罪的空白罪状还应当符合环境犯罪刑事政策、参照规范表述应当统一、参照规范应当明确环境违法行为核心要件的含义以及与参照规范保持动态一致。②

三、环境危害后果的表现形式

从国外现行环境犯罪刑事立法来看，环境犯罪的危害后果一般包括实害和危险，危险又包括具体危险和抽象危险。但是，以我国刑法专节规定的 15 种环境犯罪观之，要么要求实害结果，要么不要求实害结果，不存在危险结果状态的要求。换言之，我国绝大多数环境犯罪要求有一定的犯罪结果，即造成重大损失、数量较大、情节严重等，包括污染环境罪等 10 个罪名；部分不要求有一定的犯罪结果，包括非法处置进口的固体废物罪等 5 个罪名。

鉴于行为犯对结果的要求比危险犯的要求还低，从应然角度，我国应规定危险犯，使危险成为环境犯罪的一种危害后果。此外，基于保障环境安全的价值追求和防范环境风险的目的要求，为了更好保护环境法益，应将刑法介入环

---

① 参见陈晓明：《环境刑法论纲》，载《法治研究》2015 年第 2 期。
② 参见李希慧、董文辉、李冠煜：《环境犯罪研究》，知识产权出版社 2013 年版，第 73~74 页。

境保护的阵线继续前推,确立环境风险犯以规制环境风险,使风险亦成为环境犯罪的一种危害后果。当然,这里的风险不是风险本身,是典型性环境风险行为的风险,风险与典型性环境风险行为同在,立法应将该典型性环境风险行为规定为特定行为,该特定行为一旦实施,就标志着风险后果同时产生。总之,可以环境法益为基点并根据行为对环境法益侵害程度的不同,将环境犯罪行为分为环境侵害犯、环境具体危险犯和环境风险犯。

环境侵害犯对环境法益具有现实的损害,可以包括非法捕捞水产品罪,盗伐林木罪,滥伐林木罪,非法收购盗伐、滥伐的林木罪,非法狩猎罪和非法占用农用地罪;环境具体危险犯对环境法益造成了具体危险而使其处于不安全状态,可以包括非法采矿罪和破坏性采矿罪;环境风险犯是行为人实施某一对环境法益具有一般性、典型性危险性的行为就成立犯罪的情形,现实的环境法益损害或环境法益侵害的具体危险对环境犯罪的成立或定罪没有任何意义,只具有量刑意义,可以包括污染环境罪,擅自进口固体废物罪,非法处置固体废物罪,非法猎捕、杀害珍贵、濒危野生动物罪,非法采伐、毁坏国家重点保护植物罪,非法收购、运输、出售珍贵、濒危野生动物及其制品罪,非法收购、运输、加工、出售国家重点保护植物、国家重点保护植物制品罪。由此,环境犯罪的危害后果既可以表现为实害,也可以表现为具体危险,还可以表现为风险。

第三节 环境犯罪的主体

一、主体种类

一般而言,传统刑法普遍以自然人为主体,这一点不存在争议;但对于法人(或单位)犯罪,各国刑事立法规定不一,刑法理论存有争论;至于国家能否成为犯罪主体,在国内法,国家不能成为犯罪主体基本成为共识,世界各国没有将国家作为犯罪主体的刑事立法,至于能否成为国际犯罪主体,则备受争议。因此,传统刑法犯罪主体成问题的主要是法人犯罪问题。这对于环境犯罪同样适用。

具体而言,首先,虽然环境犯罪是一种新型的犯罪,自然人仍然作为环境犯罪主体,而且不存在争议。其次,随着科技和经济社会的发展,破坏环境和污染环境的行为主要由法人实施,而且社会危害性甚于自然人犯罪。各国对于是否处罚以及如何处罚法人犯罪采取不同方法。就英美法系国家而言,对法人环境犯罪的刑事处罚普遍认同,环境犯罪的主体包括自然人和法人,法人环境犯罪更为常见。美国环境法规规定刑事责任的承担者为任何人,具体可以分为五类:个人、公司、地方政府、州政府以及联邦政府的机关或部门。而且,具有讽刺意味的是,多数重大环境违法犯罪行为由联邦政府的机关或部门、州政府以及地方政府所为。[①] 大陆法系国家长期不承认法人可作为环境犯罪的主体,主要是受集体犯不处罚原则和法人无犯罪能力的传统原则的影响。在法人作为犯罪主体已经成为一种刑事立法趋势的情况下,少数大陆法系国家如法国、日本已经改变了法人不能犯罪的原则,将法人作为环境刑法的制裁对象。就我国而言,1997 年以前,理论界和实务界对于法人应否承担环境犯罪的刑事责任,有肯定说、否定说和折中说三种观点,立法上对法人能否成为环境犯罪主体持肯定态度,1987 年的《海关法》首次立法承认法人犯罪。1997 年刑法延续这一思路,只是将法人犯罪改为单位犯罪,对环境犯罪设专条规定单位主体及其处罚。当然,单位犯罪以法律规定为限。最后,国家也可以成为环境犯罪的主体。国家能否成为环境犯罪的主体,主要是在国际法层面探讨的,不涉及国内法。鉴于现行生效的公约中没有国家作为国际犯罪主体或者国家作为国际犯罪刑事责任承担主体的规定,理论上存有争议,从而国家环境犯罪既是理论问题,又是实践问题。其一,国家是国际社会的主要成员,是国际法的基本主体。国际法与国际刑法的宗旨相同,即维护国际社会秩序、保护人类共同利益,二者的重合之处或交集体现在国家犯罪。[②] 国际法下的国家行为和违反国际义务是构成国家犯罪或国际罪行的必要要件。[③] 相关国际环境法、国际环境保护公约或条约如《人类环境宣言》《联合国海洋法公约》均为国家规定了环保义务,因此,防止跨国环境危害活动及其发生是各国公认的国际法义务。其二,国际刑法以及国际环境刑法的相关规定为国家的犯罪主体地位提供了法律依据。《国际刑法典草案》中的国际犯罪主体包括国家,《国际刑法典及国际刑事法庭法草案》规定危害国际环境罪是国家犯罪,《关于国家责任的条文草案》第 19 条第 3 款规定国家严重违背如禁止大规模污染大气层或海洋等对维护和保全人类环境具有根本重要性的国际义务的行为构成犯罪。其三,国家作为国际环境犯罪的主体已有判例,并成为一项习惯国际法规则。国际环境犯罪典型案例有崔尔冶炼厂仲裁案、柯弗海峡案、苏联核动力卫星"国际宇宙

[①] 参见 Mary Clifford, Terry D. Edwards, *Environmental crime* (2nd), Jones & Bartlett Learning, 2012. 308。

[②] 参见张旭:《国际刑法:现状与展望》,清华大学出版社 2005 年版,第 164 页。

[③] 参见 Carlos D. Esposito Massicci, "Review of the Spanish Literature in the Field of State Responsibility," Spanish Yearbook of International Law, 1997, (5): 85–89。

954号"坠入加拿大造成核污染案等。① 其四,事实上,国家故意或过失地实施危害环境行为。科学技术的迅猛发展,各国的工农业生产、核能利用、外层空间探索以及海底开发等活动,常常给他国带来损害和威胁,上述国家环境污染犯罪案例就是例证。其五,否认国家犯罪的理由不能成立。否定国家作为犯罪主体的理由主要是,国家是抽象实体,不能实施国际罪行;国家不能承担刑罚。② 国家如同法人一样,但法人犯罪已基本得到普遍承认,再以国家没有躯体和意识为由否定国家犯罪略显苍白无力;国家不能承担刑罚,但可以承担其他责任方式,非刑罚方法可以作为刑事责任实现方式。其六,将国家规定为国际环境犯罪主体,进一步凸显环境法益的独立性、普遍性,符合国际社会惩治环境犯罪保护环境的潮流。综上,环境犯罪主体既包括自然人和法人,也包括国家。当然,法人或单位环境犯罪以法律规定为限,国家作为环境犯罪主体限于国际环境犯罪领域。

二、主体形象

人是规范生产者,也是规范消费者。人具有什么样的面貌,决定规范的面貌。在不同历史时期和不同法律领域,基于不同的人性观,学者们提出了经济人、政治人、社会人等法律形象。那么,刑法中人的形象如何?犯罪的主体是人,刑事责任由犯罪主体来承担,故而,可通过罪责来发现人的形象。

(一) 理性人

刑事古典学派认为,人只要达到一定年龄并精神正常,是能够鉴别善恶、具有为善避恶的自由意思的;明知犯罪是恶,仍然为之,犯罪显然是出于自由意思;因为犯罪者具有意思自由,在道德上负有责任,即可以在道德上对行为人进行谴责。③ 显然,在古典刑法理论上,人是一般的、抽象的、正常的"理性人",是道德上自主的人。符合这种图像之人不仅能够理解社会共同伦理价值、能够依照群体道德认知自行决定行止,而且有能力认识自己行为的法律意义,有能力决定是否遵守法律的命令或禁令。如果其未能满足法规范的要求而为一定的行为,就应受到谴责并接受相应制裁。④

(二) 经验人

刑事近代学派认为,世界上任何事物都受因果法则的支配,犯罪现象也不

---

① 参见蒋兰香:《环境刑法》,中国林业出版社2004年版,第68页。
② 参见张旭:《国际刑法:现状与展望》,清华大学出版社2005年版,第165页。
③ 参见马克昌:《近代西方刑法学说史》,中国人民公安大学出版社2008年版,第50~51页。
④ 参见许玉秀:《当代刑法思潮》,中国民主法制出版社2005年版,第28~29页。

例外;犯罪是由个人素质原因和社会环境原因等所决定的存在,并非自由意思之产物;犯罪之人之所以要承担刑事责任,不是由于道义上对他应加以谴责,是为了防卫社会的需要。① 显然,在近代刑事学派,人是个别的、具体的"经验人"。既然犯罪是必然的,是各种因素共同作用的结果,社会根治犯罪也是必要的,刑罚存在的唯一根据是防卫社会,预防犯罪应当着眼于消除促使犯罪产生的各种因素。从而,刑罚政策或目的是刑法面对经验人形象的必然产物。"在刑事政策上,这种人类图像更进而促成刑罚处遇制度的教育刑和特别预防取向。"②

(三) 生态人

无论是理性人还是经验人,一方面,都是以人与人之间的社会关系为背景的人类形象,基本不涉及人与自然之间的关系;另一方面,都是以一个孤立的微观个体为观察对象的人类形象,基本不涉及联系的宏观整体的观察。这种现象一直延续"二战"后很长时间,从"二战"后刑法理论发展可以看出。刑事近代学派出现后,其与刑事古典学派长期争论。但第二次世界大战前已趋缓和,"二战"后兼采两派之长的综合主义理论取得多数学者赞同,扬弃学派之争的扬弃说也被提出。整体上,偏向刑事古典学派,尤其是犯罪论部分,意思自由很大程度上得以保留和维持。③ 因此,理性人的形象仍是"二战"后相当长时间内刑法中的基本人类图像。这一人类形象自20世纪六七十年代开始,有了改变。由于现代科技和经济社会生活的发展,环境资源开始出现前所未见的窘迫,人是环境要素之一或生态链条一环的既存事实被重新发现。人道不应只针对人类或者与人类接近的动物,应适用于环境整体。从人是生态链条的一环的事实出发,生态人类的概念在德国被提出。在此概念下,人不仅仅是社会之人,而是负有和环境协调义务的人。④ 我国也在探讨生态人,有学者认为生态人是日常人,是人的社会性和自然性的统一体现;生态人在人类生态系统中既可以是主体也可能成为客体;理性生态人是追求人与人和谐相处和人与自然和谐相处的人。⑤ 显然,生态人超越了仅思考人与人关系的模式,超越了人类社会的存在场景,将人置于比人类社会更广阔的生态系统中,既关注人与人的关系,又强调人与自然的关系。基此理念和意义,生态人与环境法益独立、环

---

① 参见马克昌:《近代西方刑法学说史》,中国人民公安大学出版社 2008 年版,第 163~164 页。
② 许玉秀:《当代刑法思潮》,中国民主法制出版社 2005 年版,第 29 页。
③ 参见马克昌:《近代西方刑法学说史》,中国人民公安大学出版社 2008 年版,第 473~475 页。
④ 参见许玉秀:《当代刑法思潮》,中国民主法制出版社 2005 年版,第 29~30 页。
⑤ 参见蔡守秋、吴贤静:《生态人的要点和意义》,载《现代法学》2009 年第 4 期。

境刑法价值取向是一致的。因为,生态人既尊重人又尊重自然,不仅承认人的价值,而且承认环境的价值。

自然人、单位和国家都可以成为生态人的表现形式。由于政府是国家法律人格的直接载体,政府具有管理环境的强大的权力,因此,政府成为最具影响力的生态人。政府成为生态人的表现形式之一,主要表现在"国家在履行其环境职能的过程中与自然环境发生的关系,以及政府作为消费者直接利用和保护环境资源的关系"。单位尤其是公司、企业与环境交往密切频繁,主要是在生产经营过程中,不仅开发、利用、消费自然资源和环境,而且使用环境的容量,利用环境自净能力向环境排泄废物。公司、企业具有贪利本性,这使得其一般只强调利益的最大化,进而一味无限地向环境索取,无限地向环境排污,而对环境本身造成的危害则并不在意,当单位从环境中索取大量的自然资源以及排污超出环境容量时,就造成了环境的破坏和污染,甚至故意铤而走险实施环境犯罪。鉴于单位尤其是公司、企业的贪利性促使其为了利益最大化而实施环境犯罪,单位成为"最具环境危害风险的生态人"[①]。单位的最具环境危害风险的生态人形象,给了我们一点启示,就是对单位环境犯罪增设资格刑。因为单位具有贪利性,贪利目的的实现,需要单位进行生产经营,而其生产经营必须具备从事特定生产经营的资格,环境犯罪正是在其能够进行生产经营的现实条件下实施的。自然人在日常生活中通过自身的行为如利用资源、绿色消费资源、节水节电等节约资源、生活垃圾分类管理等保护环境、参与环境影响评价等环境公共事务,对环境施加影响,是环境权享有者和环境义务责任的承担者,是为数最多的最广泛的具体存在的生态人。

当然,生态人也是理性的。具有生态理性的人,应以追求人与自然和谐为依归,并依此约束自己的行为。当生态人的法律表现者包括自然人、单位以及国家违背与环境相协调相和谐之义务、故意或过失污染、破坏环境时,不仅道义上而且为了预防需要,应令其承担刑事责任。

三、主体特征

人是生物、心理和社会的综合体,因此,法律面对的人类形象是由生理、心理和社会三个要素组成,即人的生理需要、人的心理活动和人的社会行为三个要素共同描绘了人的形象。虽然法律规范的是人的行为,但研究行为离不开对人的生物需要、心理活动的观察、分析和验证。观察、验证等采取的是自下

[①] 吴贤静:《"生态人":环境法上的人之形象》,中国人民大学出版社2014年版,第266页、第269页。

而上的方法。因此,分析犯罪主体,亦应采取自下而上的方法。

(一) 风险需要主体

犯罪行为的产生,主观上存在犯罪动机,而犯罪动机是以犯罪分子不当的需要为基础。犯罪行为源自特定的需要,只不过这种需要是偏离、畸变的需要,是在外界环境诱因的刺激和主体内部不能从社会规范中调节超越现实的需要而产生的。对此,国外学者多有论述。美国精神病学家W.希利和他的妻子A.F.布朗纳认为,违法犯罪行为源于"不能得到满足的愿望与欲求",这种愿望和欲求包括在家庭和社会关系中的安全感、完成自我的满足、占有财产的欲求;苏联犯罪学家库德亚夫采夫认为,现实条件没有充分保证满足犯罪分子的实际需要或者臆想中的需要是犯罪原因。[①] 日本刑法学家西原春夫的分析更为深刻,他认为,人的不良行为的欲求是"刑法的根基"。[②] 具体到环境犯罪,环境犯罪是人类在进行社会物质生产和科学技术发展过程中产生的,是在如何处理人与自然关系过程中产生的,与人的需要,尤其是生命健康需要以及不断改善生命健康条件的需要、物质财富的需要、趋利避害的需要、自利的需要等密切相关。而这些,都是人类利益的体现。人类在利益驱动下,甘于冒险、追逐风险、承受风险。追逐风险、承受风险、迎难而上不仅是人性深处的渴望,而且风险本身是中性的,具有不确定性,可能带来机会、机遇、成功、收益,也可能带来挑战、失败、损失,还可能既无收益也无损失。人类追求冒险的习性源于史前时期,历史也表明人类在与自然作斗争的过程中,变得越来越强大,从而该基因遗传下来并使人们学习模仿之。从而在风险社会下,风险需要成为环境犯罪主体要素之一,也是人类形象的基础。

(二) 风险意识主体

在人的一般需要形象基础上,可以进一步勾画人的心理形象。通过人的心理形象,可以明白规范是如何通过人的心理发挥作用以及人如何应对规范。人的心理活动是知、情、意的统一,知、情、意是人类心理活动的三种基本形式。刑法规定和理论已经为犯罪主体的心理描绘了形象。根据我国《刑法》第14条故意犯罪和第15条过失犯罪的规定,理论上一般从认识因素和意志因素两个方面进行分析主观故意和过失,认识因素就是心理活动的"知",意志因素就是心理活动的"意"。遗憾的是,主观罪过理论分析中尚欠缺"情"的因素。具体到环境犯罪,行为人认识到实施环境犯罪无须投入昂贵成本,就能

[①] 参见罗大华:《犯罪心理学》,中国政法大学出版社2007年版,第71页。
[②] [日] 西原春夫:《刑法的根基与哲学》,顾肖荣译,法律出版社2004年版,第126页。

获得高额利润，而且由于"在许多环境污染案件中，被捉住的可能性也许不足10%，事实上可能要低许多"，① 面临刑罚的概率很小，三者共同促使行为人犯罪，而且带来环境犯罪的高发案率。同时，尽管实施环境犯罪是偏离的需要所致，通过漠视环境保护法规，采取污染环境或者破坏环境等违法手段犯罪，但由于获得了某种利益，进而被其生活的群体模仿、学习，进而导致环境犯罪的蔓延。生态人的面貌要求人负有与环境的协调义务，从该义务看人类形象，看到的是行动自由的界限和理由。环境法益和危险犯的大量产生或增加，意义在于人不仅要负责任，而且要担更多责任，包括对于无法预估的风险负责。因此，既要考虑环境犯罪主体的一般心理活动机理，还要着重考虑主体的风险认识。风险无法预估，就无预防控制风险的机会。从而道德的内涵不仅是人与人、人与社会甚至是人与自然的相处规则，更重要的是生命伴随着风险认知，进而应以"风险认知主体作为未来的人类图像"。② 风险社会之风险虽然具有不确定性，但仍然存在着发生征兆和预警可能性。行为人可以并应当依据自身的经验和现代科技，对风险进行审慎地评估和预测，探寻可能的危险源。限于人类对自然的有限认识，宁信其有，不信其无应时刻置于我们头脑中。况且，现实中发生的风险，往往出于行为人的疏失甚至故意。

（三）风险决策主体

在对人的生理形象和心理形象进行勾画的基础上，还需要进一步勾画出人的社会行为形象，从而分析行为人为什么会违法犯罪以及是如何违法犯罪。违法犯罪行为是我们可以直接感知的，在违法犯罪背后，人的行为决策发挥着决定作用。有学者指出，人具有一个可以抽象的行为决策模式，人的行为受人的心理模式和外界环境的共同影响，受到行为信念、控制信念和成本——收益分析等因素的共同影响，行为之前行为意向在发挥作用，行为之后会进行后果的评估。③ 人的决策具有三个特征：决策过程常常不是一个精确的推理过程，倾向于经济的方式决策，是在有限理性前提下作出决策的。④ 这同样适用于犯罪和环境犯罪，尤其是风险社会下的环境犯罪。环境风险是人为的，是人类决策和行为的产物，即环境风险的制造者是环境风险行为的决策者。行为人可能已经认识到环境风险的必然性或者高度盖然性而且后果无法弥补，出于发展经济

---

① ［瑞典］舍格伦、斯科格：《经济犯罪的新视角》，陈晓芳、廖志敏译，北京大学出版社2006年版，第64页。
② 许玉秀：《当代刑法思潮》，中国民主法制出版社2005年版，第31~32页。
③ 参见朱大鹏：《法律面对的人类形象》，中国金融出版社2013年版，第161~163页。
④ 参见朱大鹏：《法律面对的人类形象》，中国金融出版社2013年版，第165~172页。

等良好的愿望而作出决策，或者出于错误判断或武断而决策。随着科技水平提高，人类智识水平不断提高，发现科技具有局限性，科学技术也是不确定的。决策者往往忽视环境风险，其最大理由莫过于科技具有的不确定性，针对不确定性对环境决策的困扰，经济合作与发展组织 1987 年提出了谨慎原则（precautionary principle），当某些开发行为的未来影响具有科学不确定性时，只要存在发生危害的风险，决策者就应当本着谨慎行事的态度采取措施。① 由于当代社会环境决策涉及问题庞杂，不可能完全排除环境风险，因此，应当允许一定程度的风险存在。应当避免的是"那些严重不负责任，或者一意孤行，坚持错误的价值取向，罔顾民众生命健康以及环境生态的价值的非理性决策"。②

第四节 环境犯罪的主观要件

一、主观形态

有罪过才有罪责，这是近代刑法所确立的通行原则，为英美法系国家和大陆法系国家所适用，即都采用故意和过失为犯罪成立要件，环境犯罪也是如此。但是，19 世纪末以来，英美法系国家在坚持过错原则的同时，引入无过错责任或严格责任。

（一）故意与过失

一般而言，无论大陆法系还是英美法系，环境犯罪的罪过形式均包括故意和过失，即在主观上，行为人既可出于故意也可出于过失。我国通说认为，环境犯罪主观以故意和过失为要件，其中，重大环境污染事故罪（污染环境罪）的主观要件表现为过失，③ 其他环境犯罪的主观为故意。④ 当然，环境犯罪主观方面与普通犯罪有所不同：普通犯罪主观方面不仅强调认识因素而且强调意志因素，而环境犯罪主观方面仅强调或者主要强调认识因素。就故意来说，是一种对危害范围不确定的故意，可能的危害包括实害、危险甚至是风险，行为人对可能的危害无法作出判断和控制。因此，环境犯罪的故意主要是对行为的

---

① 参见汪劲：《环境法学》（第 3 版），北京大学出版社 2014 年版，第 102 页。
② 陈晓明：《环境刑法论纲》，载《法治研究》2015 年第 2 期。
③ 即使经《刑法修正案（八）》修正后，通说仍然认为该罪主观为过失。参见马克昌：《百罪通论》，北京大学出版社 2014 年版，第 1073 页。
④ 参见高铭暄、马克昌：《刑法学》（第 4 版），北京大学出版社 2010 年版，第 651~661 页。

认知，认识到行为的性质就认识到风险或危险的存在，即行为人只要认识自己的行为属于法定的典型风险或危险行为就存在风险或危险的故意，行为人具有风险或危险的故意表明其主观上存在不法意志。① 就过失而言，主要是指行为人在行为时应当感受到风险或危险的存在，或者已经感受到风险或危险的存在但轻信可以避免，违反注意义务冒险实施的情况。对自然人和单位来说，实施环境犯罪的故意和过失的内容并没有特殊之处。对于国际环境犯罪而言，国家在实施这些行为时，可能是过失的，也可能是故意的。过失表现为，国家对其管辖下的公司、企业、私人及未经授权的官员行为的某些预防措施或救济义务的失误；个别情况下，国家对明知其管辖内的行为者的环境污染和破坏行为采取放任的态度，则构成故意，如发达国家为寻求自己经济的高速发展，在可以阻止的情况下，对其辖内公司企业和个人向发展中国家转嫁污染密度大的企业或出口固体废物的行为采取默认的态度。②

  环境犯罪是环境风险或危险制造者所实施，是环境风险或危险决策者决策的产物。那么，如何判断行为人决策存在故意或过失？首先，仍应坚持从客观到主观的判断方法，而不是相反。整体来说，在客观上，刑法将环境犯罪设定为风险犯或危险犯，就是以具体的行为样态界定不法内涵。因此，考察决策者主观罪过，关键就是考察行为人的具体行为样态，通过行为样态反映决策者对行为性质乃至其代表的风险或危险的认知情况。其次，要考察决策的过程、空间以及评估等因素。面对风险，决策者要控制风险、化解风险和分配风险。对于决策者，当一种环境活动对环境法益存在威胁的风险时，就应该采取谨慎的预防措施。具体而言，可通过考察行为人决策时是否遵守了必要程序；决策者是否可以在不同的可能性之间作出选择，以及选择余地有多大；是否体认到未来的无限变化，是否关注到隐蔽、潜藏的副作用等方面。③ 由于科技的局限性、人类认知的有限性、自我控制的失灵、深受感情的影响以及经济方式的决策等因素的制约和影响，风险的决策同样又会带来风险。正如德国学者奥森鲍尔所言，预测是对未来事实的描述，是盖然性判断，并不存在真实性和正确性的标准；预测内容可能存在错误，但却同时适法的存在，错误并不必然导致不法，预测本身意味着合理错误的伴随。④

---

① 参见陈晓明：《环境刑法论纲》，载《法治研究》2015年第2期。
② 参见赵秉志、王秀梅、杜澎：《环境犯罪比较研究》，法律出版社2004年版，第74页。
③ 参见陈晓明：《环境刑法论纲》，载《法治研究》2015年第2期。
④ 参见陈春生：《行政法之学理与体系（一）》，三民书局1996年版，第186~187页。

（二）无过失

为了惩治环境犯罪等公共福利犯罪和道德犯罪，英美国家率先在坚持罪过责任的同时，尝试实行严格责任或绝对责任或无过失责任或无过错责任。各国对严格责任的表述见仁见智，没有统一的定义。英美著名刑法学家胡萨克的观点具有代表性，他认为，一般把严格责任的犯罪定义为"不需要有犯罪意图……只有行为（犯罪行为）就够了"。由于两种不同的原因，不必要求有犯罪意图的证据：第一犯罪意图可能与定罪完全没有关系，无论如何，有犯罪意图或者无犯罪意图对责任来说可能都不是实质性的，这称为严格责任的实体性解释；第二起诉不要求有犯罪意图的证据，尽管被告提出的无犯罪意图的证据可能排除他的责任。按照第二种程序性的解释，如果有关犯罪意图的举证责任加给被告，这种犯罪也属于严格责任的情形。此类犯罪包括所谓的犯罪意图的推定，被告可对此予以反驳来逃避承担责任。① 在英美法系国家，严格责任不仅出现在立法中，也运用在司法实践中。在制定法上，英国1951年《河流污染防治法》第2条第1款，1974年《污染管制法》第21条第1款、第32条第1款，美国1965年《固体废物处置法》，1976年《资源保持和回收法》《垃圾法》② 等都规定了严格责任。这样规定在于，证明这些犯罪的主观犯罪意图要比证明犯罪本身更加困难，犯罪行为的因果关系不易认定，待认定了行为再去证明主观犯意，就会使罪犯逃脱法律制裁，不利保护公共利益。③ 1972年的Alpgacell有限公司诉伍德沃德（Woodward）案是环境犯罪适用无须犯罪意思介入的严格责任的先例。当然，制定法或法院解释对严格责任的适用标准有一定限制：多与民众的健康福利有关，控诉和判罪不必要求证明被告人有犯罪心态，表明社会的严格要求；考虑到惩罚的严厉性，一般只限于轻罪或违警罪范围。④ 英美法系刑法承认严格责任，主要是基于刑事政策考虑：保证某些维护公众重大利益实施的需要、更有效预防特定犯罪的需要和节约诉讼资源的需要。

基于英美法系制定法或法院解释对严格责任的限制，尤其是如不可抗力、无过失或第三人过错等辩护理由的限制，以及刑事政策考虑，不能简单地将严格责任理解为构成犯罪不需要主观罪过，因为行为人享有辩护权，只要证明自

---

① 参见［美］道格拉斯·N. 胡萨克：《刑法哲学》，谢望原译，中国人民公安大学出版社1994年版，第137页。
② 《垃圾法》（*Refuse Act*）是《清洁水法》的辅助法，违反《垃圾法》为轻罪，实行严格责任。参见Steven Ferrey, *Environmental Law* (3rd), Aspen Publishers, 2004. 58 – 59。
③ 参见张世东：《从比较法观点论我国环境刑法运作上之难题》，台北大学2009年硕士学位论文。
④ 参见赵秉志、王秀梅、杜澎：《环境犯罪比较研究》，法律出版社2004年版，第82~83页。

己不存在主观罪过就不承担刑事责任。显然，在适用严格责任时，仍然要求行为人实施环境犯罪时具有罪过，即定罪量刑仍以故意或过失的心态为基础。如果将严格责任理解为构成犯罪不需要主观罪过，就完全颠覆了近代刑法所确立的有罪过才有罪责的过错责任原则。故此，宜将严格责任理解为过错推定，实行举证责任的转移，只有当行为人举证不能时才受刑罚处罚，从而有效地维护过错责任原则。因此，完全或真正意义上的严格责任或绝对责任或无过错责任或无过失责任是不存在的，环境犯罪仍然要求罪过，以故意和过失为主观构成要件。

二、污染环境罪的罪过

大陆法系的主要国家德国、日本和英美法系的主要国家英国、美国都规定污染环境犯罪的罪过形式为故意和过失。反观我国，通说认为重大环境污染事故罪的罪过形式是过失。原因在于，形式上，条文表述中有表明过失的用语，即"造成重大环境污染事故，致使公私财产遭受重大损失或者人身伤亡的严重后果"，这里的"事故"符合"过失犯罪，法律有规定的才负刑事责任"中"法律有规定"的过失犯罪，因为事故一词在日常用语中一般是指过失造成的事件。从实质上，一方面，行为人的主观罪过依据行为人对危害结果的态度来评判，基于本罪的复杂客体以及主次客体的错位，行为人对财产损失和人员伤亡的心理态度如何决定其罪过形式为何，因为行为人往往是为追求经济利益而实施排污行为的，可以排除行为人对财产损失和人员伤亡的希望或放任态度，行为人对此是不希望或者反对其发生，是过失；另一方面，从罪刑均衡出发，由于本罪最高法定刑只有7年，将本罪罪过确定为故意，是不合适的。尽管我国刑法分则中带有"事故"一词的法律条款，在刑法理论上一般被视为过失犯罪，但重大环境污染事故罪的罪过形式并非没有争议，理论上还存在故意说、故意兼过失说、即可故意也可过失说、过失兼间接故意说。[①] 2011年《刑法修正案（八）》对重大环境污染事故罪进行较大幅度修改，修改后的污染环境罪究竟是故意犯罪还是过失犯罪，或者说其罪过形式是故意还是过失呢？罪过形式的判断，应遵循两个标准：一是形式上的罪刑法定；二是实质上的法理分析。[②] 一方面，删除表明过失的表述，代之以"严重污染环境"，这一修改除具有明确犯罪客体、保护环境法益意义外，还有表明罪过形式变化的意义。

---

① 参见马克昌：《百罪通论》，北京大学出版社2014年版，第1073页。
② 参见张明楷：《罪过形式的确定：刑法第15条第2款"法律有规定"的含义》，载《法学研究》2006年第3期。

因为此时罪过形式的判断对象不再是财产损失和人员伤亡的结果,而是污染环境的结果,无论是对于污染环境的行为还是对于污染环境的结果,行为人显然是明知而且至少是放任的,以故意作为罪过形式更为准确。另外,没有补强其他强调过失的要件。而且,按照责任主义原理,分则将某一犯罪规定为过失犯罪,应以存在相对应的故意犯罪为前提。① 因此,无论从形式上还是实质上,都表明污染环境罪已从过失犯罪变成故意犯罪。② 将污染环境罪解释为故意犯罪不仅是最符合罪刑法定原则要求的解释,而且可以平衡法益保护和人权保障,扩大处罚范围、减少处罚漏洞,③ 从而有效回应生态安全对刑事法治的要求,解决原有的重大环境污染事故罪不能有效惩治严重污染环境行为的问题,有利于弥补和修复环境。

将污染环境罪的罪过形式定位在故意,除了上述理由外,还可由司法解释和司法案例印证。已有研究一般只重视污染环境罪与投放危险物质罪的区别,认为二者在犯罪主体、犯罪主观方面、犯罪客观方面存在不同之处。但是,二者之间不可能存在对立关系,必须承认一个行为可能同时触犯上述两个罪名的情形。④《2013年环境污染刑案解释》对此予以认可。根据该解释第8条的规定,环境污染案件中,存在一个行为同时触犯污染环境罪和投放危险物质罪两个罪名的情况,此时适用重罪论处。该条背后的理论显然是想象竞合犯理论,该理论的运用,是以污染环境罪为故意犯罪为前提的。因为想象竞合犯要求竞合的两个罪名罪过形式相同,行为人的一个行为主观上不可能出现矛盾的两种心理态度。即该司法解释是在确定污染环境罪为故意犯罪基础上,进而承认两罪之间存在想象竞合关系。

从司法案例看,2013年"两高"公布四起环境污染犯罪典型案例,分别是:案例1紫金矿业集团股份有限公司紫金山金铜矿重大环境污染事故案、案例2云南澄江锦业工贸有限责任公司重大环境污染事故案、案例3重庆云光化工有限公司等污染环境案和案例4胡文标、丁月生投放危险物质案。⑤ 这四起典型案件直接或间接表明重大环境污染事故罪或污染环境罪的罪过形式为故

---

① 参见张明楷:《罪过形式的确定:刑法第15条第2款"法律有规定"的含义》,载《法学研究》2006年第3期。

② 即本罪的罪过形式是故意,参见张明楷:《刑法学》(第4版),法律出版社2011年版,第995页。

③ 参见杨宁、黎宏:《论污染环境罪的罪过形式》,载《人民检察》2013年第21期。

④ 参见张明楷:《刑法分则的解释原理》(第2版)(上),中国人民大学出版社2011年版,第265页。

⑤ 参见《最高法院公布四起环境污染犯罪典型案例》,载中国法院网,http://www.chinacourt.org/article/detail/2013/06/id/1014579.shtml,2013-06-18。

意。案例1、2虽然是以过失犯罪判处的，但其中已经隐含了故意犯罪的形式。因为案例1中，被告单位整改期间继续实施排污行为，案例2中被告单位也存在经多次行政处罚仍未整改、通过明沟暗管直接排放废水的行为。如果说在环保部门责令整改或进行行政处罚以前，行为人出于过失心态排污的话，那么在此以后，如果行为人仍然继续排污，则此时的主观心态已经发生了转化，是"明知故犯"，即明知自己的排污行为会造成环境污染的结果，而希望至少是放任污染环境结果的发生，从而具备犯罪故意的认识因素和意志因素，完全符合故意犯罪的主观特征。案例3、4中，法院一方面直接认定污染环境罪为故意犯罪，即该罪的罪过形式是故意，法院另一方面运用共同犯罪的理论来定罪量刑，而以共同犯罪论处，则必须建立在该罪是故意犯罪基础之上。不仅如此，这四起典型案例并非孤立散在的，而是有其内在关联的。一以贯之的是，典型案例高扬环境法益，强化环境保护。由于环境法益的强调，进而带来污染环境罪罪过形式、罪数形态等方面的变化，且层次递进。如果说典型案例1、2仅是突出保护环境法益的话，那么案例3则在此基础上进了一步，即确认污染环境罪的罪过形式为故意，案例4在案例3的基础上又迈了一步，即运用想象竞合犯理论处理环境污染案件，从而这四个典型案例确认污染环境罪为故意犯罪。

综上，《刑法修正案（八）》之前，我国的污染环境犯罪的主观方面应为过失，修改后的主观罪过应为故意。无论将该罪的主观罪过理解为故意还是过失，罪过形式都失之单一，而且存在不必要的理论讼争，更存在将污染环境案件作为危害公共安全罪处理的实践问题，如胡文标、丁月生投放危险物质案，从而不利于防范环境风险、不利于环境保护。因此，建议借鉴他国环境刑事立法，明文规定污染环境罪的主观罪过包括故意和过失，用两款分别规定故意污染环境犯罪和过失污染环境犯罪，并配置相应的法定刑。当然，即便立法将污染环境罪的主观罪过明确为故意和过失，由于环境犯罪极其复杂，仍可能存在污染环境后果极其严重而无法查清行为人污染环境的主观故意或过失的情况。那么，此时污染环境的行为人应否承担责任？这涉及环境犯罪的归责问题。根据传统的罪过归责原则，显然无法令行为人承担责任；如果适用过错推定原则以及严格责任，可以追究行为人的责任，但由于过错推定和严格责任都有局限性，因此，不允许通过对行为人进行过错推定甚至适用无过错的严格责任令其承担责任；为了有效保护环境法益、应对和防范环境风险、保障环境安全，后文创设环境风险犯，意在创设一种独特的不同于先前的归责原则和方法令其承担责任。

第四章 环境犯罪风险犯创设

风险社会的到来，要求刑法不仅关注实害，更要积极应对、防范控制风险。以实害犯为中心或核心的传统刑法关注的重心是实害，对危险以及风险关注较少，而且只关注因果关系确定或已被证明的危险，致使对风险的规制呈现出碎片化或断片性，显然难以控制社会风险，无力处理风险犯罪问题。要克服风险规制的碎片化，回应风险社会的安全保障和风险防范需求和诉求，刑法范式必须转换，必须建立重点关注风险、以风险犯为核心的风险刑法。由于环境风险是风险社会的典型风险，刑法不仅应积极介入环境风险，而且应对其进行主动地而不是被动地、提前地而不是滞后地、全面地而不是局部地、整合地而不是碎片地介入规制。对环境风险的全面规制涉及如何规定环境犯罪的类型方为妥当的问题，因此，本章即对环境犯罪的类型展开论述，首先考察犯罪类型，然后在回顾环境犯罪类型由结果犯到危险犯再到行为犯演进的基础上，提出创设环境风险犯。

第一节 犯罪类型概述

一、我国刑法理论中的犯罪类型

我国刑法理论上的犯罪类型包括结果犯、行为犯、举动犯和危险犯等，是在犯罪既遂意义上论及和使用的。① 结果犯的既遂以法定危害结果发生为判断标准；行为犯的既遂以法定犯罪行为完成为判断标准，既不需要危害结果发生，也不需要考虑行为人的犯罪目的是否达到，行为人实施符合行为犯构成要

---

① 我国是以既遂标准的不同为划分依据，区分这些犯罪类型的。但根据大陆法系刑法理论，这些犯罪类型是由不同划分标准所产生，因此，并非都相互独立，而是有所重叠。尽管如此，结果犯、行为犯和危险犯仍可以作为犯罪的分类或犯罪类型存在。这里的犯罪类型，与犯罪分类、犯罪行为样态在同一意义上使用。

件之行为，就可认定为犯罪既遂；危险犯的既遂与否以是否存在法定危害结果发生的危险为判断标准，而不需要考虑危害结果是否发生，只要行为人实施了犯罪行为并且存在法定危害结果发生的危险就可认定为犯罪既遂；举动犯以行为人是否着手实施法定犯罪行为为既遂与否的判断标准。

二、国外刑法理论中的犯罪类型

（一）大陆法系的犯罪类型

大陆法系国家刑法理论是从构成要件类型或者构成要件要素或犯罪成立意义上论及行为犯、危险犯和结果犯等犯罪类型的。以德国为例，"根据行为和行为客体之间的关系，可区分为结果犯和（单纯的）行为犯"。对于结果犯，构成要件是以对行为客体产生不同于行为的时空上可限制的效果为前提的；对于行为犯，不法构成要件仅限于行为人的行为，无须发生时空上可区分的外部效果意义上的结果。这里的结果包括对法益的侵害以及侵害的危险，从而结果犯分为实害犯（侵害犯）和危险犯。危险犯包括具体危险犯与抽象危险犯，对于前者，必须确定具体危险，即依据现有的具体情况，产生损害极有可能、近在咫尺。① 抽象危险犯是与实害（结果）犯、具体危险（结果）犯是互斥的概念，其构成要件既不需要实害结果的发生，也不以行为客体陷入具体危险为前提。综上，大陆法系存在结果犯、实害犯、具体危险犯、行为犯和抽象危险犯等行为类型。

纵火罪、醉驾罪等在德国属于抽象危险犯。② 因此，纵火罪本不可能再构成实害犯。但房屋的燃烧既是构成要件要素，又确实是放火行为的结果，因此纵火罪也是实害犯。"本该互斥的下位概念却适用在同一对象上，这一逻辑矛盾之所以产生，是因为学者在划分同一上位概念的过程中采用了双重标准。"③ 说纵火罪是实害犯时，采取的是纯粹形式性的行为客体划分标准，而说纵火罪是抽象危险犯时，是以对法益的影响程度为判断依据。显然，这里存在"二元+双重"的行为样态划分方法。所谓二元划分方法，一是形式的行为客体标准，以对行为客体的侵害程度划分出行为犯、形式的实害犯、形式的具体危险犯和形式的抽象危险犯；二是实质的法益标准，以对法益的侵害程度划分出

---

① 参见［德］耶赛克等：《德国刑法教科书》，徐久生译，中国法制出版社2001年版，第318～322页。

② 参见［德］耶赛克等：《德国刑法教科书》，徐久生译，中国法制出版社2001年版，第323页；徐凯：《抽象危险犯正当性问题研究》，中国政法大学出版社2014年版，第160～162页。

③ 徐凯：《抽象危险犯正当性问题研究》，中国政法大学出版社2014年版，第14页。

实质的实害犯、实质的具体危险犯和实质的抽象危险犯。以纵火罪为例,由于纵火行为造成了房屋燃烧,以行为客体为区分标准,该罪为形式的实害犯;而以人的法益为标准,因该罪成立不需要对法益造成侵害或侵害危险,该罪则为实质的抽象危险犯。根据行为客体与法益的二元标准进行的行为样态划分,可以有效避免术语适用的混乱。所谓双重划分方法,又有两种理解:一是上述两种划分方法造成同一犯罪有双重身份,如纵火罪是形式实害犯和实质抽象危险犯的统一;二是先以形式的行为客体为标准划分出行为犯和结果犯,然后再以实质的法益为标准将结果犯划分为抽象危险犯、实害犯、具体危险犯。根据双重划分方法的两种理解,"行为犯是以构成要件中行为客体阙如为特征的形式性的犯罪类型,因此与其相对应的只能是形式的结果犯"。行为犯有可能是实质的抽象危险犯,也有可能是实质的实害犯。但较之于行为客体,"法益是由作为刑法构成要件基础的规范所保护的,判断犯罪特征的实质性和最终决定性的方向标"。因此,犯罪行为样态不仅应在法益与行为客体的二元视角下重新审视,而且还应在类型划分中坚持标准的同一性。故而,"一般应以法益为中心点并根据行为对法益的不同侵害程度将犯罪分为侵害犯、具体危险犯和抽象危险犯"。①

(二) 英美法系的犯罪类型

英美法系国家较少探讨犯罪类型,M. Faure、M. Visser 两位学者在论述将环境违法行为刑事化时,提出四种环境犯罪类型:抽象危险犯、具体危险犯、严重的环境污染犯(仅危害环境本身即成立)和模糊行政犯(涵盖确立一般注意义务的行政法规)。② Susan F. Mandiberg、Michael G. Faure 两位学者对这四类环境犯罪进行了修改完善:一是增加实害犯或结果犯,该环境犯罪类型包括行政从属和环境损害两个要素;二是删除模糊行政犯,从而形成由具体危险犯、抽象危险犯、实害犯和严重的环境污染犯构成的环境犯罪行为样态体系。③ 并认为,该体系是根据犯罪的危害程度不同而进行的划分,一来符合比例原则,二来优于单独的或者不连贯的体系,从而对环境犯罪实行渐进的惩

---

① 参见徐凯:《抽象危险犯正当性问题研究》,中国政法大学出版社 2014 年版,第 14 页、第 25 页、第 27 页。

② 参见 M. Faure, M. Visser, "How to Punish Environmental Pollution? Some Reflections on Various Models of Criminalization of Environmental Harm," European Journal of Crime, Criminal Law and Criminal Justice, 1995, (3): 316。

③ 参见 Susan F. Mandiberg, Michael G. Faure, "A Graduated Punishment Approach to Environmental Crimes: Beyond Vindication of Administrative Authority in the United States and Europe," Columbia Journal of Enviromental Law, 2009, 34 (2): 452。

罚，有利于最大化保护环境。① 在论者看来，实害犯或结果犯和严重的环境污染犯的区分在于，前者的侵害对象是人身、财产，后者的侵害对象是环境本身；前者与环境行政管理有关，后者与行政管理无关。从前述法益出发，二者都侵害了应然环境法益，无区别之必要；从环境犯罪具有行政犯自然犯双重属性来看，不违反行政管理法规也可构成环境犯罪，与行政管理有关与否对于犯罪成立影响不大。因此，实害犯和严重的环境污染犯是重合的，从而可以将四类型的环境犯罪形式整合为三类型的环境犯罪形式，即环境抽象危险犯、环境具体危险犯和环境结果（实害）犯。

第二节　环境犯罪类型

一、类型现状

对于环境犯罪的行为类型，学界一方面从环境刑事立法的规定进行实然分析，另一方面进行应然分析。在我国，就解释论而言，一般认为，环境犯罪多为结果犯，少数行为犯，无危险犯。② 有的学者认为，环境犯罪的行为样态包括举动犯和结果犯，举动犯的行为包括多次微量的污染或破坏行为和一次性但作用较大的污染或破坏行为。③ 还有学者认为，环境犯罪基本包括结果犯、情节犯、行为犯等。④ 但有学者认为，迭经刑法修正案（二）、（四）、（八）三次修订，狭义的环境犯罪中，12个罪名属于危险犯，3个罪名属于结果犯。⑤ 就立法论来说，一般赞同在我国刑事立法中设立危险犯。⑥ 当然，增设理由和适用犯罪有所不同。有的学者认为，设立危险犯的理由在于：是环境立法价值取向由人类中心主义向人与自然和谐发展转变的必然要求，在于环境危害行为的严重社会危害性，更加积极保护生态环境系统，环境犯罪后果极为严重甚至不可逆转的特点决定，预防环境犯罪的需要，国外危险犯的立法例借鉴，立法

---

① 参见 Susan F. Mandiberg, Michael G. Faure, "A Graduated Punishment Approach to Environmental Crimes: Beyond Vindication of Administrative Authority in the United States and Europe," Columbia Journal of Enviromental Law, 2009, 34 (2): 493-494。
② 参见赵秉志、王秀梅、杜澎：《环境犯罪比较研究》，法律出版社2004年版，第59页。
③ 参见王秀梅、杜澎：《破坏环境资源保护罪》，中国人民公安大学出版社1998年版，第12页。
④ 参见雷鑫：《生态现代化语境下的环境刑事责任研究》，知识产权出版社2010年版，第87页。
⑤ 参见王勇：《环境犯罪立法：理念转换与趋势前瞻》，载《当代法学》2014年第3期。
⑥ 参见赵秉志：《环境犯罪及其立法完善研究》，北京师范大学出版社2011年版，第146页。

逻辑的要求，有利于环境刑事司法以及符合刑法谦抑原则等，范围限于重大环境污染事故罪等四个罪名。① 有的学者认为，在环境刑事立法中增设危险犯，既可弥补行为犯之不足，又可防止结果犯之滞后，对于防患于未然，及时有效地保护环境意义重大；不宜将危险犯适用于所有环境犯罪，应限制适用于水源污染、有毒有害放射性物质的排放等危害很大的环境犯罪，具体罪名涉及重大环境污染事故罪和走私废物罪。② 这里的重点不在评析前述环境犯罪行为类型之解释论和立法论是否合乎立法目的，是否符合法律规定，是否合理，而重在取环境犯罪行为类型之所涉形态。从国外刑事立法和刑法理论看，环境犯罪的行为类型包括结果犯、危险犯和行为犯。综上所述，危险犯、行为犯、举动犯和结果犯是我国的环境犯罪类型，国外的环境犯罪行为类型包括结果犯、行为犯和危险犯。

二、类型划分

（一）我国的环境犯罪类型划分

我国刑法理论中的结果犯、行为犯、举动犯和危险犯等犯罪类型对环境犯罪同样适用，从而环境犯罪的行为类型包括环境犯罪结果犯、环境犯罪行为犯、环境犯罪举动犯和环境犯罪危险犯。对于我国的环境犯罪行为类型，第一，表面是从犯罪既遂标准角度进行的划分，但进一步观察分析可以发现，是以犯罪既遂是否需要发生结果为标准，即以是否需要发生结果为划分标准，需要发生结果构成既遂的是结果犯和危险犯，法定的危害结果是结果，法定的危险状态也是结果；不需要发生结果也构成既遂的是行为犯和举动犯。此为第一重划分。第二，前述定义表明，结果犯是指要有法定的危害结果的发生才能成立犯罪既遂，危险犯是指危害行为产生法律规定的发生某种危害结果的危险状态才成立犯罪既遂。这表明危险犯与结果犯的侵害程度是不同的，结果犯造成了现实的损害，危险犯有造成现实损害的可能或者离现实的损害十分接近。因此，结果犯、危险犯的划分标准是二者的不同侵害程度。此为第二重划分。第三，与国外的环境犯罪行为类型相比，我国环境犯罪行为类型多出一个举动犯。那么，该类型有无独立存在之必要？笔者认为，举动犯没有独立存在必要，或者说没有必要进一步区分行为犯和举动犯。首先，按照通说，行为犯以法定犯罪行为实施完毕为既遂判断标准，举动犯以行为人是否着手实施法定犯

---

① 参见蒋兰香：《环境犯罪基本理论研究》，知识产权出版社 2008 年版，第 275~285 页。
② 参见赵秉志：《环境犯罪及其立法完善研究》，北京师范大学出版社 2011 年版，第 146~147 页。

罪行为为既遂判断标准。表面上看，行为犯和举动犯的区分标准明确，但实际上区分界限不够明确，即使实行行为也具有相对性，更不用说着手了，因此实践中不易把握，操作性不强。其次，按照举动犯论者观点，其实为行为犯。最后，无论行为犯还是举动犯，都不以犯罪结果的发生为要件，之所以作为犯罪类型，在于行为本身具有导致侵害结果或者侵害危险的可能性，从而没有必要进一步区分二者。

从而，我国的环境犯罪行为类型包括行为犯、结果犯、危险犯三种类型。行为犯与结果犯的区分标准是，构成既遂是否需要结果的发生，行为犯既不要求实害结果，也不要求危险结果。结果犯又进一步分为实害犯和危险犯，区分标准是侵害程度不同。从实然看，我国的环境犯罪只有结果犯与行为犯，没有危险犯；从应然看，我国刑法应该增设环境危险犯。我国环境犯罪行为类型现状，是重视眼前现实利益不重视可持续发展的传统立法价值和侧重事后惩治不侧重事前预防的传统立法目的在刑事立法和刑法理论中的反映，符合我国的立法传统。

（二）域外环境犯罪类型划分

在英美法系国家，如前所述，根据 Susan F. Mandiberg、Michael G. Faure 两位学者的研究，环境犯罪类型有三：环境抽象危险犯、环境具体危险犯和环境结果（实害）犯。

如果将大陆法系刑法理论中的犯罪类型如行为犯、结果犯、实害犯、具体危险犯和抽象危险犯等适用之环境犯罪，那么，环境犯罪的行为类型就包括环境犯罪结果犯、环境犯罪行为犯、环境犯罪实害犯、具体环境危险犯和抽象环境危险犯。这些行为类型的存在系划分标准不一致所致，坚持犯罪类型的划分标准的同一性，环境犯罪则只能分为实害犯、具体危险犯与抽象危险犯。这与德国刑法学家海涅的观点基本一致。他提出了其对环境刑法长期构思所得的三大中心架构原则，包括创设一般生命危害犯，构建特殊环境犯和经修饰手段化的传统犯。其中，特殊环境犯之类型，依刑法保护程度不同，可分为三类：公共危险犯、环境结果犯、环境危险犯。根据海涅的论述，这里的公共危险犯相当于具体危险犯，环境危险犯是抽象危险犯，① 因此，其所谓的特殊环境犯类型包括抽象危险犯、具体危险犯和结果犯。

从环境犯罪类型的现状和划分来看，我国与国外的环境犯罪行为类型只是形式上相似，内涵则差异较大，并且存在行为类型的划分标准不统一的共同性问题。

---

① 参见［德］海涅：《环境破坏行为类型化之国际比较：论因果关系与特殊归责问题》，郑昆山译，载国际刑法分会：《环境刑法国际学术研讨会论文辑》，1992 年版，第 409~415 页。

三、类型演进

　　上述环境犯罪行为类型不是一蹴而就的，有一个发展变化过程。环境犯罪结果犯是各国最早的立法选择，时至今日，包括德国刑法和俄罗斯刑法在内的刑事立法仍有大量环境犯罪结果犯的规定。随着科技进步和经济社会发展，环境问题成为影响全球人口、资源、经济发展的重大问题，为了进一步实现动刑保护环境的目的，相关刑法理论和刑事立法突破了环境结果犯的理论和立法，与时俱进，理论中先后出现了危险犯和行为犯的概念，立法中也有反应，环境危险犯首先出现在日本的《公害罪法》中。环境危险犯的发展又经历了从具体危险犯到抽象危险犯的发展历程。由于具体环境危险犯的具体危险限于造成人体生命和健康的具体危险，以此为理念指导环境刑事立法和司法，仍不能达到动刑惩治和预防环境免遭危害之目的，"一些学者尝试在环境犯罪学提出了'抽象危险犯'的概念"。① 抽象危险犯要求行为人危害环境的行为存在抽象的危险而不是具体的危险，一些国家环境刑事立法开始降低危险程度要求，《瑞典刑法》第13章第8a条（空气、水或土壤污染，足以构成健康危险的抽象损失）② 以及《德国刑法典》第326条第1款（未经许可的存放、储存、排放或者去除具有爆炸、自燃或严重放射性等垃圾）都是抽象危险犯的规定。环境行为犯只要求实施了刑法禁止的行为，无论是否造成实际损害，也无论是否存在任何危险。美国1976年的《资源回收法》规定了行为犯，故意非法运输、处理、贮存、处置危险废物的构成犯罪。可见，环境犯罪对危害结果的依赖程度呈现由高到低的趋势，结果对于犯罪成立的意义越来越小。在环境犯罪结果犯时代，没有侵害结果则不构成犯罪，尤其是哪怕有环境侵害结果但只要没有人身、财产的实害后果，仍不构成犯罪，这显然不利于保护环境。随着环境问题的日益严重，保护环境力度的加大，刑法介入环境犯罪的范围扩大。通过引入环境危险犯，使得不需要造成实害后果只要存在危险状态的环境犯罪得以成立，危险犯比结果犯提前了一步。随着经济社会的发展和对环境认识的加深，危险犯立法和理论仍不能满足动刑保护环境之目的，相关刑法理论和立法继续向前演进，接着出现了环境行为犯，使得既未导致实害后果也不构成危险状态的犯罪亦可成立，环境行为犯使刑法介入环境领域进一步提前。从而环境犯罪行为类型展现了一个由环境犯罪结果（侵害）犯到危险犯再到行为犯的发展轨迹，打破了环境犯罪结果（侵害）犯一统天下的局面，形成了环境犯

---

① 郭建安、张桂荣：《环境犯罪与环境刑法》，群众出版社2006年版，第242页。
② 参见赵秉志、王秀梅、杜澎：《环境犯罪比较研究》，法律出版社2004年版，第53页。

罪结果（侵害）犯、环境犯罪危险犯和环境犯罪行为犯共存的新格局。环境犯罪行为演进历程带给我们两点启示：一是环境犯罪行为类型的发展变化始终与法益相关联，主要是与环境法益的独立性日益彰显相辅相成；二是环境犯罪行为类型应随着科技和经济社会发展与时俱进，而不能凝固化和教条化。这意味着，环境犯罪行为类型处于不断发展之中，在新的经济社会条件下，仍然会与时俱进地演进产生并接纳新的行为类型。

第三节　环境风险犯的创设

一、设立背景

（一）风险社会的呼唤

无论是环境犯罪结果犯，还是危险犯与行为犯，无论其在理论上的提出还是立法上的规定，时间上都在20世纪80年代前，按照贝克的描述，此时应为古典工业社会。因此，环境犯罪结果犯、环境犯罪危险犯和环境犯罪行为犯的产生可以说主要是以古典工业社会为背景的。当然，环境危险犯和环境行为犯距贝克提出风险社会的时间很近。20世纪中后期以来，人类社会发生了巨大变化。学者们纷纷从不同的理论视角对当代社会的特征进行描述，贝克、吉登斯、拉什等社会学家从风险角度对当代社会巨变展开了宏观分析，称当前社会为风险社会。根据社会学家的论述，风险社会是对当今人类所处时代特征的描绘。风险社会的本质特征在于质、量两方面与传统风险不同的巨大风险的产生以及社会成员对相关风险评估能力的下降。[①] 即风险与不确定性成为当今人类所处时代的核心主题和核心特征，而且人为风险超过自然风险成为风险结构的主导内容。西方风险社会是自反性现代化的逻辑产物，我国的风险社会是压缩性现代化的逻辑产物，现代化的风险及不确定性对工业社会的根基产生异议并将其瓦解，并逐渐充斥生活，不断带给人们不安全感时，便不知不觉地进入了风险社会。由于环境风险为当代风险的典型代表，极具复杂性，会造成环境系统平衡的破坏，将带给当代人以及下一代在时空上无法控制的灾难性后果，充斥环境风险的社会即环境风险社会，要求与之相适应的新的环境犯罪行为样态。

---

① 参见徐凯：《抽象危险犯正当性问题研究》，中国政法大学出版社2014年版，第29页。

（二）风险与危险的区分

面对风险社会，刑法学者相应提出风险刑法范式，而抽象危险犯则是风险刑法采用的主要犯罪形式。① 笔者认为，首先，从表面看，抽象危险犯是环境刑法理论和刑事立法中已经存在的行为样态，并不是与风险社会相适应的新的犯罪行为样态，如果坚持或坚守抽象危险犯，无疑是将其凝固化；其次，从深层看，主要涉及风险与危险的关系问题，从而决定了将二者混同使用还是区分使用，进而决定了采用风险犯还是采用危险犯之称谓。

风险与危险虽然只有一字之差，但在社会学中，西方社会学理论界的看法不一。贝克将二者等同起来，混同使用。在贝克看来，每个社会都存在风险，只不过，风险社会所经历的是一种新型的风险，是一种具有现代性、人为性、复杂性、未来性和不确定性的风险。吉登斯认为二者密切相关，但不尽相同，即危险是风险所可能产生一种结果，"……准确地说，风险意味着危险（但并不一定已经意识到了这种危险）"。② 卢曼则把二者截然区分开来，区分的依据在于观察的角度。他认为，"当人们基于决定中的不可知之未来来观察一个决定时，这个决定就表现为风险，对于自己不做决定的受害者而言，则表现为危险"。"观察风险与危险的重点将置于：谁如何地观察危害及关于危害的期望。若是可能的危害被看成是决定的后果，也就是这些危害被归因到决定上，则谈论的是风险，而且是决定所带有的风险。若是将可能的危害看成是由于外在引起的，即归因到环境，则所谈的是危险"。③ 在中文语境里，对风险的解释也不尽一致。《现代汉语词典》的解释是，"风险是可能发生的危险"，而危险则是"有遭到损失或失败的可能"；④《辞海》的界定为，"风险就是人们在生产建设和日常生活中遭遇能导致人身伤害、财产损失及其他经济损失的自然灾害、意外事故和其他不测事件的可能性"。⑤ 可见，风险与危险既具有共性，又有所不同。共性在于：二者均具有不确定性，而且均未造成实害。不同在于：⑥ 第一，风险主要介入了人的因素，是一种人为的风险，取决于决策以及人类自身的行动，因此，风险是客观存在与主观认知的结合；而产生危险的原

---

① 参见徐凯：《抽象危险犯正当性问题研究》，中国政法大学出版社 2014 年版，序言第 1 页。
② ［英］安东尼·吉登斯：《现代性的后果》，田禾译，译林出版社 2011 年版，第 30~31 页。
③ ［德］Geoge Kneer、Armin Nassehi：《卢曼社会系统理论导引》，鲁贵显译，巨流图书公司 1998 年版，第 226~227 页、第 236 页。
④ 中国社会科学院语言研究所词典编辑室：《现代汉语词典》（第 5 版），商务印书馆 2007 年版，第 409 页、第 1412 页。
⑤ 夏征农、陈至立：《辞海》（第 6 版），上海辞书出版社 2009 年版，第 718 页。
⑥ 参见陈晓明：《风险社会之刑法应对》，载《法学研究》2009 年第 6 期。

因，除了人为活动，还包括自然原因。第二，风险是一个较为中性的名词，既有负面的东西，也有积极的一面；而危险则完全是负面意义。第三，风险发生的因果关系和盖然性无法确定，而危险的发生基于已掌握的知识可以加以预测，可以依照经验法则判定为何种原因所引发。

在法学上，主要是危险的相关论述，很少专门谈及风险。如张明楷教授认为，危险包括行为人的危险与行为（广义）的危险，行为（广义）的危险是指行为客观上对法益造成侵害的危险，包括行为的危险与作为结果的危险，前者称为行为的属性或性质，是指行为本身具有的导致侵害结果发生的可能性；后者是指行为所造成的对法益的威胁状态，属于结果。危险犯中的危险是行为（广义）的危险意义上的危险。虽然危险概念有多种含义，但可以肯定的是，在危险犯意义上，其中危险的含义是明确的，即损害法益的可能性或可能的法益损害。根据传统警察法，危险指在未受阻碍的事件进展过程中，某一状态或行为有充分的或然率将导致警察法上所保护的公共安全或秩序等法益遭受损害的情况。① 据此，对被保护法益是否造成损害以及损害出现的或然率成为判断危险是否存在的标准。

对于或然率的判断主要以过去累积的一般经验法则为依据，当有特定行为或状态出现，依照过去一般生活经验法则即可判断出将会产生特定损害。但是，在风险社会下，特定行为或状态由于新科技等因素影响所可能产生的损害无论是发生概率还是形态与范围，或人类历史上尚未发生过，或因被预测将发生在遥远的未来，均为全新面貌而欠缺经验法则或者无法以过去一般生活经验加以判断。在此意义上，可以认为风险与危险二者有所区分，"主要在于相关之'经验法则'是否存在"。② 同时，须对危险概念重新加以诠释。学理上有两种见解：第一种见解以损害出现可能性程度为标准，区分并构建出危险、风险以及剩余风险三阶层的风险概念体系。在该体系中，风险概念与前述危险概念相同，不同之处在于风险致受保护法益受损害的概率低于危险概念所要求的充分概率，而且包括无法确定或无法知悉是否存在有损害实现概率等情况在内，剩余风险是处于法规范要求的安全标准以下的为法律所允许的风险。该概念体系进而在科技法领域发展出三阶层立法模式，赋予危险、风险和剩余风险不同法律效果：对于法律禁止之危险，需采取危险防范措施防止危险发生；对于有使法益遭受损害之风险，并非要求完全排除风险发生而是要求危险前阶段采取风险预防措施以降低风险致害程度；对于剩余风险，应予容忍。第二种见

---

① 参见陈信安：《基因科技风险之立法与基本权利之保障》，载《东吴法学学报》2015年第1期。
② 王服清：《论"预防原则"之意涵与应用》，载《中正大学法学集刊》2013年第1期。

解将风险与危险同视,并以风险作为上位概念构建出二阶层的风险概念体系。在该体系中,风险是指所有处于绝对静止以及对于事件进程具有绝对确定性两个极端中间的所有事件,危险是一种逾越特定临界值的风险、是一种相当重大的风险,即危险是特定的符合危险概念之规范构成要件要素的风险。该种见解除了以风险作为上位概念重新诠释风险与危险,还以危险防范法中所指摘之结果包括损害、不利益等取代损害的概念,以损害的程度及出现概率作为界定风险规模的要素。二者的区别在于:风险包括出现任何主观上不欲其发生的结果,危险仅指出现法律上所欲指摘的结果;风险是有出现损害可能性者,危险是损害出现概率达到充分程度者,个案中充分程度之判断取决于损害范围或规模而定;法律许可风险,但为避免其可能产生的损害,仍可采取预防措施,法律则禁止危险发生,并采取有效防范措施防止其发生。① 该二阶层的风险概念体系见于1990年环境法立法草案中,该草案将风险概念视为法律概念而尝试将其体系化,并建构内含降低环境风险及防范环境风险的广义预防概念。根据该草案,环境风险是指依据理性予以排除而有产生环境侵害的可能性;环境危险是指考量损害出现的可能性程度以及可能的损害范围后无法容忍之环境风险。显然,该草案以规范上所定之标准及环境保护目的作为区分危险与风险之依据。另外,从立法目的、文义及结构来看,德国基因科技立法亦采取二阶层风险概念体系。②

比较两种见解,第一,体系上,鉴于三阶层概念体系在风险、危险基础上增加一个剩余风险,对于二者的区分并无增益,且二阶层体系一目了然,故可取,即以风险概念作为上位概念;第二,区分标准上,二者共同之处都在于以损害出现可能性程度作为标准,不同之处在于三阶层体系中的可能性大小标准过于模糊,二阶层体系中的危险临界值标准相对清晰。但是,一方面,危险是超越危险临界值成为危险的风险,存在循环论证之嫌;另一方面,危险临界值即损害出现概率达充分程度取决于损害规模,而损害规模又取决于损害程度及损害出现概率,岂不又是循环论证。因此,这里的危险临界值形式上可取,实质内容仍需进一步探讨。考虑到危险有具体危险和抽象危险之分,如果以具体危险作为危险临界值尚可,以抽象危险作为危险临界值难免使抽象危险更加抽象,因此,这里主张以具体危险作为临界值界线,当风险逾越具体危险界线,方属危险。综合社会学、法学对于风险与危险关系之探讨,风险具有广狭义之分,广义的风险是作为上位概念之风险,其基本含义是对所保护的法益产生损

---

① 参见陈信安:《基因科技风险之立法与基本权利之保障》,载《东吴法学学报》2015年第1期。
② 参见陈信安:《基因科技风险之立法与基本权利之保障》,载《东吴法学学报》2015年第1期。

害的可能性或可能发生的法益损害,唯有当损害出现达到具体危险程度时或逾越具体危险界线时的风险,方可界定为危险,未逾越具体危险界线的风险是狭义的风险。这里的具体危险,与具体危险犯所要求的危险相同,是行为所将造成的现实中存在的危险状态。如果说具体危险是发生实害的密接可能性或盖然性,那么狭义的风险是发生危险的可能性或可能发生的危险,而且,狭义的风险会向具体危险转变。因此,虽然广义的风险与危险同视,并作为上位概念;但狭义的风险与危险有别,不能被危险所涵盖,要求与之对应的新的犯罪行为样态。

(三) 抽象危险犯的尴尬

一方面,抽象危险犯与具体危险犯存在重大差异。虽然二者共用危险犯这个上位概念,实则差异悬殊。尽管二者都是对法益造成一种危险,但该危险在两种危险犯中的内容、不法内涵以及功能均有所不同。具体危险犯中的危险,是行为引起的外界变动即客观具体的危险状态,立法将该客观具体危险状态规定在构成要件之中;抽象危险犯中的危险是行为本身的属性,即某种特定类型行为对被保护的法益具有的一般危险性,立法将该具有高度危险的行为类型制定为构成要件或规定特定类型行为危险性的指示要素。至于具体危险的认定标准,德国刑法理论上有诸多学说,包括损害发生的优势可能性、损害发生之密接可能性、自然科学经验的危险概念、规范性危险理论以及修正的规范性危险等理论。其中,损害发生之密接可能性为德国实务界之通说。[①] 损害发生之密接可能性是一种描述判断,德国实务界认为危险是一种具体客观存在的事态,从而,"'具体危险'系就个案依一般因果法则,客观予以判断后,认为已经有发生不特定多数人生命、健康损害之密接可能性,且为行为人所不能完全控制之现实状态"。[②] 具体危险是一种结果,因此,具体危险犯具有结果不法的内涵;抽象危险是行为性质,因此,抽象危险犯具有行为不法的内涵。具体危险犯以行为所发生的外界变动的具体事实教育行为人,不得继续或在程度上加深其行为以免发生法益实害发挥保护法益之功能;抽象危险犯以规范本身所揭示的构成要件行为为模型,使国民了解该行为具有一般的危险性不得为之发挥保护法益之功能。可见,二者虽然形式上以危险犯为上位概念,但由于二者的立足点不同,实质上并没有同一种危险上位概念,既不能说抽象危险是具体危险的前阶段,也不能说两者间存在联系变化或者阶层关系。具体危险犯的规定并不是为了限制抽象危险犯的可罚性,抽象危险犯的规定也不是为了扩大具体

---

① 参见陈梦黎:《从危险犯概念看我国环境刑法的现况与未来》,台湾大学 2003 年硕士学位论文。
② 陈梦黎:《从危险犯概念看我国环境刑法的现况与未来》,台湾大学 2003 年硕士学位论文。

危险犯的处罚范围。①

另一方面,抽象危险犯的概念存在被抛弃或被取代的问题。在我国,大多学者不认同抽象危险犯,因为抽象危险犯容易混淆危险犯与行为犯之间的界限,进而动摇我国传统的行为样态分类。② 因此,危险犯主要是指具体危险犯。鉴于行为犯是指行为人只要实施了法律禁止的行为,无论是否对法益造成现实的侵害,也无论是否使法益处于某种危险之中即可构成犯罪的情形,而"抽象危险犯一般是通过反面描述的方式定义的,即行为人实施某一具有典型危险性的行为就构成犯罪,至于法益的侵害或者具体危险对构成要件的实现没有任何意义"。③ 从而,我国的行为犯类型与国外的抽象危险犯相近。在犯罪成立意义上,行为犯对结果的要求比危险犯的要求更低,因此,行为犯足以涵盖抽象危险犯。从而,在论及行为样态时,可以抛开抽象危险犯的概念。当行为人实施符合行为犯构成要件之行为,即可定罪,实施该行为形成的危险状态或产生的侵害结果对于定罪没有任何影响,只具有量刑意义。

在大陆法系国家,同样存在着抽象危险犯被抛弃或被取代的问题。德国刑法学家 Hirsch 和 Zieschang 认为,抽象危险犯和具体危险犯的传统分类是过时的,简单的并且引起歧义的,应该用更为精确地、更加清楚地考虑事物不同差别的概念或者概念群取代。"传统的危险犯二分法应该以新的犯罪类型作为补充。在这种新的犯罪类型中,一个具体的危险性行为足以实现构成要件,我们可以将其称为具体危险性犯。"他们提出具体危险性犯概念是基于危险和危险性的区分,危险一词不具有对行为属性的界定,只能用来说明某种事实状态,而危险性侧重于对犯罪行为属性的描述。在区分危险与危险性的基础上,他们提倡危险犯和危险性犯这一新的分类方法,并根据危险性是现实的、具体的,还是一般的、典型的,将危险性犯进一步划分为具体危险性犯和抽象危险性犯。因为危险具有及物的意义,危险只能指具体危险,具体危险犯才是真正的危险犯。从而抽象危险犯的说法不再恰当,合适的说法应该为抽象危险性犯。他们进而提出,从应然法角度,将行为的具体危险性作为构成要件要素引入抽象危险性犯之中,即将通常被称为"抽象危险犯"的构成要件转化为具体危险性犯。④ 显然,Hirsch 和 Zieschang 是在应然法意义上使用具体危险性犯概念。然而,在刑法中,抽象危险犯主要还是以抽象危险性犯的方式呈现出来,

---

① 参见许玉秀:《无用的抽象具体危险犯》,载《台湾本土法学杂志》2000年第8期。
② 参见蒋兰香:《环境犯罪基本理论研究》,知识产权出版社2008年版,第27页。
③ 转引自徐凯:《抽象危险犯正当性问题研究》,中国政法大学出版社2014年版,第27页。
④ 参见徐凯:《抽象危险犯正当性问题研究》,中国政法大学出版社2014年版,第152~154页。

即对行为危险性典型的、一般化描述。从而,具体危险性犯和抽象危险性犯并非一一对应,有时需要进行切换。可见,无论我国还是德国刑法理论,都在对抽象危险犯进行改造,虽然改造路径不同,但具有内在的根本的一致性,即注重被刑法禁止的行为方式本身,强调行为人实行某一具有一般性、典型性、危险性的行为即构成犯罪。从而,一种新的行为样态呼之欲出,即将诞生。

二、设立内容

(一) 称谓

在科技发展突飞猛进尤其是迈入风险社会的当下,人们行为的效力范围较以前更为长远,如果只要求人们对行为的现在的直接的损害后果负责,则既达不到保护法益之目的,也没有尽到对行为完全评价之功能。为充分评价行为人在现实上无法控制实害范围的行为,将保护法益的防线向前推进,应该创设单独的风险犯是一种必然的选择。为了应对风险社会之环境风险,诸多学者提出了环境犯罪行为类型之建议。有的学者指出我国环境犯罪虽然刑事法网严密,但仍存在法益定位失当、介入时点滞后等不足,进而认为,采取危险犯的立法例是加强环境保护力度的大势所趋。[①] 有的学者指出我国传统刑法是一个以实害为基础的实然刑法体系,反映在环境刑事立法中就是将环境犯罪设置为实害犯,导致刑法反应的时机滞后,对于环境问题的防范力有不逮,进而建议,为达到保护环境的目的,以行为取向将环境犯罪设定为危险犯类型也就成为必要。[②] 也有学者认为,面对风险社会的新挑战,环境刑法应通过刑事立法的自我调适,明确环境法益的独立性,修改构成要件,处罚适度提前化表现为设置行为犯和危险犯,以实现风险社会中环境刑法的现代转型。[③] 还有学者认为,刑法应当积极应对环境风险,但《刑法修正案(八)》前后的刑事立法均对污染环境罪采取结果犯的立法模式,不利于风险社会的环境保护;以危险犯的模式重构同样存在弊端:抽象危险犯是实质犯也要求有现实的危险存在,其设置与所谓的法益保护的早期化没有必然联系,势必导致对环境犯罪保护法益的不正确定位;风险社会背景下,以行为犯的模式重构,有利于对环境风险建立更加严密的防控体系,减少责任追究过程中不必要的障碍。[④]

---

① 参见郝艳兵:《风险刑法:以危险犯为中心的展开》,中国政法大学出版社2012年版,第278~283页。
② 参见陈晓明:《环境刑法论纲》,载《法治研究》2015年第2期。
③ 参见邓国良、石聚航:《生态犯罪的惩治与预防》,法律出版社2015年版,第103~106页。
④ 参见张亚平:《环境风险的刑法应对》,载《河南大学学报》(社会科学版)2015年第2期。

综观以上论点,第一,就形式的称谓而言,共同之处在于都没有提及风险犯之称谓,其中,观点一和观点二相同,都取危险犯;观点四舍危险犯而取行为犯,观点三则同时取危险犯与行为犯。第二,就宏微的视角而言,观点一、观点三、观点四的共同之处在于采取以点带面的视角即都结合微观的个罪即污染环境罪进行分析,不同之处在于,观点一认为考虑我国目前所处发展阶段,对该罪采取抽象危险犯的立法方式有过于严苛之嫌,设置具体危险犯较为妥当;① 观点三认为在刑事立法中应当明确其基本形态为危险犯,但同时对污染环境罪的危险犯、实害犯以及加重犯情形分别予以规定;② 观点四否定危险犯立法模式,主张以将污染环境罪设置为行为犯模式;观点二则从宏观的类罪环境犯罪入手分析。第三,就建议的本质而言,四种观点都对环境犯罪的现行行为类型不满,进而或调整或革新。无论调整还是革新,都是对刑法实然规定的解构,只是在重建的道路上各自走的远近不同罢了。笔者认为,应采用环境犯罪风险犯之称谓。第一,虽然上述四种观点均未提及风险犯,但实际上观点一和观点二的论者已经在相关论著中已提出风险犯之概念,并认为风险犯是风险刑法的基本载体、典型范式或应确立风险犯的核心地位。③ 而且他们是在风险刑法一般意义上论述的,因此风险犯当然适用于环境风险犯罪。第二,观点二的论者尽管在其论述中使用了危险犯之概念,但这里的危险犯应理解为风险犯。因为其整体论证,是在解构传统环境刑法基础上进行重构。具体到危险犯之设立,是在行为取向规范与结果取向规范的立法策略选择中着重论述的,显然,设立危险犯是行为无价值的产物。为此,论者在肯定将环境犯罪设为危险犯意味着刑法评价或者非难的对象从行为的结果转为行为本身,即行为本身被加以无价值判断的同时,否定将环境犯罪设为危险犯意味着结果无价值。这似乎很全面,完美无缺。但问题在于,第一,危险犯与结果犯一样,属传统刑法犯罪类型,如采危险犯,显然仍在传统刑法的思维和模式中打转,根本没有突破传统观念、走出传统刑法模式;第二,危险犯与结果犯有交叉重叠,或者说危险犯属于结果犯,从而论者所采的危险犯仍为结果取向,属于结果无价值,论者坦承,危险犯要求存在造成重大实际危害结果的危险。④ 这样就出现既解构传统犯罪类型,又坚持传统犯罪类型与危险犯既属于行为无价值又是结果无价值的双重矛盾。症结何在,如何破解?笔者认为,矛盾是论者一方面混淆了

---

① 参见郝艳兵:《风险刑法:以危险犯为中心的展开》,中国政法大学出版社2012年版,第283页。
② 参见邓国良、石聚航:《生态犯罪的惩治与预防》,法律出版社2015年版,第106页。
③ 参见陈晓明:《风险社会之刑法应对》,载《法学研究》2009年第6期;郝艳兵:《风险刑法:以危险犯为中心的展开》,中国政法大学出版社2012年版,第170~173页。
④ 参见陈晓明:《环境刑法论纲》,载《法治研究》2015年第2期。

作为行为属性的危险和作为与行为相分离之结果的危险，另一方面其风险刑法立场没有贯彻到底所致。破解路径在于将论者提及的危险、危险犯理解为代之以风险、风险犯，这样，一方面，风险同样强调行为本身的风险属性，与行为无价值立场一致；另一方面，有利于将其风险刑法的观点贯彻到底，实现动用刑法防控和分配环境风险的目的。

（二）标准

这里暂将行为人因实施某一对法益具有一般性、典型性危险性的行为而需用刑罚进行规制的行为类型称为风险犯。风险犯与实害犯、具体危险犯相对应，其分类标准是以法益为基点并根据行为对法益的不同侵害程度。实害犯对法益有现实的损害，具体危险犯对法益造成了具体危险而使其处于不安全状态，风险犯是行为人实施某一具体对法益有一般性、典型性、危险性的行为就成立犯罪的情形，现实的法益损害或法益侵害的具体危险对犯罪的成立或定罪没有任何意义，只具有量刑意义。创设风险犯是基于风险催生的安全需求，刑法必须发挥其预防功能，将防线大大推前。危险犯是将犯罪的成立从实害结果提前至危险形成阶段，的确比实害犯在法益保护上更积极更扩大更有效，但提前程度仍然有限。风险社会需要在危险发生之前就动刑。针对人们面对科技——经济发展所带来的无法预知的后果的风险，传统因果关系法则无法适用，必须确立新的犯罪类型以走出困境。这对环境犯罪同样适用，因为单纯的环境污染或破坏行为对刑法保护的法益创设了不可接受的风险。既不要求现实的法益侵害也不要求具体危险的风险犯，显然比实害犯、具体危险犯大为前置，使得刑法在扩大保护法益的同时，会积极地介入甚至限制个人自由。因此，必须明确风险犯的立法边界，划定刑法干预的界限。这就涉及风险犯的创设标准问题。基于"可罚行为和所保护的法益之间存在特定关系或者特定的犯罪结构：可罚的行为必须创设了针对所保护法益的不容许的风险，而且这种危险必须可以归责于行为人"，① 设立风险犯的标准有两个：法益保护和风险创设。

1. 标准之一：法益保护

风险犯的创设，功能仍在于保护法益，因此，法益保护应为风险犯的设立标准。什么样的利益类型、价值状态能够成为法益，应坚持经验和评价双重视角。② 社会学的经验认知是确定法益的基础，价值评价是构建法益的核心，二者缺一不可。就前者而言，经验性的知识如自然环境对于人类生存发展具有基

---

① ［德］乌尔里希·齐白：《全球风险社会与信息社会中的刑法》，周遵友等译，中国法制出版社2012年版，第208页。

② 参见徐凯：《抽象危险犯正当性问题研究》，中国政法大学出版社2014年版，第140页。

础性意义、排放废气一定会污染我们的生存环境等,为我们建构环境法益提供了一个事实性基础。经验性知识虽然不能从正面确定法益的内容,但可以独立地从反面排除特定事实作为法益的可能性。假设能够证明人类行为只是自然环境恶化的微不足道的原因,且任何法律干预都不会使人类生存环境产生根本好转,将环境利益作为法益就毫无意义。而且,经验性知识随着时代发展而发展。但是,经验性知识对法益建构的作用仅限于揭示特定行为与社会影响之间的关系,至于这种结果是有利还是有害,必须借助于经验性知识之外的评价标准,是否对特定行为进行禁止也必须取决于价值判断。比如,对于会污染我们生存环境的汽车排放尾气的行为是否予以禁止,则取决于生存环境和经济发展的价值衡量,哪一个更重要。这里的评价标准和价值判断应为规范性标准,而"宪法秩序是规范性社会认同的集中体现,立法者有责任结合特定社会关系,通过普通法律的形式将这种规范性的认同具体化。因此,立法者在执行这项任务时必须遵守的界限也必然是从宪法中推导出来的"。在法益内容确定方面,"宪法是法益形成过程中立法者必须依据的价值判断准则"。① 违反个人意志的利益以及违反多元化的利益是不具有法益质量的。结合经验和评价,当符合经验性的知识而且被评价为有害的情况下,被侵害的客体如环境利益就能够被升格为环境法益。由此,环境法益是环境风险犯的创设标准之一。

2. 标准之二:风险创设

在环境法益作为刑法保护客体的前提下,如果行为对其创设了不可接受的风险,就成立环境风险犯。因此,风险创设成为风险犯的另一设立标准。风险创设标准既与风险犯的法益保护标准密切相关,因为有被保护法益的存在才会有创设风险侵犯法益的可能;也与前述空白罪状以及环境法益的内容尤其是环境管理秩序法益密切相关,因为空白罪状以及环境管理秩序法益表明环境刑法所保护的法益同样为其他法律所保护,其他法律属于风险规制措施或者风险控制机制。这不仅涉及环境风险的控制问题,还涉及环境风险分配问题。就风险的控制而言,意味着风险是可以控制的。因为人是理性的,可以判断风险进而预防风险。具体来说,对于某些针对非重要法益的风险,如果社会认为其他的措施已经起到一定程度的风险控制作用,就没有必要投入刑法,此时的剩余风险就是可接受的风险,被容许存在。对于重要法益,那种透过其他风险控制机制的剩余风险就是不可接受的风险,刑法介入是必然的。可接受风险与不可接受风险包括可接受与不可接受风险的范围与水平。环境风险属于重要法益,如前所述,由于环境刑法保护的环境法益是确保个人法益得以实现的共同基础,

---

① 徐凯:《抽象危险犯正当性问题研究》,中国政法大学出版社2014年版,第141页。

是普遍性法益或超个人的集体性法益。因此，当行为人创设了穿过其他风险控制机制的不可接受的剩余环境风险，成立环境风险犯。刑法上不可接受的风险与可接受的风险如何区分，可从正面界定入手。"风险社会中那些为社会发展和人类生活必要且在刑法上可以接受的风险"，称为可接受的风险，其范围可从两方面限定：风险的来源和风险的程度。① 对于前者，只要采取了足够的措施或机制对风险行为进行控制，就是可接受的风险，而透过其他风险控制措施和机制的剩余风险就是不可接受的风险。总之，不可接受的风险是风险犯风险创设标准的核心，在考察风险犯之行为时，可以在所保护法益的价值及其所受到的风险，以及与此相对的通过构成要件行为禁止的自由权利之间进行权衡。对于后者，如果单一行为影响效果轻微不值得以刑罚惩罚，属于可接受的风险，而影响较大的单一行为或者单一行为影响不大但累积造成严重后果的就是不可接受的风险。当然，可接受的风险只是价值权衡后的选择，并非明确的界限。就风险分配而言，因为在风险社会，风险无处不在无时不在，我们不可能对风险行为进行广泛地禁止，因为针对每个风险都设置禁止规范，会导致社会瘫痪，所以，存在被容许的或者可接受的风险。同时，风险不仅由行为人自己制造和控制，也应该由他人包括潜在的被害人的控制和抵消、平衡。因为如果行为人可以确定地控制风险，刑法就无须干涉，否则构成对自由的过度压制。只有当风险既不能由行为人自己充分安全地控制，也不可能期待他人弥补或抵消时，才形成需要刑法介入的风险。该风险具有不可控性，或者是事实上的不可控或者是在期待限度内的不可控。从而风险的不可控性成为风险分配的根源所在。至于如何分配，是禁止风险行为还是容忍风险行为，仍是一个利益或价值衡量的问题。

（三）分类

首先，从环境犯罪行为类型的划分看，以环境法益为基点并根据行为对其侵害程度的不同，将环境犯罪分为实害犯、具体危险犯和风险犯。因此，环境风险犯与环境实害犯和环境具体危险犯相对应。其次，从环境犯罪行为类型之行为犯和抽象危险犯的定义看，二者都是从反面来定义的，只需要实施特定行为即可成立犯罪，既不需要造成现实的法益侵害，也不需要导致法益具体危险。而行为人实施某一具有一般性、典型性危险性的行为就构成风险犯，现实的法益损害或法益侵害的具体危险对风险犯罪的成立或定罪没有任何意义，只具有量刑意义。因此，风险犯的定义与行为犯、抽象危险犯的定义基本一致。

---

① 参见张亚平：《环境风险的刑法应对》，载《河南大学学报》（社会科学版）2015年第2期。

在此意义上，可将行为犯、抽象危险犯和风险犯整合为一种，即风险犯。最后，从风险犯的广狭意义看，风险犯可以有广义、狭义两种理解，狭义的风险犯特指建立在与危险相区分的风险基础上的犯罪类型；广义的风险犯除狭义风险犯外，还包括抽象危险犯、行为犯。根据德国刑法规定，理论认为抽象危险犯是一个集合性概念，可分为：具体危险性犯、累积犯和预备犯。[①] 这样，在风险犯这个上位概念之下，有狭义风险犯、行为犯和抽象危险犯之分，抽象危险犯下面可以继续细分。鉴于风险犯、抽象危险犯、行为犯的定义基本一致，实际上可以具体危险性犯、累积犯和预备犯作为风险犯的具体类型；又基于我国使用行为犯的传统，并且狭义的风险犯、具体危险性犯和行为犯都强调犯罪行为属性，可以行为犯取代狭义风险犯和具体危险性犯，从而，环境犯罪风险犯的类型具体包括行为犯、累积犯和预备犯。这样，作为一个上位的集合概念，风险犯可分为行为犯、累积犯和预备犯等三种类型，区分标准是风险创设方式不同。

1. 环境行为犯

环境犯罪行为犯的风险创设方式表现为被禁止的环境污染或环境破坏行为对环境法益创设了一个不受控制的风险。根据我国刑法规定，环境犯罪行为犯包括第 339 条第 1 款、第 341 条、第 344 条规定的 5 种犯罪。在这些行为犯中，行为人的行为具有一般的、典型的风险，对环境法益形成了一个风险域，威胁了受保护的法益，从而奠定了不法，现实的法益侵害或者法益侵害的具体危险即使最终没有发生，也仅仅是因为法益偶然地处于风险域之外。以非法猎捕、杀害珍贵、濒危野生动物罪为例，珍贵、濒危野生动物是野生动物保护法的重点保护对象，具有重要的生态等价值，在明知是珍贵、濒危野生动物的情况下，仍然实施非法猎捕甚至是杀害行为，即使这些动物没有受到任何现实侵害或侵害危险，行为本身已使野生动物的正常生存、重点保护状态处于风险之中，从而对环境法益已经创设了不受控的风险，因此，立法规定不需要现实的危害结果或者危险状态出现即构成犯罪。如果不将该罪设定为风险犯，而是设定为危险犯甚至是实害犯，那么，通过环境刑事立法保护珍贵、濒危野生动物的意图目标将难以实现，动刑的作用也就荡然无存。

2. 环境累积犯

环境犯罪累积犯的风险创设方式表现为环境污染或者环境破坏行为具有现实的累积效应且单个累积行为具备刑事不法的最小自重。[②] 我国刑法规定的环

[①] 参见徐凯：《抽象危险犯正当性问题研究》，中国政法大学出版社 2014 年版，第 152 页。
[②] 参见徐凯：《抽象危险犯正当性问题研究》，中国政法大学出版社 2014 年版，第 175 页。

境累积犯为第338条的污染环境罪。如果环境污染不单是行为人的行为导致，而是还取决于他人同样行为的加工，这就是累积犯现象。即单独来看，行为人的行为对法益的有害性几乎没有或者非常稀薄，但是，却与他人同样的行为经不断复合地积累、重叠、连锁地作用，最终共同导致了法益损害。① 此时，仅仅规制最后的行为或者最显著的行为是不够的，因为行为人的行为同样对环境法益创设了风险，尽管行为人的个别行为虽然没有造成现实的法益侵害或者具体危险，但却属于累积总和的一部分，即个别累积行为对于累积效应不仅具有现实性而且为刑事不法贡献了一定的量。因此，"为了阻止经由累积产生的损害，这种原本轻微的损害行为也必须被禁止，而行为人也不得以自己只是'搭便车'为由实施相应的行为"。② 对于具有"公地"性质的环境，人类不能只讲索取不讲付出，不能只要权利不负义务。环境是无言者和弱者，必须更加注重对人的环境义务的强调，必须更加强调对环境的责任的积极承担。作为超个体法益的环境法益，关注损害环境的累积性行为，"是希望通过累积犯的概念，去维护或者强化公民的'要对社群公益负责'的观念……最终达到保护脆弱的人类共生环境的目的"。③ 如何确定单个累积贡献的最小自重，德国学者Frisch的见解可以作为标准。他认为，如果人们在可能的限度内采取措施除污，此时个别累积贡献就具有了刑法的相关性，因为采取去污措施就意味着行为已经威胁到了人类的生存基础；如果在可以接受的成本范围内，放弃了治理措施则证明相关的损害并没有明显涉及人类的生存发展基础。④ 就污染环境罪而言，主要涉及大气污染、水污染、海洋污染、土壤污染等，而这些不仅涉及环境要素，更涉及环境系统，是人类生存发展的共同基础，因此，即使行为人实施的单个累积行为可能不具有危险性或者危险性很低，但累积效应是现实的，国内外重大环境污染事件足以表明环境污染风险因为量的累积已从理论上的可能变成了现实中的存在，因此，立法规定不需要现实的危害结果或者危险状态出现即构成犯罪，即刑法无须等到风险已经造成具体危险或者实害时才干预。

3. 环境预备犯

环境犯罪预备犯的风险创设方式表现为起到犯罪预备作用的环境污染或者

---

① 参见［日］关哲夫：《现代社会中法益论的课题》，王充译，载赵秉志：《刑法论丛》（第12卷），法律出版社2007年版，第338页。

② ［德］乌尔里希·齐白：《全球风险社会与信息社会中的刑法》，周遵友等译，中国法制出版社2012年版，第211页。

③ 贾健：《人类图像与刑法中的超个人法益》，载《法制与社会发展》2015年第6期。

④ 参见徐凯：《抽象危险犯正当性问题研究》，中国政法大学出版社2014年版，第177页。

环境破坏行为具有明显的犯罪意义关联且没有采取安全措施。根据我国刑法规定，环境预备犯为第 152 条的走私废物罪，第 339 条第 2 款的擅自进口固体废物罪亦可以修改完善为风险犯之预备犯①。刑法将可罚性从实行行为的着手提前至预备行为，在于行为人实施预备行为所追求的主行为高度危险，从预防目的出发，有尽早阻止必要。认定预备犯的不法，首先，客观上必须要求行为人的行为明显存在着与相应犯罪的特定联系，从而将普通日常行为排除在外；其次，行为人必须创设了显著的危险，根据经验，晚些时候将不能有效抵御行为人所创设的风险；最后，行为人决意实施犯罪行为而不是采取安全措施避免主行为的实施。② 在预备犯中，行为人的行为也为环境法益创设了风险，如果说累积犯创设的风险是直接参与法益侵害或者具体危险，那么，预备犯创设的风险则是间接参与法益侵害或者具体危险。以走私废物罪为例，首先，该罪涉及的物品固体废物具有明显的犯罪意义关联；其次，尽管该罪本身不会直接危害环境，但该罪是实施开启了风险进程，当然这一风险进程的实现取决于可能尚未计划的、还未着手的或者没有外显出的后续犯罪行为，即该罪为环境法益创设了风险；最后，行为人不仅实施了与高危物品相关的行为，而且没有采取安全措施，从而创设了一个不可接受的风险。如果行为人对该高危物品采取了安全措施，从而确保该高度危险物品不致落入不具备特定资质或可能实施犯罪的他人之手，那么，与高危物品相关联的行为就是被容许的，是可以接受的，从而没有创设不可接受的风险。但是，走私废物的行为虽然不会直接危害环境，仍可能通过后续的犯罪活动间接危害环境，从而构成环境犯罪预备犯，即环境犯罪预备犯创设了一个不可接受的风险，有力地辅助和促进其他环境犯罪的实施。

---

① 刑法将擅自进口固体废物罪规定为结果犯。但是，一方面，该罪与非法处置进口的固体废物罪同属污染环境犯罪，二者社会危害性大同小异，一为行为犯一为结果犯显然不协调；另一方面，由于擅自进口固体废物后会实施后续的非法处置固体废物行为，就会出现罪刑不均衡现象。因此，有必要对该罪进行修改完善。已有学者建议将其设置为行为犯，参见赵秉志：《环境犯罪及其立法完善研究》，北京师范大学出版社 2011 年版，第 100 页。

② 参见［德］乌尔里希·齐白：《全球风险社会与信息社会中的刑法》，周遵友等译，中国法制出版社 2012 年版，第 216～217 页。

第五章 环境犯罪归责原则再塑

传统刑法确立的以因果关系和罪责为基础的归责原则，无法妥善处理和解决环境犯罪这一复杂新型犯罪。基于环境犯罪的特殊性，又出现了严格责任、推定因果关系等归责原则，这些原则仍无法圆满解决环境犯罪的归责。风险社会的到来，为寻求适应于环境犯罪的新的归责原则提供了机会。为应对环境风险，本章在检讨已有归责原则的基础上，尝试重构环境犯罪归责原则。

第一节 刑法中的归责概述

一、国外刑法中的归责

德国的归责理论源远流长、内容丰富、影响深远。归责源自德文的Zurechnung，我国有译为归责的，[1] 也有译为归属的，[2] 还有同时译为归责（归属）的。[3] 在德国，归责经历了一个由伦理归责到法律归责再到刑事归责的过程，刑事归责又经历了由一般归责（主观归责倾向）到行为归责（客观归责倾向）、由行为归责到责任归责（主观归责）、由责任归责到不法归责（客观归责）的发展历程。德国普通法时期，刑法学已经将归责区分为客观归责和主观归责（物的归责或事实归责和道德归责或法律归责），前者与行为的客观正确性有关，后者则与行为人的导致违法行为的错误的法律意识有关。[4] 古典犯罪论体系产生前，归责仅仅是一般归责，并未区分归因与归责，而且只是从自由意志的角度探讨，试图将不是出于意志的偶然事件排除行为人归责。

---

[1] 参见［日］大塚仁：《犯罪论的基本问题》，冯军译，中国政法大学出版社1993年版，第105页；还可参见王扬、丁芝华、吴玉梅、许永安等学者的论著，详见参考文献。
[2] 参见张亚军：《刑法中的客观归属论》，中国人民公安大学出版社2008年版。
[3] 参见［日］大塚仁：《刑法概论》（总论），冯军译，中国政法大学出版社2003年版，第164页。
[4] 参见［德］耶赛克等：《德国刑法教科书》，徐久生译，中国法制出版社2001年版，第509页。

因此，此时的归责是倾向于主观的。正是因为一般归责主张区分人为行为和意外事实，因此归责不仅与行为相关联，而且从中逐渐分化出行为理论，行为成为归责的对象。基于当时行为是犯罪行为的总称，行为理论和归责理论混同，进而使归责由意志归责发展为行为归责。构成要件符合性、违法性、有责性三阶层的古典犯罪论体系产生后，犯罪行为被划分为客观外在要素与主观内心过程两大领域，进而形成客观外在事实属于不法（违法是客观的）、主观内心事实属于责任（责任是主观的）的命题，因此，归责活动集中在有责性评价阶段。主观违法要素的发现，使违法性判断的客观性发生变化，主客观要素都影响违法性，从而主客观归责都与违法性判断有关。20 世纪中叶，目的行为论、人的不法理论等观念被提出，产生出根据个人能力标准划定责任的界限的主观归责；实质不法理论被继续坚持，产生只有当行为对于法益制造了法所不容许的风险，而该风险现实地实现于构成要件结果之中才能归责于行为人的客观归责。发轫于德国的刑事归责理论在世界范围内产生了重大影响，现已传播到欧洲各国、日本、韩国、中国等国家和地区。从本源来看，Zurechnung 是要确定行为的始作俑者或者说是要确定行为及结果是否能够看作是行为人的作品。①

英美法系将归责表述为 ascription of responsibility 或 imputative responsibility。归责包括两层含义：归责意味着对自己行为的负责，这是归责的前提；归责意味着在某一特定时间，某人由于是某一行为的实施者而应当承担责任，这是归责的核心。在这一意义上，归责又是作为后果的有责性及应得的前提而存在的。②

无论大陆法系还是英美法系，都是在犯罪成立或犯罪论层面探讨归责的，而且大陆法系的归责在犯罪成立要件内部不断变化，主要是从责任归责到不法归责再到构成要件的实质化归责。无论归责阶段及对象如何变化，归责始终离不开行为与行为人，由于行为既包括行为人行为当时的主观心理状态，又包括行为及其所引起的损害后果等客观方面的内容，显然，这里的归责也是从主观和客观两方面进行的，包括客观归责和主观归责。主观归责的含义基本稳定，即行为人对其实施的行为具有主观过错，值得谴责。与主观归责相比，客观归责则不那么固定，在不区分归因、归责的时代，客观归责与因果归责相混同；在区分时期，因果关系成为客观归责的前提。但无论如何，因果关系与客观归责密

---

① 参见朱兴：《刑事归责研究》，西南政法大学 2011 年博士学位论文。
② 参见 C. T. Sistare, *Responsibility and Criminal Liability*, Springer, 1989.16。

切相关。以至于客观归责论传入我国后，曾一度被作为因果关系理论看待。①

二、我国刑法中的归责

在我国刑法学界，归责一词较少使用。冯军教授较早使用归责并对其进行研究，认为刑事归责是刑事责任的组成部分之一，就是将特定的行为归因于行为人，从而对其谴责。② 晚近使用归责并对之进行研究的张杰博士认为，由于我国的犯罪构成包含了犯罪主体要件，一旦行为被认定为犯罪，主体归属不言自明，因此，刑事归责不再需要考虑归因问题，而应当考虑行为人应对犯罪行为负刑事责任后，国家基于行为人主体方面的因素考量，判断是否要求行为人承担责任及如何确定行为人责任大小的问题，并认为，归责应当作为刑事责任论最为重要，最为核心的内容。③ 二者的共同之处在于，刑事归责强调刑事责任的归属。这与我国刑事责任通说是一致的。通说认为，按照主客观相统一原则，追究刑事责任不仅要求客观上将行为及其结果归因于行为人，而且要求主观上存在过错可对行为人进行谴责。对犯罪分子追究刑事责任，哲学根据在于行为人具有能选择非犯罪行为却选择犯罪行为的相对的意志自由，法学根据在于行为符合犯罪构成。综合主客观相统一原则和刑事责任的哲学法学根据，行为人应当承担刑事责任。

显然，我国的归责一度是在犯罪成立后的刑事责任中予以讨论的，但是，冯军教授的归责与德日刑法归责理论有共通之处，张杰博士的归责则与德日刑法归责理论差别极大或者根本不是同一个问题。当德国归责理论传入我国后，我国出现了客观归责理论研究热潮，表现在发表相当论著，④ 以及朱兴博士撰写的刑事归责学位论文，朱兴博士认为刑事归责是建立在新康德主义价值论哲学基础上的一种实质的构成要件理论，以行为人—行为—结果之间在刑法规范上的归属关系为研究范围，是客观归责与主观归责的统一。此外，我国著名刑法学家马克昌教授也论及归责问题。⑤ 这些归责的新近主张已与德日归责理论十分接近。无论是传统刑事责任中的归责研究还是新近的归责研究，都强调从主观和客观两个方面进行归责，即归责与客观上的因果关系和主观上的罪过相关联。

---

① 参见周光权：《刑法中的因果关系和客观归责理论》，载《江海学刊》2005年第3期。
② 参见冯军：《刑事责任论》，法律出版社1996年版，第18页。
③ 参见张杰：《刑事归责论》，中国人民公安大学出版社2009年版，第17~18页。
④ 详见参考文献。
⑤ 参见马克昌：《比较刑法原理》，武汉大学出版社2002年版，第428页。

第二节 传统刑法的归责原则

一、因果归责

（一）传统因果关系

1. 传统因果关系理论

传统环境刑法长期坚持保守态度，多把环境犯罪规定为结果犯，即仅处罚对人身、财产造成实害的环境犯罪行为。因此，长期适用传统刑法因果关系认定和判断环境犯罪。大陆法系主要存在条件说、原因说、相当因果关系说、合法则的条件说、重要说等因果关系理论。[①] 其中，条件说又称为等值说或等价说，即所有的原因都具有同等的原因力，作用无大小之分，可用"如无前者，则无后者"的公式表达，即一切行为只要在逻辑上属于结果产生的必要要件者，都是结果产生的原因，从而存在共同原因，亦可用"想象中不存在"公式表达，即具有刑法意义的原因乃指造成具体结果所不可想象其不存在的每个条件，倘若可想象其不存在，而具体结果仍会发生的，则不是刑法上的原因;[②] 原因说又称区分说、个别化说，是对条件说的修正，主张从引起结果发生的诸条件中以某种标准选择一个具有特别意义的条件作为原因，只有这个条件与结果之间才存在因果关系，理论上又存在最终条件说、异常行为说、最有利条件说、优势条件说等学说；相当因果关系理论认为，按照一般人的日常经验，如果存在实施某一行为一般会发生某一结果的关系时，就认为该行为与结果间具有因果关系；合法则的条件说认为，先确认是否存在可以适用于特定个案的自然科学的一般因果法则，再确认具体事实是否符合一般的合法则；重要说是在承认条件关系基础上，按照具体构成的意义和目的以及构成要件原理确定结果归责的范围。在德国，条件说为学界和实务界的通说；在日本，相当因果关系为理论和实践通说。

英美法系包括事实和法律两层因果关系，而且先进行事实因果关系判断，如果事实层面因果关系确定后，就要对法律层面的因果关系进行判断。关于法律因果关系的判断，存在近因说、常识因果关系说、政策说和预见说等理论，

[①] 参见张明楷：《刑法学》（第4版），法律出版社2011年版，第176~180页。

[②] 参见林山田：《刑法通论》（增订第9版）（上册），五南图书出版有限公司2005年版，第205页。

近因说为通说。① 近因说认为，原因是没有被介入因素打破因果链条的、当然地或者盖然地引起危害结果的事实原因，是特定犯罪后果产生的必要且充分条件。可见，在英美法系中，近因说不仅要求结果需属于行为的自然或可能的结果，而行为亦需属于结果的最近的、基本的、有效的或法律的原因，因此，其因果关系中的原因首先并非等于条件，从而与大陆法系中的原因说看法相同；同时，由于其原因亦求诸有重要关系或实质关系者，从而与相当因果相近。因为在相当因果关系说中，需有相当原因，即对于结果之发生需有必要的、可能的以及或然的关系者，始与结果间具有因果关系。② 因此，从学理上观之，英美法系因果关系通说之近因说与大陆法系通说之相当因果关系并无不同。我国存在必然因果关系说和偶然因果关系说，行为本身不包含产生结果的必然性，但在发展过程中偶然地同另一原因的展开过程交错，介入的原因合乎规律地引起了结果，最初的行为与最终的结果间就表现为偶然因果关系。③

2. 各种学说在环境犯罪中的检验

鉴于条件说、相当因果关系说、近因说之外的其他传统因果关系理论，内容上不够充实，无比较明确的标准，难以操作，故不在下文进行检验。又基于相当因果关系与近因说相近，且我国属于大陆法系国家，故这里只对条件说和相当因果关系说在环境犯罪中进行检验。

（1）条件说在环境犯罪中的检验

因果关系的判断在于说明原因和结果之间的关联性，就此而言，条件说可以达此目的。而且，其他因果关系理论都以条件关系为前提。因此，条件说的重要性是不言而喻的。条件说为刑事责任划定了一个客观范围，只不过，在条件说看来，只要行为和结果之间存在事实关联，就具备因果关系，致使因果关系的范围无限扩大、无限追溯，进而使刑事责任的范围亦过大，因此，条件说的自身缺陷十分明显。按照条件因果关系的操作方式，适用于环境犯罪案件中，就会发现新的问题和矛盾。一方面，条件说所要求的因果关系的原因、结果以及二者之间的关系是确定的、明确的，即用条件说检验环境犯罪时，需要先确定前提事实，就像需要知道投毒杀人案件中的毒药分量以及其与死亡结果的关系，才能再去确定其因果关系的有无。在环境犯罪案件中，以环境污染为例，必须先确定污染原因、污染后果，污染后果包括大气、水体、土壤等品

---

① 参见蒋兰香：《污染型环境犯罪因果关系证明研究》，中国政法大学出版社2014年版，第18～19页。
② 参见郑昆山：《环境刑法之基础理论》，五南图书出版公司1998年版，第256页。
③ 参见高铭暄、马克昌：《刑法学》（第4版），北京大学出版社2010年版，第87～88页。

质的变化以及由此对人造成的损害，例如疾病，污染原因则包括排放的化学物质、重金属和烟类等污染物，与大气、水体、土壤等环境要素发生的物理和化学变化，人体的摄入等。假设环境污染的前述各种条件均可以确定，因为条件说将各种条件视为同等价值，那么，这些因素或条件都可以成为环境污染犯罪的原因，即人体摄入也是原因，污染物质的摄入者要为自己的摄入行为负责，这显然不切实际。即使切实可行，由于该诸多条件都与环境犯罪存在因果关系，都应当纳入因果关系范围，进而都应当纳入刑事责任的追究范围，从而使得环境犯罪的刑事责任范围本应得以扩大。但是，另一方面，环境犯罪系新型犯罪，脱逸过去之经验，环境污染和破坏行为与损害结果间是否存在因果之关联性，运用一般的常识和方法难以查明；加之科技的局限性而又欠缺现存实证科学之资料和数据参考，以及人的认知的局限性致使人类有时对自己的行为造成的后果并不都知道，纵使可确定多种条件，但要从中找出个别的原因却特别困难，致使环境污染犯罪因果关系的前提事实都无法确定，使得进入条件说操作时，左右不定，最终排除大量环境犯罪的刑事责任追究。可见，条件说不能解决环境犯罪的因果归责问题。

（2）相当因果关系说在环境犯罪中的检验

相当因果关系说在判断原因和结果之间的关联性时，根据社会生活经验，认为在通常情况下，某种行为产生某种结果被一般人认为是相当的场合，就具有因果关系。换言之，判断因果关系存在与否，不是就个案事实判断行为与结果之间关系存在，而是就类似的先行事实与后行事实之间，在人类的经验中，是否得以认知存在某种称作因果关系的关系。显然，相当因果关系的认定依赖人类已经掌握的生活经验，从而该理论之核心即"相当性"的判断可以转化为经验法则之判断。在因果关系非常明确的案件中，采用相当因果关系认定轻而易举，因为根据经验法则，案件事实在一般人看来都会觉得具有因果关系。但将相当因果关系的操作方式运用于环境犯罪中，如同采用条件说一样，不能解决环境犯罪的因果关系问题。在环境犯罪案件中，一般不存在这样类似的先行事实会产生后行事实的情形，即不存在由先行事实会产生后行事实的被认为是相当的生活经验。即使存在，相当因果关系说还要求相当性的存在达到超越合理怀疑的程度，环境犯罪的因果关系并非一望即知，具有多因性、复杂性、隐蔽性、不确定性等特点，原因难以查明，要求达到没有合理怀疑更是难上加难。环境犯罪的因果关系不仅超出一般的生活经验，就是在专业领域，或者没有被研究或者没有被完整研究或者研究与实证尚无定论，比如随着化学工业发展产生的各种新型化学物质的致害性，当今最高水平的医学技术都无法解决。如果根据这些不确定的因素进行相当因果关系的判定，由于缺乏一般的生活经验和科学的根据，得出的相当性判断就具有模糊性、不确定性，因而不可靠，最终仍不能确定环境犯罪的因果关系的真正原因。从而，因果关系成为环境犯罪认定中的难题。换句话说，环境犯罪案件已经跳出相当因果关系可验证范围，如果固守该传统刑法因果关系理论，势必因证明的困难而让大量环境犯罪游离于严密的刑事法网之外，逃脱刑事责任的追究。可见，传统因果关系在环境犯罪适用中存在困境，对环境犯罪因果关系的判定捉襟见肘。

（二）推定因果关系

环境污染和环境破坏犯罪行为的增加，环境犯罪造成的危害具有滞后性，不立即显现，而且具有时空的延展性，加之科技的局限性以及人类认知的有限性，环境犯罪的因果关系证明面临困难。鉴于传统因果关系不能满足确定环境犯罪因果关系之需要，必须跳出传统因果关系理论的樊篱，寻求新的因果关系理论，推定因果关系应运而生。推定因果关系不仅有理论支撑，而且有立法规定。那么，推定因果关系能成为解决环境犯罪因果关系的良方吗？

1. 推定因果关系的理论基础

推定因果关系是指对于损害后果与致害行为之间经疫学证明有盖然性联系，在被告人不能提出反证证明损害后果并非自己所为时，推定损害后果为其所致。[①] 因果关系推定包含盖然性证明、反证两大关键要素，推定因果关系中的盖然性证明由控方举证证明，盖然性事实通过疫学因果关系而得，疫学因果关系是经疫学证明的因果关系，系源于日本的环境侵权因果关系理论；推定因果关系中的反证证明由辩方举证证明，间接反证事实通过间接反证说而得，间接反证说是源于德国的民事证据法的一种学说。因此，推定因果关系以疫学因果关系和间接反证说为基础。推定因果关系的逻辑顺序为盖然性证明——因果关系推定——反证——反证不成立——因果关系成立。具体来说，以环境污染犯罪为例，通过疫学因果关系，可以得出与被害人的疾病相关性较大的原因或病因物质这一盖然性事实，在此基础上，被害人再就原因或病因物质到达被害人或被害地的途径进行举证，被害人完成病因物质以及污染途径的举证后，污染源的追寻已到达企业的门口，就得出企业为污染源的推定事实，此时，则由企业负自己的工厂与污染源无关的证明责任，如果企业不能证明自己的工厂与污染源无关或者不能证明危害结果并非自己所为，即在排除了企业与污染源无关或者危害结果并非自己所为的事实后，可推定因果关系存在。这里的无关或者并非自己所为包括以下几种情形：没有排放原因物质；虽然排放了原因物

---

① 参见蒋兰香：《环境犯罪基本理论研究》，知识产权出版社2008年版，第171页。

质,但没有到达被害人或被害地;即使排放了原因物质,且该有害物质到达了被害人或被害地,但该原因物质不可能导致此种疾病;被害地还存在许多污染源,被害人的疾病是由多种污染导致的;被害者的损害是由于自己的过错导致的。[①] 由此可见,无论是疫学因果关系理论还是间接反证说,在因果关系判定中都运用了推定思维。疫学因果关系是通过高度的盖然性来推定全部事实的存在而认定因果关系的存在;间接反证说则是通过被害人举证部分关联事实存在而推定其余的部分事实存在;并由加害人就该部分事实的不存在负举证责任,加害人不能证明该事实不存在时,认定因果关系存在。从而,疫学因果关系与间接反证说成为推定因果关系的具体证明方法。当然,就证明方法而言,二者由于存在具体的推定方法步骤不同而有所差异。总之,疫学因果关系与间接反证说不仅是推定因果关系的理论基础,还是推定因果关系的证明方法,或者说推定因果关系是疫学因果关系与间接反证说的综合运用。

2. 推定因果关系的立法例

推定因果关系的刑事立法例最早见于日本《公害罪法》,该法第 5 条规定,"如果某人由于工厂或企业的业务活动排放了有害于人体健康的物质,致使公众的生命和健康受到严重危害,并且认为在发生严重危害的地域内正在发生由于该种物质的排放所造成的对公众的生命和健康的严重危害,此时便可推定此种危害纯系该排放者所排放的那种有害物质所致"。这一规定确立了因果关系推定原则。当时,日本的公害情形十分严重,特别是特定工厂或企业排放大量有害物质,对公众的人体健康产生危害或者危险,有时无法确认排放行为与危害或者危险状态之间的连接,从而无法确认因果关系,进而无法成立犯罪。无法找到连接的重要原因之一在于:公害在高科技企业多发,外界并不知晓发生机理,而企业则以商业秘密为由不对外公开,致使司法机关面临因果关系证明困难,这成为因果关系推定的重要立法背景。但是,如果找出了一项被认为是决定性的因素,却因为未能在因果关系上找到适当的连接,进而无法认定其责任则不符合正义。基于公害的特殊性,并考量周全地保障人权,立法者采用推定的因果关系,制定了因果关系推定的立法。

3. 推定因果关系在环境犯罪中的实践

在日本,《公害罪法》施行后,适用该法的案件相当稀少,截至目前,仅有 11 个判决和该法有所关联。在这 11 个案件中,没有任何一个判决用到《公害罪法》第 5 条因果关系推定的规定,这表明自该法颁行至今刑事诉讼中没

---

① 参见王丽伟:《论环境污染犯罪中的因果关系》,山东大学 2007 年硕士学位论文。

有适用推定因果关系判断公害犯罪因果关系的实务。① 这样的情形，一方面可能是因公害案件提起刑事诉讼的较少；另一方面可能因为实务的态度仍未完全接受疫学因果关系为刑事案件的因果关系判断，只是将其作为刑事判断的重要资料或有力证据。

在德国，尽管环境刑事立法上没有因果关系推定的规定，但实务中有所运用。自1972年后，法院就有令被告证明因果关系的判决，若被告无法证明时就推定污染所产生的危害事实为被告行为所致。② 我国环境刑法中也没有因果关系推定的直接表述，但司法实践中，亦大多采用推定原则来确定因果关系。③

4. 推定因果关系的评析

第一，推定因果关系的刑事立法不无疑问。根据罪刑法定原则的要求，成立犯罪的要件要素力求明确，不得以推定方法令被告人承担刑事责任，因此，因果关系推定的规定已违反违反罪刑法定原则，具体来说违反刑事禁止类推原则。如果说这是对实体法的违反，那么，因果关系推定还违反了程序法，即与刑事诉讼法规定的无罪推定原则相违背。因为依因果关系推定，只要证明行为人有排污行为，有损害结果以及二者间存在盖然性因果关系，就可定罪，即做有罪推定；如果被告人认为自己无罪，则需要举证证明不存在因果关系。显然，因果关系推定有违无罪推定原则、不得自证其罪原则。总之，对于以刑法谦抑主义及罪刑法定原则为最高指导原理的刑法，以及以无罪推定原则为最高指导原理的刑事诉讼法，能否采用因果关系推定，不无疑问。至少，该原则是否有违刑法上的罪刑法定原则以及刑事诉讼法上的不得自证其罪以及无罪推定之原则，尚有探讨空间。

第二，推定因果关系的理论定位不无疑问。推定因果关系的理论定位，涉及的是推定因果关系或者疫学因果关系、间接反证因果关系能否与条件说、相当因果关系能否处于同一位阶，或者说疫学因果关系、间接反证因果关系能否取代条件说、相当因果关系成为因果关系的判断准则的问题。因果关系判断的是行为与结果之间的关联性，即因果关系的有无判断或因果关系是否存在的判断，可以通过逻辑推理或经验法则直接证明，判断准则表现为条件说或者相当因果关系说。我们知道，事实可以直接证明，亦可以间接证明或推定证明。在此意义上，因果关系推定达到了确定因果关系是否存在之目的，即因果关系推

---

① 参见张世东：《从比较法观点论我国环境刑法运作上之难题》，台北大学2009年硕士学位论文。
② 参见柯泽东：《环境刑法之理论与实践》，载《台湾大学法学论丛》1988年第2期。
③ 参见赵秉志：《环境犯罪及其立法完善研究》，北京师范大学出版社2011年版，第117页。

定可以确定环境犯罪因果关系是否存在。但是，作为因果关系推定基础的疫学因果关系与间接反证说不仅自身存在缺陷，而且与条件说或相当因果关系不同，因此，二者不在同一位阶，根本无法取代条件说或相当因果关系。

疫学因果关系是一种科学上的因果关系，与刑法上的因果关系有着本质差异：后者重公平正义、重价值选择，尤其是重逻辑，得出的结论在理论上是绝对的，前者所得出的结论应该也会是绝对的，但是，其是采用统计调查之法获得大量数据以说明原因与结果之间发生的关联性，借着疫学因果关系内容的补正，让人信赖其结果进而采信其所认定的必然性是一种合规律的必然性。同时，就疫学因果关系来自身看，存在如下缺陷：疫学因果关系采取的是调查、统计、观察的方法，具体包括群组分类法、案例控制法、描述疫学研究法等，这些方法本身都有局限性；疫学因果关系要运用前述方法，必须大量采样数据，只有足够大量的样本数，才符合数据分析具有统计学上的意义，从而建构出抽象的因果关系，从而该因果关系具有集团性，即被害人必须具有譬如地域、职业、用药等共通性的多数，这样一来，疫学因果关系则不适用对个体健康损害的环境犯罪案件，而且缺乏环境犯罪个案因果关系的具体审查过程；疫学因果关系也不适用于由多种原因物质共同作用引起的环境犯罪案件，因为当某种损害可能由多种原因物质引起时，需要充分进行个案审查，以排除某些因果关系真实原因的干扰因素，显然，此时只运用疫学证明因果关系既不严谨，也不客观的。可见，疫学因果关系亦不能圆满解决环境犯罪之因果归责问题。

间接反证说也存在诸多缺陷：虽然在逻辑上，控方需证明盖然性事实，其余事实由辩方反证其不存在，但在理论和实践中，究竟环境犯罪案件中的哪些事实要控方证明，哪些事实要辩方证明，并不明确，证明对象不同，进而影响证明标准多样；与证明对象与证明标准的多样直接相关的是，法官自由裁量权过大，对环境犯罪案件具有主导性作用；间接反证需要从控方证明的部分事实推定其他事实存在，然后由辩方证明该推定事实不存在，这里仍需要经验法则，然而在环境犯罪案件中，所谓的"经验法则"很难证实，以真伪不明之经验法则来判断因果关系，可靠性令人怀疑；间接反证以推定事实代替实有事实，以部分事实代替全部事实，既不利于事实查明，也不能或难以据此得出确定结论。显然，如同疫学因果关系一样，间接反证说难以圆满解决环境犯罪之因果归责问题。

虽然，推定因果关系在环境犯罪刑事立法上有规定，司法实践中有所运用，但是，作为其基础的疫学因果关系和间接反证说不仅自身存有缺陷，而且二者所得之因果关系不像条件说或相当因果关系那样，可以以其为判断准则或方法直接得到确定的因果关系有无之结论，其所得出之推定因果关系结论并非完全确定或绝对，如果改采推定因果关系，即以其取代条件说或相当因果关系来认定因果关系，其效果充其量是由无法确定因果关系转换成因果关系的不确定，因此，推定因果关系之结论只能作为经验法则之内容，然后借此依相当因果关系进行因果关系是否存在之判断，换言之，由疫学因果关系和间接反证所得到的结论只是一种证据资料，必须辅以其他情况由裁判者最终判断因果关系之有无，或者说该结论只是裁判者形成因果关系心证的参考。故而，推定因果关系之定位，应属于刑事诉讼法上的鉴定意见，法院对此有权进行审查，并无接受义务。① 综上，推定因果关系既不能圆满解决环境犯罪的因果关系问题，也不能取代传统因果关系理论。可见，面对复杂的新型的特殊的环境犯罪，新论迭出的因果关系仍无法满足解决环境犯罪归责之需要。

二、主观归责

（一）罪过责任

为了保障人权、限制处罚范围，排斥近代刑法以前的客观责任（结果责任），近代刑法主张主观责任，只有当行为人对所实施的违法行为与结果具有责任能力以及故意、过失、违法性认识的可能性与期待可能性时，才能对行为人进行非难。主观责任原则尤为强调行为人主观上的故意与过失或主观罪过，这一点，无论是大陆法系国家还是英美法系国家，抑或我国，概莫能外。大陆法系国家刑法理论认为，行为人的主观罪过即故意和过失是犯罪构成的必要要件，主观上无过错则不承担刑事责任。这种理论适用于环境犯罪时，各国对主观要件要求不尽相同。德国、日本、奥地利等国环境刑法均规定，行为人构成环境犯罪主观上必须具备故意或过失；法国、比利时等国则认为，过失是构成环境犯罪的必备要件，无须证明行为人的主观故意。英美法系国家理论界和实务界对环境犯罪的成立是否以故意或过失为必要要件认识亦不同。英国认为环境犯罪不必一定有故意构成，美国刑事立法将故意原则适用于各种环境犯罪，但实务界有的认为不要求证明故意存在，有的认为需要证明故意存在，学界则趋于否定，认为只要有最低限度的过失行为就足以构成犯罪。根据我国环境刑法规定，学界一般认为，我国环境犯罪的罪过形式包括故意和过失，破坏环境犯罪多为故意，过失行为一般不构成犯罪，重大环境污染事故罪或污染环境犯罪的主观为过失。复杂的环境犯罪尤其是污染型环境犯罪，使得传统罪过责任原则在证明行为人主观罪过时面临困难，或者说在刑事追诉中，坚持罪过原则

---

① 参见张世东：《从比较法观点论我国环境刑法运作上之难题》，台北大学2009年硕士学位论文。

的方式使得许多具有严重社会危害性的环境污染案件无法定罪,行为人逃脱刑事责任追究。

(二) 严格责任

1. 严格责任的理论与实践

为了保护环境,严厉惩治环境犯罪,英美国家率先在坚持罪过责任原则的同时,尝试运用严格责任。关于严格责任的概念表述,胡萨克认为,实行严格责任的犯罪"不需要有犯罪意图……只要有行为(犯罪行为)就够了"。有两种原因不必要求有犯罪意图的证据,一是实体上犯罪意图可能与定罪完全没有关系;二是程序上起诉不要求有犯罪意图的证据,尽管被告提出的无犯罪意图的证据可能排除他的责任。据此,严格责任可以分为两类:前者被称为绝对严格责任或实体性严格责任,是指在某些特殊类型的犯罪中,只要行为人实施了法定的危害行为,不问其主观如何,即构成犯罪;后者被称为相对责任或程序性严格责任,是指控方不必证明行为人的主观过错,行为人可以以缺乏犯意为由进行辩护,如果行为人能够证明自己缺乏犯意,就不构成犯罪,相反,如果行为人不能证明自己缺乏犯意,就应当承担相应的刑事责任。我们通常所说的严格责任或绝对责任或无过错责任或无过失责任,就是前者即绝对严格责任或实体性严格责任,英美法系学者和我国学者多持此种意见,如在这类犯罪中不需要证明犯意,仅仅根据犯罪行为就能给被告定罪;[①] 在某些特殊的犯罪中,即使被告认为自己具有犯罪定义所规定的某个特殊的辩护理由,也有可能被定罪,在这种情况下,被告人虽然没有任何过错,仍承担刑事责任;[②] 所谓环境犯罪的严格责任就是指一切污染危害环境的行为只要对环境与资源造成了破坏,不论其主观是出于故意、过失还是无过失,都要承担刑事责任。[③] 在制定法上,英国河流污染防治法、污染管制法,美国固体废物处置法、资源保持和回收法、垃圾法等都有严格责任的规定,即只需要客观上的污染事实不需要对污染具有主观过错就成立犯罪。1972 年的 Alpgacell 有限公司诉伍德沃德(Woodward)案成为环境犯罪适用严格责任的先例。

2. 严格责任的评价

(1) 严格责任的合理性。严格责任不仅有理论支撑,也有立法例,更在

---

① 参见 [英] J. C. 史密斯、B. 霍根:《英国刑法》,李贵方等译,法律出版社 2002 年版,第 114 页。

② 参见 [英] 鲁珀特·克罗斯、菲利普·A. 琼斯:《英国刑法导论》,赵秉志译,中国人民大学出版社 1991 年版,第 395 页。

③ 参见周珂:《生态环境法制建设》,载《中国人民大学学报》2000 年第 6 期。

实践中运用,这说明其存在现实的合理成分。其合理性不仅在于,实行严格责任可有效惩治和预防环境犯罪,节约诉讼资源;更在于,实行严格责任对环境犯罪进行刑事归责时,不需要或不考虑主观罪过,只需要或只考虑客观上存在的污染事实就予以控诉和定罪,即适用严格责任对环境犯罪控诉与判罪时,实现了罪过与归责的脱钩,各自独立,归责不再以主观罪责为基础,这与风险社会下的归责不谋而合,异曲同工。因为风险社会下的风险刑法以风险为核心,而风险具有不可认识性与不可支配性,根本谈不上查明主观上的故意或过失心态,因此,以罪过为基础的主观归责在此难以成立。当然,风险刑法的归责只是与主观要素脱离,相互独立,只是不以主观罪过为归责基础,并不否定犯罪成立意义上需要罪过。破解之道在于,风险刑法关注与风险同在的风险行为,实现归责与主观要素的分离,通过客观构成要件的类型化解决行为人的归责问题。可以说,不考虑主观过错的严格责任归责,为风险刑法下的脱离罪过的归责原则的创立进行了初步尝试,这或许将成为严格责任最具重要意义之所在。

(2)严格责任的局限性。严格责任具有的合理成分,在风险刑法中可得以发扬。但是,伴随严格责任的质疑或反对之声不绝,由此说明,严格责任有其局限性。

A. 英美法系国家对严格责任的质疑。无犯意则无犯人是英国人用拉丁语表述的法律格言,含义是如果行为人实施刑法禁止的行为时不具有犯意,就不构成犯罪,行为人则不是犯罪人。① 这被英美法系国家犯罪构成所采用,双层次的英美犯罪构成需要的主观要件是犯罪心态,即犯罪意图(包含故意和过失)。随着科技发展和经济社会进步,社会活动复杂化使行为的危险性不断增加,英美国家的普通法尤其是制定法采用了严格责任,预防和惩治环境污染等有关公共卫生、公共安全和公共道德方面的特定犯罪,以保护公共利益。但是,围绕着严格责任的适用,英美法系国家一直有反对声音,理由在于:用严格责任惩罚无过错者不公正,不能以诉讼上的方便与否来决定一个行为是否构成犯罪;严格责任适用的行为人在主观上没有过错,不能起到预防效果;严格责任是不必要的,完全可以用疏忽责任来代替;严格责任太苛刻,要求人做根本做不到的事情,法律应肯定采取合理注意的行为而不是强迫人人都成为专家或什么都不做。②

B. 大陆法系对严格责任的质疑。整体而言,大陆法系国家实行罪过责任原则,即罪过是大陆法系构成犯罪的必不可少的主观要件。我国亦实行大陆法

---

① 参见张明楷:《刑法格言的展开》(第3版),北京大学出版社2013年版,第346页。
② 参见孙光骏:《论英美刑法中的严格责任》,载《法商研究》1998年第1期。

系的罪过责任原则,没有罪过没有犯罪。由于受英美严格责任原则影响,少数大陆法系国家立法规定了严格责任。因此,理论上关于环境犯罪是否适用严格责任存在不同观点。我国多数学者不赞同适用严格责任,认为:在规定环境犯罪严格责任的国家,严格责任主要适用于微罪和违警罪这两类环境犯罪行为,而这些行为在我国只是一般环境违法行为,不构成犯罪;对环境犯罪规定严格责任的国家,同时还规定了辩护理由或正当程序等对严格责任进行限制,而我国并未规定配套的权利保障和程序限制措施;① 适用严格责任有违罪刑法定原则;在共同排污造成污染案件中,如果排污企业是经有关部门测算后排污的,只追究企业责任有失公平;环境保护应多功能多渠道,环境刑法出现空白时可寻求其他途径而无须强加无过失的责任制度;② 我国与英美国家的立法、司法乃至国情不同,不能随意移植英美国家严格责任,况且严格责任有被疏忽责任替代而趋衰落之势;环境刑法适用严格责任原则势必会影响我国经济建设;严格责任导致公正与效率的本末倒置;③ 采用严格责任会混淆刑事责任与民事责任、行政责任的界限,会违反主客观相一致的刑事归责原则,会给我国司法实践带来颠覆性冲击,而且对环境保护的价值尚有待评估。④

C. 对严格责任质疑的补充论证。前述质疑严格责任的理由是中肯的,也是相当充分的。这里仅补充以下几点。

第一,从归责的历史沿革看,严格责任有古代结果责任或客观责任的基因。古代刑法实行客观责任或结果责任,即只要证明行为人的行为客观上造成了损害结果,不问行为人的主观心态,就构成犯罪并追究刑事责任。这或许就是严格责任的雏形。这是人类未能认识罪过的情况下,单纯以因果关系进行归责的产物。结果责任或客观责任使刑法处罚范围过大,日益暴露出问题和缺陷。为了限制处罚范围,受重视犯罪人主观罪过的教会法影响,人们逐渐开始认识到主观要件的重要性。从而,无犯意无犯人、无罪过无犯罪成为刑法的基本原则。由此,罪过责任原则或主观责任原则是社会进步的表现,是近现代刑法与古代刑法的重要区别。然而,19世纪末,英美国家在坚持罪过责任原则的同时,采取严格责任。显然,原本要对刑罚处罚范围进行限制的局面将随着严格责任的适用被打破,出现反弹扩大局面。可以说,英美至今仍实行的严格责任,是古代结果责任的残余。从演化或进化的角度,环境犯罪不应该将已被

---

① 参见曹子丹、颜九红:《关于环境犯罪若干问题的探讨》,载《法制与社会发展》1998年第4期。
② 参见王秀梅、杜澎:《破坏环境资源保护罪》,中国人民公安大学出版社1998年版,第18~19页。
③ 参见邓文莉:《我国环境刑法中不宜适用严格责任原则》,载《法商研究》2003年第2期。
④ 参见蒋兰香:《环境犯罪基本理论研究》,知识产权出版社2008年版,第216~221页。

扔进历史的垃圾堆里的严格责任捡起来并加以推崇。

第二，从英美法系实行严格责任的理由看，无论是保护公共利益还是诉讼方便都是站不住脚的。一方面，在紧张而冲突的人权保障机能和法益保护机能之间，英美刑法选择的是法益保护。严格责任主要是制定法上的犯罪，包括有关公共安全的犯罪，如非法持有枪支弹药或者向正在执勤的警察出售酒类饮料等；有关公共卫生方面的犯罪，如污染环境、出售伪劣食品等；有关公共道德的犯罪，如使用虚假广告等；有关公共秩序的犯罪，如违反交通规章等。① 显然，适用严格责任是为保护公共利益，严格责任虽然重视社会利益的保护，但忽视公民人权的保障，本末倒置。因为刑法的保障人权机能，就是通过罪刑法定原则和责任原则加以实现的。责任原则包括个人责任原则和主观责任原则，二者密切联系，其中的关键是主观责任。因此，一般所称的责任主义或责任原则，是就主观责任而言的。② 另一方面，在公正与效率之间，英美刑法选择的是效率。较之大陆法系刑法，英美法系刑法更注重实用，表现在英美刑法关注程序问题与证据问题。就罪过的证明而言，英美刑法上的罪过要以能够证明为前提，不能证明的或者证明成本太高的宁愿适用严格责任，即承认其无罪过。显然，英美刑法采取严格责任的原因是罪过证明困难，目的是方便诉讼。因立证困难便不要求有犯意的理由令人难以接受，照此逻辑，立证容易的因素才是犯罪的成立要件，立证困难的因素就不是犯罪成立条件。但是，立证的难易与行为的性质、行为的危险程度没有必然联系。③ 故从刑法的公正价值和人权保障机能看，环境犯罪无须实行严格责任。

第三，我国刑法有无严格责任或类似严格责任的规定问题。我国刑法不仅没有明确规定严格责任，而且还排斥或者否定严格责任，具体表现为《刑法》第16条的关于意外事件和不可抗力的规定。根据该条规定，尽管行为在客观上造成损害结果，如果是不能抗拒或者不能预见原因所引起，行为人主观上缺乏罪过，不构成犯罪，不能追究刑事责任。因此，《刑法》第16条不仅是对责任主义的明确肯定，而且是对严格责任的否定。但有学者认为，我国某些具体犯罪存在类似追究严格责任的情况，如醉酒人犯罪的刑事责任、关于奸淫幼女构成强奸罪的刑事责任以及关于巨额财产来源不明罪的刑事责任等。④ 首先，我国刑法规定对醉酒的人犯罪追究刑事责任，不是严格责任的表现。从根

---

① 参见张旭：《英美刑法论要》，清华大学出版社2006年版，第52页。
② 参见张明楷：《刑法学》（第4版），法律出版社2011年版，第71页。
③ 参见张明楷：《刑法格言的展开》（第3版），北京大学出版社2013年版，第352页。
④ 参见杨春洗、向泽选、刘生荣：《危害环境罪的理论与实践》，高等教育出版社1999年版，第167页。

本上讲，醉酒人犯罪的刑事责任问题主要不是罪过有无的问题，而是刑事责任能力有无的问题。通常所说的醉酒人是指生理性醉酒人，他们具有辨认和控制能力，而病理性醉酒人属于精神疾病，不具有辨认和控制能力。正是因为生理性醉酒人具有控制辨认能力，因而其实施危害行为时具有故意或过失的心态。另外，根据原因自由行为法理亦可说明醉酒人具有罪过，而且现代刑法理论一直认为原因自由行为应以犯罪论处，并借助间接正犯类比理论、广义行为理论以及意识决定论等说明这样做不违反罪过原则。① 其次，我国刑法规定的奸淫幼女犯罪，并非实行严格责任。持严格责任的论者的理由无非是因为刑事立法中没有明知的要求或没有规定明知的内容。② 该论点的关键问题在于没有认识和处理好刑法分则中明知和刑法总则中明知的关系。刑法总则指导补充刑法分则，就明知而言，如果分则没有例外的、特别的规定，应适用总则明知的规定。根据总则规定，任何故意犯罪成立，都要求认识到包括犯罪对象在内的犯罪客观构成要件要素，因此，如果分则没有特别规定，奸淫幼女犯罪的成立必须以明知对方是幼女为条件。即奸淫幼女构成犯罪应以明知为前提。③ 另外，从犯罪故意的概念来看，其认识因素要求行为人认识到自己的行为会发生危害社会的结果，奸淫幼女的结果是损害幼女的身心健康，因此，如果没有认识到对方是幼女，就不可能认识到奸淫幼女的危害结果。从主客观相统一来看，犯罪成立不仅需要客观要件和主观要件同时具备，而且要求二者间存在密切联系，一方面客观要件受主观要件支配和决定，另一方面主观要件表现在客观要件中或者客观要件规制主观要件。具体到奸淫幼女犯罪，其客观要件是奸淫幼女，故其奸淫幼女的行为必须在其奸淫幼女的故意支配下实施，即行为人必须认识到自己在奸淫幼女，否则不能认定有奸淫幼女的故意。最后，我国刑法规定的巨额财产来源不明罪的责任形式是故意，不是严格责任。④ 巨额财产来源不明罪与奸淫幼女犯罪存在同样的问题。该罪的特殊之处在于客观要件，表现为财产、支出明显超过合法收入差额巨大，在有关机关责令行为人说明来源时不能说明来源的行为。本罪是纯正的不作为犯，未履行如实说明义务是本罪的实行行为，财产、支出明显超过合法收入是本罪的前提条件。本罪的危害后果是侵害国家的廉洁制度，作为国家工作人员，拥有不能说明并证明其合法来源

---

① 参见张明楷：《刑法格言的展开》（第3版），北京大学出版社2013年版，第363页。
② 参见刘生荣：《论刑法中的严格责任》，载《法学研究》1991年第1期。
③ 参见陈兴良：《奸淫幼女构成犯罪应以明知为前提：为一个司法解释辩护》，载《法律科学》2003年第6期。
④ 参见张明楷：《刑法学》（第4版），法律出版社2011年版，第1056页。

的巨额财产,本身就是不廉洁的证明。① 从而,该罪的客观行为即行为人不履行如实说明义务的行为必须是在其不如实说明财产来源的故意支配下实施的,即是在其明知占有明显超过其合法收入的差额巨大的财产且被责令说明来源的情况下不能说明并证明其合法来源的,因而是故意犯罪。同时,从本罪的设立目的看,本罪只是为了防止因程序性障碍致使犯罪分子逃脱处罚而设置的一个较轻的犯罪。② 贪污贿赂犯罪是故意犯罪,过失不构成,更不用说严格责任了。既然我国刑法既无明确的严格责任规定,也无类似严格责任规定,就不能按照类似严格责任论者的逻辑将严格责任类推适用到环境犯罪中。

第四,从归责基础看,适用严格责任主要与过失环境犯罪有关。这一点,从国外环境犯罪的归责理论可以看出,包括无过失责任理论、抽象预见的过失理论和结果规避义务的过失理论。③ 环境污染行为造成的危害结果具有偶然性、复杂性、潜伏性、滞后性和延展性等特点,使得传统过失犯的预见义务几乎没有适用余地,从而不得不对过失理论作出新的解释。传统过失理论以对具体危害结果的预见可能作为依据,但环境污染危害属于一种未知的危险,行为人事先不能预见到具体的危害结果。对具体危害结果不能预见,并不表明行为人对危险本身以及可能产生的结果缺乏基本的认识,具有一种预见可能性即抽象预见可能性,就可认定过失成立,这就是抽象预见过失理论。危惧感说比抽象预见过失理论走的更远,只要行为人对其活动足以发生某种危害后果存有一种不安感、畏惧感,就应当承担防止这种危害结果发生的义务。抽象预见说和畏惧感说侧重预见义务的革新,预见义务不是对具体危害后果的预见,而是对抽象的危险后果的预见或对潜在危害后果的危惧、不安。结果规避义务的过失理论认为,回避义务结果的行为构成过失,即行为人知道自己从事业务有义务避免危害结果的发生,行为人没有采取有效措施以致危险造成,应认定过失成立。该说侧重对规避义务的阐述,以预见义务为前提。可见,无过失责任理论只是环境犯罪归责理论之一,而严格责任又是无过失责任理论的一种。因此,不能据此就认为对环境污染犯罪实行严格责任就是世界性潮流。即便如此,严格责任有被疏忽责任替代而趋衰落之势。④

第五,从适用范围看,严格责任主要运用于环境污染型犯罪。这里存在的问题是:其一,仅仅因为污染环境犯罪引入严格责任,得失如何评估?其二,

---

① 参见周道鸾、张军:《刑法罪名精释》,人民法院出版社2007年版,第837页。
② 参见马克昌:《百罪通论》,北京大学出版社2014年版,第1209页。
③ 参见赵秉志、王秀梅、杜澎:《环境犯罪比较研究》,法律出版社2004年版,第82~85页。
④ 参见邓文莉:《我国环境刑法中不宜适用严格责任原则》,载《法商研究》2003年第2期。

对环境污染犯罪实行严格责任，效果如何评估？是否达到惩治或者特殊预防和一般预防之效果，是否起到保护环境之作用。对于前者，一方面，我们的确要直面污染环境犯罪的特殊性，尤其是主观证明的困难，从而与时俱进推动理论创新，但不是简单地复古地引入严格责任。另一方面，强行在污染环境犯罪引入严格责任，理论上必然冲击责任主义和主客观相统一原则，引起整个罪责体系的变动；实践中进而会给专门从事某一行业的被告带来沉重的诉讼和经济负担，且不利于经济发展，未免得不偿失。由此，污染环境犯罪难以承受刑法体系变动之重。对于后者，就我国而言，本来对有罪过的环境污染犯罪尚且不能做到有罪必究，当在污染环境犯罪中引入严格责任而扩大环境犯罪的追责范围后，有法不依的现象是否就能立竿见影地改观难免令人生疑。从国外实行严格责任情况看，有学者一边指出经验证明英国适用严格责任原则控制水污染是非常有效的，自从1989年水法实施以后，严重的水污染事件减少了一半；另一边又说美国适用严格责任原则远没有英国那样奏效。① 显然，如同刑罚的报应目标或威慑、隔离和矫治的预防目标从来没有任何证据证明可以有效地达到一样，② 环境污染犯罪引入严格责任的实务效果也难以验证。

第三节　环境犯罪归责原则重建

尽管传统刑法的归责原则不断发展变化，新论迭出，但仍无力破解人类社会对污染环境和破坏环境的责任追究困局。这不仅是因为，环境犯罪尤其是环境污染犯罪产生于环境利用过程中，带有特殊的集合性和累积性特征，从而与杀人、伤害、盗窃等传统犯罪不同，环境犯罪具备非典型归责结构，如超个人法益、抽象且具体的危险犯或适格犯、行政从属性以及企业内部的分层归责等，③ 致使传统刑法上的结果归责不能有效用于环境犯罪。更是因为，经济社会的巨大变化，科学技术的发展使社会更加复杂化，风险无处不在，风险社会正在发生。风险社会不仅使得以因果关系、罪过责任、个人责任为征表的刑事归责进一步变化，而且使得责任整体发生变化。就前者而言，一方面，科技的局限性以及风险的不确定性使得行为和损害之间的直接关联变得更为稀薄或者

---

① 参见卢永鸿：《中国内地与香港环境犯罪的比较研究》，中国人民公安大学出版社2005年版，第34~35页。
② 参见陈晓明：《刑事和解原论》，法律出版社2011年版，第2页。
③ 参见古承宗：《环境风险与环境刑法之保护法益》，载《兴大法学》2015年第18期。

淡化，因果关系自身得以改变；另一方面，过去在个体水准内能实行的行为，现在要通过企业和团体等组织而实施，而且风险具有一般性和集体性，每个人对风险的贡献度，在法律上是否无意义不容易识别，确定风险关联人的责任有无及其程度成为问题，使得行为主体变得难以明确。对于后者，一方面，可以说，环境犯罪不只是个人而是整个人类社会对环境的犯罪，是人类控制自然唯发展主义的"原罪"，需要社会全体或者人类整体为之负责；另一方面，风险社会下的刑法中的责任与传统刑法的责任不同，传统责任是过去指向，与被否定性评价的结果相联系，而风险责任则是未来指向，将目光投射到未来的社会、未来的人类身上，以肯定性状态为目标。因此，风险社会下，"根据现有的因果关系、罪责及责任规则，不能对新风险进行归属"，"因果关系以及罪责这样的概念都将失去价值"，① 必须重塑环境犯罪刑事归责原则，发展出一套新的归责机制来应对环境风险社会。

一、因果关系之脱离

（一）脱离过程

环境犯罪因果关系之脱离不是一步到位的，而是要经历一个由必要到弱化再到脱离的过程。环境犯罪因果关系之必要是指因果关系为环境犯罪刑事归责不可或缺的要件；因果关系之弱化是指因果关系对环境犯罪刑事归责意义的弱化；因果关系之脱离是指因果关系成为环境犯罪刑事归责无关的要素。

从归责类型看，因果关系经历了由必要到弱化再到脱离的过程。以行为、因果关系（包括结果因素）与过错为标准，归责类型可分为：第一，必须证明行为、因果关系与过错；第二，必须证明行为与因果关系；第三，必须证明行为引起了损害并有过错；第四，必须证明行为引起了损害；第五，必须证明行为与过错；第六，只须证明有行为；第七，过错和行为造成或引起损害都不需要证明。② 除了第七类仅存在于民事领域外，其他六种在刑事领域均有所体现。其中，第一种代表的是传统的典型的刑事归责模式，不仅需要进行因果关系归责判断，还需要进行罪过归责判断；其他五种是对传统归责模式的修正和突破，要么放弃罪过判断，如第二、第四和第六三种归责模式，要么弱化因果关系判断，如第三、四类归责模式，要么甚至取消因果关系判断，如第五、六

---

① ［德］埃里克·希尔根多夫：《德国刑法学：从传统到现代》，江溯等译，北京大学出版社2015年版，第241页、第243页。

② 参见［英］哈特、托尼·奥诺尔：《法律中的因果关系》，张绍谦、孙战国译，中国政法大学出版社2005年版，第11~13页。

类归责模式。

从大陆法系犯罪论体系发展看,因果关系同样经历了由必要到弱化甚至脱离的过程。根据德国学者罗克辛和日本学者山中敬一的观点,德日阶层的犯罪论体系发展经历了古典的犯罪论体系、新古典的犯罪论体系、目的行为论的犯罪论体系、现代新古典的犯罪论体系和目的理性的犯罪论体系五个阶段。[①] 古典犯罪论在犯罪成立上坚持因果关系判断和罪过判断,而且因果关系判断在构成要件该当性中进行,是事实判断;罪过判断在有责性中进行,罪过是罪责形态。新古典犯罪论在因果关系判断和罪过判断上与古典犯罪论具有共性,尤其是对因果关系不作价值判断;目的犯罪论的核心是目的行为论,认为人以因果关系的认识为基础,在一定范围内预见自己的活动会产生一定的结果,据此设定目的选择手段并朝着目的有计划地进行活动。现代的新古典犯罪论是新古典犯罪论和目的犯罪论的结合,坚持新古典在因果关系和罪责评价上的立场;目的理性犯罪论主张客观的归责理论,强调构成要件的结果归责,但对构成要件的实现进行价值思考,在罪责的判断上,责任不仅包括非难可能性还包括预防必要性,罪责演变为负责性。可见,包含因果关系的构成要件符合性判断在犯罪论中从事实判断演变为价值判断,使原为刑事归责必要的因果关系成为对刑事归责无关的要素,至多以影子存在,即借助经验规律意义上的因果概念查明行为与结果之间的最低限度的条件关联。

(二) 脱离原因

环境犯罪因果关系为何得以脱离?这与风险社会下的法益保护关系密切。风险社会下,保障安全、预防风险成为刑法之取向,刑法成为风险控制的管理体系,从而引起法益保护之变化,经由法益保护进而引起不法、罪责、因果关系与归责等变化。从法益保护看,首先表现为法益保护范围的扩大化。刑法的目的是保护法益,法益是通过刑法规范保护的对象,因此,法益保护是刑法规范功能性的集中体现。法益概念的形成历史表明,法益概念不是采取静态具体的定义,而是在动态的关联性中理解,因此,从人类共同生活的基础或基本条件的法益定义出发,其中就隐含解释普遍法益在内的可能性。虽然传统刑法将法益保护定位于对生命、身体、健康、自由、名誉或财产等个人法益的保护,但是,经济、信息、公共安全以及社会管理秩序等都在刑法中取得保护必要性之地位,尽管保护层次不同。从刑事政策上来看,这些法益应与个人法益同等重要,甚至更具保护必要性。即与个人法益保护相比,人们优先期望的是对诸

[①] 参见陈家林:《外国刑法:基础理论与研究动向》,华中科技大学出版社2013年版,第30页。

如国民健康的保护或者市场经济秩序的安定等没有不安感生活的确实保障。普遍性法益或超个人法益的引入，使危害结果抽象化、模糊化，无法直观、客观判断，从而结果的认定以及行为与结果之间关联性的判断，都将主要取决于主体的主观评价，即因果关系与归责的判断完全为是否存在法益侵害或者是否违反刑法规范的判断所取代。显然，丧失了具体性和客观性的危害结果，使因果关系与归责问题变得没有意义。① 就环境犯罪而言，法益保护范围的扩大表现为环境法益的独立。如前所述，环境法益由环境要素法益和环境管理秩序法益构成，体现了生态主义与人本主义的结合，由于这种法益脱离了具体的个人法益，旨在确保个人法益得以实现的共同基础，故称为普遍性法益或超个人的集体性法益。由此，环境犯罪不必再考虑因果关系问题。

因果关系的弱化与脱离不仅与法益保护范围的扩大即普遍法益或超个人法益的引入有关，而且与法益保护阶段的前置即风险犯、危险犯的创设有关。在风险社会下，保护法益的刑法阵线不断向前推进，将对相关利益、价值的保护扩张到欠缺现实侵犯后果甚至是没有具体危险的阶段，这就是刑法的前置化趋势，表现在危险犯和风险犯的创设。如前所述，随着环境问题的日益严重，环境保护力度的加大，刑法介入环境犯罪的范围不断扩大。环境危险犯比环境结果犯提前了一步，将犯罪的成立从实害结果提前至危险形成阶段。在风险社会下，需要在危险发生之前就发动刑事制裁，犯罪成立的临界点应提前至距危险发生更为遥远的阶段，风险犯应运而生。由于风险犯是行为人实施某一具有一般性、典型性、危险性的行为就构成犯罪，现实的法益损害或法益侵害的具体危险则对犯罪的成立或刑事归责没有任何意义。风险犯的创设也表明，在风险社会下，可以不用考虑结果，特别是抽象的、模糊的和主观的结果，也不用考虑因果关系及其归责，只需考虑行为即可。当然，风险社会下的人类行为模式已发生了变化。从时空感的角度，虽然科技已经使我们生活的空间缩小、时间缩短，但无处不在的风险仍使得刑法介入从发生结果的近距行为模式转向距危险发生更为遥远的远距行为模式。而且，所谓的风险行为如垃圾埋填、污水排放等并不是与日常生活模式相区别的反常行为或脱逸行为，相反已经作为日常化事情而完全不存在反常性或脱逸性。从而行为不法不能像传统刑法那样能通过日常生活的知觉的直接确认是否侵害法益，而是不能知觉地直接感知其侵害的类型，需要综合考虑生态环境的关联性后才能得出。

（三）脱离表现

环境犯罪行为样态展现一个由环境犯罪结果（实害）犯到危险犯再到风

---

① 参见劳东燕：《风险社会与变动中的刑法理论》，载《中外法学》2014年第1期。

险犯的发展轨迹，打破环境犯罪结果（实害）犯一统天下的局面，形成三类型共存的新格局。在风险社会下，无论是风险犯、危险犯还是结果犯，因果关系不仅不是归责的充分条件，而且在很多时候也不再是必要条件，即因果关系的弱化乃至脱离。因果关系的弱化及脱离表现为：

第一，立法在维持某些实害犯（结果犯）因果关系的归责必要条件的同时，通过降低因果关联性的要求而弱化因果关系的归责作用。传统刑法将因果关系限定为实行行为与结果之间的关联，实行行为本身必须具有引起结果的现实的、具体的危险性，因果关系就是这种危险性的现实化过程。然而，立法正在改变这一点，为危害结果的出现制造条件或提供机会的非实行行为也可成立实行犯。比如违法发放林木采伐许可证罪、逃避动植物检疫罪等环境犯罪，这些犯罪的因果关系要求不同于一般实害犯的因果关系要求。以违法发放林木采伐许可证罪为例，根据该条的规定，行为人违反森林法的规定，超过批准的年采伐限额发放林木采伐许可证或者违反规定滥伐林木采伐许可证的行为，其实只是为第三人利用林木采伐许可证造成森林破坏的严重后果提供条件。因此，该行为与严重后果之间即使被认为具有因果关系，已与一般的实害犯的因果关系不可同日而语。我们经常所说的环境犯罪因果关系认定或证明难题，就是针对实害犯或侵害犯而言的。因为，对照一般结果犯的因果关系，环境犯罪因果关系具有隐蔽性、延时性、多因性、模糊性，从而导致因果关系成为环境犯罪结果犯案件认定时最为艰难的问题。① 而这也从一个侧面或者间接表明了，环境犯罪因果关系的脱离或者疏离。

第二，立法对（具体）危险犯的归责，已经可以不考虑侵害结果及因果关系的要求。表面上看，具体危险犯构成要件并未放弃具体危险的结果的要求。但是，法益侵害的具体危险与已然的现实的侵害结果不同，具体危险是否存在，要以行为当时的具体情况为根据来认定，即很大程度上取决于主体的评价与判断，已然现实的侵害后果通过知觉的直接感知其侵害即可。一旦认定存在具体危险，因果关系便同时存在，无须另行认定。从而，因果关系的判断完全为从属于危险有无的判断。虽然我国环境刑法尚无危险犯之规定，但从立法论而言，诸多学者提出增设危险犯的建议，主要是将非法采矿罪和破坏采矿罪规定为危险犯。② 由于矿产资源多埋藏于地下，因此，即使合理地寻找、勘

---

① 参见徐平：《环境刑法研究》，中国法制出版社2007年版，第117页。
② 参见赵秉志：《环境犯罪及其立法完善研究》，北京师范大学出版社2011年版，第101页；蒋兰香：《环境犯罪基本理论研究》，知识产权出版社2008年版，第284页。当然，也有学者认为，经过《刑法修正案（八）》的修改，非法采矿罪已是危险犯，但破坏性采矿罪仍属于结果犯。参见王勇：《环境犯罪立法：理念转换与趋势前瞻》，载《当代法学》2014年第3期。

探、开采都会对周围的环境诸如土地、水、森林和草原造成一定影响,更不用说非法采矿和破坏性采矿,它们有造成更严重后果的可能性或危险,如造成地质结构发生破坏、污染环境、毁坏土地、破坏森林资源、野生动植物资源、诱发疾病威胁人民生命健康的危险。将该两罪设立为危险犯,使刑法的防线前置,有利于环境保护,可以有效解决违法采矿暴露出的环境问题。

第三,立法对风险犯的归责,已经完全不考虑侵害结果及因果关系的要求。以风险犯中的行为犯为例,只要行为人实施刑法禁止的行为就构成犯罪,现实的法益损害或法益侵害的具体危险则对成立犯罪没有任何意义,自然更不必考虑危害行为与结果之间的因果关系。我国环境刑法已经规定了非法处置进口的固体废物罪等行为犯。

二、客观归责理论之借鉴

风险社会的转型为重构归责原则提供了机会,德国的客观归责理论是这方面的有益尝试。[1]

(一) 客观归责理论概说

在黑格尔的法哲学思想中,归责包含有行为及其结果对作为主体的人的归属。因此,客观归责理论渊源于黑格尔的法哲学思想。罗克辛是集大成者,他认为,归责于客观行为构成是以"实现一种在行为构成范围内部的、由行为人创设是而不是由允许性风险所容忍的危险"[2]为条件的,并使客观归责理论成为德国刑法理论的通说。关于理论内容,基本形成的共识是:当与结果具有因果关系的行为制造出法律所不允许的风险,且该风险在该当构成要件之结果中实现时,可以承认该结果对该行为的客观的归责。[3] 客观归责是根据两个原则进行的:只有行为人的行为对行为客体制造了一个由允许的风险所没有包括的风险,并且在具体的结果中实现了这种风险时,才能将这种行为引起的结果在客观上归属行为人;只有在所实现的风险处于构成要件的射程范围之内时,才能对行为人就该风险行为引起的结果在客观上进行归属。[4] 具体来说,实现客观归责需要通过三个层次或者说要具备三个条件:行为制造不被允许的风险、行为实现不被允许的风险、结果在构成要件的保护射程之内。当然,这三

---

[1] 参见陈晓明:《风险社会之刑法应对》,载《法学研究》2009年第6期。
[2] 参见[德]克劳斯·罗克辛:《德国刑法学总论》(第1卷),王世洲译,法律出版社2005年版,第246页。
[3] 参见陈家林:《外国刑法:基础理论与研究动向》,华中科技大学出版社2013年版,第75页。
[4] 参见冯军:《刑法问题的规范理解》,北京大学出版社2009年版,第133页。

个条件不只是正面界定,而主要是从反面进行推演。在制造不被允许的风险条件中,减少风险的行为、没有制造风险的行为、制造被允许的风险的行为排除客观的归责;在实现不被允许的风险条件中,未实现风险的行为、未实现不被允许的风险的行为、没有引起谨慎规范保护范围之内的结果的行为排除客观的归责;结果在构成要件的保护范围之内条件中,参与故意的自我风险行为、同意他人的风险行为、风险处于他人的责任领域等情形排除客观的归责。该理论要解决的是行为人、行为、结果之间在客观不法上的联系,它是通过动态的、层层限缩的方式将那些在客观方面不可归责的情形排除实现的。客观归责所确立的判断规则,是对犯罪构成的客观要素的实质审查,因为罗克辛提出的被容许的风险、规范保护目的、构成要件效力范围等并非空洞的概念而都是实质性标准,从而使犯罪构成论更加合理化,因此,客观归责理论是在因果关系得以证成基础上的归责判断,是一种实质判断。① 总之,客观归责理论内容涉及的行为、结果和行为人,属于三阶层犯罪体系的第一阶段即构成要件该当性的内容,因此,客观归责理论罪根本的意义就是:它是一种实质的构成要件理论或者构成要件的实质化理论。从而,客观归责理论成为沟通构成要件该当性与违法性之间的桥梁。

客观归责理论是一种实质的构成要件理论,但是,作为构成要件理论,客观归责论存在弊端:将所有限缩客观构成要件的问题都当作结果归责来处理,而且没有分别讨论构成要件要素。② 从学说发展史看,客观归责理论虽与因果关系密切,但其是在区分归因与归责而又以归因为前提形成的归责理论,因而客观归责理论不是因果关系理论。在一般归责意义上,该理论仍存在以下问题或不足:第一,客观归责理论是在结果犯领域为解决结果归属问题而发展出的理论,即它主要是针对结果犯而言的,不具有普遍意义;第二,作为一个系统化的理论,客观归责理论由一组有条理的规则群构成,但每一个规则都并非完美无缺。比如,一个行为究竟在什么情况下是或不是制造法所不容许的风险呢?理论并没有直接回答该问题,而是指出了三项次规则。但是,三项次规则又如何认定呢?理论对此并没有指出判断基准是什么,它只是用举例的方法说明次规则是一个规则而已。但举例并不等于证明,因为一个适当的反例就可推翻一项命题。总之,"客观归责理论在几乎每一项规则上的论述活动,都存在着疑问。它们可能没有意义、不符事实、找错方向,甚至可能犯了倒果为因的

---

① 参见陈兴良:《从归因到归责:客观归责理论研究》,载《法学研究》2006 年第 2 期。
② 参见张明楷:《也谈客观归责理论:兼与周光权、刘艳红教授商榷》,载《中外法学》2013 年第 2 期。

逻辑错误"。① 第三，该理论是一种尚在发展中的理论，如何进一步体系化仍是今后发展所面临的重要课题。在风险社会下的归责意义上，该理论存在的重大缺陷是不区分危险与风险，进而其只能解决危险问题不能解决风险问题。以因果关系和罪责为基础的传统归责原则不能解决风险社会中的有组织的不负责任问题，风险要求重构归责原则。风险社会的转型为重构归责原则提供了机会，客观归责理论以制造并实现法不容许的危险为规则构建了新的归责原则。虽然客观归责理论中使用了风险的用语，从而与风险社会之风险在表述有某些相似或接近之处，但是，该理论中的风险与风险社会中的风险含义相去甚远，即客观归责理论中的风险实际是通常所说的危险，而且对风险与危险不加区分，② 而风险社会中的风险是当代风险，是与危险相区分的，因而客观归责理论之风险并非风险社会之风险，在风险社会下，风险与危险是应该区分而且有所区分的。因此，客观归责理论只能被看作风险社会下风险刑法归责原则的初步尝试，系风险刑法发展的初级阶段。相应地，客观归责理论亦不能妥善解决环境犯罪的归责问题。

（二）客观归责理论的借鉴

关于理论借鉴意义，陈兴良教授指出，我国有必要对客观归责理论加以借鉴，借鉴时应当讨论因果关系的必然性与偶然性、因果关系的客观性与主观性以及因果关系的归因性与归责性等三个问题；借鉴该理论有助于我国刑法学界反思因果关系理论、责任理论和犯罪构成理论，从而改进和完善我国刑法理论。③ 吴玉梅博士认为，客观归责是思维方式的精细化，具有的方法论价值对我国刑法学富有启示性和借鉴性：通过对因果关系的恰当定位避免了我国传统刑法学用因果关系进行价值判断的难题、结果归责成立上所采纳的逐步收缩的判断方式、刑事政策与规范刑法学的衔接启迪、行为人、行为与结果之间关系的精细解析与论理、犯罪成立与理论建构意义等。④ 周光权教授认为，客观归责理论具有凸显评价的层次性、充分性，确保刑法判断的客观化等特殊的方法论意义。⑤ 论者对于客观归责理论的借鉴意义不仅包罗万象而且十分中肯，值得加以吸收和转化。客观归责理论创造的概念、设定的规则、强调归责要素之

---

① 徐伟群：《台湾刑法学的思索》，载《台大法学论丛》2011年第40期。
② 参见焦旭鹏：《风险刑法的基本立场》，法律出版社2014年版，第133页；陈晓明：《风险社会之刑法应对》，载《法学研究》2009年第6期。
③ 参见陈兴良：《从归因到归责：客观归责理论研究》，载《法学研究》2006年第2期。
④ 参见吴玉梅：《德国刑法中的客观归责研究》，中国人民公安大学出版社2007年版，第256~260页。
⑤ 参见周光权：《刑法客观主义与方法论》，法律出版社2013年版，第63~75页。

间的相互关联性以及从结果到行为再到行为人归属的推理论证体系，可为环境犯罪归责原则的重塑提供具有启示、借鉴、吸收的素材和方法，表现为动态归责、风险归责和规范归责。其中，最具里程碑的借鉴意义是，客观归责理论通过风险的规范化即以规范评价、界定风险进行归责，客观归责理论的基本主张足以表明：客观目的性这一客观归责要素决定于行为人的行为是否制造了足以引起构成要件上法益侵害结果的法律上重要的风险；以风险原则判断客观目的性可以创造一个共通的归责原理，而不受因果律的影响。①

1. 动态归责

归责不是静态的，而是一个动态的判断过程，只有在逐层推导、判断中将结果与行为进而与行为人相结合才能称之为"归责"。为了将结果归属于行为进而归属于行为人，客观归责理论提供了一套体系化的判断和论证理由，由此形成动态的客观归责过程。总体上可以将客观归责的动态判断过程区分为四个阶段：条件关联阶段、相当性关联阶段、风险性关联阶段和保护目的性关联阶段。② 第一阶段形成的条件关联，是说明事实之间的关联，是一般事实性关联，是建立在经验判断之上的、不具有价值判断意味的行为事实与结果事实之间的因果关系。通过条件关联这一行为与结果之间的最低限度的关联，限定了客观归责的最外部边界。在此范围之外的事件将被排除在外，在此范围之内的事件将进入第二阶段继续判断。第二阶段形成的相当性关联，是重要事实性关联，通过客观合目的性对或然律的补充在已查明的事实条件中确定可靠的条件，限缩客观归责的范围，确立刑法评价的底线。处于这个范围之外的结果将被排除在外，处于这个范围之内的结果将进入第三阶段做进一步的筛选。第三阶段是风险性关联，所要说明的是行为对谨慎义务的违反和结果发生之间的详细联系。风险性关联不是客观归责的终结，因为风险性关联中的评价是围绕一般预防目的合理性论证的，还应实现特殊预防的功能，因此，不具有风险性关联的结果被排除在外，具有风险关联的结果需要进一步归责。第四阶段是保护目的性关联，需要说明所出现的结果是在被损害的规范的保护范围内，即只有在被侵害的法益与所保护的法益一致时，才使风险性关联引起法益的保护具体化，最终实现客观归责。虽然这四个阶段的判断立足点各有侧重，但不能截然分离而要层层递进相互衔接，在体系化作用下共同完成客观归责之任务。当然，动态归责之动态还可从风险概念本身来揭示。风险并非静止状态，而是以动态事件为诠释对象，即风险概念具有未来取向，会以一种无法清楚预见其将

---

① 参见许玉秀：《主观与客观之间：故意理论与客观归责》，法律出版社2008年版，第253页。
② 参见吴玉梅：《德国刑法中的客观归责研究》，中国人民公安大学出版社2007年版，第135页。

如何改变的方式发生变化。换句话说，风险本身就具有动态性。

2. 规范归责

客观归责的动态判断过程的四个阶段，大体上又可分为两部分，前两个阶段为一部分，可以说属于事实层面的归责，当然，相当性关联阶段已涉及价值评价；后两个阶段为一部分，属于规范层面的归责，从而将事实层面的结果归责进一步限缩在一定的合理范围之内，显然，此时判断基准发生了变化，即以刑法规范作为结果归责的评价依据。为什么要在前面两阶段的基础上继续进行规范层面的归责限缩呢？因为，构成要件是违法的类型，作为构成要件客观面的构成行为和构成结果不仅仅是本体论上的存在，他们之间的联系不仅仅是事实联系，即不仅仅是因果关系，它们还是规范论上的存在，他们之间除了事实上的联系还存在规范上的联系，而且还要对客观存在进行规范评价，否则就无所谓符合或者该当客观构成要件，进而也就不存在客观不法。一方面，通过在犯罪论的框架内说明本体论上的事件，使事实关联判断获得规范意义；另一方面，要在前两个阶段圈定的范围内继续筛选属于法制作用范围的事件，这一任务通过规范评价来完成。由此，整个客观归责过程都具有规范意义。换句话说，实际发生的结果是否损害或威胁法益、是否违法，仅考虑是构成要件行为与构成要件结果是否具有因果关系远远不够，还必须通过二者之间的规范联系来进行判断。客观归责理论正是从刑法规范的保护目的出发，通过在行为人——行为——结果之间建立起规范关系，从实质上说明客观不法。法益是刑法规范的保护对象，因此，实质上，只有具有侵害法益的现实危险的行为才是构成要件行为。如何实质地判断构成要件行为呢？首先，构成要件行为要在形式上符合罪状对行为的外在表现的描述；其次，必须要联系构成结果来进行实质的判断。行为与结果虽然在时空上可以分离，但在法规范意义上紧密联系。客观归责认为，构成要件行为与构成要件结果之间实质的规范联系表现为：前者是给后者制造规范所不允许风险的行为，后者是前者所制造的不允许风险的实现。构成要件行为与构成要件结果之间的规范联系，构成客观归责的核心内容。[①] 由此，实现了客观归责的任务，即"解释一个惹起——可能进行归责的最外在的界限——是否属于构成要件行为"。[②]

3. 风险归责

客观归责借助构成要件结果界定构成要件行为，为构成要件行为的实质解

[①] 参见朱兴：《刑事归责研究》，西南政法大学2011年博士学位论文。
[②] 冯军：《刑法问题的规范理解》，北京大学出版社2009年版，第133页。

释提供了一个较为明确的标准：只有当行为人的行为制造了一个法律所不允许的风险，并在具体的结果中实现该风险时，才能把该行为引起的结果归责行为人。即构成要件行为是制造禁止风险的行为，构成要件结果是禁止风险的实现。显然，该理论通过风险概念将构成行为与构成结果紧密地联系在一起，用风险描述对法益的危害特质，用"不允许性"限制刑法过度干预人们的行为自由，以制造风险形容构成要件行为，表达行为不法的实质内涵。[①] 由此，风险成为构成要件行为与构成要件结果的连接点，客观归责也就成为风险归责。风险归责涉及两部分：一是禁止风险，即行为人的行为制造（增高）了一个法律所不允许的风险；二是风险实现，即禁止风险在具体事件历程中的具体结果中实现。关于禁止风险，对于防止损害后果的发生，法律能够做什么？法律不能直接规定禁止结果的引起，只能禁止那些被认为有可能引起特定结果风险的行为方式。从而，风险禁止来源于法律对行为的规制。从归责意义上讲，只有行为中存在结果发生的具有重要意义的而且不被法律所容许的风险，才具有可归责性。这里的风险应同时从三个层面理解：第一，行为制造或者增高了风险；第二，制造或增高的风险在法律上具有重要意义；第三，制造或增高的风险是法律所不允许的风险。行为制造风险的能力取决于行为人对导致结果发生的条件的认识和控制能力，尤其是特殊认知；一般的生活风险以及在法律意义上不可衡量的风险不属于法律上具有重要意义的风险；风险是否为法律所允许关键是如何划定风险允许与禁止的界限。如何划分这条界限呢？穆勒以法律上的重要意义作为界限来划分风险的允许性与禁止性；罗克辛在肯定穆勒划分界限标准同时，进一步主张允许的风险是"在交往需要和个别保护利益之间进行权衡的结果"，认为确定允许风险实质上的根据就是那些既定的谨慎规则。[②] 罗克辛为禁止风险与允许风险提供了一个指导性的原则，允许风险的概念说明只有在不超越许可范围之时，行为才可能是谨慎的，否则引起的就是禁止风险。以行为规范为评价根据形成的禁止风险还不足以在规范评价意义上进行归责，因为禁止风险针对的是类型化结果，只有在具体结果上体现禁止风险具有的重要法律意义时，结果才可以归属于行为，即风险实现。风险实现的判断属于事后判断，应从法益保护目的出发，基于事后查明的客观事实进一步检验行为规范对于防止具体结果的意义。因为刑法具有法益保护功能，而法益保护需要通过维护规范效力这一间接环节予以实现。风险实现不仅说明行为违反刑法

---

① 参见张亚军：《刑法中的客观归属论》，中国人民公安大学出版社2008年版，第139~140页。
② 参见吴玉梅：《德国刑法中的客观归责研究》，中国人民公安大学出版社2007年版，第215~216页。

规范，而且表明行为侵犯刑法规范保护的法益。因此，风险实现就转化为行为规范效力的检验。只有行为人所违反的行为规范对于防止具体结果的发生是有效的，法益保护目的才能实现。

三、规范化归责原则之提倡

(一) 规范化归责原则之确立

1. 归责视角的转向

环境犯罪有其特殊性，特殊的环境犯罪要求特殊的归责。就归责原则而言，环境犯罪归责原则也应当有自己的创新，规范化归责原则就是归责创新的表现之一。这里提倡的规范化归责原则，实际上就是归责的视角转向，即由归责的事实视角转向规范视角。前述因果关系之脱离、严格责任之合理成分以及客观归责理论之借鉴无疑都成为归责视角转向的原因。首先，就我国的归责来看，无论是客观的因果关系认定还是主观的罪过形式认定，都属于事实层面。就因果关系来说，它是一个事实问题，反映的是行为与结果之间的引起与被引起的关系，解决的是二者的一种事实联系；就主观罪过而言，它也是一个事实问题，反映的是行为人对其行为及结果的心理态度，通过行为人犯罪以及罪前、罪中、罪后的一系列外部客观活动表现出来。显然，因果关系与罪过反映的只不过是一种事实联系，但他们却承载了解决刑事责任的功能。然而，因果关系及罪过的有无属于事实层面，是一回事，是否承担责任则属于评价层面，是另外一回事。事实联系与规范评价既不能混为一谈，也不能一次性解决。合理的做法应是先认定事实，在事实认定的前提和基础上，再进行规范评价；事实认定经由规范评价既获得规范上的重要意义，也是对行为人责任的限制。这些对于环境犯罪同样适用。反观国外，已经做到了这一点。这是德国客观归责理论的功劳。该理论将归因与归责加以区分，并且由归因再到归责：在事实层面，用条件说解决行为、结果间事实因果联系；在规范层面，筛选出一个能载入正当之刑法评价的事实联系，即将制造并在构成要件的保护范围内实现的不被法律允许的风险的行为从与结果存在条件关系的行为中评价选出，并将结果归属于行为。显然，规范层面使得事实间的联系具有法律评价的意义或者法规范上意义，经由一种规范判断，实现了从事实或实然到价值或应然的跳跃。诚如学者所言，客观归责理论讨论所取得的最重要的研究成果之一是使刑法学研究转向一种规范的视角。[①]

---

① 参见冯军：《刑法问题的规范理解》，北京大学出版社2009年版，第131页。

2. 规范化归责原则

规范化归责原则是风险刑法所采用的归责原则，该原则是以风险而不是以因果关系、罪责为归责基础，该风险是行为人的风险行为之风险，通过对风险行为的刑法规制实现行为风险化和风险规范化，行为人一经实施该法定行为便可直接对其归责，即行为人对其实施的惹起刑法规范否定评价的特定风险行为直接负责。

（1）规范

既然归责视角已转向规范，那么首先就要对规范进行考察。"刑法是在违反它时，给予刑罚这个基于国家权力的强制的规范。"① 以禁止、处罚犯罪行为为内容的法律规范，是刑法规范。首先，根据适用对象的不同，可将刑法规范分为裁判规范和行为规范。从刑法的社会受众角度看，刑法规范表现为行为规范，刑法规范具有的禁止和命令的行为要求就是行为规范，行为规范在刑法规范中有两种表现，一是禁令，即禁止实施从一般人的认识出发能感受到对法益有侵害风险的行为，一般表现为故意作为犯；二是命令，即命令受众遵守一定的注意义务或作为义务，实施排除既有法益侵害风险的行为，一般表现为过失犯和不作为犯。裁判规范是指示或命令司法裁判人员如何裁定、判断行为是否构成犯罪、如何科刑的规范。从行为规范角度看，行为是否违反刑法规范，就是看行为是否符合禁止或命令的行为类型。但是，刑法规范为什么禁止或命令这些行为，这涉及刑法规范的实质，是"法益保护规范与人权保障规范"。② 其次，根据作用机理的不同，可将刑法规范分为评价规范和决定规范。行为规范要发挥作用，必须通过对行为的禁止或命令引导人们实施行为时按照规范行动，而此引导功能必须以行为人能够理解命令或禁止的意义为前提，并以此形成意思决定规范，即能够理解规范意义的人基于意思自由选择决定实施合法行为还是实施犯罪行为。从而，不能理解规范意义的人的行为不能被认定为违法的行为。裁判规范要发挥作用，必须有已实施的行为或者发生的结果，对行为或结果的事后判断形成客观评价规范。从而，不能理解规范意义的无责任能力者的行为也具有违法性。行为规范、裁判规范以及评价规范与决定规范，对环境刑法规范同样适用。

（2）风险规范化

为了保护环境法益，必须将特定的危害环境的行为予以规范化，即通过规范将危害环境行为予以类型化加以禁止，并在刑法中规定下来。整体而言，危

---

① 转引自马克昌：《比较刑法原理》，武汉大学出版社2002年版，第1页。
② 张明楷：《刑法学》（第4版），法律出版社2011年版，第31页。

害环境的行为可分为污染环境行为和破坏环境行为两大类,污染环境行为又包括水污染、海洋污染、大气污染、固体废物污染、噪声污染等,破坏环境行为包括破坏动物资源、破坏植物资源、破坏土地资源、破坏矿产资源等,而这些行为都会给环境刑法保护的环境法益制造(增高)风险,即环境风险行为。因此,这里表面所规范的是特定危害环境行为,但实质规范的是风险。因为特定危害环境行为就是环境风险行为,风险是环境风险行为的风险。由于风险与风险行为同在,经由法定行为即可确认风险存在,从而风险成为行为和规范的连接点。这样一来,规范化实际包含了两个环节:行为风险化和风险规范化,前者是指从行为到风险,即风险是风险行为所引起;后者是指从风险到规范,即规范划定风险的规制界限。以环境污染为例,即使最初的轻微的不明显的甚至是没有危险性的危害环境行为,都已然对环境刑法保护的环境法益制造了风险,因为环境污染是一种累积犯,每一个个别行为都是严重累积后果的加工因素。从而,环境刑法要介入远初期的环境危害行为。因此,规范化的关键是环境风险行为的规范化。因为环境刑法只禁止那些给所保护的环境法益制造(增高)风险的行为,没有这种风险的行为自始至终就不存在进行刑法规范评价的余地。当然,环境法益保护并非仅通过刑法得以实现,而是通过全部法益制度的手段发挥作用,刑法只是最后的保护手段。环境犯罪具有行政犯特点以及环境刑法立法技术上采用空白罪状,使得环境风险行为评价即违法与否、违法程度如何的判断都无法脱离与行政规范的联系。因此,在规范化原则上可以借助环境行政法律法规,即以行政法律法规规定的标准作为对风险判断的依据。从而,环境行政法律法规确定的标准成为判断环境风险行为刑事违法性的核心。行为的社会危害性或者违法性恰恰是行为所引起的法益风险等客观方面的内容或者犯罪客观要件的规范本质所在。

(3) 规范化归责

规范视角的转向,表明刑事归责是规范归责。规范归责与意志归责相对,二者区分标准在于归责的根据不同,前者归责的根据是规范,后者归责的根据是自由意志。德国刑法学家穆勒以相当性理论为基础,开创了一个以客观的法律规范违反性为方向的归责学说。他的归责理论与相当性理论的本质区别不仅在于区分无价值的因果关系与规范的相当性理论,更重要在于以被损害的行为规范为依据来确定作为相当性基础的风险增高标准。[1] 该理论经由恩吉施、雅科布斯、罗克辛等人的不断完善而发展,规范归责理论试图在相当性理论基础上发展出规范标准,其目标是行为与结果之间的个别化的不法性关联,其功能

---

[1] 参见吴玉梅:《德国刑法中的客观归责研究》,中国人民公安大学出版社2007年版,第52页。

是在法律评价的意义上确立事件的归责基础。① 可见，规范归责首先是确立归责的根据即规范，因此，它是一种静态的归责。但是，如何运用规范标准来评价和衡量行为、结果是否为构成要件行为、构成要件结果，以及最终将结果归责于行为，显然是一个动态的而不是静态的过程，即规范化归责。为了达到规范归责，不仅形式上强调规范被违反，实质上也要强调规范的保护目的被违反。由此，规范归责创制规范保护目的、禁止风险、风险实现等重要概念和规则，以这些概念和规则为基础确立建构规范化归责原则。就环境犯罪而言，不仅要将环境风险行为规范化，确立规范归责的静态规范根据，还要将环境风险归责于环境风险行为的决策者，实现规范归责的动态化或规范化归责。概括起来，就是一方面通过法规范标示环境风险，另一方面以实施特定环境风险行为作为发动刑罚的条件。②

3. 规范化归责模式

（1）既有的规范化归责模式

德国刑法学家穆勒在创立规范归责理论时，发展出来一套规范化的思维方法，该规范化思维方法成为规范归责理论的基石。在其思想中，禁止风险是核心概念，与该概念相伴的是对风险增高标准的规范确定。具体来说，穆勒的规范化思维表现为："风险增高到禁止的程度←禁止风险的形成←允许风险的限度反证禁止风险的成立←结果规范的目的决定允许风险的评价标准←冲突利益的权衡决定结果规范的目的。"③ 由此可以看出，要说明风险增高在法律意义上的重要性，必须配合被损害的规范，这里的规范是结果规范，结果规范的内容是要求避免指向这个事件的行为，从而结果规范的目的决定了以禁止的风险增高为根据行为是否必须被阻止，由此，禁止风险成为关键的规范归责标准。因此，穆勒的规范化归责是以结果规范为依据，可以概括为"行为—禁止风险—结果"模式。德国刑法学家恩吉施以穆勒的思想为基础，发展了禁止风险实现于结果中的归责公式，该公式建立在两个互为补充的相当性判断基础之上：第一次相当性判断主张事前的观察视角，在构成要件的抽象化中看待结果，解决的是行为与规范违反之间的联系；第二次相当性判断以事后的观察为视角，提出了风险实现的主张，通过风险实现说明具体结果与规范违反之间的联系，进而说明行为与结果之间在违法性上发生联系；从第一次相当性判断到

---

① 参见吴玉梅：《德国刑法中的客观归责研究》，中国人民公安大学出版社 2007 年版，第 109~111 页。
② 参见陈晓明：《环境刑法论纲》，载《法治研究》2015 年第 2 期。
③ 吴玉梅：《德国刑法中的客观归责研究》，中国人民公安大学出版社 2007 年版，第 58~59 页。

第二次相当性判断存在视角转换,因为在恩吉施的思想中,结果是规范评价的核心。恩吉施的第一次相当性判断中的规范化的思维表现为:"忽视—客观上必需之谨慎/注意义务→风险增高→禁止风险→构成要件上规定的抽象结果→行为违法性。"① 可见,恩吉施是从行为规范出发,以对构成结果的客观上必须之谨慎或者客观上必须的注意义务来推导允许和禁止风险,这里的构成要件结果是抽象结果而非具体结果,从而将抽象的禁止风险独立出来,禁止风险由行为规范的违反来说明,对于具体的风险程度通过风险实现环节解决。因此,恩吉施的归责思路是以行为规范为依据,可以概括为"行为—禁止风险—实现风险—结果"模式。从规范化归责来看,这两种归责模式的思维判断过程、判断视角等方面是不同的。两种模式区别的根源在于对规范结构的把握不同,穆勒模式更多立足于整体化的结果规范,即不区分抽象结果与具体结果,而恩吉施模式则以精细化的结果规范为分析出发点,即区分抽象结果与具体结果。考虑到行为规范与裁判规范的刑法规范划分以及一般预防与特殊预防的刑法规范功能,宜采恩吉施规范化归责模式,即以行为规范为归责根据的归责模式。

（2）环境犯罪规范化归责模式

以行为规范为归责根据的规范化归责模式对于环境犯罪规范化归责模式的创建极具启发和借鉴意义:规范化归责是动态的,风险是规范评价的产物或者说将风险纳入规范之中。但环境犯罪具有特殊性,环境风险行为和决策引起的环境犯罪更为特殊,因此,环境犯罪规范化归责模式需要有所突破。虽然风险社会的责任探讨,指向的将是一种具有前瞻性、整体性的道德责任,而不是指向一种明确具体、可追溯的法律责任。但是,道德责任和法律责任并非泾渭分明。因此,风险社会当然要追究法律责任,只是风险责任归属更为复杂,特别是要直面"有组织的不负责任"的难题和困境。"有组织的不负责任"的概念或命题可以从几个方面进行理解:突出特征是责任的相互推诿与责任主体的难以界定,暗含制度伦理和环境伦理两方面的诘责,责任原则仍是解决当代社会可能面临的风险问题的最根本最切合的原则并有必要将之视为风险社会普遍的伦理原则。② 即风险出现以后,在这些风险的处理过程中相关主体总是利用各种制度安排逃避责任,这种情况实际反映了现代法律制度在控制风险上的制度性失效以及面临的困境。因应风险社会的风险刑法主张建立起一个"风险—规范—归责"的三者连接结构,即风险与法定行为相连接,经由法定行为确

---

① 吴玉梅:《德国刑法中的客观归责研究》,中国人民公安大学出版社2007年版,第61~62页。
② 参见钱亚梅:《风险社会的责任分配初探》,复旦大学出版社2014年版,第27~30页。

认风险存在，风险在行为意义下与归责产生直接联系进而决定责任的归属。①应当说，该归责模式超越了传统刑法的归责范畴，重塑了归责原则，是体现风险刑法特质的新的归责原则，符合风险社会的归责现实需要。行为是刑法学的逻辑起点，这一点在穆勒和恩吉施的归责模式中均有显示。就此而言，从表面看，该归责模式似乎形式上缺少了行为或行为这个环节，但实质上，该模式并不缺少行为，也无须另加行为这个环节。因为这里的风险本身是风险行为引起的，风险与风险行为同在，因此，本书完全赞同并维持"风险—规范—归责"的归责模式。该模式无论正方向还是反方向都是成立的。从正方向看，风险是行为风险，即行为是具有风险属性的行为，是事实层面；风险是连接事实和规范的环节，是风险行为决策的风险而不是风险本身；规范使风险规范化，划定规制风险的界限。从反方向看，归责的基础或前提是规范的确立，规范是容许风险或禁止风险的要求，风险是行为决策所引起的。从而，该规范化归责模式的关键点是风险，风险成为行为和规范的连接点，从行为到风险是行为的风险化，从风险到规范是风险的规范化。具体到环境犯罪，其规范化归责模式相应演化为：环境风险—环境刑法规范—环境刑事归责。对于行为风险化，即环境决策行为的风险化，是指环境决策者制造了环境风险。因为风险源于人的决策，一个人必须对自己的风险决策及其不确定后果负起责任。这意味着，可罚性基础是对风险的决定而非风险本身。对于风险规范化，即环境风险的规范化，是指环境风险刑法划定环境风险规制的界限，环境风险容许与否在于环境刑法规范的要求。从而，环境风险前连环境决策行为，后接环境刑法规范，当行为人一经实施特定环境风险行为便可确认环境风险的存在，进而因违反环境刑法规范即与刑事归责产生直接联系，最终将责任归属于环境风险行为决策者，由其为环境风险决策的后果承担责任。

(二) 规范化归责原则之适用

1. 适用条件

(1) 前提条件

规范化归责原则是风险刑法特有的归责原则，从而区别于传统刑法以因果关系、罪责为基础的归责原则。因此，要适用规范化归责原则进行归责，必须要准确、合理把握其适用的前提条件：

第一，要求肯定社会转型，即从工业社会到风险社会的转型，肯定风险社会的到来。风险社会是对当今人类所处时代特征的描绘，在当今时代，人类从

---

① 参见陈晓明：《风险社会之刑法应对》，载《法学研究》2009年第6期。

事与科技相关的活动所产生的人为风险超过自然风险成为影响人类生活乃至生存与发展的主要因素，即风险与不确定性成为当今人类所处时代的主题和特征，而且在风险结构上，人为风险成为风险的根本性来源。由此，世界风险社会已经形成，东西方风险社会的本质一致，区别仅在于其生产逻辑的差异。

第二，要求肯定风险刑法，即应对风险社会之风险挑战，传统刑法不仅要积极回应并作出相应调适，更重要的是形成与风险社会相适应的与传统刑法并存的风险刑法。风险刑法是某种特定种类的刑法规范的总称，其以风险为核心，以风险犯为中心，关注风险行为，以安全保障为价值取向，以风险防范为目的，以行为无价值为基本立场，有其独特的任务、功能、范式和归责原则。

（2）范围条件

规范化归责原则并不能适用于所用的犯罪，尤其是传统的犯罪。规范化归责原则是风险刑法的特有归责原则，其主要适用于环境犯罪这一特定领域，而且也并非适用于所有环境犯罪，即环境犯罪的规范化归责适用范围是有限的。如前所述，环境犯罪的犯罪类型包括环境结果犯、环境危险犯和环境风险犯三类，由于环境结果犯和环境危险犯都要求危害结果包括法益侵害和侵害危险的存在，没有结果发生难以归责，而规范化归责原则是经由法定行为确认风险的存在，使风险与归责产生直接联系，不需要危害结果直接进行归责，因此，规范化归责原则只适用于环境风险犯，即只有行为人的犯罪行为属于环境犯罪中的风险犯时，才可能适用规范化归责原则。

2. 适用规则

（1）以风险规范为归责基础。规范化归责原则的适用规则或标准之一是确立风险规范，因此，规范化归责应以风险规范为归责基础。当然，这里的风险不是风险本身，而是风险行为的风险，因此，所谓的风险规范，实际就是将风险行为规范化的规范，进而实现风险规范化。通过规范，划定风险规制的刑法界限，风险容许与否取决于规范的要求。如果行为人的风险行为违反刑法规范的要求，就要对该风险行为进行归责。具体到环境犯罪，就是将环境风险行为规范化，确立环境风险行为的刑法规范。通过设立环境风险刑法规范，不仅可以界定不法内涵，提供可罚性界限，还可以明确行为人的责任。一般认为，环境犯罪是典型的法定犯，因此，环境风险犯罪行为与环境行政管理法规关系密切，即环境风险行为违法与否以及违法程度都与行政规范有关。根据环境刑法与环境行政法的关联程度，环境风险犯罪行为的规范设立方式可分为从属型规范和独立型规范。前者是指环境风险犯罪行为的成立以违反环境行政管理法规为前提，当然，这里的从属又有完全从属和部分从属之分，所谓完全从属，是指只要实施违反环境行政管理法规的行为，即单纯具有环境行政违法性的行为,就成立环境风险犯罪,此时的刑事违法性与行政违法性完全重合;所谓部分从属,是指构成环境风险犯罪不仅要违反环境行政管理法规,还要具有刑法上的特殊要求如对环境法益造成侵害或侵害危险,此时不仅要具有环境行政违法性还要具有环境刑事违法性,而且二者不重合。显然,从属型规范表明这些违反环境行政法规的行为会对环境产生风险。后者是指成立环境风险犯罪行为不以违反环境行政管理法规为前提,即环境行政法没有禁止或者没有违反环境行政法的禁止规定,只要实施特定的性质严重的行为就构成环境犯罪,因为这些行为蕴含着巨大环境风险。完全从属规范、部分从属规范以及独立规范不仅反映了环境刑法与环境行政法的关联程度不同,也反映了环境风险犯罪行为的不同严重程度,两法的关联程度与行为的严重程度呈反比。就我国现行的环境刑法规范来看,主要采用部分从属设立模式,反映了环境犯罪行为的行政依附性。虽然环境刑法与环境行政法密切,但二者毕竟有所不同,因此,环境刑法既要重视对环境行政法的保障,又不完全为其所束缚。在设立环境风险犯罪规范时,在维持部分从属模式的基础上,适当增设完全从属和独立型的立法模式,从而将各种环境犯罪行为都纳入刑法的控制范围,形成严密的法网。①

(2)以风险行为为归责对象。风险规范之确立主要是通过一定的立法技术将风险规范化,其实质是风险行为的规范。那么,哪些风险行为应当被规范呢?这涉及规范化归责原则适用的另一个规则或标准,即类型化风险行为,因此,规范化归责应以风险行为为归责对象。环境风险行为要被类型化为犯罪,应遵循典型性原则,② 设定典型行为。鉴于风险行为入罪化一方面有利于保护安全法益或维护秩序,另一方面会干涉自由或损害权利,因此,犯罪建构应当有所节制,只应将那些经社会生活经验检验形成社会共识的具有高度危险或实害可能的行为即典型环境风险行为纳入刑法的规制范围。根据在于,这些行为会给环境刑法保护的环境法益创设或制造或增高风险、可能造成严重的或者不可弥补的危险或实害后果。现阶段,污染环境行为、环境破坏行为可以被当作典型环境风险行为。

具体来说,典型行为的设定,主要应考虑可能的损害类型,即会对何种受保护的法益造成损害,损害发生的可能性大小以及损害的程度等。风险是指难以预测的后果会发生或难以预测的后果的发生可能性,当然,大多情况下并非现实的实害或危险,从而不确定性是风险最大特点。考察环境风险时,从概率

---

① 参见张旭、高玥:《环境犯罪行为比较研究:以刑事立法为视角》,载《吉林大学社会科学学报》2010年第1期。
② 参见陈晓明:《环境刑法论纲》,载《法治研究》2015年第2期。

第五章 环境犯罪归责原则再塑

论角度对其进行评价的优点在于，可以脱离在安全与危险中二者择一的思维；采用环境风险这一形式，不论何种条件、怎样程度的概率、怎样程度的损害发生，都可能进行讨论；即除了环境风险为零情形外，不允许视为安全而停止思考。① 关于损害的法益的内容，环境污染和环境破坏等环境风险行为会对刑法所保护的环境法益造成损害。因为随着人类认知能力地不断提高，人们对于环境所持的环境观包括认识论和价值论两方面在不断深化，人类并非能够控制自然，环境是一个系统，人只是这个系统的一种要素、一个环节而已；人类也并非世界的中心，并非价值尺度，环境具有自身价值。从而，具有独立性和先在性的环境具有自身的利益，环境法益包括人类利益但不限于人类利益，除了人类利益，环境法益还包括非人类利益，以及环境管理秩序法益。环境是人类的生活和栖息场所，保护环境可以为人类利益提供共同基础，应通过保护环境利益来保护人类自身而不是相反。由此，环境法益是一种重要的重大的法益。关于对法益损害的可能性大小，由于环境风险具有不确定性，无论是损失还是收益都不确定，从而使其对环境法益的可能损害难以预测，进而使法益损害可能性大小一般求助于概率性表达，包括风险发生概率明确的不确定和风险概率发生不明确的不确定。由于环境法益极其重要，任何单一的局部的危害环境行为对环境整体系统都具有损害可能性，因此，应根据损害可能性大小区分风险、危险和实害，并以此连接不同的法律效果，换言之，根据损害可能性大小，采取不同的措施：当存在使被保护法益遭受损害的风险时，法律要求在一定情况或条件下采取风险预防措施，尽可能降低风险可能产生的损害程度；当存在使被保护法益遭受损害的危险和实害时，法律要求采取有效的危险或实害防范措施防止其发生。关于对法益损害的程度，基于环境是一个整体、是一个系统，而且环境系统自身的自净和恢复能力有限，因此，任何单一的、局部的环境污染或破坏行为，最终都会对整个环境生态系统造成危害，而且，对环境系统整体的危害一旦接近甚至超过环境承载限度，整个环境系统的平衡就会遭受破坏，进而发生不可逆转的变化，生活在其中的人类必然受到影响，不仅人类的现实利益受到损害，而且人类的未来的生存和发展都难以为继。因此，环境污染行为和环境破坏行为对环境法益的损害极具深度和广度。总之，根据对刑法所保护的环境法益产生损害的可能性大小和损害程度，判断环境危害行为是否典型，对于属于典型行为的，纳入刑法规制范围，除此之外，交由民事、行政处理即可。

---

① 参见［日］黑川哲志：《环境行政的法理与方法》，肖军译，中国法制出版社2008年版，第74~75页。

(3) 归责判定因素的综合考量。在明确风险规范和风险行为的基础上，还要综合考虑各种因素，以最终判定责任的归属。适用规范化归责时，可能至少要考虑这样一些要素，比如决策的空间和过程、可能的得与失、可能的危害形式、风险的概率和规模等。决策的过程与空间是决策的组成部分，严格地讲，可能的得与失、可能的危害形式、风险概率、规模等都可以纳入决策之中，因此，决策因素是归责判断诸因素的核心或重中之重。

由于风险行为的风险是风险决定或风险决策所带来的风险，由此形成风险行为的判断标准即风险决定或风险决策。因为规范化归责所规范的风险不是风险本身而是风险行为之风险，因此，要对风险进行归责，必须确定风险行为；由于风险行为涉及行为人的决定才称为风险，因此，要对风险行为进行归责，必须确定行为人的风险决定；由于行为人的风险决定涉及行为人的决定能力即行为人是否有能力为风险决定，因此，行为人的决定能力又成为归责的前提。从而，风险归责的唯一理由是风险决定，具有风险决定能力的行为人作出特定行为，即应对风险的发生负责。由此，规范化归责原则中的风险之判断就转换为风险决定之判断。这样的推论包括几个要素：行为人即风险主体、行为过程即风险决策以及行为后果即制造风险。就行为人而言，强调行为人具有风险决定的能力，为风险认知或风险意识主体，包括自然人、单位和国家。风险社会下的行为人不仅应具备一般的心理认知能力，还要具备风险认知能力。因为，虽然风险社会之风险具有不确定性，但存在发生征兆和预警可能。行为人可以并应当依据自身经验和现代科技，对风险进行审慎地评估和预测，探寻可能的危险源。对于环境风险，宁信其有，不信其无。就行为过程而言，由于行为本身是决策的产物，风险社会下行为人的决策不仅应具有不精确的推理、经济方式倾向、有限理性下作出等一般决策特点，还要具备有效控制风险、分配风险的特殊决策特点。因为防范风险是风险社会下风险刑法之目的。理想的决策是，决策者针对具体事项，掌握所有相关信息，每一环节都有坚实的事理基础作证，使得任何外力干预都很容易看出其是否有悖事理。然而，这种情况在现实中往往不存在，造成决策于未知之中的困境，使得决策基础、决策流程、决策主体以及决策说理等受到挑战。[①] 这在风险社会中更是如此，更为明显。如前文所述，科技具有局限性、人的认知具有局限性，环境犯罪富有浓厚的科技的复杂性、经济的相关性以及决策的风险性等特征，所有这些都导致环境决策过程中，决策考量点存在各种不确定的因素。因此，对于任何一种环境活动，无论是一般的环境资源的开发利用行为还是环境污染或环境破坏行为，决策者

---

① 参见叶俊荣：《环境行政的正当法律程序》，叶俊荣自版2001年版，前言第3页。

都应谨慎决策。

关于决策的过程，可通过考察行为人是否遵守有关的必要程序进行归责判定。如果决策者遵守了必要程序，即使产生危害后果，亦不能让其承担责任；如果决策者没有遵循必要程序，在高扬依法治国、用法治思维和法治方式破解改革难题的今天，如果一些地方党政领导或企业负责人仍然拍大腿就上马一个项目，是滥用权力、是严重恣意，显属没有遵循必要程序，应当归责。关于决策的空间，可通过考察行为人是否采取适当的选择方法进行归责判定。通常，环境决策者在作出决策时，会有多种不同的可能性选择。如果决策者在有一定的选择空间的情况下，能选择恰当的选项而选择不恰当的选项就要对其归责；如果别无选择，则不能让其负责任。关于可能的得与失，主要考察行为人是否进行具有社会相当性的损益衡量。环境风险具有不确定性，不仅会带来机会和利益，而且也会造成实害或危险。经济发展和社会进步需要开发利用环境，而开发利用环境的同时不可避免地对环境造成污染和破坏，此时需要对环境污染和破坏行为带来的损益进行比较，从而审慎评估可能开发的规模和程度，并以此最终决定实际开发的规模和程度。如果决策者不计得失，盲目决策，就应对其归责。关于可能的危害形式，主要考察行为人是否尽到其应尽的注意义务。因为环境风险具有不确定性和难以预测性，意味着环境风险本身具有动态性，未来存在无穷变化，对此，可以不预设特定的危害后果如危险、实害以及加重实害发生，但有可能发生特定的危害后果或者说存在潜在的、隐蔽的危害后果，决策者不能以科学的局限性为由漠视甚至无视这种潜在的、隐蔽的危害后果的存在可能。如滥伐林木会破坏生态环境系统整体、影响气候变化，进而导致人们的舒适感降低，会造成水土流失甚至发生泥石流，进而造成人身伤亡和财产损失等，如果决策者对这些可能的危害后果视而不见，未尽注意义务，就应对其归责。关于风险的概率，主要考察行为人是否通过合理判据评估。理想的或者客观的风险概率，强烈依赖统计数据，要求获得足够信息支撑。但实际中，人们一般难以获得足够信息作出客观估计，只能利用较少信息作出主观估计，但该主观估计并非臆想或者凭空捏造，而是根据可能收集到的现有信息以及已有一般生活经验或学术知识，通过数学、物理、化学等方法评估而得。如果依循这些合理判据审慎判断决策，即使作出的风险发生概率较高的决策，也难以对其归责；如果没有依循合理判据而决策，即使风险概率很低，如果无法排除损害可能，也可对其归责。

就行为后果而言，由于风险与风险行为同在，因而行为人的决策过程一经结束，风险行为即告成立，风险随之产生，即风险决定制造了风险。具体到环境犯罪，就是环境污染行为、环境破坏行为等环境风险行为给环境刑法保护的环境法益制造或创设或增高风险。

3. 案例评析

"两高"公布紫金矿业集团股份有限公司紫金山金铜矿重大环境污染事故案等4起污染环境犯罪典型案例,以惩治震慑环境污染犯罪,指引执法办案行为。这里以胡文标、丁月生投放危险物质案①为例进行分析。

(1) 基本案情。盐城市标新化工有限公司(以下简称"公司")系环保部门规定的"废水不外排"企业。被告人胡文标系公司法定代表人,被告人丁月生系公司生产负责人。2007年11月底至2009年2月16日,被告人明知公司生产废水含有苯、酚类有毒物质,仍大量排放至公司北侧的五支河内,任其流经蟒蛇河污染市区自来水厂取水口,致20多万居民饮用水停水近3天,直接经济损失543.21万元。一审判决、二审裁定认为:被告人胡文标、丁月生构成投放危险物质罪,判处胡文标有期徒刑10年,判处丁月生有期徒刑6年。

(2) 传统归责分析。传统刑法是以因果关系、罪责为基础进行归责的。本案中,公司的排污行为与水体污染、停水以及经济损失等结果之间的因果关系很明显、很直接,因此,因果归责不存在问题,成问题的是罪过归责。此案发生在《刑法修正案(八)》之前,被告人明知其排放的是含有有毒物质的废水,也明知会严重污染环境,而且排污过程中曾多次和当地群众发生争吵,多次被环保部门查处,这些行为表明行为人的主观心态是故意。根据主观归责,就会产生一系列问题。第一,但按照我国通说,重大环境污染事故罪的主观为过失,因此难以适用该环境犯罪罪名定罪处罚。第二,鉴于一方面锁定了行为人的主观故意心态,另一方面又受限于重大环境污染事故罪的主观过失要求,司法机关只能另辟蹊径,并最终将其作为危害公共安全的犯罪,以投放危险物质罪定罪处罚。对此判决,理论研究多从罪责刑相适应的角度进行论证。②"两高"显然不满足于此,不仅将该案作为运用想象竞合理论解决环境污染犯罪案件的典型案例,还将该案的经验吸收至司法解释③,并以案例印证司法解释。无论单纯以行为人的主观是故意不是过失而定投放危险物质罪,还是依想象竞合理论定投放危险物质罪,该案显然都是以故意进行归责,即在归责上遵

---

① 参见《胡文标、丁月生投放危险物质案》,载中国法院网,http://www.chinacourt.org/article/detail/2013/06/id/1014577.shtml, 2013-06-18。

② 参见井江:《从重大环境污染事故罪到污染环境罪:一个新时代的到来?》,载《绿色视野》2012年第4期;刘洋:《污染环境罪司法适用争议问题研究》,载《中国环境管理干部学院学报》2013年第4期。

③ 参见《2013年环境污染刑案解释》第8条规定。《2016年环境污染刑案解释》保留该规定。

循罪过归责的理路。但此判决至少引发两个问题：其一，如果单单因为行为人具有主观故意而定投放危险物质罪，则表明行为人的行为不是污染环境的行为而只是投放危险物质的行为，也表明行为人的行为仅危害公共安全而没有侵犯环境法益。这样的结果是，行为人既没有污染环境的行为也没有侵害环境法益，环境犯罪的归责问题也就无从谈起了。但事实是，行为人的行为已然污染河流，对环境法益造成侵害。其二，如果是因为行为人的行为同时符合污染环境罪和投放危险物质罪而根据想象竞合理论以投放危险物质罪论处，则表明该两罪的主观都为故意，并且行为人的行为既侵犯环境法益，也侵犯公共安全法益。根据想象竞合理论，被同一行为触犯的数个法益无法被一个罪名囊括或完整评价。这里姑且不评论污染环境罪能否囊括公共安全法益和环境法益，只关注适用想象竞合理论会产生区分环境法益和公共安全法益的问题、存在同一行为侵犯客体不统一的问题并最终造成不是解决环境犯罪的归责问题。无论是法院的判决思路还是司法解释的逻辑，都表明：第一，该案在归责上，适用了传统的罪过归责原则；第二，适用罪过归责，要么存在不能适用刑法规定的重大环境污染事故罪的问题，要么存在适用其他罪名而导致客体不统一无法有效保护环境法益的问题。总之，以罪过归责分析本案，就会发现上述诸多问题。本案再次表明，传统的归责原则不能妥善解决环境犯罪的归责问题。

（3）规范化归责分析。规范化归责原则就是突破传统归责而建立的新的归责原则，该原则解决的是风险社会下的风险归责问题，在该归责原则下，因果关系、罪过与归责脱钩，经由法定行为直接归责。下面以规范化归责原则重新分析该案。

根据规范化归责原则进行归责，主要解决两大要素：风险规范和风险行为。风险行为是蕴含风险的行为，是事实意义上的典型风险行为；风险规范是风险行为的规范，使事实意义上的行为成为法定行为，进而使风险规范化。风险与法定行为同在，当行为人实施了法定行为，即确认风险的存在，从而直接进行归责。第一，从风险规范来看，不仅有环境行政法，还有环境刑法，二者均对污染环境行为进行规范。首先，环保行政管理法律法规对政府、企业、个人都规定有保护环境、预防环境侵害之一般义务，而且对废物排放规定了相应的标准，如废水能否排放以及排放量、排放方式等相关规定。本案中，被告人实施向河流大量排放公司生产的含有苯、酚类有毒物质的废水的行为，该行为违反环境行政管理法规的规定，因为当事公司系环保部门规定的"废水不外排"企业。其次，环境刑法作为保障法后盾法以刑罚方式进行禁止性规定，禁止行为人实施排放、倾倒或者处置有放射性的废物、含传染病病原体的废物、有毒物质或者其他有害物质，严重污染环境的行为。因此，在环保行政法规和环境刑法具有明确规定的情况下，作为废水不外排企业，公司不仅排放而且大量排放废水，不仅一时排放而且长期排放废水，表明公司敌视环境法益和环境法规范，公然蔑视环境保护法律法规，违法性十分明显。第二，从风险行为来看，向水体排污的行为属于具有相当性的典型性的风险行为。所谓风险行为，简单说就是具有对所保护的法益产生损害的可能性或可能发生的法益损害的行为。公司长期、大量地向市区河流排放废水，从损益衡量角度来看，该行为只能带来损害而不能带来利益，只会严重影响民众生活质量和环境质量；从生活经验检验看，即使现阶段，社会的普遍共识是，该行为系具有高度危险乃至实害的可能的重大风险行为，会造成严重的或不可弥补的后果。因此，公司在市区排放废水的行为不仅具有风险，而且导致危险乃至实害可能非常大，应纳入刑法调整范围。综上，作为废水不外排企业，当公司排放废水行为一经实施，就制造了法所不容许的风险，最终酿成城区水体污染、居民无法用水和巨大经济损失的严重后果，是行为所制造的法所不容许的风险的实现。根据风险刑法规范，可以不考虑因果和罪责，对公司的排放废水的风险行为直接归责。

其实，上述经由想象竞合犯理论进行主观归责的理路，可以延伸出与规范化归责原则有关的一个适用规则，即风险行为。因为，根据想象竞合理论，必须要求同一行为。在本案中，该同一行为就是被告人排放废水的行为，该行为显然是污染环境行为，而非投放危险物质行为。既然存在环境风险行为，就可以根据环境风险刑法规范，径行对其以污染环境罪进行归责。本案之所以最终定投放危险物质罪，是在罪过归责的前提下，由于该行为不仅侵犯环境法益，还侵犯公共安全法益，根据想象竞合理论按照从一重处的处断原则而得出。显然，根据传统归责原则归责，这里则需要区分客体或存在客体不统一的问题。如果按照规范化归责原则归责，就不存在该问题。

第六章 环境犯罪刑事责任方式及实现

研究环境犯罪,最终是要解决其刑事责任问题。环境刑法的目的和任务在于保护环境法益,前述环境犯罪概念的反思、构成要件的规范重构、风险犯的设立以及规范化归责原则的提倡,都是为了实现对环境法益的有效保护。但环境法益的刑法保护,必须最终通过必需的、及时的、合理的、有效的刑事制裁方能变为现实。作为具有特殊性的新型犯罪,必然要求与之相适应的刑事责任实现方式。但是,无论从立法还是从司法看,环境犯罪刑事责任实现方式都存在不完善之处。

第一节 环境犯罪刑事责任方式的完善

一、刑事责任原则的完善

环境犯罪刑事责任原则是指环境犯罪刑事责任在设置及适用时必须遵守的基本准则,它对于环境犯罪刑事责任的立法及司法具有根本性的指导意义。

(一) 现行原则

1. 不同观点

理论界对环境犯罪刑事责任的原则进行了研究,关于环境犯罪刑事责任应当包括哪些原则,学界至今尚未达成一致意见,主要存在以下几种比较典型的观点:有学者认为,环境犯罪刑事责任的原则包括:罪刑法定原则、罪刑相适应原则、罪责自负原则、及时性原则、有效性原则。[1] 也有学者认为,环境犯罪刑事责任的原则包括:标本兼治原则,多元处理原则,区别对待原则,与民事、行政措施相协调原则。[2] 有学者提出,确定环境犯罪刑事责任时除了应考

---

[1] 参见杨春洗、向泽选、刘生荣:《危害环境罪的理论与实务》,高等教育出版社1999年版,第276~289页。

[2] 参见付立忠:《环境刑法学》,中国方正出版社2001年版,第253~256页。

虑刑法所规定的基本原则外，还应坚持如下原则：刑罚节俭原则（轻刑化原则），财产刑与自由刑并用原则，刑罚与非刑罚方法并用原则。[①] 有学者主张，环境犯罪刑事责任的原则除了刑法所规定的基本原则外，还应包括以下原则：刑罚谦抑原则，财产刑、资格刑与自由刑并用原则，刑罚与非刑罚方法并用原则。[②] 有学者指出，环境犯罪刑事责任的原则除了刑法基本原则之外，还应当包括：预防为主原则，区别对待原则，刑罚轻缓原则，处罚多元原则。[③] 还有学者认为，环境犯罪刑事责任的原则必须区别于刑法基本原则，应当包括责任谦抑原则、责任前置原则和经济制裁原则。[④] 另外，赵秉志教授从比较的视角出发，认为，国外环境犯罪刑事责任原则有结果加重原则、严格责任原则、责任推定原则以及双重处罚原则；而我国环境犯罪刑事责任的原则包括结果归责原则、过错责任原则、责任推定原则和双重责任原则。[⑤]

2. 观点简评

上述各种观点都存在不同程度的问题，其中，观点 1 所提出的原则均是共性东西，对所有犯罪都适用，未能体现环境犯罪的个性；观点 2 所提出的标本兼治属于刑事政策内容，不宜作为环境犯罪刑事责任原则；观点 3 和观点 4 基本一致，主要是从刑事责任实现方式层面论述环境犯罪刑事责任的原则，未能体现环境犯罪刑事责任原则的位阶和本质，不宜作为环境犯罪刑事责任原则；观点 5 指出的刑罚轻缓原则表现为法定刑的轻缓，属于环境犯罪刑罚力度范畴，不宜作为环境犯罪刑事责任的原则；观点 6 中的责任谦抑原则与经济制裁原则存在重合部分；观点 7 中的严格责任原则、责任推定原则、结果归责原则、过错责任原则本身表明当属归责原则，与刑事责任原则不同。

环境犯罪较之其他犯罪，既有共性，也有个性。因此，环境犯罪既有与其他犯罪共同的刑事责任原则，也有与其他犯罪不同的特有原则。对于前者，环境犯罪刑事责任原则包括罪刑法定原则、罪刑均衡原则以及适用刑法人人平等原则。对于后者，必须强调突出这些原则区别于一般犯罪的刑事责任原则和刑法基本原则，为环境犯罪刑事责任所特有。如前所述，环境犯罪有着与其他犯罪显著不同的特质，表现在法益的独特性，即环境犯罪侵犯的是为普遍性法益的环境法益；环境犯罪不仅与科技相关，而且极具复杂性；环境犯罪与经济密

---

① 参见蒋兰香：《环境刑法》，中国林业出版社 2004 年版，第 78~82 页。
② 参见吴献萍：《环境犯罪与环境刑法》，知识产权出版社 2010 年版，第 68~75 页。
③ 参见刘斌斌、李清宇：《环境犯罪基本问题研究》，中国社会科学出版社 2012 年版，第 114~120 页。
④ 参见李希慧、董文辉、李冠煜：《环境犯罪研究》，知识产权出版社 2013 年版，第 128~134 页。
⑤ 参见赵秉志：《环境犯罪及其立法完善研究》，北京师范大学出版社 2011 年版，第 103~110 页。

切关联，具有经济的相关性；环境犯罪具有行政犯兼自然犯的双重属性；环境犯罪具有人为性，是由环境风险行为决策引起。此外，环境犯罪发生的领域不断地扩大、破坏的范围十分广泛、破坏的后果非常严重等特点。基于环境犯罪的特殊性以及既有原则的缺陷，必须完善环境犯罪刑事责任原则。

（二）原则之完善

环境犯罪刑事责任方式之完善，首先应遵循罪刑法定原则、罪刑均衡原则以及适用刑法人人平等原则等一般的刑事责任原则。以罪刑均衡原则观之。罪刑均衡原则要求对特定的犯罪设定特定的刑罚，对此，贝卡利亚在犯罪的分类一章中指出，"对于侵犯每个公民所获得的安全权利的行为，不能不根据法律处以某种最引人注目的刑罚"；在盗窃一章中指出，"对于不牵涉暴力的盗窃，应处以财产刑"，"如果盗窃活动中加进了暴力，那么刑罚也应该是身体刑和劳役的结合"；在耻辱一章中指出，"人身侮辱有损于人的名誉，也就是说，有损于一个公民有权从他人那里取得的那份正当的尊重。对于这种侮辱行为，应该处以耻辱刑"。① 因此，对于环境犯罪这一特殊犯罪应设置特定刑罚，但我国现行刑法并没有针对环境犯罪的特定刑罚。罪刑均衡原则还要求刑罚与犯罪相适应，但我国环境刑法存在罪刑不适应的情况：一是环境犯罪内部的罪刑不相适应，如污染环境罪与非法处置进口的固体废物罪和擅自进口固体废物罪的社会危害程度大致相当，因此三罪的法定刑幅度也应相当，但污染环境罪的最高法定刑只有7年有期徒刑，远低于其他两罪的最高法定刑；又如非法收购盗伐、滥伐的林木罪，其社会危害性显然轻于盗伐林木罪和滥伐林木罪，然而三罪的法定最高刑相同。二是环境犯罪与其他相关犯罪的罪刑不相适应，如非法占用农用地罪，耕地等农用地的重要性远高于其他财产，但其法定最高刑只有5年，低于故意毁坏财物罪和破坏生产经营罪的法定最高刑。因此，环境犯罪的法定刑之完善，必须贯彻罪刑均衡原则。另外，环境犯罪刑事责任方式之完善，还要突出下列特殊的刑事责任原则。

1. 预防性原则

预防性原则是指刑事责任的设置与适用强调事先预防，尽量采取措施防止环境损害的发生。预防性原则之贯彻在于强调责任的设计和适用要尊重和遵守生态平衡规律，避免和防止环境问题及环境犯罪的恶性循环。② 毕竟，环境犯罪是对环境的污染与破坏，对环境具有的负面影响广泛而深远。此外，由于生

---

① ［意］切萨雷·贝卡利亚：《论犯罪与刑罚》，黄风译，北京大学出版社2008年版，第23页、第52页、第54页。
② 参见陈晟、周珂：《论环境犯罪的刑事处罚》，载《东南学术》2009年第1期。

态环境既无自我意识也是无言者,是易受人类侵害的弱者,所以刑法规制应以预防为主。故而,刑法不仅要介入环境犯罪,而且要提前介入,以防患于未然。德国、日本、美国、英国等国都贯彻了预防性原则,表现在处罚危险犯,尤其是环境抽象危险犯。反观我国,环境刑法并没有危险犯的规定。其实,即使有危险犯,也仍不能满足风险社会下预防目的取向要求,因为应对风险社会的风险刑法要介入比危险犯更遥远的地方。前述环境法益的独立、风险犯行为样态的创设、规范化归责等措施,都是贯彻预防原则的体现,可以达此要求。以环境犯罪规范化归责为例,就是通过行为风险化即环境决策行为的风险化,进而将风险规范化即环境风险的规范化,达到预防之目的。因为刑法规范首先是针对一般社会受众的,环境风险的规范化告知一般社会受众,允许与禁止环境风险的界限,引导行为人做什么与不做什么,从而实现更好保护环境法益之目的,这正是一般预防之需要。

2. 恢复性原则

恢复性原则是指在环境犯罪刑事责任的设置与适用不只是要惩罚犯罪人、惩治犯罪,也要使被污染或被破坏的环境得以补偿、恢复,实现人类生存环境更加和谐美好的环境保护最终目的。可以说,以往既缺乏恢复性理念,也缺乏恢复性措施,导致惩治了行为人,环境却没有得到恢复的尴尬局面。恢复性司法可以满足这一需要。恢复性司法既是一种全新的司法理念,也是一种全新的司法模式,其核心是恢复,所要达到的最终目标是通过修复损害,使被害人恢复正常生活、加害人回归社会、社会得以恢复和谐与安宁、平等的社会关系得以重建。① 恢复性司法可以平衡加害方与被害方的利益,既帮助被害方恢复被犯罪行为侵害的利益,也有利于帮助加害方复归社会。运用到环境犯罪,就是在对环境犯罪分子进行惩罚的同时,"选择一些能够有效防止犯罪行为继续发生、使被犯罪人破坏了的环境能够得以恢复原貌、使被毁损的自然资源得以重新生成的手段和措施"。② 欧盟理事会《通过刑法保护环境的公约》体现了恢复性原则,值得借鉴。至于如何恢复环境,有不同的规定和做法。我国香港特区的《废物处理条例》《水污染管制条例》规定被定罪者要承担处理、修补责任,③ 实践中可以运用除去污染物、拆除排污设备、恢复被占用的土地用途、补种树木、承担恢复费用等一系列措施。有学者建议,将所有为恢复被环境犯

---

① 参见陈晓明:《刑事和解原论》,法律出版社 2011 年版,第 18 页。
② 蒋兰香:《环境犯罪基本理论研究》,知识产权出版社 2008 年版,第 297 页。
③ 参见卢永鸿:《中国内地与香港环境犯罪的比较研究》,中国人民公安大学出版社 2005 年版,第 267 页。

罪所破坏的环境所采取的补救措施称为"责令补救"。① 通过行为人采取拆除排污设备、承担恢复费用等一系列措施，以补偿、恢复被污染和被破坏的环境，从而真正保护环境。

3. 严厉性原则

严厉性原则是指在环境犯罪刑事责任的设置与适用时要加大处罚力度，增强刑事责任的严厉性，以加强对环境法益的刑事保护力度。随着人类认知能力的提高，人们对于环境及其价值的认识不断深化，环境是一个系统整体，不仅先于人类存在，而且具有自身价值，人只是其中的一环。这反映在环境刑法中，特别是在风险社会下，就是不仅认识到环境犯罪的本质是对环境生态系统的整体性的侵害，应以环境法益为刑法保护法益，而且加强对环境法益的刑法有效保护：以风险为基础，以环境安全为价值追求，以环境风险防范为目的，在环境结果犯的基础上，增加环境危险犯，创设环境风险犯，并运用规范化归责原则对环境犯罪进行归责等。基于环境法益的重要程度以及受侵犯危险程度，对侵犯环境法益的环境犯罪处以严厉的惩罚，是必要的、必需的。但是，中外环境犯罪的刑事责任整体体现出轻缓特征，不仅立法规定的刑事责任轻缓，而且司法适用更为宽松。就前者而言，除个别国家对环境犯罪规定了死刑和无期徒刑外，绝大多数国家没有死刑和无期徒刑的规定，以自由刑和罚金刑为主。各国均扩大罚金刑的适用，几乎每种环境犯罪都设置了罚金，只不过，国外环境立法规定罚金刑大多可以单独适用，我国单独适用罚金的规定较少，我国规定无限额罚金制，国外则主要规定限额罚金制和日罚金制。就后者而言，根据后文收集的40起案例的责任追究情况来看，39起案件被判处有期徒刑，32起案件被判处罚金，12起案件被宣告缓刑。可见，相对于传统的刑事犯罪，中外环境犯罪的刑事责任都较为轻缓，根本原因在于对环境存在认识论和价值论的误区，现实原因是环境犯罪系伴随经济发展而出现的犯罪现象，在污染和破坏环境的同时，促进了经济发展。显然，环境犯罪轻缓的刑事责任立法规定容易导致对环境犯罪的放纵以及认为环境犯罪社会危害性不大甚至不是犯罪的错误认识。因此，环境刑法必须根据罪刑相适应原则，科学设计刑事责任方式及其幅度，以加大对环境犯罪的处罚力度。受全球环境形势日益严峻的影响，西方国家如美国、日本，从20世纪80年代开始，加大了环境犯罪的惩治力度，前者将部分环境犯罪从轻罪划入重罪之列，还成立专门环境犯罪追诉机构，后者提高部分环境犯罪的刑罚力度；我国则从1997年开始，特别是2011年《刑法修正案（八）》，既拓展了刑法介入环境保护的范围，也使刑法

---

① 参见李希慧、董文辉、李冠煜：《环境犯罪研究》，知识产权出版社2013年版，第154页。

介入环境保护的时间提前,从而加大环境的刑法保护力度。但是,环境犯罪形势依然严峻,必须进一步增强环境犯罪的刑事责任量,以严厉的刑事责任惩罚和预防环境犯罪,切实有效保护环境。当然,在增强责任严厉性时,不是无限的严厉而要有所节制,严厉的度应以罪刑相适应原则为限。比如,为增强对污染环境犯罪的惩治力度,应提高污染环境罪的法定刑,可以提高至与其社会危害性程度相当的非法处置进口的固体废物罪和擅自进口固体废物罪相同的法定最高刑,通过环境犯罪内部的罪刑相适应来实现严厉性原则。又如,为保护远比一般财产重要的耕地资源,应提高非法占用农用地罪的法定刑,可以提高至与其近似的故意毁坏财物罪和破坏生产经营罪相同的法定最高刑,通过环境犯罪外部的罪刑相适应来体现严厉性原则。

4. 综合性原则

综合性原则是指为了解决环境问题、保护环境,在环境犯罪刑事责任的设置与适用中不能采用单一的而应采用综合的方法和措施。因为,一方面环境法具有综合性,涉及面广、牵动利益复杂、调整手段多样;另一方面,环境中任何因素、任何系统、任何层次的改变都可能引起环境变化。因此,保护环境法益的环境刑法作为环境法的后盾法,作为环境保护的最后一道防线,也必须采取综合的方法。综合性原则具体可从国家与地方相结合、程序与实体相结合、刑法与非刑法相结合、刑罚与非刑罚相结合等四个方面展开。

(1) 国家与地方相结合原则。国家与地方相结合,既包括立法层面,也包括司法层面。由于我国幅员辽阔,各地区、各民族经济、社会、文化发展不均衡的国情决定,无论是立法还是司法都既注重统一性、原则性,又注重分权性、灵活性。就立法而言,我国的立法体制是中央统一领导、一定程度分权、多级并存、多类结合的立法权限划分体制。因而在环境法体系中,包括大量的地方性法规、规章。在环境标准中,除全国性标准外,还存在地方标准,并规定在这些标准实施中,地方标准应优先于国家标准。① 具体到环境刑事责任立法,主要是发挥民族自治地方刑事立法的能动性,在部分环境管理的标准和非刑罚措施上赋予民族自治地方立法机关的刑事立法权,民族自治地方立法机关根据国家刑事立法对罪名、罪状、刑罚的明确规定,地方情况和发展需要,依法定的权限和程序,对环境犯罪构成标准和部分非刑法措施作出规定,从而制定本民族自治地方的环境刑事标准。民族自治地方立法机关行使刑事立法权具有宪法依据和刑法依据,我国《刑法》第 90 条授权民族自治地方制定刑法适用的变通或补充规定。民族自治地方行使刑法变通或补充规定权,应遵循以下

---

① 参见朴光洙:《环境法与环境执法》,中国环境科学出版社 2002 年版,第 20 页。

几点要求：一是限于民族自治地方，非民族自治地方不可以行使地方刑事立法权；二是限于民族自治地方的省级权力机关，即由自治区或民族自治地方所在省的人民代表大会行使；三是限于部分刑法适用的变通或补充，主要是与少数民族特殊的风俗习惯、宗教文化传统相关的部分，而不是完全排斥全部刑法的适用；四是要根据当地民族的政治、经济、文化的特点和本法规定的基本原则制定，即不得脱离民族自治地方实际，不得与刑法基本原则冲突；五是制定变通或者补充的规定，要报请全国人民代表大会常务委员会批准后才能施行。就司法来说，在维护司法统一的原则和前提下，充分发挥各级尤其是地方司法机关的能动性，创造性地适用刑法。这方面，最早的典型案例是1992年的张华林、张华刚盗伐林木一案，基层法院判决被告植造赔偿林5亩（1000株），抚育3年，成活率应达90%以上。① 除了张华林、张华刚盗伐林木一案，较早的典型案例还有王双英滥伐林木案，2002年湖南省临武县法院判处被告植树3024株，成活率95%以上。② 晚近的案例如2013年6月18日最高人民法院、最高人民检察院公布的紫金矿业集团股份有限公司紫金山金铜矿重大环境污染事故案，云南澄江锦业工贸有限责任公司重大环境污染事故案，重庆云光化工有限公司等污染环境案，胡文标、丁月生投放危险物质案4起环境污染犯罪典型案例。③ 法院在这4起案件中，存在诸多创新之处，主要表现为犯罪客体方面高扬环境法益、罪过形式方面明确犯罪故意、犯罪形态方面运用想象竞合理论，鲜明地表明了司法机关运用刑事司法强化保护环境的立场。④

（2）程序与实体相结合原则。这里的程序与实体相结合也有两层意思，一是行政实体程序与刑事实体程序的结合；二是刑事实体与刑事程序的结合。对于前者而言，由于环境犯罪具有行政犯属性，从而对行政法律法规具有依赖性。由于两者的规制对象具有竞合性，差异只在于危害程度不同，从而导致二者难以区分，且环境行政处理程序没有刑事程序严格，因此，当行政措施失效时，如何启动刑事程序，现行法律并无明确规定，现实中成为有法不依之漏洞。显然，程序实体程序上两者配合协作应该能够有效追究环境违法犯罪行为的刑事责任。对于后者，追究环境犯罪的刑事责任，显然既离不开环境刑事实

---

① 参见祝铭山：《破坏环境资源保护罪》，中国法制出版社2004年版，第11页。
② 参见郭建安、张桂荣：《环境犯罪与环境刑法》，群众出版社2006年版，第454页。
③ 参见《最高法院公布四起环境污染犯罪典型案例》，载中国法院网，http：//www.chinacourt.org/article/detail/2013/06/id/1014579.shtml，2013-06-18。
④ 参见张继钢：《污染环境的刑事司法保护研究——以最高人民法院污染环境犯罪典型案例为中心》，载《生态文明法制建设——2014年全国环境资源法学研讨会（年会）论文集》（第三册），2014年版，第1023~1026页。

体法，也离不开环境刑事程序法。诚如在环境犯罪反思中所言，虽然环境犯罪极具特殊性，尤其是具有较强的技术复杂性，但环境犯罪的追究仅适用一般的刑事诉讼程序，缺少与环境犯罪相适宜的单独的环境刑事诉讼程序，自然就无所谓程序与实体的结合问题。然而，单靠环境刑事实体法去追诉环境犯罪难以达到保护环境目的。因此，必须实行程序与实体的结合原则。环境犯罪刑事实体法与刑事程序法的结合，不仅理论上体现出体系性和协调性，实践中也可以避免由于实体法的专业性而导致程序法需求的特殊性。① 这方面有成功立法例，如日本的《公害罪法》、澳大利亚新南威尔士州的《环境犯罪与惩治法》都是融实体法、程序法于一体的独立的单行环境刑法。后者第三章专门规定了环境犯罪的诉讼程序，包括环境犯罪一般首先向土地和环境法院提起诉讼，并根据罪刑轻重可先适用简易程序，被告在法律规定的有些情况下负有合法许可的举证责任等内容。②

（3）刑事责任与民事责任、行政责任相结合原则。刑法中规定的刑罚与非刑罚处罚方法都属于刑事责任实现方式。那么，环境犯罪承担了刑事责任后，是否还要承担民事责任、行政责任？这首先涉及法律责任本身与法律责任实现方式的区分问题。法律责任实现方式与法律责任本身是不同的，法律责任实现方式是责任运行、实然，而法律责任是本体、应然，应予明确区分。但是，这并不意味三种责任不能同时存在。环境犯罪应负担刑事责任，不言自明。至于环境犯罪还应承担民事责任，既有法律依据，又有实践印证。《刑法》第36条不仅规定了"双罚"，即对于因犯罪行为而使被害人遭受经济损失的，犯罪分子不仅要承担刑事处罚，还要承担经济损失；而且规定了民事责任优先原则，即犯罪分子在被既判处赔偿经济损失，又同时被判处罚金而财产不足以全部支付或者被判处没收财产时，应当先承担民事责任。此外，《刑事诉讼法》第七章专门规定了民事赔偿的程序。司法实践中，环境犯罪的被害人以其遭受物质损失为由提起附带民事诉讼，法院则判决环境犯罪被告人赔偿。至于环境犯罪也应承担行政责任，虽然不像承担民事责任那样，有明确的法律依据，但也并不是没有任何依据。第一，环境犯罪是法定犯、行政犯。这表明，环境犯罪既触犯了刑法，也触犯了行政法；既具有刑事违法性又具有行政违法性。进而决定了环境犯罪既要承担刑事责任也要承担行政责任，以及既要接受刑事处罚又要接受行政处罚。只不过，由于两种责任系针对同一行为根据不同标准作出，根据"罪刑相适应""错罚相当"原则，同质的处罚可以吸

---

① 参见傅学良：《刑事一体化视野中的环境刑法研究》，中国政法大学出版社2015年版，第78页。
② 参见徐平：《环境刑法研究》，中国法制出版社2007年版，第193页。

收或折抵，不同质的处罚则可以合并适用。根据行政处罚法规定，[①] 法院判处刑罚时，对于行政机关作出的人身罚和财产罚，可进行折抵。第二，刑法规定的刑事处罚与行政法规定的行政处罚具有一致性。对于绝大部分环境犯罪，刑法规定的刑罚种类是自由刑和财产刑，而且是短期的自由刑和大量的罚金，与环境行政法中规定的财产罚和人身罚相比，无论在处罚形式还是在处罚力度方面都能够衔接。第三，刑法的相关规定。根据《刑法》第201条第4款、第212条规定，刑法承认对税收征管犯罪不仅要追究刑事责任还要追究行政责任。此外，根据《刑法》第37条规定，行政处分或行政处罚是先由法院作出决定，最终由罪犯的主管部门或相应的行政机关具体落实。显然，这里的行政处分或行政处罚既非纯粹的刑事责任方式，也并非纯粹的行政处分或行政处罚，而是兼具二者性质。这也间接证明对同一犯罪行为可以既追究刑事责任又追究行政责任。第四，行政法中相关规定。行政法中也有大量同时追究行政责任和刑事责任的规定，如《食品卫生法》第39条规定，生产经营不符合卫生标准食品构成犯罪的，不仅移送追究刑责，还可以同时吊销卫生许可证；《医疗事故处理条例》第55条规定，对医疗事故负有责任的医疗人员追究刑事责任后，还可以暂停其执业活动或者吊销执业证书。第五，国外环境刑法的规定。主要是环境单行刑法规定有行政处罚的内容，表明行政责任与刑事责任不可分割。如澳大利亚新南威尔士州《环境犯罪与惩治法》中的惩治就包含有刑罚惩治和行政罚惩治，行政罚是较轻或轻微的惩罚和处罚，主要是罚款。[②] 从立法模式来看，能够融刑事责任、行政责任以及民事责任一体的环境刑法，当属单行环境刑法模式。

（4）刑罚与非刑罚相结合原则。针对环境犯罪，人类已经积累了多样的应对措施，包括刑罚和非刑罚方法。正如学者所言，随着社会的不断进步，犯罪的法律后果总是由单一化向多元化发展；刑事制裁概念不再等同于刑罚概念，成为历史发展的必然；非刑罚处罚方法也将由适用较少而发展为适用较多。[③] 刑罚能够提供强烈的威慑作用及满足社会正义感上占有优势，但其运行成本较高，而且仅适用刑罚使造成的环境损害得不到有效的补救。从中外环境犯罪的刑罚种类对比看，均重视发挥罚金刑的作用，均突出自由刑的适用，但由于自由刑仍是刑罚体系的中心；区别在于国外重视作为刑罚之外的另外一种刑事责任承担方式的非刑罚方法，我国还没有重视发挥非刑法方法在应当环境

---

① 参见《行政处罚法》第28条。
② 参见徐平：《环境刑法研究》，中国法制出版社2007年版，第191～192页。
③ 参见张明楷：《刑法学》（第4版），法律出版社2011年版，第560页。

犯罪中的作用。① 因此，非刑罚方法不仅使刑事制裁手段多样化，而且能减少刑罚之弊端，能有效发挥环境犯罪刑事责任的补偿、恢复环境、预防环境犯罪的功效。惩罚环境犯罪的最终目的是防止环境污染和环境破坏，使被污染的环境得以净化，使被破坏的环境得以恢复和再生，由此出发，应采用刑罚与非刑罚相结合的原则。二者的结合可以加大环境犯罪的犯罪成本，有效发挥刑罚和非刑罚方法的威慑预防效果。环境犯罪的主体大都是理性和善于算计的，遵守有关环境法律总是需要大量的资金投入，违反环境法律会带来巨大的经济利益，他们则更倾向于违反环境法律的规定。因此，从刑事政策角度来说，可通过加强刑事处罚措施来改善环境守法状况。② 比如，通过明确规定环境犯罪的罚金数额，使行为人所受的处罚与其对环境的损害程度相当，并超过其因此而获得的利益（而不是超过犯罪主体的财产数量），使其预见无利可图而降低犯罪可能性；通过在自由刑的基础上增设剥夺从事一定职业或营业的资格刑，促使行为人在犯罪行为所获得的利益和应受刑罚处罚及不得从事特定职业或营业所受到的损害之间进行利益衡量，可以使行为人产生心理压力，进而放弃犯罪达到特殊预防效果，同时也可以使其他从业者遵守法律规定达到一般预防效果。当然，这不排除在不适用刑罚仅采用非刑罚方法就能达到预防和控制环境犯罪目的时，只适用非刑法方法。

二、刑事责任方式的完善

（一）必要性

1. 环境犯罪特殊性之需求

如前所述，与传统犯罪相比，环境犯罪具有法益的独特性、科技的复杂性、经济的相关性、决策的风险性和属性的双重性等特征。除了这些特征，环境犯罪还有以下特殊性：一是犯罪原因的复杂性。环境犯罪首先与人们盲目追求经济利益密不可分；其次具有间接性，即通过作用于环境要素间接地作用于人类；最后具有科学上的难以认知性，对致害物质的认识及其危害程度的确立、检验很难依照一般经验规则加以判断。二是危害结果的跨时空性。环境犯罪的危害结果具有时间上的世代遗传特质和空间上的国际扩散效果，危害更为严重，甚至是万劫不复的伤害。三是加害方的强势地位。环境犯罪多为单位犯

---

① 参见赵秉志：《环境犯罪及其立法完善研究》，北京师范大学出版社2011年版，第120~121页。
② 参见［荷］迈克尔·福尔、［瑞士］冈特·海因：《欧盟为保护生态动刑——欧盟各国环境刑事执法报告》，徐平、张浩、何茂桥译，中央编译出版社2009年版，第50页。

罪,"真正典型的环境犯罪都是法人犯罪,尤其在情节较为严重的案件中"。①它们经常拥有技术优势和社会地位优势,在拥有从物质的基本构造到生产流通的全部结构的排他性的知识独占的企业面前,即使拥有强大搜查权的国家,也不好说是强者。② 环境犯罪的特殊性,要求有针对性的特殊处罚措施。比如,从环境法益的独立性和危害结果的跨时空性出发,应对环境犯罪适用多元的处理方式,因为环境犯罪的社会危害性大,单一的刑事责任方式不能承受之重;从环境法益的独立性和加害方的强势地位出发,应对环境犯罪适用如在一定时期内或者永久性剥夺犯罪分子特定的从业资格等具有针对性的处理方式,以打破加害方的强势地位。

2. 环境犯罪刑事责任目的之要求

通过对犯罪行为作有罪宣告,并施以刑事制裁,其重点在预防和恢复,而不是为了满足人们的社会正义感,即制裁是手段不是目的。③ 基于环境犯罪致命性的犯罪后果,国家对其科处刑罚时理应更加重视刑罚的一般预防作用,环境刑法的立法旨趣更应重视对规范的维护。④ 可见,对环境犯罪追究刑事责任,不是重惩罚,而是重预防和恢复。惩罚主要通过刑罚来实现,预防和恢复主要通过非刑罚方法来实现,因此,二者的结合可以有效发挥威慑与预防效果。从刑事政策角度来说,可通过加强刑事处罚措施来改善环境守法状况。⑤ 比如,通过在自由刑的基础上增设剥夺从事一定职业或营业的资格刑,促使行为人在犯罪行为所得利益和应受刑罚处罚及不得从事特定职业或营业所受到的损害之间进行利益衡量,可以使行为人产生心理压力,进而放弃犯罪达到特殊预防效果,同时也可使其他从业者遵守法律规定达到一般预防效果。

3. 环境犯罪现有责任方式之缺陷

一方面,我国环境刑法仅规定刑罚的责任承担方式,并且以自由刑和财产刑为主,这样的刑罚配置并非完美无缺。第一,环境法是相对较新的司法领域,人们对环境犯罪危害结果的意识较低,并不认为环境犯罪对环境产生了巨大的危害,出于环境犯罪意识淡薄,对环境犯罪的道德谴责并不十分强烈;⑥

---

① [荷]迈克尔·福尔、[瑞士]冈特·海因:《欧盟为保护生态动刑:欧盟各国环境刑事执法报告》,徐平、张浩、何茂桥译,中央编译出版社2009年版,第51页。
② 参见[日]藤木英雄:《公害犯罪》,丛选功等译,中国政法大学出版社1992年版,第53页。
③ 参见郑昆山:《环境刑法之基础理论》,五南图书出版公司1998年版,第142页。
④ 参见赵星:《环境犯罪论》,中国人民公安大学出版社2011年版,第68页。
⑤ 参见[荷]迈克尔·福尔、[瑞士]冈特·海因:《欧盟为保护生态动刑:欧盟各国环境刑事执法报告》,徐平、张浩、何茂桥译,中央编译出版社2009年版,第50页。
⑥ 参见[荷]迈克尔·福尔、[瑞士]冈特·海因:《欧盟为保护生态动刑:欧盟各国环境刑事执法报告》,徐平、张浩、何茂桥译,中央编译出版社2009年版,第53页。

对环境犯罪动用死刑有失公正,而且有明显的刑罚过剩与刑罚不经济;[①] 同时,严格限制死刑乃至废除死刑已成为世界潮流。因此,可以取消环境犯罪中的死刑配置。《刑法修正案(八)》取消盗掘古文化遗址、古墓葬罪的死刑规定,就是例证。第二,所有环境犯罪都规定了自由刑,对于自然人基本可以实现罪责刑相适应,能够发挥刑罚的威慑作用;但对于单位犯罪,监禁刑显然不能发挥这样的作用;同时,即使对于自然人,自由刑既不能预防环境犯罪行为继续发生,也不能减轻、恢复已经被破坏的环境,且执行成本较高。因此,自由刑并不是一种理想的责任方式。第三,由于环境犯罪一般是发生在经济领域内的犯罪,很多都是在谋取高额的经济利益驱动下所进行,因此,对于这类犯罪处以罚金刑,能够做到罚当其罪;但是无限额的数额确定方式和随时追缴的执行方式使得罚金刑的可操作性不强,致使很多犯罪分子一而再再而三地冒险从事犯罪活动,难收惩治和预防之效果。

另一方面,我国环境刑法没有规定资格刑以及非刑罚方法的责任承担方式。首先,缺失资格刑已是我国环境犯罪立法的缺陷,不仅如此,我国资格刑即剥夺政治权利的一般规定也存在问题:第一,其适用范围限于危害国家安全犯罪等犯罪;第二,其内容仅限于剥夺选举权与被选举权等政治权利。因此,资格刑本身具有局限性,应拓展丰富其内容并适用于环境犯罪。其次,缺乏非刑罚方法同样是我国环境犯罪立法的缺陷。而且,非刑罚方法的一般规定本身也有问题,一是非刑罚方法范围过窄,不但非刑罚种类范围窄,而且适用对象范围窄,《刑法》第37条的规定可以表明这一点,因为其适用的对象是构成犯罪但不需要判处刑罚的犯罪分子。二是非刑罚方法欠缺可操作性。截至目前,仅有个别司法解释涉及非刑罚方法的运用,如《关于训诫问题的批复》,如何适用其他非刑罚方法,并无相关规定和解释。

(二) 可行性

1. 比较法观察

从国外刑事立法看,环境犯罪的处理方式多元,体系完备。俄罗斯立法中规定的刑事处罚措施有剥夺自由、限制自由、劳动改造、拘役、罚金、剥夺担任一定职务或从事某种活动的权利、强制性工作;[②] 意大利立法中规定的刑事处罚措施包括监禁、罚金、罚款、暂停营业、损害赔偿、恢复原状;荷兰立法中规定了罚金、监禁、免除特定权利、关闭企业、没收、公布判决结果、没收

[①] 参见杨春洗、向泽选、刘生荣:《危害环境罪的理论与实务》,高等教育出版社1999年版,第307~308页。

[②] 参见《俄罗斯联邦刑法典》,黄道秀译,北京大学出版社2008年版,第128~135页。

非法所得、对受害者补偿、完成未完成活动、修复违法损害等刑事处罚措施；英国立法中规定的刑事处罚措施有监禁、罚金和社区矫正；① 法国立法中规定的刑事处罚措施包括罚金、监禁、现场复原、罚款。② 从国外立法规定的环境犯罪刑事责任方式看，首先表现为责任方式种类多元丰富，不仅有刑罚如监禁和罚金，而且有非刑罚方法，包括民事的、行政的以及其他恢复权利保护利益的方法，如劳动改造、现场复原、公布判决结果、损害赔偿等；既有自由刑和财产刑，也有资格刑如剥夺担任一定职务或从事某种活动的权利。当然，刑罚仍为主要的手段，突出适用自由刑和广泛采用罚金刑，不过，非刑罚方法作为环境犯罪的一种刑事责任方式已经受到重视。其次表现为责任方式具有针对性，就罚金刑而言，因为单位或法人环境犯罪多发，单位或法人主体的责任方式，死刑或自由刑不合适，罚金刑较为适宜；就资格刑而言，因为环境犯罪多发生在生产经营活动中，其实施必须拥有从事某种特定职业或生产经营活动的资格，因此，剥夺其生产经营资格就能剥夺行为人实施环境犯罪的能力；就非刑罚方法而言，如现场复原不仅可以惩罚行为人，还可以补救、恢复被损害的环境。反观我国，环境犯罪的刑事责任承担方式主要是有期徒刑、拘役、罚金等几种刑罚，对于国外广泛采用的资格刑没有规定，亦没有规定如现场复原、恢复原状等恢复环境的非刑罚方法。因此，从中外环境刑法所规定的环境犯罪处理方法比较看，我国环境犯罪责任方式应有很大的扩容空间。

2. 司法实践检验

环境犯罪刑事责任的实现不应该是消极的追究行为人的刑事责任，而是应该通过环境犯罪刑事责任的实现方式来积极寻求各种保护生态环境的方法。③ 国外早有尝试，除了监禁和罚金，还可以适用在环境法实施中起重要作用的其他制裁方法，包括禁止使用有害于环境的某种设备，重建被损害的环境，销毁有害于环境的设备等。④ 美国诉卡迪尼尔案中，被告负责恢复毁坏的沼池原样，并对雇员进行环境法知识培训。⑤ 我国环境犯罪司法实践中也已有尝试，在主要适用自由刑和罚金刑的同时，配合适用非刑罚方法，而且是创造性的适用非刑罚方法。最早的案例是1992年的张华林、张华刚盗伐林木一案，法院判决被告植造赔偿林5亩（1000株）。法院判令被告人植树造林以恢复环境质

---

① 参见［荷］迈克尔·福尔、［瑞士］冈特·海因：《欧盟为保护生态动刑：欧盟各国环境刑事执法报告》，徐平、张浩、何茂桥译，中央编译出版社2009年版，第14~15页。
② 参见赵国青：《外国环境法选编》，中国政法大学出版社2000年版，第717~718页。
③ 参见蔡守秋：《环境资源法教程》，武汉大学出版社2000年版，第570页。
④ 参见A.C.基斯：《解决环境问题的法律措施》，文伯屏译，载《国外法学》1984年第1期。
⑤ 参见付立忠：《环境刑法学》，中国方正出版社2001年版，第250页。

量和生态效益,既惩罚犯罪人又恢复被破坏的环境。因此,这种寻求保护生态环境的方法可使行为人在其能力范围内承担全方位的责任,且效果明显,充分说明责任方式多元,即刑罚配合非刑罚方法适用切实可行。

(三)刑罚及其完善

1. 现状及问题

立法方面,从刑事责任方式看,环境犯罪的刑事责任集中规定自由刑和罚金刑,资格刑缺失;从刑事责任力度看,环境犯罪刑事责任的法定刑相对于传统犯罪要低,如盗伐林木罪的最高法定刑远低于盗窃罪,前者为15年有期徒刑,后者为无期徒刑①。司法方面,"两高"公布的4起环境污染犯罪典型案例、《环境犯罪及其立法完善研究》一书收集的12起②案例,以及《破坏环境资源保护罪》一书收集的24起③案例的刑事责任追究情况表明:突出适用自由刑和罚金刑。可见,环境犯罪刑事责任司法与立法高度一致,换言之,环境犯罪刑事责任立法中存在的问题在司法中同样存在。

2. 刑罚完善

环境犯罪的刑罚手段较为单一薄弱,需要改进。参考刑罚设置"应采取扩大资格刑、加重财产刑、适当适用自由刑、慎用死刑的模式",④主要是财产刑和资格刑的完善。

(1)财产刑的完善

主要表现为罚金刑的改进。一是明确罚金数额。明确罚金数额的关键是取消现行刑法大量规定的无限额罚金,在此基础上,对破坏环境犯罪实行限额罚金和倍比罚金。限额罚金的金额要注意与行政罚款的衔接,环境犯罪中罚金刑的最低数额应高于相对应的行政执法中罚款的最高数额,罚金刑幅度应当大于罚款幅度,从而保证充分剥夺环境犯罪主体通过犯罪所得的非法收益。对于单位的罚金,可参照法国刑法的做法,规定处以自然人犯罪罚金额的1~5倍。对污染环境罪实行日额罚金制,日额罚金的主要因素包括应科日数以及每日应科数额,每日罚金额可以借鉴德国刑法的做法,规定将每日的实际收入作为日

---

① 《刑法修正案(八)》之前,盗窃罪的最高法定刑为死刑。
② 因江苏盐城"2·20"水污染案与典型案例之胡文标、丁月生投放危险物质案系同一案件,故按12起案例统计。参见赵秉志:《环境犯罪及其立法完善研究》,北京师范大学出版社2011年版,第199~213页。
③ 因吴自柱、王启、姜翠兰重大环境污染事故案出现2次,且杨军武重大环境污染事故案、邗江县霍桥镇陈巷村村民委员会滥伐林木案与《环境犯罪及其立法完善研究》中2起案件相同,故按24起案例统计。参见祝铭山:《破坏环境资源保护罪》,中国法制出版社2004年版,第1~168页。
④ 高铭暄:《新型经济犯罪研究》,中国方正出版社2000年版,第3页。

罚金额。当然，我国 2014 修订的《环境保护法》第 59 条关于按日连续处罚规定同样值得借鉴。① 确定罚金数额及其计算方式，不仅要根据犯罪情节，也考虑犯罪所造成的直接损失、可能造成的损失、违法所得以及恢复被污染或被破坏的环境所需的成本等因素，还要考虑犯罪人的个人财产及收入状况，敦促犯罪人尽早停止危害行为，防止危害后果的持续或加重，还应尽可能恢复或基本恢复被污染或破坏的环境。无论是罚金与罚款的衔接，还是罚金数额的确定，都以行为人破产风险处于受控状态为限，只有此时，罚金的主要优势才能体现出来。② 二是罚金易科。对于期满既不自愿缴纳又不能强制缴纳罚金的，通过罚金易科自由刑强制执行，这对有支付能力而拒绝缴纳的行为人可以起到一定的威慑作用，督促其主动积极执行；对于确无能力缴纳罚金的行为人也是一种解脱。但是，为了减轻适用易科自由刑对确无能力缴纳罚金的行为人的严厉程度，可以规定无偿劳动作为易科自由刑的代替品，以此清偿罚金刑。三是扩大罚金刑适用，主要是增加单独适用罚金刑的范围，立法要对选科、并科和单科罚金分开规定。四是罚金的适用方面，对于环境犯罪的罚金收入，要设立专项基金，专门用于治理和恢复被破坏或被污染的环境。

（2）资格刑的完善

主要是对资格刑扩容并对单位增设资格刑。环境犯罪多是在生产经营活动中实施的，显然，从事某种特定职业或生产经营活动成为实施环境犯罪的前提和条件。从而可以将剥夺行为人从事某种特定职业或生产经营活动作为资格刑的内容，即剥夺环境犯罪行为人一定时间内或永久、某方面或全部的从事某种特定职业或生产经营活动的资格和权利。剥夺从事特定职业或者生产经营活动的资格刑可以预防行为人再次犯罪，具有特殊预防功能；不仅如此，适用资格刑，还具有一般预防之功能，即威慑潜在的环境犯罪者，使其在从事特定职业或生产经营活动决策时，充分考虑环境影响，选择合法经营。对于自然人而言，主要是剥夺或限制从业资格，如不得从事捕捞业、不得从事林木采伐、加工业、不得从事采矿业等，即剥夺或限制自然人从事特定职业的资格。这方面，欧盟各国做法值得借鉴。欧盟环境刑事立法规定了旨在遏制个人进一步实施类似的环境违法行为或将来从事可能产生违法行为的职业的禁止令，即禁止

---

① 2014 年《环境保护法》第 59 条第 1 款、第 2 款规定："企业事业单位和其他生产经营者违法排放污染物，受到罚款处罚，被责令改正，拒不改正的，依法作出处罚决定的行政机关可以自责令改正之日的次日起，按照原处罚数额按日连续处罚。前款规定的罚款处罚，依照有关法律法规按照防治污染设施的运行成本、违法行为造成的直接损失或者违法所得等因素确定的规定执行。"

② 参见［瑞典］舍格伦、斯科格：《经济犯罪的新视角》，陈晓芳、廖志敏译，北京大学出版社 2006 年版，第 69 页。

从事特定职业或进行某项活动。① 对于单位而言，主要是限制或剥夺生产经营资格，如限制业务范围、限制进出口经营、限制生产规模、限制参与公共工程、限制专营专卖资格、勒令解散等，刑法可以增设独立或者附加适用限制或剥夺单位从事生产经营活动或生产经营资格。这方面，法国、英国、荷兰、丹麦、芬兰、比利时都有规定，其中法国刑法典的规定尤其值得借鉴。法国刑法典列举了9种对法人适用的资格刑，如解散法人、禁止直接或者间接从事一种或几种职业性或社会性活动、关闭用于实施犯罪行为的企业机构、置于司法监督之下、排除参与公共工程、禁止公开募集资金等。② 将这些制裁措施规定为资格刑，就可由法院直接对法人适用，既可确保环境犯罪法人立即停止对环境的危害，也可避免行政机关纵容法人继续实施危害行为，还可节约执法资源和成本。③

值得注意的是，《刑法修正案（八）》和《刑法修正案（九）》都有资格剥夺或限制之规定，其中，前者规定禁止令④，法院可以禁止被判处管制和宣告缓刑者在管制执行期间或者缓刑考验期内从事特定活动；后者规定从业禁止⑤，法院可以禁止因利用职业便利或者违背职业义务犯罪而被判处刑罚者自刑罚执行完毕或者假释之日起3~5年内从事相关职业。这些总则性规定，当然可以适用于环境犯罪。由此产生的问题是，既然刑法已有剥夺、限制资格的规定，这里还建议增加资格刑，二者是否矛盾？如果不矛盾，应如何协调？本书认为，二者并无矛盾，第一，性质不同。这里建议的资格的限制、剥夺是资格刑之内容，属于刑罚，而无论是禁止令还是从业禁止，性质上都不属于刑罚，属于非刑罚方法。⑥ 以从业禁止为例，从条文位置看，其直接规定在刑法第37条之后，作为第37条之一，而第37条是非刑罚方法之规定，根据体系解释，该从业禁止当属非刑罚方法。第二，适用对象不同。这里建议的资格之剥夺或限制不仅对自然人适用，对单位也适用，而禁止令和从业禁止仅适用于自然人。不仅如此，对违反从业禁止的刑事制裁也只适用于自然人不适用于单位。至于如何协调，涉及环境犯罪非刑罚方法的进一步完善问题。基于我国刑

---

① 参见［荷］迈克尔·福尔、［瑞士］冈特·海因：《欧盟为保护生态动刑：欧盟各国环境刑事执法报告》，徐平、张浩、何茂桥译，中央编译出版社2009年版，第22~24页。
② 参见［法］卡斯东·斯特法尼等：《法国刑法总论精义》，罗结珍译，中国政法大学出版社1998年版，第475~476页。
③ 参见张梓太：《环境法律责任研究》，商务印书馆2004年版，第350页。
④ 具体内容参见《刑法修正案（八）》第2条（《刑法》第38条）和第11条（《刑法》第72条）。
⑤ 具体内容参见《刑法修正案（九）》第1条（《刑法》第37条之一）。
⑥ 参见张继钢：《禁止令的性质探究》，载《漯河职业技术学院学报》2012年第3期。

法规定的非刑罚方法存在不足，以及国外已有立法将其规定为刑罚的现实，我国学界主张对非刑罚方法进行刑罚改造的呼声颇为一致，基本赞同将现行一些非刑罚方法如从业资格的剥夺、限制通过立法改造成为资格刑附加刑。① 将禁止令、从业禁止改造为资格刑，主要是针对单位的资格刑罚化改造，这样不仅可以完善资格刑，丰富资格刑内容，还可增加刑罚的威慑力，发挥刑罚的强制功能。在刑法未修改的情况下，禁止令和从业禁止仅可对环境犯罪自然人主体适用，对单位不能适用。当然，可以通过司法解释的形式对禁止令和从业禁止性质、种类、适用对象、适用条件、适用范围予以明确，扩展适用于单位，待条件成熟时上升为立法，最终实现资格剥夺、限制的非刑罚方法的刑罚化。

（四）非刑罚方法及其完善

1. 现状及问题

立法上，环境犯罪的刑事责任方式配置单一，只规定刑罚，没有规定非刑罚方法。司法上，根据前述40起案例的刑事责任追究情况表明适用非刑罚方法较少：被判处赔偿经济损失的案件有4起，追缴违法所得的案件有7起，被判处植树的案件有1起。由此，非刑罚方法的司法适用与立法规定呈现出不同：要么总则中没有一般性规定，环境犯罪也没有特殊配置的责任方式，如植树，司法实践中却有判决；要么总则中虽有一般性规定，但有特定适用条件，如《刑法》第37条规定的非刑罚方法，法院对于被判刑的环境犯罪分子能否适用？适用是否违反罪刑法定原则？

2. 非刑罚方法完善

（1）适用释疑

关于司法实践中环境犯罪的非刑罚方法的有益探索，应持肯定态度，一方面在于实践效果好，可以起到明显的教育和惩罚作用；另一方面不但不违反，相反还符合罪刑法定原则。首先，刑法中规定的非刑罚方法，民法、行政法中亦有规定，如2014年修订的《环境保护法》规定的非刑罚方法就有警告、罚款、责令其采取限制生产、停产整治等措施，责令停业、关闭，责令停止建设，责令恢复原状，责令公开，予以公告、拘留等。其次，非刑罚方法的名称不一定限制为立法上的标准称谓，只要这种措施在立法上有抽象的规定即可，如植树造林、清除垃圾、义务服务等具体处罚措施在刑法、行政法、民法中都有抽象的规定。毕竟非刑罚方法并非刑罚，不属于"刑"的范畴，所以与罪刑法定无关。因此，在构成环境犯罪的情况下，法院本着恢复和救济环境、补

---

① 参见蒋兰香：《环境犯罪基本理论研究》，知识产权出版社2008年版，第323页。

偿被害人损失的目的，以民法、行政法、刑法等为根据，对环境犯罪分子决定非刑罚方法，就应当允许。以前述植树判决观之，刑法中虽无此规定，但《森林法》第39条（原第34条）有相关规定，因此，法院以保护恢复环境为目的，以《森林法》为依据作出的植树判决的大胆尝试值得肯定，当然，应当在判决书中援引《森林法》相关条款，指明这样判决的法律依据。为了避免违反罪刑法定原则之嫌，建议创设一些能有效遏制环境犯罪行为的持续危害后果的新的非刑罚方法，或者将民事法、行政法中行之有效的非刑罚方法由刑法规定。再次，关于非刑罚方法的适用对象，根据我国刑法规定，前述非刑罚方法的适用对象是因犯罪情节轻微不需要判处刑罚而被免予刑事处罚的犯罪分子。但是，一方面，举轻以明重，即对犯罪情节轻微不需要判处刑罚而被免予刑事处罚的犯罪分子可以适用非刑法方法，那么，对需要判处刑罚的犯罪分子也可以适用非刑罚方法，这是当然解释的结论。另一方面，即使实然角度不可以，站在应然性的立场，这些措施尤其是训诫、责令具结悔过、赔礼道歉、赔偿损失、行政处罚以及行政处分的适用不应限于被免除刑事处罚的人，还应包括需要判处刑罚的犯罪分子。① 最后，在现代环境法中，法官被赋予了对被定罪的污染者采取直接措施的权力，比如可以命令损害者恢复环境（如净化被污染的土壤）。② 法庭除了依据环境刑法规定进行制裁以外，还应参照犯罪的本质及该犯罪行为的周围环境，可以有权为下列各项命令及其效果：（a）禁止行为人从事任何行为或活动，而得产生犯罪的再犯或继续犯罪的机会；（b）命令暂时停业、勒令歇业、撤销从事该活动之执照、解散或禁止其商业行为，及没收公司特许状；（c）没收从事犯罪计划之财产；（d）剥夺行为人之公权、财产利益及附属价值；（e）命令经理人或干部，暂停执行及解除职务一段时间；（f）引导行为人采取法院认为适当的赔偿行动，或避免环境造成任何伤害的结果或可能从构成犯罪的作为或不作为所造成的结果；（g）需要行为人依照法院认为适当的合理条件，而确保行为人良好行为的环境，以预防该行为人继续重复相同的犯罪或其他犯罪；（h）指示行为人，依照法院的记载方法，将被控诉的事实加以出版；（i）指示行为人，以自己的费用，依照法院的记载方法，将被控诉的事实通知给被行为人的行为所攻击或侵害的其他任何人；（j）指示行为人履行社区服务，在理性的条件下为主体；及（k）如行为人为组织时，须完全对全国的一般大众公开其犯罪的进行、环境刑事责任、

---

① 参见蒋兰香：《环境犯罪基本理论研究》，知识产权出版社2008年版，第315页。
② 参见［瑞典］舍格伦、斯科格：《经济犯罪的新视角》，陈晓芳、廖志敏译，北京大学出版社2006年版，第70~71页。

刑事制裁方式、该组织的附属机构（假如有的话）或其领导者、干部、经理人或受雇人。①

（2）非刑罚方法增设

非刑罚方法的核心在于预防更大更多的环境损害发生、消除对环境的现实危险以及犯罪后果的持续危害作用和犯罪人的再犯可能性，以及补救恢复被损害的环境。② 现有的非刑罚方法不仅种类少，而且适用对象、范围受限，还缺乏可操作性，因此，必须作出适当改进，主要是增设非刑罚方法。前述我国台湾学者的主张几乎涵盖了刑罚以外的所有辅助手段，值得立法和司法借鉴。有学者主张增设公告有罪判决并责令公开悔过、责令补救、限期治理和社区服务等非刑罚处罚措施。③ 从应然性角度，犯罪非刑罚方法可分为：教育性辅助措施，如在报纸、电视等媒体上公告有罪判决并责令公开悔过、赔礼道歉、公布犯罪事实和裁判决定等；民事性辅助措施，如赔偿损失、恢复原状、限期治理、支付环境费用、赔偿经济损失等；行政性辅助措施，如撤职、开除公职、责令限期改正、停业整顿、限制活动、责令关闭、勒令解散等；没收性辅助措施，如追缴违法所得、没收犯罪工具等。④ 应该说，这些非刑罚方法都具有针对性。以公告有罪判决并责令公开悔过为例，法院对于初次实施较轻微环境犯罪的单位和自然人，可以在媒体上公告有罪判决，责令行为人向社会承认、检讨自己罪行，并保证不再实施类似环境污染或环境破坏行为，这不仅影响环境犯罪行为人的名誉或声誉，而且比刑法规定的公开训诫更具社会谴责性，对环境犯罪行为人的威慑效果及预防作用更好。再以责令补救为例，对于环境犯罪已然造成实害但具有修复可能性和可行性时，法院可以责令行为人采取修复环境的积极措施，以更好地保护环境法益，从而也使人类的利益得以保护。具体的补救措施由法院综合考虑环境犯罪类型、危害的环境要素以及个人情况而决定，包括补救方式、补救期限以及补救效果，前述植树判决可以印证：补救方式为植树，补救期限为抚育3年，成活率达90%以上为补救效果。

---

① 参见郑昆山：《环境刑法之基础理论》，五南图书出版公司1998年版，第272~273页。
② 参见吕欣：《环境刑法之立法反思与完善》，法律出版社2012年版，第167页。
③ 参见刘斌斌、李清宇：《环境犯罪基本问题研究》，中国社会科学出版社2012年版，第130~132页。
④ 参见蒋兰香：《环境犯罪基本理论研究》，知识产权出版社2008年版，第309~318页。

第二节 环境犯罪刑事责任方式的实现

完善后的刑罚和非刑罚方法的实现,在立法上主要表现为复合责任的配置,在司法中主要体现为不同主体的责任承担。

一、复合责任的规定[①]

如前所述,无论是从中外立法比较看,还是从我国立法与司法比较看,我国环境犯罪刑事责任方式都有很大的扩容空间。扩容后的环境犯罪刑事责任方式应以复合形式在立法中实现,即立法应设置复合责任:不仅规定侵犯传统法益的责任方式,还要规定侵犯环境法益的责任方式;既规定环境不可恢复的责任方式,又规定环境可恢复的责任方式;不仅规定基本犯的责任方式,还要规定加重犯的责任方式;规定故意犯罪责任方式的同时,亦规定过失犯罪的责任方式;既规定从严情节的责任方式,又规定从宽情节的责任方式等。

(一)侵犯传统法益的责任与侵犯环境法益的责任

环境刑法旨在保护环境法益,环境犯罪刑事责任正是为了实现环境法益的有效刑法保护而规定的。如前所述,应然意义上的环境法益本身包含了人身、财产等传统法益,对环境法益的侵害不仅会对环境自身产生影响,更会影响到人的日常生活乃至生存与发展问题。因此,如果保护了环境法益自然就意味着同时保护传统法益,从而侵犯环境法益的环境犯罪应承担较重的刑事责任。但是,从实然看,刑法规定总体上以保护人身、财产法益为己任,从而环境犯罪的刑事责任总体轻缓,不够严厉,进而导致司法实践既不能有效惩治环境犯罪,也难以预防日益严重的环境犯罪。因为在立法者看来,破坏型环境犯罪只是明显侵犯了环境要素法益,对人身等传统法益的侵害既不直接也不明显,从而无须规定严厉的刑事责任。污染型环境犯罪不仅直接侵犯环境法益而且会对人身、财产等传统法益造成明显的现实的损害,立法上也以对传统法益的侵害后果作为法定刑考量因素,但立法者并没有对其规定更为严厉的刑事责任,在这里,要么是立法者认为环境法益不重要,要么是认为传统法益不重要,或者同时认为二者不重要。因此,要真正有效保护环境法益,落实环境犯罪的刑事

---

① 该部分内容已发表。参见张继钢:《环境犯罪的复合责任》,载《经济与社会发展》2018年第2期。

责任，必须在立法上分别针对传统法益责任和环境法益规定轻重不同的刑事责任，并做到二者责任的复合。传统法益、环境法益复合责任，这是根据环境犯罪侵犯的法益种类不同所设置的刑事责任。环境法益独立之前，环境犯罪责任的设置主要是依据传统法益，即个人的人身、财产利益损失状况。而个人的人身损害情况最终转化为以人员伤亡数量、人员转移疏散数量、中毒等严重危害人体健康等来衡量；财产损失状况最终转化为经济价值，用金钱来衡量。随着人们对环境认识的深入，环境法益日益独立。但是，直到现在，环境刑事责任的设置主要还是依据环境的经济价值。以破坏林木犯罪为例，即使在以生态犯罪命名的俄罗斯刑法中，第 260 条非法砍伐树木和灌木罪中明确规定损失的计算标准是林木的价格，我国实践中损失计算标准均为林木数量或面积。显然，这不是环境法益的真正独立，环境法益的真正独立要求以环境的生态价值而不是经济价值为标准。首先，环境的价值具有多元价值，但重在生态价值而不是经济价值。因此，环境刑事责任的配置不仅要重视环境的经济价值更要重视生态价值。仍以林木或森林的生态价值来说明。森林的主要价值在于其生态价值，如具有防止水土流失、涵养水源、保存生物多样性、稳定和改善气候等生态价值。而且不同地方、不同性质的林木对于保护生态环境具有不同的作用，防护林和特种用途林木在保护生态方面具有更为重要的价值。由于破坏森林资源会产生土地退化、水土流失、气候异常等恶果，最终导致生态失衡。因此，无论是以林木价格还是以林木数量来计算破坏林木犯罪的危害，都只是重环境经济价值的表现，而没有从根本上体现重生态价值。其次，如同生命具有不能被量化或货币化的神圣价值一样，环境的生态价值无法定价或者定价非常困难。不仅在于环境生态价值需要间接检验，而且在于需要长期的时间才能检验，从而生态价值不能用或简单地用经济价值衡量。但是，难以用经济价值衡量并非无法计算。据测定，一亩森林每天能够产生 48.7kg 氧气，可供 65 人吸收一天；森林还能吸收大气中的有害物质，净化空气，据测算，一公顷的柳杉林每月可吸收 60kg 二氧化碳，女贞、丁香、梧桐、垂柳、桧柏、洋槐等对减轻氟化氢危害具有良好效果。[1] 另据印度加尔各答农业大学德斯教授的计算，除去花、果实和木材的经济价值，一棵 50 年树龄的树的生态价值约为 19.6 万美元，包括产生氧气、吸收有毒气体、增加土壤肥力、涵养水源、为动物提供繁衍场所等价值，当然，该价值还未计算调节气候、美化环境的价值等。[2]

---

[1] 参见郭建安、张桂荣：《环境犯罪与环境刑法》，群众出版社 2006 年版，第 18~19 页。
[2] 参见全国绿化委员会办公室：《一棵树的生态价值》，载中国林业新闻网，http://www.greentimes.com/green/news/cxlh/zhengwen/2012-03/12/content_ 171867.htm, 2012-3-12。

(二) 环境可恢复的责任与环境不可恢复的责任

在完善环境犯罪刑事责任方式时，着重完善有利于预防环境犯罪的，特别是有利于补救、恢复被污染或被破坏的环境的刑罚和非刑罚方法。当然，这是以被污染或被破坏的环境能够恢复为前提。同时，由于环境犯罪是环境风险的体现，环境风险危害又具有难以恢复的一面，因此，有些环境犯罪所造成的后果难以恢复。因此，立法可以根据环境能否恢复，分别规定轻重不同的刑事责任，即制定环境可恢复的责任、环境不可恢复的责任。需要说明的是，这里的可恢复责任与不可恢复责任本来与前述环境法益责任有关，只是为了突出恢复环境的重要性，将其单列讨论，以更好更有效地保护环境。这方面国外是有立法例的，根据《德国刑法》第330条第1款第1项规定，致使被污染的水域、土地或第329条第3款规定的保护区之污染不能清除属于不能恢复的，花费巨额费用或相当长时间能清除的属于可恢复的；根据《奥地利刑法》第180条第2款规定，致使被污染或侵害的水，或被污染的土壤之污染或侵害永远或长期存在，排除污染或侵害不可能属于不可恢复，通过一定费用排除污染或侵害的属于可恢复。我国立法无此规定，实践中也不加区分。如同环境刑事责任重传统法益尤其是重环境的经济价值轻环境的生态价值一样，环境犯罪责任还存在重惩罚的责任轻恢复的责任。比如，在毁林犯罪中，尽管我们知道林木是可以恢复的，但往往只是对被告人判处自由刑和罚金刑，置林木的恢复于不顾。我们姑且不考虑这种责任追究模式存在诸如罚金刑执行难等自身弊端，也权且承认这种责任追究对被告人的惩罚效果。但是，我们最终看到的是，被告人刑满释放了，破坏的林地仍然荒芜着。这表明，该责任追究模式不利于环境保护，必须采取恢复措施恢复被污染和被破坏的环境。恢复环境不仅是环境责任原则[①]的体现，据此原则，对于环境的污染者和破坏者这些最低限度的主体应恢复环境；可持续发展同样要求保护环境、改善环境、防治环境以及恢复环境。对于可以恢复的环境，设置可恢复的责任；对于不可恢复的环境，设置不可恢复的责任。对于可恢复的责任以及不可恢复的责任，应保持责任总量的一致。因此，在可恢复的责任模式中，刑罚比重适当少一些，非刑罚比重适当多一些，尤其是恢复性的非刑罚方法；在不可恢复的责任模式中，只能以或主要以刑罚惩治，主要设置刑罚的，刑罚量重一些，非刑罚量轻一些。鉴于环境的重要性，环境犯罪后果更严重更深远，因此，各国立法不断加强环境保护，逐步增强环境犯罪责任量，在设计可恢复与不可恢复责任时应顺应这一趋势，整

---

① 该原则为蔡守秋、常纪文、陈泉生等学者主张使用。

体上增加刑事责任量。至于如何恢复环境,第一,根据国内现行环境恢复立法进行。我国《土地管理法》《水土保持法》《矿产资源法》《森林法》《草原法》等规定,耕地、草原、林地受到破坏的,应采取复垦利用、植树种草、退耕还林、还牧、还湖或者其他措施恢复。当然,这些单行法律是从小范围或区域的角度即环境要素进行环境恢复,尚不能立足于大范围或系统的角度即环境系统进行通盘考虑。第二,借鉴国外恢复环境的立法经验。如美国《综合环境反应、赔偿与责任法》规定,公司申请采矿许可时需缴纳复垦和闭矿保证金,用于公司停止运营时恢复因采矿而被污染和破坏的矿区生态环境。该保证金制度具有典型性和代表性,可以给我们提供启示和借鉴意义:将审查是否缴纳环境恢复保证金作为颁发相关行政许可的前置程序,环境恢复征收指导标准由国务院制定、征收具体标准由省级地方政府制定,环境恢复保证金形式应多元化,现金、存款单、不可撤销信用证、信托基金、政府债券、保险等均可充当,环境恢复保证金罚没后直接转入环境恢复专用资金账户确保用于恢复环境。[①] 第三,在现行可恢复范围以及可恢复措施的基础上,扩大可恢复的范围,发展创设新的切实可行的恢复措施,如对于破坏矿产资源的责令被告人购买等量的矿产资源如煤炭、石油、天然气等并储存起来达到恢复之效果。当然,可恢复与不可恢复是相对的。一般来说,矿产资源是不可再生的不可恢复的,但是开采矿产资源必然要破坏植被,而被破坏的植被是可以恢复的;一般林木是可以通过补种恢复的,但重点保护的珍贵林木如红豆杉由于生长周期长而且主要是靠自然成材从而难以恢复甚至不可恢复。

(三) 基本的责任与加重的责任

立法设置环境犯罪刑事责任时,不仅要考虑法益,还要考虑危害后果设置轻重不同的刑事责任,即针对环境犯罪的风险、具体危险、实害、加重实害后果分别设立相应的刑事责任。当然,这里的基本的责任与加重的责任,是针对同一犯罪形态的不同危害后果或者同一行为的不同阶段而言的,具体来说,对于犯罪构成以风险犯为基本形态的情形,首先配置相应责任,即为风险犯的基本责任;当出现具体危险结果时配以较重的责任,出现实害结果时配以更重的责任,出现加重实害结果时配以最严重的责任,这三者为风险犯的加重责任;对于犯罪构成以具体危险犯为基本形态的情形,首先配以相应责任,即为具体危险犯的基本责任;当出现实害结果时配以较重的责任,出现加重实害结果时配以更重的责任,这二者则为具体危险犯的加重责任;对于犯罪构成以实害犯

---

① 参见王江、黄锡生:《我国生态环境恢复立法析要》,载《法律科学》(西北政法大学学报) 2011 年第 3 期。

为基本形态的情形,首先配以相应责任,即为实害犯的基本责任;当出现加重实害结果时配以较重的责任,即为实害犯的加重责任。虽然我国刑法规定的刑事责任主要以犯罪行为造成的后果或者其他客观要件要素为依据决定,但较之国外刑事责任规定,仍显单一,缺乏层次,不够合理。国外环境刑法不仅依据危害结果,还根据行为方式和行为形态等客观要件设置不同刑事责任。国外环境刑法普遍依靠危险犯立法,在具体危险这一较早的阶段创设环境犯罪的罪责。如,《德国刑法》第325条规定的污染空气罪是危险犯,只要污染行为产生具体危险即足以危害设备范围之外的人、动物、植物健康或其他贵重物品的即可构成犯罪,不要求出现实际的危害结果;日本《公害罪法》处罚危险犯,只要行为人排放危险物质使公众生命或身体发生危险,无须造成实际损害;《奥地利刑法》第180条规定的故意影响环境罪也是危险犯《巴西环境犯罪法》第54条规定的污染环境罪的基本犯罪构成为危险犯。[①] 但是,在风险社会下,环境刑法的介入比危险犯还要前置,使刑罚权的边界延伸到以前不曾涉足的地方,刑法立法规定风险犯,并将污染环境罪等设定为风险犯,配置相应的刑事责任。风险犯刑事责任的创设,并不意味着否定危险犯、实害犯的刑事责任。因为风险犯、危险犯与实害犯是基本的犯罪类型或犯罪行为样态,一种犯罪只能有一种基本犯罪形态,不同犯罪的基本行为样态有所不同。将某一环境风险行为设定或修改为风险犯后,所配置的刑事责任为基本责任,同时规定:当出现具体危险状态时,配置比风险犯较重的刑事责任;当实害结果发生时,配置比危险犯较重的刑事责任;当加重结果发生时,配置比结果犯更重的刑事责任,这些责任配置即为加重责任。即,风险犯的创设,要求配置相应的法定刑或对原法定刑进行修改,通过分层的方式分别规定该罪的基本刑事责任,以及出现具体危险、实害、加重实害的情形及其相应的加重刑事责任,实现对环境风险行为刑事责任的层次化、合理化。这对于环境危险犯、实害犯同样适用,对于环境危险犯和实害犯,一样要体现责任的层次化,分别规定基本责任和加重责任。

(四)故意的责任与过失的责任

环境犯罪刑事责任的立法设定,除了要考虑法益、危害行为、危害后果等客观方面是要素,还要考虑犯罪的主观方面,根据故意或过失的不同主观形态设置轻重不同的刑事责任,即故意环境犯罪的责任与过失环境犯罪的责任。就我国刑法规定而言,对于同一种环境犯罪不区分故意与过失而规定相应的刑事

---

① 参见《巴西环境犯罪法》,郭仪译,中国环境科学出版社2009年版,第16页。

第六章 环境犯罪刑事责任方式及实现

责任。按照通说，狭义的 15 种环境犯罪中，重大环境污染事故罪是过失犯罪，其他 14 种环境犯罪为故意犯罪。前者没有故意污染环境犯罪的责任规定，后者没有过失犯罪的责任规定。这显然与我国刑法理论中犯罪主观要件是刑事责任的主观根据不相符，也与国外的责任主义不一致。就国外来看，环境刑法都区分故意与过失而设置不同的刑事责任。如德国刑法，从第 324 条污染水域罪到第 330a 条释放毒物造成严重危害罪，每条都以不同款项分别规定环境故意犯罪和环境过失犯罪的责任；俄罗斯刑法，从第 247 条违反危害生态的物质和废弃物的处理规则罪到第 254 条毁坏土地罪，每条也分别规定了环境故意犯罪和环境过失犯罪的责任；日本《公害罪法》第 2 条规定了故意犯罪的责任，第 3 条规定了过失犯罪的责任；《美国联邦水污染控制法》第 3 款第 1 项规定了过失犯罪的责任，第 2 项规定了故意犯罪的责任等。环境犯罪不仅应区分故意与过失，而且，根据所有的经验来看，过失犯占环境犯罪的一大部分。[①] 因此，应将我国刑事责任的主观根据贯彻到底，并借鉴国外环境刑法规定，完善环境犯罪刑事责任，即根据主观方面故意或过失的不同对同一种环境犯罪设置不同的刑事责任。这样的刑事责任设置，既是罪刑法定原则和罪责刑相适应原则的要求，也是罪刑法定原则和罪责刑相适应原则的体现，对于环境刑事立法和司法具有重要意义。这里以重大环境污染事故罪为例，略作分析。通说认为该罪是过失犯罪，但认为其法定最高刑偏低，理由在于，环境犯罪多属于业务上的过失犯罪，负有更高程度的注意义务，往往后果特别严重。进而建议，将其法定刑提高至 10 年有期徒刑，使罪刑相适应。[②] 这是做到罪刑相适应一个层面，但通说没有触及另一层面，对于故意污染环境如何处理？"两高"公布的典型案例 4 即胡文标、丁月生投放危险物质案中，行为人显然是故意实施环境污染行为的，而且在法庭上也承认故意排放污染物。[③] 对此，司法机关则另辟蹊径，改变罪名指控，从而最终以投放危险物质罪定罪并判处较重刑罚。这只能作为权宜之计，并非长久之策。只有在原过失犯罪的基础上，另列一款规定故意犯罪，才能真正地彻底地解决罪刑相适应问题。除了对环境犯罪区分故意与过失规定相应的刑事责任，可以对故意与过失再细分级，依据行为人的故意与过失程度设计轻重不同的责任。

[①] 参见［德］叶瑟：《环境保护：一个对刑法的挑战》，黄荣坚译，载国际刑法分会：《环境刑法国际学术研讨会论文辑》，1992 年版，第 32 页。

[②] 参见赵秉志：《环境犯罪及其立法完善研究》，北京师范大学出版社 2011 年版，第 128 页、第 155 页。

[③] 参见卢志坚、袁同飞：《盐城水污染案：罪名变更的背后》，载《检察日报》2009 年 9 月 21 日第 2 版。

(五) 从宽的责任与从严的责任

环境犯罪本身极其复杂，而每一起环境犯罪又具有不同的情节，应针对不同情节至少是一些重要的情节设计不同的责任。当然，这里的情节是除了法益、危害行为及其样态、主观罪过等犯罪主客观构成要素之外的影响刑事责任的要素。从情节类型来看，可分为从宽情节和从严情节两种，相应地，设计出从宽责任和从严责任。这方面，国外也有立法例。根据《德国刑法》第330条第1款规定，在不能清除污染或者需投入长时间或巨额费用后才能清除的、持久损坏濒临灭绝的动植物以及为获利而行为等情况下，属于情节特别严重，从重处罚；第330b条规定以积极作为的真诚悔罪而减免其刑罚，包括行为人在重大损失产生前自动排除危险的，以及危险并非行为人而排除但只要其主动且真诚努力排除危险予以减轻或免除刑罚两种情况。《奥地利刑法》第183b条也规定以积极作为的悔悟而免刑，即于行政机关知悉其过失前，自愿排除所引起的危险、污染或其他侵害，未引起个人或植物生存侵害时，不罚。德国和奥地利刑法都有因积极作为悔悟而减免刑罚的规定，以奖励排除环境危险之人，促使行为人修复自己所引起的损害，达到减少环境危害的目的。在刑法中规定积极悔悟制度，不仅符合强调在刑法中损害修复的发展经验和发展趋势，而且可以在环境保护领域中发挥特别有效的保护功能。[①] 因为，通常情况下，只有行为人才知道环境犯罪行为的始末，认识危险或侵害，他能及时阻止或修复危险或侵害。因此，该规定在行为人过失危害环境时，有助于减少环境危害、保护环境。除了德国和奥地利，巴西环境犯罪法也规定了从严、从宽的责任，根据该法第14条规定，对于接受教育或指导的程度较低的、主动恢复其所引起的损害或努力减轻其所引起的环境恶化程度的、及时告知即将发生的环境恶化危险的以及与环境监控机构合作者，减轻处罚；根据第15条规定，对于再犯以及为了获取金钱利益犯罪、以严重影响或威胁公众健康或环境的手段犯罪、在动物休眠季节犯罪、在夜间犯罪、在特别保护区犯罪、通过滥用环境执照、许可或授权犯罪、对官方确定的濒危物种造成威胁以及在履行职务的公务员协助下犯罪等17种情形，加重处罚。[②] 反观我国，环境刑事立法中没有针对环境犯罪不同情节规定特殊的从宽、从严责任。只不过，环境刑事司法解释中有所体现，如2013年《环境污染刑案解释》第4条规定，对于阻挠环境监督检查或者突发环境事件调查但不构成犯罪的、闲置、拆除污染防治设施或

---

① 参见 [奥] 特立夫特尔：《奥地利环境刑法的现状》，陈添辉译，载国际刑法分会：《环境刑法国际学术研讨会论文辑》，1992年版，第182页。

② 参见《巴西环境犯罪法》，郭仪译，中国环境科学出版社2009年版，第4~5页。

者使污染防治设施不正常运行等 4 种情形, 应酌情从重处罚; 第 5 条规定, 对于及时采取措施防止损失扩大、消除污染, 积极赔偿损失的, 可酌情从宽处罚。这些值得立法借鉴, 可以吸收至立法中。

二、主体的责任承担

通过复合责任的形式, 环境犯罪的刑事责任方式得以在立法中实现。如何将立法中设置的复合责任落实, 这就涉及环境犯罪刑事责任方式的司法实现问题。刑事责任最终由行为人承担的, 首先, 环境犯罪行为人一般不可能同时承担同种复合责任方式, 如既承担故意犯罪的责任, 又承担过失犯罪的责任; 既承担环境不可恢复的责任, 又承担环境可恢复的责任, 但是, 有的情形下, 可以同时承担, 如行为人同时具有从宽情节和从严情节, 就可以既承担从严责任又承担从宽责任。2013 年"两高"公布的 4 起典型案例中, 行为人既存在从宽情节, 也存在从严情节。但从实际运作看, 法院只重视从宽责任的适用, 而轻视从严责任的适用。对于该四起案件, 法院均充分考虑被告单位及被告人的从宽处罚情节, 如自首、积极赔偿、积极截污治污等, 但却轻视甚至是忽视被告单位及被告人的从严处罚情节, 裁判中并没有明确指出从严处罚情节, 其实, 案例 1 中存在限期整改期间继续排污情节, 案例 2 中存在多次行政处罚后仍继续排污情节, 这些情节表明行为人的主观恶性较初犯大, 应适当给予从重处罚。其次, 行为人可以同时承担不同种的复合责任方式, 如行为人不仅承担结果犯的责任, 还承担故意犯的责任, 也承担环境可恢复的责任等。比如, 美国诉卡迪尼尔案中, 被告负责恢复毁坏的沼池原样, 并对雇员进行环境法知识培训;[①] 在张华林、张华刚盗伐林木一案中, 法院判决被告人植树并抚育 3 年成活率应达 90% 以上。显然, 这里行为人承担的既是可恢复的责任方式, 也是故意的责任方式。最后, 法院在具体量刑时, 需要综合考虑环境刑法的规定、环境犯罪原因、被告人的主体类型、所侵犯的法益类型、主观过错、行为进行程度、危害结果、与环境行政法的关联程度、被破坏的环境能否恢复、被告人犯罪前与犯罪后的表现、被告人的财产状况等因素, 最终确定被告人所应承担的刑事责任方式。

(一) 自然人、单位 (法人) 的刑事责任方式

1. 自然人的刑事责任方式

刑法上的主体是以自然人为最基本的、具有普遍意义的犯罪主体, 因此,

---

① 参见付立忠:《环境刑法学》, 中国方正出版社 2001 年版, 第 250 页。

刑事责任的相关规定，也是以自然人为基准设置的。无论是刑罚还是非刑罚方法，无论是主刑还是附加刑，对自然人被告人都适用。当然，应注重适用完善后的刑事责任方式。以环境犯罪罚金刑为例，应考虑犯罪所造成的直接损失、可能造成的损失、违法所得以及恢复被污染或被破坏的环境所需的成本等因素确定自然人被告人的罚金数额，适用以日为单位的罚金计算方式，敦促犯罪分子尽早停止危害行为；对于期满既不自愿缴纳又不能强制缴纳罚金的犯罪分子，通过罚金易科自由刑执行，允许将无偿劳动作为易科自由刑的代替品，以此清偿罚金刑。

2. 单位（法人）的刑事责任方式

从实然看，我国刑法上单位的刑事责任只有罚金一种方式，其他的刑罚种类和非刑罚方法不适用于单位。而单位是环境犯罪的主要实施者，如此单一的罚金刑对单位惩治力度有限，难以对其造成威慑。随着环境状况的日益严峻，为了惩治和预防单位环境犯罪，应加大对单位（法人）被告人适用扩容后的资格刑以及增设的单位资格刑的力度，主要限制或剥夺单位被告人的生产经营资格，如限制业务范围、限制进出口经营、限制生产规模、限制参与公共工程、限制专营专卖资格、勒令解散等。这方面，可借鉴法国刑法典规定的对法人适用的资格刑：解散法人、禁止直接或者间接从事一种或几种职业性或社会性活动、关闭用于实施犯罪行为的企业机构、置于司法监督之下、排除参与公共工程、禁止公开募集资金等。① 对单位（法人）被告人也要注重非刑罚方法的适用，借鉴巴西环境犯罪法的规定，可以对被告单位（法人）适用资助环境计划和工程、在环境退化的地区从事恢复性工作、维护公共区域、捐助公共环境机构或文化机构等非刑罚方法。注重在环境犯罪中的适用刑法规定的从业禁止制度，从业禁止制度的重要适用条件是被告人利用职业便利实施犯罪或者实施违背职业要求的特定义务的犯罪，而环境犯罪的单位（法人）被告人不仅具有较强的职业性、行业性特点，义务性特征也非常明显突出，如环境保护义务、环境监管义务等，因此，法院有必要根据犯罪情况和预防再犯罪的需要，限制或剥夺单位被告人在一定期限内从事相关环保职业的资格，这不仅是设立从业禁止制度的初衷，也有助于预防环境犯罪。

（二）国家的刑事责任方式

国家刑事责任仅限于国家承担国际环境犯罪的刑事责任，在国内法上国家不能成为环境犯罪的主体。对于国家承担国际环境犯罪刑事责任的方式，有学

---

① 参见［法］卡斯东·斯特法尼：《法国刑法总论精义》，罗结珍译，中国政法大学出版社1998年版，第475~476页。

者认为,根据国际条约、国际惯例和国际实践,国家责任形式主要有终止不法行为、赔偿损失、恢复原状、补偿、道歉、保证不再重犯和国际赔偿。① 还有学者指出,基于国际环境犯罪的特殊性和复杂性以及国家承担刑事责任的可能性,国家承担国际环境犯罪的刑事责任的形式包括终止不法侵害、恢复原状、罚金。② 第一种观点中的赔偿损失、补偿和国际赔偿都属于赔偿范畴,可以归纳为赔偿;保证不再重犯不具有可操作性。第二种观点中的终止不法侵害称谓限缩了国际环境犯罪行为的范围,因为侵害意味着实害,除了国际环境实害行为,还有国际环境危险行为等;另外,罚金称谓也不符合国际实践。综合起来,终止不法行为、恢复原状、赔偿和道歉可以作为国家国际环境犯罪刑事责任方式。其中,终止不法行为是正在污染或破坏国际环境的国家,终止其污染或破坏国际环境的行为;恢复原状以环境能恢复为前提,由污染或破坏国际环境的国家采取措施恢复原状;赔偿和道歉是国际实践中普遍适用的法律责任形式。这里以日本东京电力公司"排海"跨境海洋污染案为例,对国家国际责任略作分析。2011 年日本发生福岛核泄漏事件,东京电力公司将超标 500 倍的 11500 吨放射性核废液直接排海。③ 日本在明知排放行为会使海洋环境受到污染损害、明知排放行为会对他国造成损害的情况下,没有履行保全和保护海洋环境的义务,在排放前未及时、充分通报、通知实际受影响或可能受影响的国家,也未与受影响的国家进行充分协商,违反了一般国际法中善意履行国际义务原则和国际合作原则,违反了国际环境法中尊重国家主权和不得损害国外环境以及环境可持续发展原则,侵害了第三国合法权益,应承担国际责任。

---

① 参见蒋兰香:《环境犯罪基本理论研究》,知识产权出版社 2008 年版,第 69 页。
② 参见赵秉志:《环境犯罪及其立法完善研究》,北京师范大学出版社 2011 年版,第 75 页。
③ 参见《日本地震核泄漏》,载好搜百科,http://baike.haosou.com/doc/358905 - 380211. html,2015 - 10 - 20。

结　语

本书以"风险社会下环境犯罪研究"为题,无论是风险社会还是环境犯罪都显得有些陈旧和俗套,那么,本书究竟提出了哪些观点,解决了什么问题,这里权作几点总结。

1. 关于风险与风险社会。本书关注的风险是人为的不确定的技术性风险。风险具有未来取向,因为它会以一种无法清楚预见其将如何改变的方式发生变化。正是由于无法预知其发展趋势,风险可能产生损害。风险有广、狭义之分,广义的风险是对保护法益产生损害的可能性,损害出现达到具体危险程度时或逾越具体危险界线时的风险,是危险,未逾越具体危险界线的风险是狭义的风险。具体危险是发生实害的密切可能性或盖然性,狭义的风险是发生危险的可能性或可能发生的危险。当风险及其不确定性成为时代特征时,风险社会就产生了。本书以描述的方法,展现了风险社会的生成及面貌。风险社会是对当今时代特征的描述,特指人类在工业社会中从事科技活动产生的人为风险超过自然风险成为影响其生活乃至生存与发展的主要或主导因素的社会。由风险的特质所决定,风险社会不是对当今社会的普遍性的而是对社会生活某些方面的描述。

2. 关于风险刑法与环境刑事立法。自反性现代化把世界带入了风险社会,压缩性现代化使我国呈现出别样的风险社会面相。面对风险和风险社会,不仅传统刑法要作出适当相应调适,而且要创设一种与传统刑法不同的新的刑法范式,其范式表现为:以风险为基础、以风险社会为场域、以安全为价值、以预防为目的、以风险犯为基本载体、以提前介入为主要特征、以行为无价值为立场等。本书对风险刑法持肯定立场,并将风险刑法的范围限制在规制 20 世纪以来的人为的不确定的技术性风险的刑法规定,认为风险社会下,采取风险刑法与传统刑法并存、以传统刑法为核心以风险为补充的方式,以协调和平衡自由与安全两大价值,共同实现秩序维持与人权保障之任务。从立法背景、保护法益、立法价值、立法目的、立法立场、行为类型以及归责原则等方面观之,1970 年以来的中外环境刑事立法基本具备风险刑法之特征,与风险刑法具有相近性、相似性甚至具有同质性、同构性,因而其接近风险刑法而偏离传统刑法或者说属于风险刑法而不属于传统刑法,是应对环境风险社会的环境风险刑法。

3. 关于风险社会下的环境犯罪与传统刑法中的环境犯罪。风险以及风险社会和风险刑法之箭都不约而同地射向了环境犯罪这一靶心。风险社会下的环境犯罪与传统刑法中的环境犯罪有诸多区别:前者强调法益的抽象化,环境犯罪以环境法益为保护法益,后者强调法益的具体化,以个人法益为保护法益;前者确立新的犯罪观,认为环境犯罪的本质是对生态环境整体的破坏,后者遵循传统犯罪观,认为环境犯罪是危害社会的行为;前者认为环境犯罪为特殊犯罪,具有科技复杂性、经济相关性、兼具自然犯和行政犯双重属性、决策风险性等特征,后者将环境犯罪作为一般犯罪对待;前者的犯罪类型结构表现为结果犯与危险犯、风险犯并存而以风险犯为中心,后者遵循结果本位,以结果犯为中心;前者采取以风险为基础的规范化归责原则,后者建立以因果关系和罪责为基础的归责原则;前者认为刑法应积极全面提前介入环境风险,后者认为刑法应保持谦抑;风险社会下的环境刑事立法以可持续发展为立法价值、以预防风险为立法目的、以行为无价值为立法策略,传统的环境刑法以当前的经济发展为立法价值、以惩罚犯罪或事后治理为立法目的、以结果无价值为立法策略。

4. 关于环境风险的防范。在风险社会,风险无处不在,无时不有。风险社会的到来,要求刑法积极应对、防范控制风险。以实害犯为中心的传统刑法不仅对危险、风险关注较少,而且只关注因果关系确定或已被证明的危险,致使对风险的规制呈现出碎片化或断片性。为有效控制社会风险、妥善处理风险犯罪问题,必须克服风险规制的碎片化。对于风险社会的典型风险即环境风险,刑法不仅应积极介入,而且应主动的而不是被动的、提前的而不是滞后的、全面的而不是局部的、整合的而不是碎片的介入规制。

5. 关于环境法益的保护。刑法是法益保护法,刑法全面介入环境风险,旨在于保护环境法益。为了实现环境刑法对环境法益的有效保护,本书对环境犯罪的概念、环境犯罪的构成要件规范、环境犯罪类型、环境犯罪归责原则、环境犯罪刑事责任方式进行了重构和完善。本书认为,环境犯罪的本质是对生态环境整体的破坏,环境法益是其所保护的法益;环境法益应从传统的个人法益背后站出来,成为独立的法益类型,并且内在地包含个人法益,即环境法益是包括人在内的各环境要素法益和环境管理秩序法益的综合体;环境犯罪类型应以法益作为基点并根据对法益侵害程度的不同为标准进行划分;环境犯罪的规范化归责原则以对环境法益具有侵害危险可能性的典型环境风险行为为归责对象;最终通过必需的、合理的、及时的、针对环境犯罪的刑事制裁方式实现环境法益的刑法保护。

6. 关于环境犯罪的规范重构。环境犯罪不是作为具体罪名而是作为类罪名而存在的,是所有危害环境犯罪的统称,因此,环境犯罪规范重构不涉及具体罪名的规范重构。按照我国四要件的犯罪构成,在犯罪客体方面,环境犯罪侵犯了环境法益,环境法益不仅实现独立化,而且具有包括人在内的环境要素法益和环境管理秩序法益的特定内涵;在犯罪客观方面,环境犯罪以违反环境行政管理法规为前提,以此确定行为的危害程度及可能性与违法性,环境危害行为表现为污染环境行为和破坏环境行为两类典型性环境风险行为,环境危害后果既可以表现为实害,也可以表现为危险乃至风险;在犯罪主体方面,包括自然人、单位和国家三类主体,环境犯罪风险主体具有风险需要、风险意识和风险决策等三方面的特征;在犯罪主观方面,环境犯罪的罪过形式包括故意和过失。

7. 关于环境风险犯的创设。中外犯罪类型经历了由结果犯到危险犯再到行为犯的演进过程,环境犯罪也经演进并形成结果犯、危险犯和行为犯共存的犯罪类型格局;环境犯罪行为类型的发展变化始终与法益相关联,并处于不断发展之中,在新的经济社会条件下,仍然会与时俱进地演进产生并接纳新的行为类型;风险社会的到来、风险与危险的区分以及抽象危险犯的尴尬,使风险犯得以创设;风险犯与实害犯、具体危险犯相对应,其分类标准是以环境法益为基点并根据行为对环境法益的不同侵害程度;风险犯是行为人实施某一对法益具有一般性、典型性风险的行为就成立犯罪的情形,现实的法益损害或法益侵害的具体危险对犯罪的成立或定罪没有任何意义,只具有量刑意义;环境风险犯的设立标准包括法益保护和风险创设两项,进而以风险创设方式不同为标准,将环境风险犯分为行为犯、累积犯和预备犯。

8. 关于环境犯罪规范化归责原则的提倡。传统刑法的归责建立在因果关系、罪责基础之上,遗憾的是,条件说、相当因果关系说以及推定因果关系等因果归责和罪过归责以及严格责任等主观归责都不能妥善解决环境犯罪的归责问题;但是,归责过程中出现了因果关系、罪责与归责相对脱离的现象;归责类型和大陆法系犯罪论体系发展表明,犯罪因果关系之脱离经历了一个由必要到弱化再到脱离的过程,因果关系的弱化与脱离不仅与法益保护范围的扩大有关,而且与法益保护阶段的前置有关;实行严格责任对环境犯罪进行刑事归责时,不需要或不考虑主观罪过,只需要或只考虑客观上存在的污染事实就予以控诉和定罪,从而实现了罪过与归责的脱钩,各自独立,归责不再以主观罪责为基础;风险社会的转型为重建归责原则提供了机会,客观归责理论是这方面的有益尝试,为解决环境问题提供了借鉴;动态归责、风险归责和规范归责,但其没有区分风险和危险；在因果关系、主观要素与归责脱钩以及借鉴客观归责理论的基础上，建立规范化归责原则，该原则的归责要素和逻辑顺序或模式为：风险—规范—归责；该归责原则表明，风险是风险行为的风险，风险与风险行为同在，通过刑法对风险行为进行规制，使行为风险化和风险规范化，行为人一经实施特定行为，就确定风险存在，从而直接对行为人归责。

9. 关于环境犯罪的复合责任。环境法益的刑法保护，最终必须通过必需的、及时的、合理的、有效的刑事制裁方能变为现实；无论是立法上还是司法中，环境犯罪的刑事责任实现方式都存在不完善之处。完善环境犯罪刑事责任方式必要可行，应遵循罪刑相适应等基本原则和预防性原则、恢复性原则、严厉性原则以及复合性原则等特殊原则；环境犯罪刑事责任方式的实现，立法上表现为设立复合责任，司法中表现为不同主体的责任承担；复合性责任是指为了解决环境问题、保护环境，刑事责任的设置不能采用单一的而应采用复合的方法和措施，包括：规定侵犯传统法益的责任与侵犯环境法益的责任，规定环境不可恢复的责任与环境可恢复的责任，规定基本的责任与加重的责任，规定故意犯罪的责任与过失犯罪的责任，规定从严的责任与从宽情节的责任；刑事责任最终由行为人承担的，行为人一般不可能同时承担同种复合责任方式，如既承担故意犯罪的责任，又承担过失犯罪的责任，但有时可以同时承担，如行为人同时具有从宽情节和从严情节，就可见既承担从严责任又承担从宽责任；行为人可以同时承担不同种的复合责任方式，如行为人不仅承担结果犯的责任，还承担故意犯的责任，也承担环境可恢复的责任等；法院在具体量刑时，需要综合考虑刑法的规定、所侵犯的法益类型、被破坏的环境能否恢复、与环境行政法的关联程度、危害结果、主观过错等因素，最终确定被告人所应承担的刑事责任方式。

综上，本书针对严重的环境问题和复杂的环境犯罪，以风险社会为背景，从保障环境安全的价值诉求与防范环境风险的目的要求出发，重构环境犯罪，试图建立一套合理的环境保护刑事法律治理的理论体系和制度体系，以完善环境刑事立法和司法，推进环境与资源保护法学、刑法学对环境犯罪深入研究，促进生态文明建设和美丽中国建设，并尝试回答如何处理人与自然的关系这一人类终极问题。

当然，限于笔者的学识和能力，本书尚存在诸多不足，甚至是错讹。首要的是，所谓的创新，或视角或观点或方法，如创设的风险犯等，研究不够深入具体，大有可质疑之处；其次，本书研究的只是环境犯罪的一般问题，即环境犯罪总论，基本不涉及环境犯罪分论，即未研究环境犯罪具体罪名问题；最后，本书主要是从刑法角度研究环境犯罪的治理，但是，环境犯罪的治理是一项系统的、全面的、整体的工程,绝非刑法或刑法一体化乃至法律层面的一维思考,需要政治、经济、文化、社会、生态、道德、教育、技术、体制、机制、制度、标准等方面的建立健全和协调配合。这些将留待读者的学术批评和作者的持续思考。

附录一　民族自治地方生态环境刑事变通立法初探*

我国民族地区充分发挥原始禁忌以及传统习惯等所具有的生态保护作用和功能,生态环境保持良好。尽管如此,由于民族地区生态环境较为脆弱,随着经济社会的发展,当前,民族地区不同程度地存在环境问题,生态污染较为严重。在动刑保护环境已成为世界趋势的当下,民族自治地方如何启动环境刑事立法权,制定符合民族地区实际情况的环境变通或补充刑法,对于加大生态环境的刑法保护力度、追求可持续发展、实现人与自然和谐、为生态文明建设提供法治保障具有重要意义。本文以广西壮族自治区为例,以生态环境污染犯罪为突破口,探讨民族自治地方环境刑事立法,以期对建设生态广西、美丽广西乃至生态中国、美丽中国有所裨益。

一、民族自治地方环境刑事立法的理据

(一)民族区域自治权的行使

我国在少数民族聚居的地方实行民族区域自治,赋予民族自治地方包括民族立法在内的广泛自治权。民族区域自治权首先规定在我国根本大法中,涉及经2004年修正的《宪法》第4条、第115条以及第116条等;其次专门规定在民族区域自治法中,经2001年修正的民族区域自治法专章即第3章共27个条文(自第19条至第45条)对民族区域自治权进行更为明确、具体的规定,包括立法、环境保护等在内。因此,民族自治地方行使环境刑事立法权具有合宪性,不仅可以更好地落实民族区域自治权,而且可以使民族法制更能符合民族自治地方实际。

(二)立法权限的划分

我国幅员辽阔,各地区、各民族经济、社会、文化发展极不均衡的国情决

---

* 该文是本书第六章第一节环境犯罪刑事责任方式完善之国家与地方相结合的综合性原则的具体化,原载《湖北民族学院学报》(哲学社会科学版)2016年第6期。

定,立法既注重统一性、原则性,又注重分权性、灵活性。我国奉行中央统一领导、一定程度分权、多级并存、多类结合的立法权限划分体制。根据经 2015 年修正的《立法法》第 72 条、第 75 条规定,民族自治地方不仅有权制定地方性法规、自治条例和单行条例,而且立法法特别强调,民族自治地方可以就环境保护、历史文化保护等专门事项制定地方性法规,还可以制定自治条例和单行条例,对法律、行政法规作出变通规定。

(三) 直接的法律依据

如果说宪法、民族区域自治法、立法法等是民族自治地方享有刑事立法权的间接依据,那么,刑法则是民族自治地方享有刑事立法权的直接法律依据。我国《刑法》第 90 条[①]是关于民族自治地方制定变通或补充刑法的授权性规定,根据该规定,民族自治地方行使刑事立法权即刑法变通或补充规定权,应遵循以下几点要求:一是非民族自治地方不可以行使地方刑事立法权;二是民族自治地方的刑事立法权由省级权力机关即自治区或其他自治地方所在省的人民代表大会行使;三是民族自治地方的刑事立法仅限于与少数民族特殊的风俗习惯、宗教文化传统相关的部分,而不是排斥全部刑法的适用;四是民族自治地方省级人大要根据当地民族的政治、经济、文化的特点和刑法的基本原则制定,不得脱离地方实际,不得与刑法基本原则冲突;五是民族自治地方制定的变通或者补充刑法规定,须报全国人大常委会批准。

(四) 环境的区域性

环境一词人们频繁使用。环境首先具有整体性、系统性。在环境科学上,环境是以人类为中心、与人类密切相关的外部世界;环境科学上的人类中心主义的环境观进而透视到法学中,即环境法学是借助环境科学上的环境概念,也将环境理解为人类环境;环境法上的环境概念也大致如此。环境科学、法学以及立法中的环境定义大同小异,可从中抽象其共同意蕴,即环境通常指以某主体为中心的外部,内涵上强调自然因素。最广义而言,环境指人类的环境以及其他生物体的环境结合而成的相互影响的整体。第一,环境法的称谓本身有所不同。如欧洲国家称环境法为污染控制法,日本称环境法为公害法,苏联称环境法为自然保护法,我国称环境法为环境保护法,源于各国环境问题的阶段性及环境立法重点不同,但本质并无太大差异。[②] 第二,环境法中的环境概念相

---

① 《刑法》第 90 条规定:"民族自治地方不能全部适用本法规定的,可以由自治区或者省的人民代表大会根据当地民族的政治、经济、文化的特点和本法规定的基本原则,制定变通或者补充的规定,报请全国人民代表大会常务委员会批准施行。"

② 参见林健三:《环境保护法规》(第 4 版),全威图书有限公司 2012 年版,第 15 页。

对确定。以我国环境保护法为例观之。2014年修订的环境保护法规定的环境，是指"影响人类生存和发展的各种天然的和经过人工改造的自然因素的总体，包括……等"。此前，我国1979年试行的《环境保护法》第3条、1989年《环境保护法》第2条也规定了环境的含义。比较三者，在人类的外部情况这一核心意义上，三者没有变化，而且始终以自然因素为最重要的环境因素。第三，注重环境要素的系统性，加强环境的整体保护。因为环境问题所侵害的不仅仅是人身或财产权利，更重要的是它破坏了生态平衡以及人类赖以生存和发展的条件。可见，环境的立法概念既一脉相承，又略有变化，表明立法者对环境的概念认识不断深化。环境不仅具有整体性、系统性，也具有地方性、区域性。因为在各个不同层次或不同空间的地域，环境的结构方式、组织程度、能量流动规模、途径、稳定性程度等都具有一定特殊性，呈现出区域性特征。①环境的区域性特征不只是停留在理论层面，已为事实所证明。这里以广西污染物排放量（见表一）为例略作分析。2011—2014年，广西废水排放总量较大，基本稳居全国第13位。其中，2012年广西农副食品废水排放量高居全国第一，有色金属矿采选业铅、砷排放量均为全国第二，镉排放量全国第三；2013年广西工业废水中汞排放量居全国第二，铅排放量居全国第三，有色金属矿采选业砷排放量居全国第一，汞、铅排放量居全国第二，镉排放量居全国第三。② 这表明，广西生态污染呈现结构性污染，即重金属污染严重，从而显示出生态污染的鲜明区域性特征。

表一 广西污染物排放（产生）统计

年度		2011年	2012年	2013年	2014年
废水排放量	废水（万吨）	222438.92	245577.80	225302.67	219304.0612
	化学需氧量（吨）	793269.88	780301.71	759383.37	743985.1864
	氨氮（吨）	83909.15	82563.52	80995.54	79281.4684
废气排放量	二氧化硫（吨）	521022.51	504123.33	471986.80	466588.74
	氮氧化物（吨）	494007.65	498258.80	504304.74	442398.7607
固体废物产生量（万吨）		7453.16	8042.75	7771.87	8143.26

---

① 参见郭建安、张桂荣：《环境犯罪与环境刑法》，群众出版社2006年版，第10页。
② 参见《环境统计年报》，载http://www.mep.gov.cn/zwgk/hjtj/，2016-03-06。

(五) 动刑保护生态环境的民族传统

广西是以壮族为主体民族的自治地方,有壮、瑶、仫佬、仡佬、毛南、京、水等12个少数民族。在壮民族语言中,"那"有稻田之意,泛指田地或土地。在长期的生产和生活实践中,壮民族以那为本,依那而居,据那而作,形成了自己的独特文化——那文化,即土地文化或稻作文化。这一文化的核心观念是:"有森林才有水,有水才能种稻,有稻才能活人。"① 那文化中有许多环境保护习俗,包括敬奉土地、尊重水源、保护林木、保护动物等,例如,壮族忌在祭祀场所及神灵出入的森林里乱砍滥伐,忌丢脏东西、解大小便和吐痰;② 村口林木、坟头树和寺庙前后的树木、村前庄后高岗高阜上的树木、房前屋后的树木等不得砍伐;③ 祭山祭水时,严禁女人进入、严禁生人过往;不能伤害青蛙等,这些民俗长期指导和规范着壮民族的生活和生产。那文化侧重调整人与自然、人与环境的关系,体现的是敬畏自然、尊重自然、顺应自然与保护自然的态度和精神,有利于壮民族乃至人类的可持续发展、实现人与自然的和谐。壮民族通过原始宗教、神话传说、祭祀礼仪以及传统习惯等途径,保护生态环境,并对破坏生态环境的进行规制惩罚。如对于滥砍滥伐林木者,不仅罚款,而且还要补种树木、重祭等。除了壮族,其他少数民族也注重动刑保护环境。瑶族的环境刑事处罚习惯有罚款、赔偿损失、游村喊寨、逐出村寨等方式。④ 壮、瑶等民族对生态环境破坏者的惩罚不仅类型丰富,而且体现出严厉处罚的倾向和立场。

(六) 地方环境立法实践

研究表明,截至1997年9月,针对法律制定的民族自治地方变通、补充规定共45个,其中,变通规定27个,补充规定18个;主要是针对婚姻法的,共有36个,其他分别为选举法5个、继承法3个、森林法1个;制定变通、补充规定的民族自治地方涉及除广西外的4个自治区。⑤ 涉及生态环境的变通立法为1996年贵州黔西南布依族苗族自治州出台的《执行〈中华人民共和国

---

① 参见王明富、严火其:《文山壮族"那文化"的现代启示》,载《云南师范大学学报》(哲学社会科学版)2009年第6期。
② 参见王明富、严火其:《文山壮族"那文化"的现代启示》,载《云南师范大学学报》(哲学社会科学版)2009年第6期。
③ 参见张万友:《浅析壮族习惯法》,载《绥化学院学报》2006年5期。
④ 参见高其才:《瑶族刑事处罚习惯法初探》,载《山东大学学报》(哲学社会科学版)2007年第4期。
⑤ 参见袁承东:《民族自治地方制定变通、补充规定的现状与思考》,载《中南民族学院学报》(人文社会科学版)2000年第2期。

森林法〉变通规定》，该变通规定系民族自治地方关于生态保护的第一个变通规定，其将生态保护放在头等重要的地位，增加许多具有操作性的条款，对国家森林立法作出了一定贡献，不仅提升了民族环境立法的地位，也提高了国家对民族变通立法的重视程度。① 广西虽然欠缺制定变通、补充规定的实践，但具有丰富的包括环境保护在内的地方立法实践和经验。自 2006 年起，广西不断加强加快环境保护领域立法，先后制定《环境保护条例》《渔业管理实施办法》《实施〈中华人民共和国水法〉办法》《农业环境保护条例》《森林和野生动物类型自然保护区管理条例》《汽车排气污染监督管理办法》《漓江流域生态环境保护条例》《广西海洋环境保护条例》《广西海域使用管理条例》等地方性法规，基本形成了广西环境保护法律体系，为生态广西、美丽广西建设提供了有效法治保障。广西部分环境保护立法规定有刑事责任，如《漓江流域生态环境保护条例》第 68 条，第 69 条第 2 款、第 3 款、第 4 款，第 74 条规定依法追究违法行为的刑事责任，涉及滥用职权罪、玩忽职守罪、非法采矿罪、非法采伐、毁坏国家重点保护植物罪、非法捕捞水产品罪等。尽管这些只是属于提示性的注意规范，但包含刑事责任条款的民族自治地方环保立法无疑将在国家环境刑事立法中占有一席之地。

（七）环境刑事地方立法国外经验借鉴

在环境刑事立法方面，国外有地方立法的成功范例。在澳大利亚，保护和管制环境的主要责任由州承担。澳大利亚新南威尔士州开创地方制定环境刑法的先河，制定了具有代表性且极具特色的《环境犯罪与惩治法》，该法的引人注目之处在于：第一，在立法模式上，属于独立的单行环境刑事法规，而且融实体法、程序法于一体，该法第三章专门规定了诉讼程序，包括环境犯罪一般首先向土地和环境法院提起诉讼，并根据罪刑轻重可先适用简易程序，被告在法律规定的有些情况下负有合法许可的举证责任等内容；② 第二，突破原有的过失理论，将环境犯罪界定为故意或过失以危害或可能危害环境的方式实施的违反环境法律规定的行为；第三，用代理刑事责任替代传统的公司责任原则，规定公司的管理人员、雇员、代理人员在职权范围内实施行为时的意图就是公司的意图，公司对其行为担责；第四，将环境犯罪分为重罪和轻罪两类。③ 澳

---

① 参见乔世明：《民族自治地方野生动植物保护法治化研究》，中央民族大学出版社 2011 年版，第 26~29 页。
② 参见徐平：《环境刑法研究》，中国法制出版社 2007 年版，第 193 页。
③ 参见赵秉志：《环境犯罪及其立法完善研究》，北京师范大学出版社 2011 年版，第 197~198 页。

大利亚新南威尔士州为地方环境刑事立法提供了成功范例和有益借鉴。

二、民族自治地方环境刑事立法的建构

民族自治地方环境刑事立法的建构,就是由自治区或省、直辖市的人大激活刑法中变通或补充规定这一沉睡条款,尝试行使地方刑事立法权,制定环境刑法的变通或补充规定。民族自治地方制定变通或补充环境刑法,涉及立法主体、立法模式和立法内容等方面。

(一) 立法主体

立法主体涉及制定主体、批准主体。制定变通或补充刑法的主体为民族自治区或其他民族自治地方所在省、直辖市①的人民代表大会,这表明,第一,非民族自治地方的权力机关无权制定变通或补充刑法;第二,非自治区或其他非自治地方所在省、直辖市的人民代表大会无权制定变通或补充刑法,民族自治地方省级人大常务委员会亦无刑法变通或补充权。民族自治地方制定的变通或补充刑法并不是自动生效实施,须经全国人民代表大会常务委员会批准施行,即变通或补充刑法的批准主体为全国人大常委会。

(二) 立法形式

这里的立法形式主要是指规范性文件的表现形式,变通或补充规定只能采用自治条例或单行条例的法的形式。本文主张,刑法的变通或补充规定宜采用单行条例的立法形式。因为,第一,自治条例与单行条例有别。自治条例是民族自治地方实行民族区域自治的综合性的规范性文件,主要规定基本组织原则、机构设置、自治机关职权等重大问题;单行条例是民族自治地方根据当地特点和实际需要针对某一方面的具体问题而制定的单项规范性文件。第二,与刑法的立法模式或表现形式相关。刑法立法模式主要有刑法、单行刑法和附属刑法三种,由于变通或补充规定是民族自治地方人大就刑法的某种犯罪或某部分犯罪而对刑法变通、补充所形成,这与单行刑法形式一致或相符,从而,一则不同于全国人大常委会对刑法的修改即刑法修正案,不宜再视为狭义的刑法;二则由于仅仅是对刑法的变通或补充,其仍属于纯粹的刑事法律,因而显然不属于在环境行政法中规定环境犯罪刑罚罚则的附属刑法。第三,本文选取

---

① 根据《刑法》第90条的规定,制定变通刑法的主体不包括直辖市人大。但是,直辖市与自治区、省为同一级的行政区划,而且有的直辖市辖内有民族自治地方,如重庆市,因此,直辖市人大没有刑法变通权属于立法疏漏。当然,从时间看,重庆设立直辖市的议案与现行刑法修订议案同在全国人大八届五次会议通过。建议未来修订刑法时,对此进行修改补正。参见仝其宪:《民族刑法变通权的理论境域》,载《湖北民族学院学报》(哲学社会科学版)2016年第2期。

环境犯罪尤其是生态环境污染犯罪,以其作为启动民族自治地方刑事立法权的突破口。首先,从民族自治地方的立法现状看,未曾行使刑事立法变通权,制定刑法变通或补充规定,使刑法中的变通或补充条款处于沉睡状态。为了增强民族自治地方立法的主动性、针对性、民族性、地域性,全面行使民族区域自治权,推进地方经济社会生态可持续发展,必须唤醒刑法变通沉睡条款。其次,鉴于我国尚无民族自治地方刑事变通立法成功经验可以借鉴,变通或者补充刑法的规定必须审慎进行,可在较小范围内进行立法尝试。选择环境犯罪作为地方刑事立法权的突破口,因为我国刑法规定对环境犯罪并不完全适用于民族地区,以滥砍滥伐林木为例,有的少数民族并不认为该行为是犯罪,有的少数民族则认为是犯罪,而且应从重处罚。再次,环境犯罪不是一个具体的罪名,而是一类犯罪或一部分犯罪,是所有危害环境的犯罪的统称,可以分为环境污染型犯罪和环境破坏型犯罪,前者是指向环境中添加某种物质或能量,由于超过环境的自净能力使环境污染或者有污染风险的行为,简单地说就是"增加因素使环境污染",在刑法中表现为污染环境犯罪;后者是指不合理地开发、利用环境使动物、植物、土地、森林、湿地等生态环境破坏或者有破坏风险的行为,简单地说就是"减少因素使环境破坏",在刑法中表现为破坏环境犯罪。从具体罪名来看,环境污染型犯罪涉及罪名较少,因此,宜将污染型环境犯罪作为突破口进行尝试变通立法。最后,我国民族地区生态环境污染也相当严重,既有水体污染,也有土壤污染和空气污染。广西作为壮族等少数民族聚居区,多山地丘陵,地形复杂,生态环境脆弱,加之经济增长方式仍较粗放,环境压力较大,造成土地石漠化严重、土地退化问题突出,沿海海域以及主要河流部分河段工业废水尤其是含重金属废水污染突出、农业面源由于农药化肥较大强度使用污染日趋严重,空气主要污染物为二氧化硫、二氧化碳、酸雨频率居高不下等。

(三) 立法内容

民族自治地方环境刑法变通或补充规定要针对当地民族的生态环境实际和特点,内容应限于与自治民族特殊的环境风俗习惯和文化传统相关的部分,并且不违反刑法基本原则。具体到广西,就是根据壮民族那文化中的敬奉土地、尊重水源、保护动物、保护森林和古树林木等环境保护习俗与传统对现行刑法进行变通,涉及污染环境犯罪的成立要求及其刑事责任,具体包括细化违反环境管理法规情形、分解污染环境罪罪名、增设非刑罚方法等实体内容以及相关程序性内容。

1. 细化违反环境污染管理法规情形

环境问题不仅涉及环境保护与经济发展之间的矛盾,而且涉及不同世代甚至不同物种间的资源分配,甚至还涉及如何看待生态环境的价值理念问题,因此,需要采取科技、教育、行政和法律等多元的应对措施。现阶段,行政法律规制仍是最基本和最适合的环境管制手段。环境犯罪具有行政犯属性或特征,即其对环境行政法律规范具有高度依附关系,表现为环境犯罪的成立以违反环境行政管理法规为前提。违反环境行政管理法规在各国环境犯罪罪状中存在不同表述:我国刑法规定的第338条、第339条第1款、第339条第2款、第340条、第341条第2款、第342条、第343条第1款、第343条第2款、第344条、第345条第2款等法条仅指出违反的环境行政法律法规的名称或笼统指出违反国家规定;德国刑法规定的第324条、第324a条、第325条、第325a条、第326条、第327条、第328条、第329条等指出,犯罪的成立违反环境行政法律法规,或者违反行政法义务或违反行政许可;俄罗斯刑法规定的第246条、第247条、第248条、第249条、第251条、第252条、第253条、第254条、第255条、第257条、第259条、第262条等法条指出,犯罪的成立需违反环境保护的立法、制度、规则等。这种需要参照其他环境行政法律法规才成立犯罪的规定在理论上称为空白罪状,使得入罪标准不够明确。鉴于我国法源的多样性,为了保证犯罪构成的明确性和司法操作性,并减少对行政规范的依赖,应适度明确违反环境法律法规的具体情况,即环境犯罪应进一步细化相关条文表述中的"违反国家规定""违反某某管理法规"之具体情形,如将污染环境罪中的"违反国家规定"细化为"违反环境污染管控法律、法规、自治条例、单行条例、规章、行政许可等中关于污染物排放标准、方式等的规定"等。

实际上,环境管理法律法规是为保护环境而规定的相应标准,包括全国性标准和地方标准,用以确定行为的危害程度及可能性,如果超此标准即为违反环境管理法律法规,已然表明行为的违法性。当然,违反环境行政法律法规只是环境犯罪刑事违法性的前提条件,即违反环境行政法律法规必须与其他要件结合才能确定环境犯罪的成立。一般来说,危害环境的行为除了要违反行政法律法规、规章制度、禁令或许可等外,还要具备造成侵害后果、形成危险状态或者创设风险等其他要件才构成犯罪。关于地方标准,应特别强调两点:一是地方性环境标准优先,即实施环境标准时,应优先适用地方性标准,地方标准要优位于国家标准适用;[①] 二是细化地方性环境标准。这与经2014年修订的环境保护法规定一致,该法第15条、第16条规定,省级政府对国家环境质量标准、国家污染物排放标准中未作规定的项目,可以制定地方环境质量标准、

---

① 参见朴光洙:《环境法与环境执法》,中国环境科学出版社2002年版,第20页。

地方污染物排放标准；对国家环境质量标准、国家污染物排放标准中已作规定的项目，可以制定严于国家环境质量标准、国家污染物排放标准的地方环境质量标准、地方污染物排放标准。据此，广西可以结合地方实际，一方面就国家没有规定的制定地方环境标准，另一方面就国家已有规定的制定更为严格的地方环境标准。具体来说，广西环境保护指标可以包括森林覆盖率、退化土地恢复率、城镇生活垃圾无害化处理率、城镇污水集中处理率、主要污染物排放强度、降水 pH 值年均值和酸雨频率、空气环境质量、水环境质量等；严格执行污染物排放总量控制制度和排污许可证制度，基于广西结构性污染严重，要严控食品（制糖、酒精、淀粉等）、造纸、化工、制药、矿产采选等重点工业行业的废水排放标准和排放总量，特别是严格矿产采选行业的重金属废水排放标准和排放总量；严格控制各类大气污染物排放，特别是火电、钢铁、有色冶炼（包括铝、铅、锌等）、化工、建材等行业工业二氧化硫、烟尘、粉尘及有毒有害废气的排放标准和排放总量；减少农药、化肥等农用化学品的使用量和强度。

2. 分解污染环境罪罪名

我国刑法规定的污染环境犯罪涉及第 338 条、第 339 条，前者规定的是污染环境罪，[①] 后者规定了非法处置进口的固体废物罪、擅自进口固体废物罪。污染环境罪属于混合性罪名，不区分犯罪对象。这种对污染对象或犯罪对象不加区分的混合性立法，既不符合污染对象的各自特点和性质，也与环境保护管理法规不衔接。

从污染对象来看，主要涉及水体、土地和大气。水体既包括江河、湖泊、水库等内陆地表和地下水体即内陆水或一般意义上的水以及内水、领海、毗连区、专属经济区等海域水体即海洋，无论是面积还是组成物质、对气候的影响等方面，海洋与内陆水有所不同，因此，有必要将海洋从水体中独立出来，与水或内陆水相对应。其实，我国环境保护立法早已将二者区分，表现在：虽然 1979 年试行的环境保护法只将水规定为环境要素，没有区分水与海洋，但 1982 年率先通过了专门防治海洋污染的《海洋环境保护法》，1984 年才通过专门防治水污染的《水污染防治法》；在单行环境法的基础上，1989 年通过的《环境保护法》第 2 条明确将海洋规定为独立的环境要素。首先，污染对象即水、海洋、大气和土地等环境要素不仅性质和成分不同，而且环境容量和环境自净能力也不同。其次，各种环境要素的危害机理、危害后果也有差异：由于

---

① "两高"将 1997 年《刑法》第 338 条规定的罪名确定为重大环境污染事故罪，经 2011 年《刑法修正案（八）》修正，罪名变更为污染环境罪。

大气流动性大、易扩散，污染一般可跨越地理界限的限制，从而难以有效治理；水具有流动性，扩散较快，由于河流、湖泊流域相对有限，较易治理；土地则不具有流动性，污染扩散速度相对较慢，土地自身污染的后果不可能立刻显现，治理较难。正因为如此，对土地污染成立犯罪的要求应该最低、对大气污染犯罪的要求相对高一些，对水污染犯罪的要求最严，即应针对水、大气和土地等不同的污染对象规定不同的犯罪成立要求。实际上，1996年8月8日的刑法分则修改草稿表明了这一点，该草稿不仅用3个条文分别规定3种犯罪：水体污染罪、大气污染罪和土地污染罪；而且犯罪成立要求不同：水体污染犯罪成立要求实际危害后果，大气污染犯罪成立要求足以严重污染环境，土地污染犯罪成立既不要求实际污染环境的后果也不要求足以严重污染环境。①

从环境保护管理法规来看，我国是分别规定具体污染环境犯罪的，包括1982年通过的《海洋环境保护法》第91条规定的污染海洋罪、1984年通过的《水污染防治法》第43条规定的污染水罪、1987年通过的《大气污染防治法》第47条规定的污染大气罪。可见，这些环境管理法规即附属刑法采取的是独立性罪名模式，即规定的是具体的环境污染犯罪。然而，我们看到的是，1997年刑法规定的污染环境罪既没有将海洋污染从水污染中分离，也没有区分土地、水体、空气污染，而是将三种环境要素即土地、水体和大气作为犯罪对象合并在一起而不是分开规定，罪状要求统一而不是分别制定罪状，即污染环境犯罪的成立必须具有造成重大环境污染事故、致使公私财产遭受重大损失或者人身伤亡的严重后果。

由此看来，对污染环境犯罪规定独立罪名，不仅符合污染对象的性质，而且与环境行政法相衔接，还有立法沿革支撑。因此，本文建议分解污染环境罪罪名。作为变通刑法的尝试，应审慎进行，不宜完全分解该罪，实际上也做不到；宜适度分解该罪，即在保留原罪名的情况下，将重要的环境要素即水、海洋、空气、土地分离出来，规定独立的污染犯罪，即从污染环境罪中分解出污染水罪、污染海洋罪、污染大气罪、污染土地罪，二者为一般法条与特殊法条关系。将该罪罪名分解不仅具有理论依据和立法基础，而且有利于与国际接轨，还符合实际。从污染环境犯罪的立法看，国外多采独立性罪名模式，如德国刑法分别规定污染水域罪、污染土地罪和污染空气罪，俄罗斯刑法将污染水体罪、污染大气罪、污染海洋环境罪分别规定，美国附属环境刑法规定有空气污染罪、污染水域罪等。从区情看，广西是唯一拥有海陆空的民族自治地区，

---

① 参见高铭暄：《中华人民共和国刑法的孕育诞生和发展完善》，北京大学出版社2012年版，第561~562页。

但土地少，分布零星，土层薄易被污染腐蚀，土地肥力差；广西以前属于内陆省份，直到1952年才有出海口和海岸线，即拥有海洋；水对于以水田或稻作为文化传统的壮民族意义重大，因此，考虑对不同环境要素的污染规定不同的犯罪，既符合不同环境要素所具有的各自特点也符合广西实际情况。

3. 增设非刑罚措施

污染环境犯罪是对环境的严重侵害，但环境具有一定的可修复性，因此，追究环境犯罪刑事责任，应对环境的修复起到促进作用。换言之，环境的保护和修复是环境刑法的根本目的。鉴于环境的修复包括自然修复和人为修复，这里强调的是人为修复，即当被侵害的存在修复可能性和可行性时，通过环境加害方的修复行为，使被损害的生态环境恢复相对的动态的稳定的平衡状态。显然，作为主要刑事责任方式的刑罚无助于被污染或被破坏的环境的修复，只有作为刑事责任方式之一的非刑罚方法有此功效并可达此效果。因此，对环境加害人配置和适用生态修复性刑事责任方式即非刑罚方法，令其修复环境，不仅符合谁污染谁治理的环保原则，而且利于找到合理有效的修复环境的方法，还有利于加害人体验污染或破坏环境易修复环境难进而改过自新。

修复性司法以及修复的刑事责任根据成为修复性非刑罚方法的存在依据，实务中，司法实践中已经探索并积累一定修复经验，特别是补种复绿或补植复绿的森林资源修复经验。因此，一方面，应将该行之有效的非刑罚方法规定在变通刑事立法中，并扩大适用，可将森林资源的修复方法即补种配置在环境犯罪变通刑法中，并拓展适用于水、空气、土壤污染型环境犯罪的修复、矿产资源犯罪的修复、非法狩猎犯罪、非法捕捞水产品犯罪的修复等。对大气污染型环境犯罪，可采用复植补种方式，通过种植净化空气能力较强的林木达到修复被污染的空气之目的；对土地污染犯罪，亦可用补种林木的方式修复被污染的土壤，如在矿山废弃地污染区种植耐性植物、具有超富集性的植物，如马尾松、桂花、毛竹、速生桉、白茅、飞蓬、马唐、商陆、耳草、芒萁、地瓜榕等，以利于恢复植被。另一方面，发展创设新的切实可行的生态修复性非刑罚措施和方法，并将其规定在环境犯罪变通刑事立法中，如对于破坏矿产资源犯罪的责令被告人补植复绿、渣土回填、人工护坡等方式尽可能地恢复矿区原貌，还可以责令被告人购买至少等量的矿产资源如煤炭、石油、天然气等并储存起来达到矿产修复之效果；对于破坏动物资源犯罪，陆生野生动物的修复可采取判令被告人对生态失衡地区的野生动物进行巡山管护一定期间，以野生动物不再被猎杀并恢复到一定数量作为修复效果；水生动物如鱼类的修复可通过投放相应鱼苗的方式进行水上生态的修复；关于水污染犯罪的生态修复性非刑罚方式，有补水、投放鱼苗、生物护岸、河道清淤等，投放鱼苗主要是因为鱼能消化一部分水体污染物，从而可达修复被污染的水环境之目的；关于土地污染犯罪的生态修复性非刑罚方法，有表土覆盖、添加营养物质、有机肥料等。当然，可修复与不可修复是相对的。一般来说，矿产资源犯罪破坏的矿产资源是不可再生的不可修复的，但是开采矿产资源必然要破坏植被、占用土地，而被破坏的植被、被占用的土地是可以修复的；一般林木是可以通过补种修复的，但重点保护的珍贵林木如红豆杉由于生长周期长而且主要是靠自然成材从而难以修复甚至不可修复。

值得注意的是，《漓江流域生态环境保护条例》法律责任部分已有生态修复性非刑罚方法的规定，具体包括补种（第69条第3款、第5款）、退耕、恢复植被（第70条）、限期治理（第72条、第79条第2款）、代为治理（第72条）、采取补救措施（第69条第1款、第2款、第70条、第72条、第73条、第76条、第77条、第78条、第79条第2款、第80条）。该条例不仅规定了上述非刑罚方法的种类，还规定了相应的操作方式，使其具有可操作性。以补种为例，第69条规定：对于盗伐林木的补种10倍以上，滥伐的补种5倍以上，砍柴放牧毁坏的补种1倍以上3倍以下；又如限期治理，第72条规定：对于逾期不采取补救措施的，环境保护主管部门可以指定有治理能力的单位代为治理，所需费用由违法者承担。而且，该条例是保护漓江流域生态环境的专门性立法。因此，可以说，该条例的制定为广西自治立法尤其是制定变通刑法积累了一定经验，提供了有益借鉴。但是，第一，在法律形式上，毕竟该条例属于地方性法规，而非变通法律、法规的自治条例或单行条例；第二，在责任方式上，该条例规定的非刑罚方法是作为行政责任方式而不是作为刑事责任方式存在的；第三，在责任内容方面，该条例具有一定可操作性但处罚个别化程度仍较低。因此，建议广西在制定变通刑法时，名称上使用立法法专有的单行条例称谓；将该条例中规定的生态修复性责任方式即相关非刑罚方法直接规定在变通刑法中，以避免有违罪刑法定之嫌；对于具体的非刑罚方法即生态修复性方式或补救措施，由法院综合考虑环境犯罪的类型、危害的环境要素以及个人情况而决定，包括修复方式、修复数量或期限以及修复效果，以进一步增强可操作性并体现处罚的个别化，如以补种为修复方式，以1000株为修复数量，抚育3年为修复期限，成活率达90%以上为修复效果。

4. 包容有关程序性规定

增加程序性规定，使变通刑法成为融实体与程序为一体的综合性立法。程序与实体相结合，既包括行政实体程序与刑事实体程序的结合，也包括刑事实体与刑事程序的结合。对于前者而言，由于环境犯罪具有行政犯属性，从而对行政法律法规具有依赖性。由于两者的规制对象具有竞合性，差异只在于危害程度不同，从而导致二者难以区分，且环境行政处理程序没有刑事程序严格，因此，当行政措施失效时，如何启动刑事程序，现行法律并无明确规定，现实中成为有法不依之漏洞。显然，行政与刑事实体程序两者配合协作可有效追究环境违法犯罪行为的刑事责任。对于后者，追究刑事责任，显然既离不开环境刑事实体法，也离不开环境刑事程序法。环境犯罪极具特殊性，尤其是具有较强的复杂的专业知识和技术性，但环境犯罪的追究仅适用一般的刑事诉讼程序，缺少与环境犯罪相适宜的单独的环境刑事诉讼程序，自然就无所谓程序与实体的结合问题。然而，单靠环境刑事实体法去追诉环境犯罪难以达到保护和恢复环境之目的。环境犯罪实体法与刑事程序法的结合，不仅理论上体现出体系性和协调性，实践中也可以避免由于实体法的专业性而导致程序法需求的特殊性。① 这方面有成功立法例，如日本的《公害罪法》、澳大利亚新南威尔士州的《环境犯罪与惩治法》都是融实体法、程序法于一体的独立的单行环境刑法。毕竟尚无变通刑事立法先例，对制定变通刑法宜审慎把握，变通的范围也不能过大，仅建议对环境犯罪的管辖、审判组织以及法律援助进行变通。关于管辖，可尝试规定设立专门环保法院或环保法庭，集中管辖某一区域、流域等的所有环境案件，包括环境刑事、民事、行政案件，以推进环境司法专门化；关于审判组织，可尝试规定环境案件审判组织由法官和技术专家组成，以弥补环境司法人员专业知识和技术的不足；关于法律援助，可以尝试规定法律援助机构应当为符合法律援助条件的环境犯罪被告人以及因环境污染致使合法权益受到侵害的公民提供法律援助。

---

① 参见傅学良：《刑事一体化视野中的环境刑法研究》，中国政法大学出版社2015年版，第78页。

附录二　生态修复的刑事责任方式研究*

犯罪不仅应当承担刑事责任，而且应当承担必需的、及时的、合理的、有效的刑事责任。那么，实施环境犯罪，就应承担具有针对性的、与环境犯罪相适应的刑事责任。环境犯罪是一种新型的复杂的犯罪，与仅侵犯个人法益、社会法益的传统犯罪不同，它侵犯的是环境法益。环境犯罪不仅破坏环境要素，还破坏生态环境整体的系统和功能，进而影响人的利益，乃至人类的生存和发展以及人与自然的关系。因此，必须惩治和预防环境犯罪，追究环境犯罪的刑事责任，保护生态环境。有效保护环境法益，最终需通过与环境犯罪相适应的、具有针对性的刑事责任方式来实现，即生态修复的刑事责任方式。这里的生态修复，主要是人为的修复而不是自然的修复，即通过环境加害方的生态环境修复行为，赔偿和补偿环境受害方的环境权益以及生存和发展权，其强调在恢复基础上对原有生态环境修整，使之回复相对的动态的稳定的平衡状态，促进生态环境与人类社会和谐发展。① 可见，环境修复不仅要修复受损的生态环境的结构与功能，而且要修复已经恶化的人与自然以及人与人之间的关系。② 本文在考察补植这一具有代表性的生态修复的刑事责任方式实践基础上，分析生态修复的刑事责任方式的存在理据，进而提倡对环境犯罪设置和适用生态修复的刑事责任方式，提出相应完善建议，以期对建设生态文明、塑造美丽中国有所裨益。

一、生态修复的刑事责任方式之实践

为了保护生态环境，我国森林环境刑事司法率先尝试适用补植或补种复绿的责任方式，生态修复的刑事责任方式得以诞生，并不断拓展适用于其他环境犯罪。

---

* 该文是本书第六章第一节环境犯罪刑事责任方式完善之恢复性原则和非刑罚方法完善的具体化，原载《环境污染与防治》2017 年第 8 期。刊载时有删减，这里为完整版。另外，由于该文发表时采科技论文结构层级体例，收录时予以调整。

① 参见吴鹏：《浅析生态修复的法律定义》，载《环境与可持续发展》2011 年第 3 期。
② 参见李挚萍：《环境修复法律制度探析》，载《法学评论》2013 年第 2 期。

（一）初步尝试

我国刑法并未规定专门的针对环境犯罪的生态修复的刑事责任方式，但司法实践中已有运用之尝试。最早可见之于1992年黑龙江的张某林、张某刚盗伐林木案的植树判决。1990年6月，张某林因建房需要木料，伙同张某刚等3人私自进入黑龙江苇河林业局冲河林场施业区52林班内，盗伐珍贵树木红松树4棵，时价人民币1123.18元，后案发。苇河林区人民检察院以盗伐林木罪对张某林提起公诉，对张某刚免予起诉，受害单位苇河森林经营局冲河资源管理站提起附带民事诉讼。经公开审理，苇河林区人民法院于1992年8月25日作出刑事附带民事判决，以盗伐林木罪判处被告人张某林有期徒刑1年缓刑2年；并判处缴纳赔偿金328.18元，植造赔偿林落叶松5亩（1000株），抚育3年，成活率应达90%以上；判处附带民事诉讼被告人张某刚缴纳赔偿金200元，植造赔偿林落叶松5亩（1000株），抚育3年，成活率应达90%以上。宣判后，二被告人均服判，并植造赔偿林。① 在张某林、张某刚盗伐林木案中，黑龙江省苇河林区人民法院进行创造性能动司法，在判处被告人自由刑的同时，判决植树并抚育，从而把惩罚环境犯罪与修复环境结合起来，由此，补植成为生态修复的刑事责任实现方式。

（二）扩张适用

诞生于黑龙江涉林环境犯罪或破坏森林资源犯罪司法实务中的补植这一生态修复的刑事责任方式，既可以惩罚犯罪分子，又可以预防潜在犯罪者，还可以使被破坏的环境得到修复，有效实现法律效果、社会效果和生态效果的有机统一，因而具有强大生命力，得以在实践中扩张适用。

1. 适用地域的扩大

补植这种生态修复的刑事责任方式具有典型代表性，可供各地参考，因此，实践中扩张适用首先表现为适用地域的扩大。根据笔者收集的资料，可以看到在湖南、江苏、贵州、河北、福建等地适用。2002年12月，湖南省临武县人民法院以盗伐林木罪对被告人王某英判处其有期徒刑3年缓刑4年，并判处被告人在缓刑期内植树3024株，成活率95%以上。② 2008年12月15日，李某荣、刘某密等人盗伐沪宁高速江苏省无锡市锡山区梅村段防护林中的19棵10年树龄的意杨树，共计3.9立方米。锡山区人民检察院以盗伐林木罪对被告人李某荣、刘某密提起公诉，同时对二被告人提起环境民事公益诉讼，即

---

① 参见最高人民法院中国应用法学研究所：《人民法院案例选》（刑事卷·下）（1992—1999年合订本），中国法制出版社2000年版，第1161页。

② 参见郭建安、张桂荣：《环境犯罪与环境刑法》，群众出版社2006年版，第454页。

刑事附带民事诉讼。同年6月18日,锡山区人民法院经审理认为,二被告人应承担相应的刑事责任、赔偿责任和环境修复责任,在判处二被告人有期徒刑缓刑并处罚金的基础上,判决二被告人共同补种意杨树19棵(10年树龄),并从植树之日起管护1年6个月,补种及管护期间,由锡山区农林局负责监督。① 2007年福建省柘荣县人民法院成立全国首个生态环境审判庭,实行环境案件民事、行政和刑事三合一审理,创设"复植补种"审判模式并在全省推广。2009年以来,福建省各级法院适用"补种复绿"审理毁林案件516件,发出"补植令""监管令"500多份,责令被告人补种、管护林木,6万多亩被毁山林得到及时有效修复。②

2. 适用范围的扩大

司法实践中,补植不仅扩大适用地域,而且不断拓展适用范围。如前所述,补植首创于涉林环境犯罪实践中,且长期适用于破坏森林资源犯罪这一领域。鉴于生态修复的刑事责任方式具有无以比拟的犯罪惩治、生态修复和环境保护之功效优势,随着环境法益刑事保护力度的不断加大和生态司法职能的不断拓展,实践中没有将生态修复仅局限于森林资源的修复,而是继续探索将实践积累的森林资源生态修复经验拓展适用于其他环境犯罪,包括非法狩猎犯罪、非法捕捞水产品犯罪、矿产资源犯罪、土壤、大气、水体等污染型环境犯罪等,即生态修复还应包括动物、矿产、水、土壤、大气等环境要素的修复。关于水污染犯罪的生态修复责任方式,实践中已有适用。福建省龙海市铭威电子有限公司主要从事加工镀件生产项目,2013年4月底,公司直接责任人陈某指使周某等人偷埋暗管,连通公司污水收集池与厂北侧的九龙江海澄水域滩涂,6月初开始利用暗管偷排生产废水,废水中的pH、总镍(第一类污染物)均超标排放,属于严重污染环境。龙海市人民检察院以污染环境罪提起公诉,中华环保联合会同时向法院提起环境民事公益诉讼。经龙海市人民法院调解,双方达成陈某购买28.2万尾鱼苗在锦江道九龙江水域放养以修复九龙江生态环境的调解协议,法院基此水生态环境修复的调解协议,从轻判处,宣告陈某缓刑2年,并处罚金10000元。③ 选择投放鱼苗主要是因为鱼能消化一部分水

---

① 参见朱建伟、姚坚、费娜:《无锡市锡山区人民法院依法审结江苏省首例由检察机关提起的环境民事公益诉讼案件》,载http://law.eastday.com/dongfangfz/node15/node21/u1a30422.html,2009 - 06 - 19。

② 参见江宝章:《福建省法院发出数百份"补植令"修复6万亩被毁山林》,载http://www.fj.xinhuanet.com/news/2015 - 10/12/c_1116793933.htm., 2015 - 10 - 12。

③ 参见朱加良、梁政、郑曦旸:《龙海法院微博直播全省首例水污染环境诉讼案》,载http://fj.people.com.cn/zhangzhou/n/2014/0606/c354244 - 21363611 - 2.html, 2014 - 06 - 06。

体污染物，从而可达修复被污染的水环境之目的。这表明仅适用或主要适用于森林环境犯罪的生态修复刑事责任方式已经扩展适用到其他环境犯罪。

二、生态修复的刑事责任方式之法理

环境刑事司法实践中探索并扩大适用的生态修复的刑事责任方式，并非空穴来风，而有其存在理据：修复性司法、生态人形象以及刑事责任根据。

（一）修复性司法

我国生态修复的刑事责任方式的尝试与扩张适用首先是修复性司法在环境犯罪领域的具体运用，法院在处理环境犯罪案件时，不仅关注对环境犯罪分子的惩罚，更关注对受损生态环境的恢复和持续性保护，以生态修复的刑事责任方式令其承担修复受破坏的生态环境的责任。从而，修复性司法成为生态修复的刑事责任方式的立论之基。修复性司法为英文"restorative justice"的意译，是自 20 世纪 70 年代以来国际刑事司法的最新发展，作为一种全新的司法理念和司法范式，被认为代表了 21 世纪刑事司法的发展方向。2002 年 4 月，联合国预防犯罪和刑事司法委员会在奥地利维也纳通过《关于在刑事事项中采用修复性司法方案的基本原则》。修复性司法的核心是修复，所要达到的最终目标是通过修复损害，使被害人恢复正常生活、加害人回归社会、社会得以恢复和谐与安宁、平等的社会关系得以重建。[①] 修复性司法可以平衡加害方与被害方的利益，既有利于帮助被害方修复被犯罪行为侵害的利益，也有利于帮助加害方复归社会，最终有利于社会关系的修复。虽然修复性司法的表面关注点是人与人之间关系，不涉及人与自然之间的关系，但我们可以转换视角，即由人与人之间的关系到人与自然之间的关系。因为"通过修复犯罪所造成的损害，从而实现司法的一切活动"被称为修复性司法的最高模式，[②] 即修复性司法的核心思想和最高精神是修复，只要是对犯罪所造成的损害的修复，都是修复性司法的体现。而环境犯罪的本质在于对生态环境整体造成破坏，破坏生态环境的系统功能和系统平衡，进而侵犯生活其中的人的利益，包括人身、财产和精神利益等。可见，环境犯罪不仅对人、社会造成损害，也对生态环境造成损害，因此，不仅要修复对人、社会的损害，也要修复对生态环境的损害，而且逻辑顺序应为通过直接保护环境利益进而保护人类利益，而不是相反。将修复性司法运用到环境犯罪，就是在对环境犯罪分子进行刑罚惩罚的同时，"选择

[①] 参见陈晓明：《刑事和解原论》，法律出版社 2011 年版，第 18 页。
[②] 参见黎宏：《刑法总论问题思考》，中国人民大学出版社 2007 年版，第 547 页。

一些能够有效防止犯罪行为继续发生、使被犯罪人破坏了的环境能够得以恢复原貌、使被毁损的自然资源得以重新生成的手段和措施"。①

(二) 生态人形象

刑法中人的形象变迁也为生态修复的刑事责任方式的存在提供了理据。根据刑事古典学派，犯罪显然是出于自由意思，因而在道德上负有责任。这里的人是一般的、抽象的、正常的"理性人"，是道德上自主的人。刑事近代学派则认为，犯罪不是自由意思之产物，而是由个人素质原因和社会环境原因等所决定的，令其承担刑事责任是为了防卫社会的需要。这里的人是个别的、具体的"经验人"。无论是理性人还是经验人，都是以人与人之间的社会关系为背景的人类形象，而且以一个孤立的微观个体为观察对象的人类形象，基本不涉及联系的宏观整体的观察。这种现象一直延续"二战"后很长时间，从"二战"后刑法理论发展可以看出。刑事近代学派出现后，其与刑事古典学派长期争论。但第二次世界大战前已趋缓和，"二战"后兼采两派之长的综合主义理论取得多数学者赞同，扬弃学派之争的扬弃说也被提出。整体上，偏向刑事古典学派，尤其是犯罪论部分，意思自由很大程度上得以保留和维持。② 因此，理性人的形象仍是"二战"后相当长时间内刑法中的基本人类图像。这一人类形象自20世纪六七十年代开始有了改变。由于现代科技和经济社会生活的发展，环境资源开始出现前所未见的窘迫，人是环境要素之一或生态链条一环的既存事实被重新发现。人道不应只针对人类或者与人类接近的动物，应适用于环境整体。从人是生态链条的一环的事实出发，生态人类的概念在德国被提出。在此概念下，人不仅仅是社会之人，而是负有和环境协调义务的人。③ 我国也有学者在探讨生态人，认为生态人是日常人，是人的社会性和自然性的统一体现；生态人在人类生态系统中既可以是主体也可能成为客体；理性生态人是追求人与人和谐相处和人与自然和谐相处的人。④ 显然，生态人超越了仅思考人与人关系的模式，超越了人类社会的存在场景，将人置于比人类社会更广阔的生态系统中，既关注人与人的关系，又强调人与自然的关系。从而，当生态人的法律表现者包括自然人、单位以及国家违背与环境相协调相和谐之义务、故意或过失污染、破坏环境时，不仅道义上而且为了预防需要，应令其承担修复环境的刑事责任。

---

① 蒋兰香：《环境犯罪基本理论研究》，知识产权出版社2008年版，第297页。
② 参见马克昌：《近代西方刑法学说史》，中国人民公安大学出版社2008年版，第473~475页。
③ 参见许玉秀：《当代刑法思潮》，中国民主法制出版社2005年版，第29~30页。
④ 参见蔡守秋、吴贤静：《论生态人的要点和意义》，载《现代法学》2009年第4期。

（三）三元的刑事责任根据

在刑事责任根据或刑罚根据上，存在报应论、预防论以及报应预防并合论。报应论强调对犯罪分子的惩罚，以实现公平正义；预防论强调对犯罪人的矫治，以预防其不再犯罪；并合论则强调在报应刑范围内实现预防之目的。对于一般犯罪而言，刑罚可以收报应、预防之效；对于环境犯罪，运用刑罚却难收报应预防之效，即使可以，但就已经被破坏的生态环境而言，显然是无效的无意义的。鉴于破坏森林资源犯罪是环境犯罪中多发常见的犯罪，这里以盗伐林木、滥伐林木等森林环境犯罪为例略作分析。此前对盗伐林木、滥伐林木的犯罪分子仅判处自由刑实刑，或者在判处自由刑的基础上并处罚金，这样的判决往往造成一判三输的现象：环境直接受害方即林权人得不到救济、环境加害方难以复归社会、被破坏的山林未能得以修复、人们最直观感知到的仍旧是光秃秃的荒山。如此判决，一方面囿于刑法对环境犯罪刑事责任方式的规定单一，另一方面反映人们对环境要素之森林资源及其价值存在认识误区。森林资源不仅具有重要的经济价值，而且具有更为重要的生态价值。据印度加尔各答农业大学德斯教授的计算，除去花、果实和木材的经济价值，一棵50年树龄的树的生态价值约为19.6万美元，包括产生氧气、吸收有毒气体、增加土壤肥力、涵养水源、为动物提供繁衍场所等价值，当然，该价值还未计算调节气候、美化环境的价值等。① 据测定，一亩森林每天能够产生48.7kg氧气，可供65人吸收一天；森林还能吸收大气中的有害物质，净化空气，据测算，一公顷的柳杉林每月可吸收60kg二氧化碳，女贞、丁香、梧桐、垂柳、桧柏、洋槐等对减轻氟化氢危害具有良好效果。② 破坏森林资源的行为当然侵害林木的财产权，但更重要的是破坏环境的生态价值，盗伐林木、滥伐林木等破坏行为使森林再生能力减弱，使其具有的涵养水源、调节气候等生态价值功能丧失，而且后者的损害更为严重、影响更为深远。毕竟，生态环境是一个系统、一个整体，人只是其中的一环。显然，如果仅仅判处刑罚，根本无法修复被破坏的森林环境；如果在判刑的基础上判处赔偿经济损失或者责令赔偿损失，可以一定程度上补偿森林资源的经济价值，但对于森林资源的生态价值难以补偿，难以修复。

要改变这种情况，必须把惩罚、预防环境犯罪与修复环境结合起来。黑龙江省苇河林区人民法院的补植判决尝试，即在对环境犯罪分子判处刑罚的基础

---

① 参见全国绿化委员会办公室：《一棵树的生态价值》，载 http://www.greentimes.com/green/news/cxlh/zhengwen/2012-03/12/content_171867.htm, 2012-03-12。

② 参见郭建安、张桂荣：《环境犯罪与环境刑法》，群众出版社2006年版，第18~19页。

上，适用生态修复刑事责任方式，判决植树5亩并管护3年，一举变以往的一判三输为一判三赢，即通过环境加害人补种林木，使其得以回归社会，直接受害方得到补偿林，森林资源生态功能得以恢复修整并改良完善，最终实现生态环境美、并与社会环境相和谐。该判决的最大价值和伟大意义不只在于创设了生态修复的刑事责任方式，也不仅在于实现了法律效果、社会效果与生态效果的统一，更在于创新发展了刑事责任根据论，即以修复作为刑事责任根据之一。这与刑事责任根据论的发展变化不谋而合。随着刑罚制度的不断改革完善，有学者主张，应建立报应论、预防论、恢复发展论三者基础上的新并合刑事责任根据论。[1] 鉴于修复与恢复不同，以及与报应、预防的对仗，宜将该论者主张的恢复发展修改为修复，并将修复作为刑事责任的根据，从而将刑事责任根据由二元发展为三元、由旧并合论发展为新并合。换言之，刑事责任的根据由报应、预防以及二者的整合发展为报应、预防、修复以及三者的整合。从而，修复的刑事责任根据为生态修复的刑事责任方式提供了理论支撑。

三、生态修复的刑事责任方式之完善

生态修复的刑事责任方式不仅有其存在理据，而且环境刑事司法实践表明生态修复的刑事责任方式具有修复环境、保护环境的功能和效果，因此，宜提倡以生态修复的责任方式追究环境犯罪的刑事责任，并进一步完善已有的生态修复的刑事责任方式，以全面有效保护环境法益，为保护生态环境提供强有力的刑事法治保障。

（一）确立修复原则

设置和适用环境犯罪的刑事责任，不仅应遵循罪刑法定原则、罪刑相适应原则以及平等适用刑法原则等一般原则，还要遵循生态环境修复原则等特殊原则。修复原则是指对于可以修复、能够修复的被污染或被破坏的环境，必须对污染环境或破坏环境的犯罪分子设置与适用修复环境的刑事责任，从而使被污染或被破坏的环境得以补偿、恢复和改善，实现人类生存环境更加和谐美好的环境保护最终目的。可以说，以往对环境犯罪的责任追究既缺乏修复理念，也缺乏修复措施，导致被破坏的生态环境未能得以修复的尴尬局面。为此，完善生态修复的刑事责任方式，首先要确立生态环境修复原则。在确立修复原则方面，欧盟理事会1998年的《通过刑法保护环境的公约》的环境修复规定值得

---

[1] 参见魏东：《刑法总则的修改与检讨——以〈刑法修正案（九）〉为重点》，载《华东政法大学学报》2016年第2期。

借鉴。该公约第二节规定了国家应采取的措施，其中，第6条规定，任一缔约国对环境犯罪应处以与其犯罪性质相当的刑事处罚，可以适用的处罚包括自由刑、罚款和修复环境；第8条规定，任一缔约国在任何时候可以声明其按照相关规定提供修复环境的措施，具体来说，任一国家的主管机关可以责令按照该公约所确定的犯罪分子直接采取修复措施修复环境，如果一项责令修复环境的命令没有得到执行，主管机关可以让犯罪分子付出代价使命令执行，或者以其他刑事制裁替代执行，或者在责令执行基础上再处以刑事制裁。该公约不仅规定了修复环境的地位，即作为一种刑事责任方式存在，而且规定了修复环境的适用条件、修复环境措施的执行等内容。据此可以认为，《通过刑法保护环境的公约》确立了环境修复原则。我们应以此为鉴，确立生态修复原则。根据修复原则，应完善环境犯罪刑事责任方式，着重完善有利于预防环境犯罪的，特别是有利于补救、恢复、改善被污染或被破坏的环境的刑罚和非刑罚方法。

(二) 设立复合责任

完善生态修复的刑事责任方式，除了确立修复原则，还应设立复合责任。设立复合责任原因在于，一方面环境法具有综合性、涉及面广、牵动利益复杂、调整手段多样等特点；另一方面，环境中任何因素、任何层次、任何系统的改变都可能引起环境变化。复合责任类型多样，包括刑罚与非刑罚方法的复合、故意的责任与过失的责任的复合、从严的责任与从轻的责任的复合等。这里的复合责任着重指环境可修复的责任与环境不可修复责任的复合。对于能够修复的被污染或被破坏的环境，应尽量采取生态修复的刑事责任方式。同时，由于环境犯罪是环境风险的体现，环境风险危害又具有不可修复或难以修复的一面。因此，可以根据环境能否修复，环境刑事立法分别规定不同的刑事责任方式，即制定环境可修复的责任、环境不可修复的责任，从而实现环境可修复的责任与环境不可修复的责任的复合。这里的可修复责任与不可修复责任与环境法益有关，将其单列讨论是为了突出修复环境的重要性，以更好更有效地保护环境。这方面国外是有立法例的，根据《德国刑法》第330条第1款第1项规定，致使被污染的水域、土地或第329条第3款规定的保护区之污染不能清除属于环境不可修复的，花费巨额费用或相当长时间能清除的属于环境可修复的；根据《奥地利刑法》第180条第2款规定，致使被污染或侵害的水，或被污染的土壤之污染或侵害永远或长期存在，排除污染或侵害不可能属于不可修复，通过一定费用排除污染或侵害的属于可修复。我国立法无此规定，实践中也不加区分。如同环境犯罪刑事责任重传统法益尤其是重环境的经济价值轻环境的生态价值一样，环境犯罪刑事责任也存在重惩罚的责任轻修复的责任。比如，在盗伐林木等破坏森林资源犯罪中，尽管我们知道林木是可以修复的，但往往置林木的修复于不顾。这表明，该责任追究模式不利于环境保护，必须采取修复措施修复被污染和被破坏的环境。修复环境不仅是环境修复原则的体现，据此原则，对于环境的污染者和破坏者这些最低限度的主体应承担修复环境的责任；可持续发展同样要求保护环境、防治环境、恢复环境以及改善环境。对于可修复的责任以及不可修复的责任，应保持责任总量的一致。因此，在可修复的责任模式中，刑罚比重适当少一些，非刑罚方法比重适当多一些；在不可修复的责任模式中，只能以或主要以刑罚惩治，主要设置刑罚的，刑罚量重一些，非刑罚方法量轻一些。鉴于环境的重要性，环境犯罪后果更严重更深远，因此，各国刑事立法不断加强环境保护，逐步增强环境犯罪的责任量，设计复合责任时应顺应这一趋势，整体上适当增加刑事责任量。

（三）细化生态修复方式

无论是修复性原则之确立还是复合责任之设定，都尚停留在宏观层面，属于抽象强调生态修复。至于具体如何修复环境，即生态修复的具体措施或具体方式尚有待探讨和细化。不同国家或地区的立法有不同规定，司法实践中亦有不同的做法。从立法看，前述德国、奥地利刑法规定有清除污染的责任；我国香港特区的《废物处理条例》《水污染管制条例》规定被定罪者要承担处理、修补责任；[①] 我国的《土地管理法》《水土保持法》《矿产资源法》《森林法》《草原法》等法律规定，耕地、草原、林地受到破坏的，应采取复垦利用、植树种草、退耕还林、还牧、还湖或者其他措施修复。从司法实践来看，美国诉卡迪尼尔案中，被告负责恢复毁坏的沼池原样，并对雇员进行环境法知识培训；[②] 我国前述张某林、张某刚盗伐林木案中，被告人负责植树并抚育三年。实践中运用的生态修复的刑事责任方式还有除去污染物、拆除排污设备、恢复被占用的土地用途、承担恢复费用等系列措施。理论上，有学者建议，将所有为修复被环境犯罪所破坏的环境所采取的补救措施称为"责令补救"，[③] 通过行为人采取拆除排污设备、承担修复费用等一系列措施，以补偿、恢复、改善被污染和被破坏的环境，从而真正保护环境。

无论是立法规定的还是实践探索的生态修复的刑事责任方式，都尚有待进一步检验并检讨，并在此基础上予以完善、创新发展。

第一，立法上，我国现行生态环境修复立法首先表现为单行法律，是从小

---

① 参见卢永鸿：《中国内地与香港环境犯罪的比较研究》，中国人民公安大学出版社2005年版，第267页。
② 参见付立忠：《环境刑法学》，中国方正出版社2001年版，第250页。
③ 参见李希慧、董文辉、李冠煜：《环境犯罪研究》，知识产权出版社2013年版，第154页。

范围或区域的角度即土地、矿产、森林、草原等环境要素进行环境修复，尚不能立足于大范围或系统的角度即环境系统进行通盘考虑，因此，应制定生态修复基本法。其次，我国现行生态环境修复立法政策性宣传性较强而可操作性不足，如退耕还林、还牧。这方面，可借鉴国外修复环境的立法经验。如美国《综合环境反应、赔偿与责任法》规定，公司申请采矿许可时需缴纳复垦和闭矿保证金，用于公司停止运营时修复因采矿而被污染和破坏的矿区生态环境。该保证金制度具有典型性和代表性，可以给我们提供启示和借鉴意义：将审查是否缴纳环境修复保证金作为颁发相关行政许可的前置程序；环境修复征收指导标准由国务院制定、征收具体标准由省级地方政府制定；环境修复保证金的方式应多元化，现金、存款单、不可撤销信用证、信托基金、政府债券、保险等均可作为保证金；保证金罚没后直接转入环境修复专用资金账户，确保用于修复被污染或被破坏的环境。①

第二，实务中，在现有可修复范围以及修复措施的基础上，一方面扩大可修复的适用范围，如将我国司法实践中探索并积累一定经验的森林资源修复措施拓展适用于矿产、水、空气、土壤、动物等环境要素、环境系统的修复，如对大气污染型环境犯罪，亦可采用复植补种方式，通过种植净化空气能力较强的林木达到修复被污染的空气之目的。另一方面发展创设新的切实可行的修复措施和修复方式，如对于破坏矿产资源犯罪的责令被告人采取补植复绿、渣土回填、人工护坡等方式尽可能地修复矿区原貌，还可以责令被告人购买至少等量的矿产资源如煤炭、石油、天然气等并储存起来以达矿产修复之效；对于破坏动物资源犯罪，陆生野生动物的修复可采取判令被告人对生态失衡地区的野生动物进行巡山管护一定期间，以野生动物不再被猎杀并恢复到一定数量作为修复效果；水生动物如鱼类的修复可通过投放相应鱼苗的方式进行水上生态的修复。当然，可修复与不可修复是相对的。一般来说，矿产资源犯罪破坏的矿产资源是不可再生的不可修复的，但是开采矿产资源必然要破坏植被、占用土地，而被破坏的植被、被占用的土地则是可以修复的；一般而言，林木是可以通过补种修复的，但重点保护的珍贵林木如红豆杉由于生长周期长而且主要是靠自然成材，而又难以修复甚至不可修复。

---

① 参见王江、黄锡生：《我国生态环境恢复立法析要》，载《法律科学》（西北政法大学学报）2011年第3期。

附录三 环境日主题

一、世界环境日[①]主题

(一) 世界环境日简介

20世纪六七十年代以来,随着世界范围内环境污染与生态破坏问题的日益严重,环境保护逐渐成为国际社会关注的重要问题。

1972年6月5日,联合国在瑞典首都斯德哥尔摩举行了第一次人类环境会议,会议通过了《人类环境宣言》及保护全球环境的"行动计划"。全体代表建议将大会开幕日即每年的6月5日定为"世界环境日"。同年10月,第27届联合国大会根据斯德哥尔摩会议的建议,决定成立联合国环境规划署,并正式将6月5日定为"世界环境日"。

世界环境日(World Environment Day)的确立反映了世界各国人民对环境问题的认识和态度,表达了人类对美好环境的向往和追求,是联合国促进全球环境意识、提高政府对环境问题的注意并采取行动的主要媒介之一。从1974年起,联合国环境规划署在每年的年初公布当年的世界环境日主题,展开相关宣传活动,并在每年的世界环境日发表环境状况的年度报告书。联合国系统和各国政府,每年都在6月5日开展各项活动来宣传与强调保护和改善人类环境的重要性。我国从1985年6月5日开始举办纪念世界环境日的活动。

(二) 历年世界环境日主题

1974年:只有一个地球(Only one Earth)

1975年:人类居住(Human Settlements)

1976年:水,生命的重要源泉(Water: Vital Resource for Life)

1977年:关注臭氧层破坏、水土流失、土壤退化和滥伐森林(Ozone Lay-

[①] 参见《世界环境日》,载新华网,http://news.xinhuanet.com/ziliao/2003-06/05/content_904838.htm1,2003-06-05。

er Environmental Concern; Lands Loss and Soil Degradation; Firewood)

1978年：没有破坏的发展（Development Without Destruction）

1979年：为了儿童的未来——没有破坏的发展（Only One Future for Our Children – Development Without Destruction）

1980年：新的十年，新的挑战——没有破坏的发展（A New Challenge for the New Decade: Development Without Destruction）

1981年：保护地下水和人类食物链，防治有毒化学品污染（Ground Water; Toxic Chemicals in Human Food Chains and Environmental Economics）

1982年：纪念斯德哥尔摩人类环境会议10周年——提高环保意识（Ten Years After Stockholm – Renewal of Environmental Concerns）

1983年：管理和处置有害废弃物，防治酸雨破坏和提高能源利用（Managing and Disposing Hazardous Waste: Acid Rain and Energy）

1984年：沙漠化（Desertification）

1985年：青年、人口、环境（Youth、Population and the Environment）

1986年：环境与和平（A Tree for Peace）

1987年：环境与居住（Environment and Shelter: More Than A Roof）

1988年：保护环境、持续发展、公众参与（When People Put the Environment First, Development Will Last）

1989年：警惕全球变暖（Global Warming; Global Warning）

1990年：儿童与环境（Children and the Environment）

1991年：气候变化——需要全球合作（Climate Change. Need for Global Partnership）

1992年：只有一个地球——关心与共享（Only One Earth, Care and Share）

1993年：贫穷与环境——摆脱恶性循环（Poverty and the Environment – Breaking the Vicious Circle）

1994年：同一个地球，同一个家庭（One Earth One Family）

1995年：各国人民联合起来，创造更加美好的世界（We the Peoples: United for the Global Environment）

1996年：我们的地球、居住地、家园（Our Earth, Our Habitat, Our Home）

1997年：为了地球上的生命（For Life on Earth）

1998年：为了地球的生命，拯救我们的海洋（For Life on Earth – Save Our Seas）

1999 年：拯救地球就是拯救未来！（Our Earth – Our Future – Just Save It!）

2000 年：环境千年，行动起来（2000 The Environment Millennium – Time to Act）

2001 年：世间万物，生命之网（Connect with the World Wide Web of life）

2002 年：让地球充满生机（Give Earth a Chance）

2003 年：水——二十亿人生于它！二十亿人生命之所系！（Water – Two Billion People are Dying for It!）

2004 年：海洋存亡，匹夫有责（Wanted! Seas and Oceans—Dead or Alive?）

2005 年：营造绿色城市，呵护地球家园！（Green Cities—Plan for the Planet!）

2006 年：莫使旱地变为沙漠！（Deserts and Desertification—Don't Desert Drylands!）

2007 年：冰川消融，后果堪忧（Melting Ice—a Hot Topic?）

2008 年：促进低碳经济（Kick the Habit! Towards a Low Carbon Economy）

2009 年：地球需要你：团结起来应对气候变化（Your Planet Needs You – Unite to Combat Climate Change）

2010 年：多样的物种，唯一的地球，共同的未来（Many Species. One Planet. One Future）

2011 年：森林：大自然为您效劳（Forests：Nature at Your Service）

2012 年：绿色经济：你参与了吗？（Green Economy：Does it include you?）

2013 年：思前、食后、厉行节约（Think. Eat. Save）

2014 年：提高你的呼声，而不是海平面（Raise your voice not the sea level）

2015 年：可持续的生活方式（Sustainable life style）

2016 年：为生命呐喊（Go Wild for Life）

2017 年：人与自然、相联相生（Connecting People and Nature）

2018 年：塑战速决（Beat Plastic Pollution）

2019 年：应对空气污染（Beat Air Pollution）

二、世界环境日中国主题

1985 年：青年人口，环境

1993 年：打破贫穷与环境的怪圈

2005 年：人人参与　创建绿色家园

2006 年：生态安全与环境友好型社会

2007 年：污染减排与环境友好型社会
2008 年：绿色奥运与环境友好型社会
2009 年：减少污染——行动起来
2010 年：低碳减排·绿色生活
2011 年：共建生态文明，共享绿色未来
2012 年：绿色消费，你行动了吗？
2013 年：同呼吸，共奋斗
2014 年：向污染宣战
2015 年：践行绿色生活
2016 年：改善环境质量，推动绿色发展
2017 年：绿水青山就是金山银山
2018 年：美丽中国，我是行动者
2019 年：蓝天保卫战，我是行动者

附录四　环境犯罪相关司法解释、规范性文件

最高人民法院　最高人民检察院
关于办理环境污染刑事案件适用法律若干问题的解释

（法释〔2016〕29号）

为依法惩治有关环境污染犯罪，根据《中华人民共和国刑法》《中华人民共和国刑事诉讼法》的有关规定，现就办理此类刑事案件适用法律的若干问题解释如下：

第一条　实施刑法第三百三十八条规定的行为，具有下列情形之一的，应当认定为"严重污染环境"：

（一）在饮用水水源一级保护区、自然保护区核心区排放、倾倒、处置有放射性的废物、含传染病病原体的废物、有毒物质的；

（二）非法排放、倾倒、处置危险废物三吨以上的；

（三）排放、倾倒、处置含铅、汞、镉、铬、砷、铊、锑的污染物，超过国家或者地方污染物排放标准三倍以上的；

（四）排放、倾倒、处置含镍、铜、锌、银、钒、锰、钴的污染物，超过国家或者地方污染物排放标准十倍以上的；

（五）通过暗管、渗井、渗坑、裂隙、溶洞、灌注等逃避监管的方式排放、倾倒、处置有放射性的废物、含传染病病原体的废物、有毒物质的；

（六）二年内曾因违反国家规定，排放、倾倒、处置有放射性的废物、含传染病病原体的废物、有毒物质受过两次以上行政处罚，又实施前列行为的；

（七）重点排污单位篡改、伪造自动监测数据或者干扰自动监测设施，排放化学需氧量、氨氮、二氧化硫、氮氧化物等污染物的；

（八）违法减少防治污染设施运行支出一百万元以上的；

（九）违法所得或者致使公私财产损失三十万元以上的；

（十）造成生态环境严重损害的；

（十一）致使乡镇以上集中式饮用水水源取水中断十二小时以上的；

（十二）致使基本农田、防护林地、特种用途林地五亩以上，其他农用地十亩以上，其他土地二十亩以上基本功能丧失或者遭受永久性破坏的；

（十三）致使森林或者其他林木死亡五十立方米以上，或者幼树死亡二千五百株以上的；

（十四）致使疏散、转移群众五千人以上的；

（十五）致使三十人以上中毒的；

（十六）致使三人以上轻伤、轻度残疾或者器官组织损伤导致一般功能障碍的；

（十七）致使一人以上重伤、中度残疾或者器官组织损伤导致严重功能障碍的；

（十八）其他严重污染环境的情形。

第二条 实施刑法第三百三十九条、第四百零八条规定的行为，致使公私财产损失三十万元以上，或者具有本解释第一条第十项至第十七项规定情形之一的，应当认定为"致使公私财产遭受重大损失或者严重危害人体健康"或者"致使公私财产遭受重大损失或者造成人身伤亡的严重后果"。

第三条 实施刑法第三百三十八条、第三百三十九条规定的行为，具有下列情形之一的，应当认定为"后果特别严重"：

（一）致使县级以上城区集中式饮用水水源取水中断十二小时以上的；

（二）非法排放、倾倒、处置危险废物一百吨以上的；

（三）致使基本农田、防护林地、特种用途林地十五亩以上，其他农用地三十亩以上，其他土地六十亩以上基本功能丧失或者遭受永久性破坏的；

（四）致使森林或者其他林木死亡一百五十立方米以上，或者幼树死亡七千五百株以上的；

（五）致使公私财产损失一百万元以上的；

（六）造成生态环境特别严重损害的；

（七）致使疏散、转移群众一万五千人以上的；

（八）致使一百人以上中毒的；

（九）致使十人以上轻伤、轻度残疾或者器官组织损伤导致一般功能障碍的；

（十）致使三人以上重伤、中度残疾或者器官组织损伤导致严重功能障碍的；

（十一）致使一人以上重伤、中度残疾或者器官组织损伤导致严重功能障碍，并致使五人以上轻伤、轻度残疾或者器官组织损伤导致一般功能障碍的；

（十二）致使一人以上死亡或者重度残疾的；

（十三）其他后果特别严重的情形。

第四条 实施刑法第三百三十八条、第三百三十九条规定的犯罪行为，具有下列情形之一的，应当从重处罚：

（一）阻挠环境监督检查或者突发环境事件调查，尚不构成妨害公务等犯罪的；

（二）在医院、学校、居民区等人口集中地区及其附近，违反国家规定排放、倾倒、处置有放射性的废物、含传染病病原体的废物、有毒物质或者其他有害物质的；

（三）在重污染天气预警期间、突发环境事件处置期间或者被责令限期整改期间，违反国家规定排放、倾倒、处置有放射性的废物、含传染病病原体的废物、有毒物质或者其他有害物质的；

（四）具有危险废物经营许可证的企业违反国家规定排放、倾倒、处置有放射性的废物、含传染病病原体的废物、有毒物质或者其他有害物质的。

第五条 实施刑法第三百三十八条、第三百三十九条规定的行为，刚达到应当追究刑事责任的标准，但行为人及时采取措施，防止损失扩大、消除污染，全部赔偿损失，积极修复生态环境，且系初犯，确有悔罪表现的，可以认定为情节轻微，不起诉或者免予刑事处罚；确有必要判处刑罚的，应当从宽处罚。

第六条 无危险废物经营许可证从事收集、贮存、利用、处置危险废物经营活动，严重污染环境的，按照污染环境罪定罪处罚；同时构成非法经营罪的，依照处罚较重的规定定罪处罚。

实施前款规定的行为，不具有超标排放污染物、非法倾倒污染物或者其他违法造成环境污染的情形的，可以认定为非法经营情节显著轻微危害不大，不认为是犯罪；构成生产、销售伪劣产品等其他犯罪的，以其他犯罪论处。

第七条 明知他人无危险废物经营许可证，向其提供或者委托其收集、贮存、利用、处置危险废物，严重污染环境的，以共同犯罪论处。

第八条 违反国家规定，排放、倾倒、处置含有毒害性、放射性、传染病病原体等物质的污染物，同时构成污染环境罪、非法处置进口的固体废物罪、投放危险物质罪等犯罪的，依照处罚较重的规定定罪处罚。

第九条 环境影响评价机构或其人员，故意提供虚假环境影响评价文件，情节严重的，或者严重不负责任，出具的环境影响评价文件存在重大失实，造成严重后果的，应当依照刑法第二百二十九条、第二百三十一条的规定，以提供虚假证明文件罪或者出具证明文件重大失实罪定罪处罚。

第十条 违反国家规定，针对环境质量监测系统实施下列行为，或者强令、指使、授意他人实施下列行为的，应当依照刑法第二百八十六条的规定，以破坏计算机信息系统罪论处：

（一）修改参数或者监测数据的；

（二）干扰采样，致使监测数据严重失真的；

（三）其他破坏环境质量监测系统的行为。

重点排污单位篡改、伪造自动监测数据或者干扰自动监测设施，排放化学需氧量、氨氮、二氧化硫、氮氧化物等污染物，同时构成污染环境罪和破坏计算机信息系统罪的，依照处罚较重的规定定罪处罚。

从事环境监测设施维护、运营的人员实施或者参与实施篡改、伪造自动监测数据、干扰自动监测设施、破坏环境质量监测系统等行为的，应当从重处罚。

第十一条 单位实施本解释规定的犯罪的，依照本解释规定的定罪量刑标准，对直接负责的主管人员和其他直接责任人员定罪处罚，并对单位判处罚金。

第十二条 环境保护主管部门及其所属监测机构在行政执法过程中收集的监测数据，在刑事诉讼中可以作为证据使用。

公安机关单独或者会同环境保护主管部门，提取污染物样品进行检测获取的数据，在刑事诉讼中可以作为证据使用。

第十三条 对国家危险废物名录所列的废物，可以依据涉案物质的来源、产生过程、被告人供述、证人证言以及经批准或者备案的环境影响评价文件等证据，结合环境保护主管部门、公安机关等出具的书面意见作出认定。

对于危险废物的数量，可以综合被告人供述，涉案企业的生产工艺、物耗、能耗情况，以及经批准或者备案的环境影响评价文件等证据作出认定。

第十四条 对案件所涉的环境污染专门性问题难以确定的，依据司法鉴定机构出具的鉴定意见，或者国务院环境保护主管部门、公安部门指定的机构出具的报告，结合其他证据作出认定。

第十五条 下列物质应当认定为刑法第三百三十八条规定的"有毒物质"：

（一）危险废物，是指列入国家危险废物名录，或者根据国家规定的危险废物鉴别标准和鉴别方法认定的，具有危险特性的废物；

（二）《关于持久性有机污染物的斯德哥尔摩公约》附件所列物质；

（三）含重金属的污染物；

（四）其他具有毒性，可能污染环境的物质。

第十六条 无危险废物经营许可证，以营利为目的，从危险废物中提取物质作为原材料或者燃料，并具有超标排放污染物、非法倾倒污染物或者其他违法造成环境污染的情形的行为，应当认定为"非法处置危险废物"。

第十七条 本解释所称"二年内"，以第一次违法行为受到行政处罚的生效之日与又实施相应行为之日的时间间隔计算确定。

本解释所称"重点排污单位"，是指设区的市级以上人民政府环境保护主管部门依法确定的应当安装、使用污染物排放自动监测设备的重点监控企业及其他单位。

本解释所称"违法所得"，是指实施刑法第三百三十八条、第三百三十九条规定的行为所得和可得的全部违法收入。

本解释所称"公私财产损失"，包括实施刑法第三百三十八条、第三百三十九条规定的行为直接造成财产损毁、减少的实际价值，为防止污染扩大、消除污染而采取必要合理措施所产生的费用，以及处置突发环境事件的应急监测费用。

本解释所称"生态环境损害"，包括生态环境修复费用，生态环境修复期间服务功能的损失和生态环境功能永久性损害造成的损失，以及其他必要合理费用。

本解释所称"无危险废物经营许可证"，是指未取得危险废物经营许可证，或者超出危险废物经营许可证的经营范围。

第十八条 本解释自 2017 年 1 月 1 日起施行。本解释施行后，《最高人民法院、最高人民检察院关于办理环境污染刑事案件适用法律若干问题的解释》（法释〔2013〕15 号）同时废止；之前发布的司法解释与本解释不一致的，以本解释为准。

最高人民法院　最高人民检察院
公安部　司法部　生态环境部
关于办理环境污染刑事案件有关问题座谈会纪要

2018 年 6 月 16 日，中共中央、国务院发布《关于全面加强生态环境保护坚决打好污染防治攻坚战的意见》。7 月 10 日，全国人民代表大会常务委员会通过了《关于全面加强生态环境保护依法推动打好污染防治攻坚战的决议》。为深入学习贯彻习近平生态文明思想，认真落实党中央重大决策部署和全国人大常委会决议要求，全力参与和服务保障打好污染防治攻坚战，推进生态文明建设，形成各部门依法惩治环境污染犯罪的合力，2018 年 12 月，最高人民法院、最高人民检察院、公安部、司法部、生态环境部在北京联合召开座谈会。会议交流了当前办理环境污染刑事案件的工作情况，分析了遇到的突出困难和问题，研究了解决措施。会议对办理环境污染刑事案件中的有关问题形成了统一认识。纪要如下：

一

会议指出，2018年5月18日至19日，全国生态环境保护大会在北京胜利召开，习近平总书记出席会议并发表重要讲话，着眼人民福祉和民族未来，从党和国家事业发展全局出发，全面总结党的十八大以来我国生态文明建设和生态环境保护工作取得的历史性成就、发生的历史性变革，深刻阐述加强生态文明建设的重大意义，明确提出加强生态文明建设必须坚持的重要原则，对加强生态环境保护、打好污染防治攻坚战作出了全面部署。这次大会最大的亮点，就是确立了习近平生态文明思想。习近平生态文明思想站在坚持和发展中国特色社会主义、实现中华民族伟大复兴中国梦的战略高度，把生态文明建设摆在治国理政的突出位置，作为统筹推进"五位一体"总体布局和协调推进"四个全面"战略布局的重要内容，深刻回答了为什么建设生态文明、建设什么样的生态文明、怎样建设生态文明的重大理论和实践问题，是习近平新时代中国特色社会主义思想的重要组成部分。各部门要认真学习、深刻领会、全面贯彻习近平生态文明思想，将其作为生态环境行政执法和司法办案的行动指南和根本遵循，为守护绿水青山蓝天、建设美丽中国提供有力保障。

会议强调，打好防范化解重大风险、精准脱贫、污染防治的攻坚战，是以习近平同志为核心的党中央深刻分析国际国内形势，着眼党和国家事业发展全局作出的重大战略部署，对于夺取全面建成小康社会伟大胜利、开启全面建设社会主义现代化强国新征程具有重大的现实意义和深远的历史意义。服从服务党和国家工作大局，充分发挥职能作用，努力为打好打赢三大攻坚战提供优质法治环境和司法保障，是当前和今后一个时期人民法院、人民检察院、公安机关、司法行政机关、生态环境部门的重点任务。

会议指出，2018年12月19日至21日召开的中央经济工作会议要求，打好污染防治攻坚战，要坚守阵地、巩固成果，聚焦做好打赢蓝天保卫战等工作，加大工作和投入力度，同时要统筹兼顾，避免处置措施简单粗暴。各部门要认真领会会议精神，紧密结合实际，强化政治意识、大局意识和责任担当，以加大办理环境污染刑事案件工作力度作为切入点和着力点，主动调整工作思路，积极谋划工作举措，既要全面履职、积极作为，又要综合施策、精准发力，保障污染防治攻坚战顺利推进。

二

会议要求，各部门要正确理解和准确适用刑法和《最高人民法院、最高人民检察院关于办理环境污染刑事案件适用法律若干问题的解释》（法释〔2016〕29号，以下称《环境解释》）的规定，坚持最严格的环保司法制度、最严密的环保法治理念，统一执法司法尺度，加大对环境污染犯罪的惩治力度。

1. 关于单位犯罪的认定

会议针对一些地方存在追究自然人犯罪多，追究单位犯罪少，单位犯罪认定难的情况和问题进行了讨论。会议认为，办理环境污染犯罪案件，认定单位犯罪时，应当依法合理把握追究刑事责任的范围，贯彻宽严相济刑事政策，重点打击出资者、经营者和主要获利者，既要防止不当缩小追究刑事责任的人员范围，又要防止打击面过大。

为了单位利益，实施环境污染行为，并具有下列情形之一的，应当认定为单位犯罪：（1）经单位决策机构按照决策程序决定的；（2）经单位实际控制人、主要负责人或者授权的分管负责人决定、同意的；（3）单位实际控制人、主要负责人或者授权的分管负责人得知单位成员个人实施环境污染犯罪行为，并未加以制止或者及时采取措施，而是予以追认、纵容或者默许的；（4）使用单位营业执照、合同书、公章、印鉴等对外开展活动，并调用单位车辆、船舶、生产设备、原辅材料等实施环境污染犯罪行为的。

单位犯罪中的"直接负责的主管人员"，一般是指对单位犯罪起决定、批准、组织、策划、指挥、授意、纵容等作用的主管人员，包括单位实际控制人、主要负责人或者授权的分管负责人、高级管理人员等；"其他直接责任人员"，一般是指在直接负责的主管人员的指挥、授意下积极参与实施单位犯罪或者对具体实施单位犯罪起较大作用的人员。

对于应当认定为单位犯罪的环境污染犯罪案件，公安机关未作为单位犯罪移送审查起诉的，人民检察院应当退回公安机关补充侦查。对于应当认定为单位犯罪的环境污染犯罪案件，人民检察院只作为自然人犯罪起诉的，人民法院应当建议人民检察院对犯罪单位补充起诉。

2. 关于犯罪未遂的认定

会议针对当前办理环境污染犯罪案件中，能否认定污染环境罪（未遂）的问题进行了讨论。会议认为，当前环境执法工作形势比较严峻，一些行为人拒不配合执法检查、接受检查时弄虚作假、故意逃避法律追究的情形时有发生，因此对于行为人已经着手实施非法排放、倾倒、处置有毒有害污染物的行为，由于有关部门查处或者其他意志以外的原因未得逞的情形，可以污染环境罪（未遂）追究刑事责任。

3. 关于主观过错的认定

会议针对当前办理环境污染犯罪案件中，如何准确认定犯罪嫌疑人、被告人主观过错的问题进行了讨论。会议认为，判断犯罪嫌疑人、被告人是否具有环境污染犯罪的故意，应当依据犯罪嫌疑人、被告人的任职情况、职业经历、专业背景、培训经历、本人因同类行为受到行政处罚或者刑事追究情况以及污染物种类、污染方式、资金流向等证据，结合其供述，进行综合分析判断。

实践中，具有下列情形之一，犯罪嫌疑人、被告人不能作出合理解释的，可以认定其故意实施环境污染犯罪，但有证据证明确系不知情的除外：（1）企业没有依法通过环境影响评价，或者未依法取得排污许可证，排放污染物，或者已经通过环境影响评价并且防治污染设施验收合格后，擅自更改工艺流程、原辅材料，导致产生新的污染物质的；（2）不使用验收合格的防治污染设施或者不按规范要求使用的；（3）防治污染设施发生故障，发现后不及时排除，继续生产放任污染物排放的；（4）生态环境部门责令限制生产、停产整治或者予以行政处罚后，继续生产放任污染物排放的；（5）将危险废物委托第三方处置，没有尽到查验经营许可的义务，或者委托处置费用明显低于市场价格或者处置成本的；（6）通过暗管、渗井、渗坑、裂隙、溶洞、灌注等逃避监管的方式排放污染物的；（7）通过篡改、伪造监测数据的方式排放污染物的；（8）其他足以认定的情形。

4. 关于生态环境损害标准的认定

会议针对如何适用《环境解释》第一条、第三条规定的"造成生态环境严重损害的""造成生态环境特别严重损害的"定罪量刑标准进行了讨论。会议指出，生态环境损害赔偿制度是生态文明制度体系的重要组成部分。党中央、国务院高度重视生态环境损害赔偿工作，党的十八届三中全会明确提出对造成生态环境损害的责任者严格实行赔偿制度。2015年，中央办公厅、国务院办公厅印发《生态环境损害赔偿制度改革试点方案》（中办发〔2015〕57号），在吉林等7个省市部署开展改革试点，取得明显成效。2017年，中央办公厅、国务院办公厅印发《生态环境损害赔偿制度改革方案》（中办发〔2017〕68号），在全国范围内试行生态环境损害赔偿制度。

会议指出，《环境解释》将造成生态环境损害规定为污染环境罪的定罪量刑标准之一，是为了与生态环境损害赔偿制度实现衔接配套，考虑到该制度尚在试行过程中，《环境解释》作了较原则的规定。司法实践中，一些省市结合本地区工作实际制定了具体标准。会议认为，在生态环境损害赔偿制度试行阶段，全国各省（自治区、直辖市）可以结合本地实际情况，因地制宜，因时制宜，根据案件具体情况准确认定"造成生态环境严重损害"和"造成生态环境特别严重损害"。

5. 关于非法经营罪的适用

会议针对如何把握非法经营罪与污染环境罪的关系以及如何具体适用非法经营罪的问题进行了讨论。会议强调，要高度重视非法经营危险废物案件的办理，坚持全链条、全环节、全流程对非法排放、倾倒、处置、经营危险废物的产业链进行刑事打击，查清犯罪网络，深挖犯罪源头，斩断利益链条，不断挤压和铲除此类犯罪滋生蔓延的空间。

会议认为，准确理解和适用《环境解释》第六条的规定应当注意把握两个原则：一要坚持实质判断原则，对行为人非法经营危险废物行为的社会危害性作实质性判断。比如，一些单位或者个人虽未依法取得危险废物经营许可证，但其收集、贮存、利用、处置危险废物经营活动，没有超标排放污染物、非法倾倒污染物或者其他违法造成环境污染情形的，则不宜以非法经营罪论处。二要坚持综合判断原则，对行为人非法经营危险废物行为根据其在犯罪链条中的地位、作用综合判断其社会危害性。比如，有证据证明单位或者个人的无证经营危险废物行为属于危险废物非法经营产业链的一部分，并且已经形成了分工负责、利益均沾、相对固定的犯罪链条，如果行为人或者与其联系紧密的上游或者下游环节具有排放、倾倒、处置危险废物违法造成环境污染的情形，且交易价格明显异常的，对行为人可以根据案件具体情况在污染环境罪和非法经营罪中，择一重罪处断。

6. 关于投放危险物质罪的适用

会议强调，目前我国一些地方环境违法犯罪活动高发多发，刑事处罚威慑力不强的问题仍然突出，现阶段在办理环境污染犯罪案件时必须坚决贯彻落实中央领导同志关于重典治理污染的指示精神，把刑法和《环境解释》的规定用足用好，形成对环境污染违法犯罪的强大震慑。

会议认为，司法实践中对环境污染行为适用投放危险物质罪追究刑事责任时，应当重点审查判断行为人的主观恶性、污染行为恶劣程度、污染物的毒害性危险性、污染持续时间、污染结果是否可逆、是否对公共安全造成现实、具体、明确的危险或者危害等各方面因素。对于行为人明知其排放、倾倒、处置的污染物含有毒害性、放射性、传染病病原体等危险物质，仍实施环境污染行为放任其危害公共安全，造成重大人员伤亡、重大公私财产损失等严重后果，以污染环境罪论处明显不足以罚当其罪的，可以按投放危险物质罪定罪量刑。实践中，此类情形主要是向饮用水水源保护区，饮用水供水单位取水口和出水口、南水北调水库、干渠、涵洞等配套工程,重要渔业水体以及自然保护区核心区等特殊保护区域,排放、倾倒、处置毒害性极强的污染物,危害公共安全并造成严重后果的情形。

7. 关于涉大气污染环境犯罪的处理

会议针对涉大气污染环境犯罪的打击处理问题进行了讨论。会议强调,打赢蓝天保卫战是打好污染防治攻坚战的重中之重。各级人民法院、人民检察院、公安机关、生态环境部门要认真分析研究全国人大常委会大气污染防治法执法检查发现的问题和提出的建议,不断加大对涉大气污染环境犯罪的打击力度,毫不动摇地以法律武器治理污染,用法治力量保卫蓝天,推动解决人民群众关注的突出大气环境问题。

会议认为,司法实践中打击涉大气污染环境犯罪,要抓住关键问题,紧盯薄弱环节,突出打击重点。对重污染天气预警期间,违反国家规定,超标排放二氧化硫、氮氧化物,受过行政处罚后又实施上述行为或者具有其他严重情节的,可以适用《环境解释》第一条第十八项规定的"其他严重污染环境的情形"追究刑事责任。

8. 关于非法排放、倾倒、处置行为的认定

会议针对如何准确认定环境污染犯罪中非法排放、倾倒、处置行为进行了讨论。会议认为,司法实践中认定非法排放、倾倒、处置行为时,应当根据《固体废物污染环境防治法》和《环境解释》的有关规定精神,从其行为方式是否违反国家规定或者行业操作规范、污染物是否与外环境接触、是否造成环境污染的危险或者危害等方面进行综合分析判断。对名为运输、贮存、利用,实为排放、倾倒、处置的行为应当认定为非法排放、倾倒、处置行为,可以依法追究刑事责任。比如,未采取相应防范措施将没有利用价值的危险废物长期贮存、搁置,放任危险废物或者其有毒有害成分大量扬散、流失、泄漏、挥发,污染环境的。

9. 关于有害物质的认定

会议针对如何准确认定刑法第三百三十八条规定的"其他有害物质"的问题进行了讨论。会议认为,办理非法排放、倾倒、处置其他有害物质的案件,应当坚持主客观相一致原则,从行为人的主观恶性、污染行为恶劣程度、有害物质危险性毒害性等方面进行综合分析判断,准确认定其行为的社会危害性。实践中,常见的有害物质主要有:工业危险废物以外的其他工业固体废物;未经处理的生活垃圾;有害大气污染物、受控消耗臭氧层物质和有害水污染物;在利用和处置过程中必然产生有毒有害物质的其他物质;国务院生态环境保护主管部门会同国务院卫生主管部门公布的有毒有害污染物名录中的有关

物质等。

10. 关于从重处罚情形的认定

会议强调,要坚决贯彻党中央推动长江经济带发展的重大决策,为长江经济带共抓大保护、不搞大开发提供有力的司法保障。实践中,对于发生在长江经济带十一省(直辖市)的下列环境污染犯罪行为,可以从重处罚:(1)跨省(直辖市)排放、倾倒、处置有放射性的废物、含传染病病原体的废物、有毒物质或者其他有害物质的;(2)向国家确定的重要江河、湖泊或者其他跨省(直辖市)江河、湖泊排放、倾倒、处置有放射性的废物、含传染病病原体的废物、有毒物质或者其他有害物质的。

11. 关于严格适用不起诉、缓刑、免予刑事处罚

会议针对当前办理环境污染犯罪案件中如何严格适用不起诉、缓刑、免予刑事处罚的问题进行了讨论。会议强调,环境污染犯罪案件的刑罚适用直接关系加强生态环境保护打好污染防治攻坚战的实际效果。各级人民法院、人民检察院要深刻认识环境污染犯罪的严重社会危害性,正确贯彻宽严相济刑事政策,充分发挥刑罚的惩治和预防功能。要在全面把握犯罪事实和量刑情节的基础上严格依照刑法和刑事诉讼法规定的条件适用不起诉、缓刑、免予刑事处罚,既要考虑从宽情节,又要考虑从严情节;既要做到刑罚与犯罪相当,又要做到刑罚执行方式与犯罪相当,切实避免不起诉、缓刑、免予刑事处罚不当适用造成的消极影响。

会议认为,具有下列情形之一的,一般不适用不起诉、缓刑或者免予刑事处罚:(1)不如实供述罪行的;(2)属于共同犯罪中情节严重的主犯的;(3)犯有数个环境污染犯罪依法实行并罚或者以一罪处理的;(4)曾因环境污染违法犯罪行为受过行政处罚或者刑事处罚的;(5)其他不宜适用不起诉、缓刑、免予刑事处罚的情形。

会议要求,人民法院审理环境污染犯罪案件拟适用缓刑或者免予刑事处罚的,应当分析案发前后的社会影响和反映,注意听取控辩双方提出的意见。对于情节恶劣、社会反映强烈的环境污染犯罪,不得适用缓刑、免予刑事处罚。人民法院对判处缓刑的被告人,一般应当同时宣告禁止令,禁止其在缓刑考验期内从事与排污或者处置危险废物有关的经营活动。生态环境部门根据禁止令,对上述人员担任实际控制人、主要负责人或者高级管理人员的单位,依法不得发放排污许可证或者危险废物经营许可证。

三

会议要求,各部门要认真执行《环境解释》和原环境保护部、公安部、

最高人民检察院《环境保护行政执法与刑事司法衔接工作办法》（环环监〔2017〕17号）的有关规定，进一步理顺部门职责，畅通衔接渠道，建立健全环境行政执法与刑事司法衔接的长效工作机制。

12. 关于管辖的问题

会议针对环境污染犯罪案件的管辖问题进行了讨论。会议认为，实践中一些环境污染犯罪案件属于典型的跨区域刑事案件，容易存在管辖不明或者有争议的情况，各级人民法院、人民检察院、公安机关要加强沟通协调，共同研究解决。

会议提出，跨区域环境污染犯罪案件由犯罪地的公安机关管辖。如果由犯罪嫌疑人居住地的公安机关管辖更为适宜的，可以由犯罪嫌疑人居住地的公安机关管辖。犯罪地包括环境污染行为发生地和结果发生地。"环境污染行为发生地"包括环境污染行为的实施地以及预备地、开始地、途经地、结束地以及排放、倾倒污染物的车船停靠地、始发地、途经地、到达地等地点；环境污染行为有连续、持续或者继续状态的，相关地方都属于环境污染行为发生地。"环境污染结果发生地"包括污染物排放地、倾倒地、堆放地、污染发生地等。

多个公安机关都有权立案侦查的，由最初受理的或者主要犯罪地的公安机关立案侦查，管辖有争议的，按照有利于查清犯罪事实、有利于诉讼的原则，由共同的上级公安机关协调确定的公安机关立案侦查，需要提请批准逮捕、移送审查起诉、提起公诉的，由该公安机关所在地的人民检察院、人民法院受理。

13. 关于危险废物的认定

会议针对危险废物如何认定以及是否需要鉴定的问题进行了讨论。会议认为，根据《环境解释》的规定精神，对于列入《国家危险废物名录》的，如果来源和相应特征明确，司法人员根据自身专业技术知识和工作经验认定难度不大的，司法机关可以依据名录直接认定。对于来源和相应特征不明确的，由生态环境部门、公安机关等出具书面意见，司法机关可以依据涉案物质的来源、产生过程、被告人供述、证人证言以及经批准或者备案的环境影响评价文件等证据，结合上述书面意见作出是否属于危险废物的认定。对于需要生态环境部门、公安机关等出具书面认定意见的，区分下列情况分别处理：（1）对已确认固体废物产生单位，且产废单位环评文件中明确为危险废物的，根据产废单位建设项目环评文件和审批、验收意见、案件笔录等材料，可对照《国家危险废物名录》等出具认定意见。（2）对已确认固体废物产生单位，但产废单位环评文件中未明确为危险废物的，应进一步分析废物产生工艺，对照判断其是否列入《国家危险废物名录》。列入名录的可以直接出具认定意见；未列入名录的，应根据原辅材料、产生工艺等进一步分析其是否具有危险特性，不可能具有危险特性的，不属于危险废物；可能具有危险特性的，抽取典型样品进行检测，并根据典型样品检测指标浓度，对照《危险废物鉴别标准》（GB5085.1-7）出具认定意见。（3）对固体废物产生单位无法确定的，应抽取典型样品进行检测，根据典型样品检测指标浓度，对照《危险废物鉴别标准》（GB5085.1-7）出具认定意见。对确需进一步委托有相关资质的检测鉴定机构进行检测鉴定的，生态环境部门或者公安机关按照有关规定开展检测鉴定工作。

14. 关于鉴定的问题

会议指出，针对当前办理环境污染犯罪案件中存在的司法鉴定有关问题，司法部将会同生态环境部，加快准入一批诉讼急需、社会关注的环境损害司法鉴定机构，加快对环境损害司法鉴定相关技术规范和标准的制定、修改和认定工作，规范鉴定程序，指导各地司法行政机关会同价格主管部门制定出台环境损害司法鉴定收费标准，加强与办案机关的沟通衔接，更好地满足办案机关需求。

会议要求，司法部应当根据《关于严格准入严格监管提高司法鉴定质量和公信力的意见》（司发〔2017〕11号）的要求，会同生态环境部加强对环境损害司法鉴定机构的事中事后监管，加强司法鉴定社会信用体系建设，建立黑名单制度，完善退出机制，及时向社会公开违法违规的环境损害司法鉴定机构和鉴定人行政处罚、行业惩戒等监管信息，对弄虚作假造成环境损害鉴定评估结论严重失实或者违规收取高额费用、情节严重的，依法撤销登记。鼓励有关单位或者个人向司法部、生态环境部举报环境损害司法鉴定机构的违法违规行为。

会议认为，根据《环境解释》的规定精神，对涉及案件定罪量刑的核心或者关键专门性问题难以确定的，由司法鉴定机构出具鉴定意见。实践中，这类核心或者关键专门性问题主要是案件具体适用的定罪量刑标准涉及的专门性问题，比如公私财产损失数额、超过排放标准倍数、污染物性质判断等。对案件的其他非核心或者关键专门性问题，或者可鉴定也可不鉴定的专门性问题，一般不委托鉴定。比如，适用《环境解释》第一条第二项"非法排放、倾倒、处置危险废物三吨以上"的规定对当事人追究刑事责任的，除可能适用公私财产损失第二档定罪量刑标准的以外，则不应再对公私财产损失数额或者超过排放标准倍数进行鉴定。涉及案件定罪量刑的核心或者关键专门性问题难以鉴定或者鉴定费用明显过高的，司法机关可以结合案件其他证据，并参考生态环境部门意见、专家意见等作出认定。

15. 关于监测数据的证据资格问题

会议针对实践中地方生态环境部门及其所属监测机构委托第三方监测机构出具报告的证据资格问题进行了讨论。会议认为，地方生态环境部门及其所属监测机构委托第三方监测机构出具的监测报告，地方生态环境部门及其所属监测机构在行政执法过程中予以采用的，其实质属于《环境解释》第十二条规定的"环境保护主管部门及其所属监测机构在行政执法过程中收集的监测数据"，在刑事诉讼中可以作为证据使用。

参考文献

一、著作

（一）中文著作

[1] 安柯颖：《生态刑法的基本问题》，法律出版社 2014 年版。
[2] 曹明德：《生态法原理》，人民出版社 2002 年版。
[3] 常纪文、杨朝霞：《环境法的新发展》，中国社会科学出版社 2008 年版。
[4] 陈春生：《行政法之学理与体系（一）》，三民书局 1996 年版。
[5] 陈慈阳：《环境法总论》，中国政法大学出版社 2003 年版。
[6] 陈家林：《外国刑法：基础理论与研究动向》，华中科技大学出版社 2013 年版。
[7] 陈金林：《积极一般预防理论研究》，武汉大学出版社 2013 年版。
[8] 陈泉生：《环境法原理》，法律出版社 1997 年版。
[9] 陈兴良：《本体刑法学》，商务印书馆 2001 年版。
[10] 陈兴良：《经济犯罪及违法违纪的政策法律界限与认定处理》，中国方正出版社 1998 年版。
[11] 陈兴良：《刑法的价值构造》（第 2 版），中国人民大学出版社 2006 年版。
[12] 陈兴良：《刑法疏议》，中国人民公安大学出版社 1997 年版。
[13] 陈自强：《环境犯罪的本质及其展开》，四川大学出版社 2017 年版。
[14] 储槐植、许章润：《犯罪学》，法律出版社 1997 年版。
[15] 邓国良、石聚航：《生态犯罪的惩治与预防》，法律出版社 2015 年版。
[16] 丁后盾：《刑法法益原理》，中国方正出版社 2000 年版。
[17] 杜澎：《破坏环境资源犯罪研究》，中国方正出版社 2003 年版。
[18] 房清侠：《刑罚变革探索》，法律出版社 2013 年版。
[19] 冯军、敦宁：《环境犯罪刑事治理机制》，法律出版社 2018 年版。

［20］冯军、李永伟：《破坏环境资源保护罪研究》，科学出版社2012年版。
［21］冯军：《刑法问题的规范理解》，北京大学出版社2009年版。
［22］冯军：《刑事责任论》，法律出版社1996年版。
［23］付立忠：《环境刑法学》，中国方正出版社2001年版。
［24］傅华：《生态伦理学探究》，华夏出版社2002年版。
［25］傅学良：《刑事一体化视野中的环境刑法研究》，中国政法大学出版社2015年版。
［26］高铭暄、马克昌：《刑法学》（第4版），北京大学出版社2010年版。
［27］高铭暄：《中华人民共和国刑法的孕育诞生和发展完善》，北京大学出版社2012年版。
［28］郭建安、张桂荣：《环境犯罪与环境刑法》，群众出版社2006年版。
［29］郝艳兵：《风险刑法：以危险犯为中心的展开》，中国政法大学出版社2012年版。
［30］黄荣坚：《刑罚的极限》，元照出版社1998年版。
［31］蒋兰香：《环境犯罪基本理论研究》，知识产权出版社2008年版。
［32］蒋兰香：《环境刑法》，中国林业出版社2004年版。
［33］蒋兰香：《污染型环境犯罪因果关系证明研究》，中国政法大学出版社2014年版。
［34］焦旭鹏：《风险刑法的基本立场》，法律出版社2014年版。
［35］焦艳鹏：《刑法生态法益论》，中国政法大学出版社2012年版。
［36］金瑞林、汪劲：《中国环境与自然资源立法若干问题研究》，北京大学出版社1999年版。
［37］雷鑫：《生态现代化语境下的环境刑事责任研究》，知识产权出版社2010年版。
［38］李兰英：《公害犯罪研究》，法律出版社2016年版。
［39］李连科：《价值哲学引论》，商务印书馆1999年版。
［40］李希慧、董文辉、李冠煜：《环境犯罪研究》，知识产权出版社2013年版。
［41］李永升、张光君：《生命刑法与环境刑法研究》，合肥工业大学出版社2014年版。
［42］连玉明：《中国生态文明发展报告》，当代中国出版社2014年版。
［43］廖福霖：《生态文明建设理论与实践》，中国林业出版社2001年版。
［44］林东茂：《危险犯与经济刑法》，五南图书出版公司1999年版。
［45］林健三：《环境保护法规》（第4版），全威图书有限公司2012年版。

［46］林山田：《刑法通论》（增订第9版）（上册），五南图书出版有限公司2005年版。

［47］刘斌斌、李清宇：《环境犯罪基本问题研究》，中国社会科学出版社2012年版。

［48］刘刚：《风险规制：德国的理论与实践》，法律出版社2012年版。

［49］刘小娟：《生态环境犯罪及其刑法治理》，中国政法大学出版社2003年版。

［50］刘岩：《风险社会理论新探》，中国社会科学出版社2008年版。

［51］卢永鸿：《中国内地与香港环境犯罪的比较研究》，中国人民公安大学出版社2005年版。

［52］罗大华：《犯罪心理学》，中国政法大学出版社2007年版。

［53］吕欣：《环境刑法之立法反思与完善》，法律出版社2012年版。

［54］吕忠梅：《环境法新视野》（修订版），中国政法大学出版社2007年版。

［55］马克昌：《百罪通论》，北京大学出版社2014年版。

［56］马克昌：《比较刑法原理》，武汉大学出版社2002年版。

［57］马克昌：《近代西方刑法学说史》，中国人民公安大学出版社2008年版。

［58］《马克思恩格斯全集》（第1卷），人民出版社1956年版。

［59］孟庆垒：《环境责任论：兼谈环境法的核心问题》，法律出版社2014年版。

［60］孟庆涛：《环境权及其诉讼救济》，法律出版社2014年版。

［61］潘斌：《社会风险论》，社会科学文献出版社2011年版。

［62］皮艺军：《犯罪学研究论要》，中国政法大学出版社2001年版。

［63］朴光洙：《环境法与环境执法》，中国环境科学出版社2002年版。

［64］钱亚梅：《风险社会的责任分配初探》，复旦大学出版社2014年版。

［65］汪劲：《环境法律的理念和价值追求》，法律出版社2000年版。

［66］汪劲：《环境法学》（第3版），北京大学出版社2014年版。

［67］王灿发：《中国环境诉讼典型案例与评析》，中国政法大学出版社2001年版。

［68］王晨：《刑事责任的一般理论》，武汉大学出版社2000年版。

［69］王春丽：《行政执法与刑事司法衔接研究》，上海社会科学院出版社2013年版。

［70］王世洲：《德国经济犯罪与经济刑法研究》，北京大学出版社1999

年版。

[71] 王树义：《俄罗斯生态法》，武汉大学出版社2001年版。

[72] 王秀梅、杜澎：《破坏环境资源保护罪》，中国人民公安大学出版社1998年版。

[73] 王秀梅：《破坏环境资源保护罪》，中国人民公安大学出版社2003年版。

[74] 王扬、丁芝华：《客观归责理论研究》，中国人民公安大学出版社2006年版。

[75] 吴贤静：《"生态人"：环境法上的人之形象》，中国人民大学出版社2014年版。

[76] 吴献萍：《环境犯罪与环境刑法》，知识产权出版社2010年版。

[77] 吴玉梅：《德国刑法中的客观归责研究》，中国人民公安大学出版社2007年版。

[78] 徐凯：《抽象危险犯正当性问题研究》，中国政法大学出版社2014年版。

[79] 徐平：《环境刑法研究》，中国法制出版社2007年版。

[80] 许永安：《客观归责理论研究》，中国人民公安大学出版社2008年版。

[81] 许玉秀：《当代刑法思潮》，中国民主法制出版社2005年版。

[82] 许玉秀：《主观与客观之间：故意理论与客观归责》，法律出版社2008年版。

[83] 杨春洗、向泽选、刘生荣：《危害环境罪的理论与实务》，高等教育出版社1999年版。

[84] 杨继文：《环境、伦理与诉讼》，中国政法大学出版社2015年版。

[85] 杨心宇：《法理学研究：基础与前沿》，复旦大学出版社2002年版。

[86] 杨兴、谭涌涛：《环境犯罪专论》，知识产权出版社2007年版。

[87] 杨雪冬：《风险社会与秩序重建》，社会科学文献出版社2006年版。

[88] 姚振海：《生态文明论》，人民出版社2007年版。

[89] 叶俊荣：《环境行政的正当法律程序》，叶俊荣自版2001年版。

[90] 叶俊荣：《环境政策与法律》，中国政法大学出版社2003年版。

[91] 叶良芳：《海洋环境污染刑法规制研究》，浙江大学出版社2015年版。

[92] 曾粤兴：《刑法学方法的一般理论》，人民出版社2005年版。

[93] 张杰：《刑事归责论》，中国人民公安大学出版社2009年版。

［94］张晶：《风险刑法：以预防机能为视角的展开》，中国法制出版社2012年版。

［95］张军：《〈刑法修正案（八）〉条文及配套司法解释理解与适用》，人民法院出版社2011年版。

［96］张明楷：《法益初论》，中国政法大学出版社2003年版。

［97］张明楷：《刑法格言的展开》（第3版），北京大学出版社2013年版。

［98］张明楷：《刑法学》（第4版），法律出版社2011年版。

［99］张明楷：《刑事责任论》，中国政法大学出版社1992年版。

［100］张文等：《刑事责任要义》，北京大学出版社1997年版。

［101］张文显：《法哲学范畴研究》，中国政法大学出版社2001年版。

［102］张霞：《生态犯罪研究》，山东人民出版社2013年版。

［103］张旭：《英美刑法论要》，清华大学出版社2006年版。

［104］张亚军：《刑法中的客观归属论》，中国人民公安大学出版社2008年版。

［105］张智辉：《刑事责任论》，警官教育出版社1995年版。

［106］张梓太：《环境法律责任研究》，商务印书馆2004年版。

［107］赵秉志、王秀梅、杜澎：《环境犯罪比较研究》，法律出版社2004年版。

［108］赵秉志、魏昌东：《刑法哲学专题整理》，中国人民公安大学出版社2007年版。

［109］赵秉志：《〈刑法修正案（八）〉理解与适用》，中国法制出版社2011年版。

［110］赵秉志：《环境犯罪及其立法完善研究》，北京师范大学出版社2011年版。

［111］赵红艳：《环境犯罪：定罪分析与思考》，人民出版社2013年版。

［112］赵星：《环境犯罪论》，中国人民公安大学出版社2011年版。

［113］郑昆山：《环境刑法之基础理论》，五南图书出版公司1998年版。

［114］郑少华：《生态主义法哲学》，法律出版社2002年版。

［115］中国现代化战略研究课组、中国科学院中国现代化研究中心：《中国现代化报告2007：生态现代化研究》，北京大学出版社2007年版。

［116］周光权：《刑法客观主义与方法论》，法律出版社2013年版。

［117］周光权：《刑法学的向度》，中国政法大学出版社2004年版。

［118］周珂：《环境与资源保护法》（第3版），中国人民大学出版社2015年版。

［119］朱大鹏：《法律面对的人类形象》，中国金融出版社 2013 年版。

［120］祝铭山：《破坏环境资源保护罪》，中国法制出版社 2004 年版。

（二）译文著作

［1］［德］Geoge Kneer, Armin Nassehi：《卢曼社会系统理论导引》，鲁贵显译，巨流图书公司 1998 年版。

［2］［德］埃里克·希尔根多夫：《德国刑法学：从传统到现代》，江溯等译，北京大学出版社 2015 年版。

［3］［德］克劳斯·罗克辛：《德国刑法学总论》（第 1 卷），王世洲译，法律出版社 2005 年版。

［4］［德］乌尔里希·贝克、约翰内斯·威尔姆斯：《自由与资本主义》，路国林译，浙江人民出版社 2001 年版。

［5］［德］乌尔里希·贝克、［英］安东尼·吉登斯、［英］斯科特·拉什：《自反性现代化》，赵文书译，商务印书馆 2001 年版。

［6］［德］乌尔里希·贝克：《风险社会》，何博闻译，译林出版社 2004 年版。

［7］［德］乌尔里希·贝克：《世界风险社会》，吴英姿、孙淑敏译，南京大学出版社 2004 年版。

［8］［德］乌尔里希·齐白：《全球风险社会与信息社会中的刑法》，周遵友等译，中国法制出版社 2011 年版。

［9］［德］耶赛克等：《德国刑法教科书》，徐久生译，中国法制出版社 2001 年版。

［10］［荷］迈克尔·福尔、［瑞士］冈特·海因：《欧盟为保护生态动刑：欧盟各国环境刑事执法报告》，徐平、张浩、何茂桥译，中央编译出版社 2009 年版。

［11］［加］布鲁斯·米切尔：《资源与环境管理》，蔡运龙译，商务印书馆 2004 年版。

［12］［美］E. 博登海默：《法理学：法律哲学与法律方法》，邓正来译，中国政法大学出版社 1999 年版。

［13］［美］巴西奥尼：《国际刑法导论》，赵秉志等译，法律出版社 2006 年版。

［14］［美］道格拉斯·N. 胡萨克：《刑法哲学》，谢望原译，中国人民公安大学出版社 1994 年版。

［15］［美］蕾切尔·卡逊：《寂静的春天》，吕瑞兰、李长生译，吉林人民出版社 1997 年版。

［16］［美］罗德里克·弗雷泽·纳什：《大自然的权利》（第2版），青岛出版社2005年版。

［17］［日］大谷实：《刑法总论》，黎宏译，法律出版社2003年版。

［18］［日］大塚仁：《犯罪论的基本问题》，冯军译，中国政法大学出版社1993年版。

［19］［日］黑川哲志：《环境行政的法理与方法》，肖军译，中国法制出版社2008年版。

［20］［日］森下忠：《国际刑法入门》，阮齐林译，中国人民公安大学出版社2004年版。

［21］［日］藤木英雄：《公害犯罪》，丛选功等译，中国政法大学出版社1992年版。

［22］［日］西原春夫：《刑法的根基与哲学》，顾肖荣译，法律出版社2004年版。

［23］［日］原田尚彦：《环境法》，于敏译，法律出版社1999年版。

［24］［瑞典］舍格伦、斯科格：《经济犯罪的新视角》，陈晓芳、廖志敏译，北京大学出版社2006年版。

［25］［意］切萨雷·贝卡利亚：《论犯罪与刑罚》，黄风译，北京大学出版社2008年版。

［26］［英］安东尼·吉登斯、克里斯多弗·皮尔森：《现代性》，尹宏毅译，新华出版社2001年版。

［27］［英］安东尼·吉登斯：《现代性的后果》，田禾译，译林出版社2011年版。

［28］［英］哈特、托尼·奥诺尔：《法律中的因果关系》，张绍谦、孙战国译，中国政法大学出版社2005年版。

［29］［英］J.C.史密斯、B.霍根：《英国刑法》，李贵方等译，法律出版社2002年版。

［30］［英］鲁珀特·克罗斯、菲利普·A.琼斯：《英国刑法导论》，赵秉志译，中国人民大学出版社1991年版。

（三）英文著作

［1］Burns Ronald G, Michael J Lynch, *Environmental Crime: A Source Book*, LFB Scholarly Publishing, 2004.

［2］C. T. Sistare, *Responsibility and Criminal Liability*, Springer, 1989.

［3］Christopher Miller, *Environmental Rights: Critical Perspectives*, Routledge, 2015.

[4] Diane Westerhuis, Reece Walters, Tanya Wyatt, *Emerging Issues in Green Criminology*: *Exploring Power*, *Justice and Harm*, Palgrave Macmillan, 2013.

[5] F. Darroch, P. Harrison, *Environmental Crime*, Cameron May, 1999.

[6] John Braithwaite, *Crime*, *Shame and Reintegration*, Cambridge University Press, 1989.

[7] Kathleen F. Brickey, *Environmental Crime*: *Law*, *Policy*, *Prosecution*, Aspen Publishers, 2008.

[8] Mary Clifford, Terry D. Edwards, *Environmental Crime (2nd)*, Jones & Bartlett Learning, 2012.

[9] Mary Clifford, *Environmental Crime*: *Enforcement*, *Policy and Social Responsibility*, Aspen Publishers, 1998.

[10] Nigel South, Avi Brisman, *Routledge International Handbook of Green Criminology*, Routledge, 2013.

[11] Nigel South, Piers Beirne, *Issues in Green Criminology*, Willan Publishing, 2007.

[12] Nigel South, Piers Beirne, *Green Criminology*, Ashgate, 2006.

[13] Olivia Woolley, *Ecological Governance*: *Reappraising Law's Role in Protecting Ecosystem Functionality*, Cambridge University Press, 2014.

[14] Piet Strydom, *Risk*, *Environment and Society*: *Ongoing Dedates*, *Current Issues and Future Prospects*, Open University Press, 2002.

[15] Rob White, *Crimes Against Nature*: *Environmental Criminology and Ecological Justice*, Willan Publishing, 2008.

[16] Rob White, *Environmental Crime*, Willan Publishing, 2009.

[17] Rob White, *Global Environmental Harm*: *Criminological Perspectives*, Willan Publishing, 2010.

[18] Rob White, *Transnational Environmental Crime*: *Toward an Eco – global Criminology*, Routledge, 2011.

[19] S. M. Edwards, T. D. Edwards, C. B. Fedlds, *Environmental Crime and Criminality*: *Theoretical and Practical Issues*, Carland Publishing, 1996.

[20] Situ Yingyi, David Emmons, *Environmental Crime*: *The Criminal Justice System's Role in Protecting the Environment*, Sage Publications, 2000.

[21] Steven Ferrey, *Environmental Law (3rd)*, Aspen Publishers, 2004.

[22] Tracy Isaacs, Richard Vernon. *Accountability for Collective Wrongdoing*, Cambridge University Press, 2011.

[23] Vandana Shiva, *Making Peace with the Earth*, Fernwood Publishing, 2013.

二、论文

（一）中文论文

[1] 蔡浩志：《从法院判决现况析述刑法第190条之1与我国环境刑事法规范之行政从属类型趋向》，载《台湾环境与土地法学杂志》2013年第3期。

[2] 蔡守秋、吴贤静：《生态人的要点和意义》，载《现代法学》2009年第4期。

[3] 曹子丹、颜九红：《关于环境犯罪若干问题的探讨》，载《法制与社会发展》1998年第4期。

[4] 陈洪兵：《环境犯罪主体处罚范围的厘定——以中立帮助行为理论为视角》，载《湖南大学学报》（社会科学版）2017年第6期。

[5] 陈建旭：《环境犯罪的归责理论研究》，载黑龙江省社会科学界联合会：《繁荣学术 服务龙江：黑龙江省第二届社会科学学术年会优秀论文集》（上册），2010年版。

[6] 陈君：《对〈刑法修正案（八）〉关于污染环境罪规定的理解与探讨》，载《北京理工大学学报》（社会科学版）2012年第6期。

[7] 陈琴、张敬：《环境污染犯罪推定原则研究》，载《甘肃政法成人教育学院学报》2002年第1期。

[8] 陈泉生、何晓榕：《生态人与法的价值变迁》，载《现代法学》2009年第2期。

[9] 陈晟、周珂：《论环境犯罪的刑事处罚》，载《东南学术》2009年第1期。

[10] 陈晓明：《风险社会之刑法应对》，载《法学研究》2009年第6期。

[11] 陈晓明：《环境刑法论纲》，载《法治研究》2015年第2期。

[12] 陈信安：《基因科技风险之立法与基本权利之保障》，载《东吴法律学报》2015年第1期。

[13] 陈兴良：《从归因到归责：客观归责理论研究》，载《法学研究》2006年第2期。

[14] 陈兴良：《"风险刑法"与刑法风险：双重视角的考察》，载《法商研究》2011年第4期。

[15] 陈兴良：《风险刑法理论的法教义学批判》，载《中外法学》2014年第1期。

［16］陈兴良：《奸淫幼女构成犯罪应以明知为前提：为一个司法解释辩护》，载《法律科学》2003 年第 6 期。

［17］程岩：《风险规制的刑法理性重构：以风险社会理论为基础》，载《中外法学》2011 年第 1 期。

［18］邓国良、石聚航：《风险社会下我国环境刑法的现代转型》，载《广西政法管理干部学院学报》2012 年第 6 期。

［19］邓文莉：《我国环境刑法中不宜适用严格责任原则》，载《法商研究》2003 年第 2 期。

［20］丁为群：《我国环境犯罪归责原则探讨》，载《暨南学报》（哲学社会科学版）2005 年第 4 期。

［21］冯军：《刑法的规范化诠释》，载《法商研究》2005 年第 6 期。

［22］付立庆：《中国〈刑法〉中的环境犯罪：梳理、评价与展望》，载《法学杂志》2018 年第 4 期。

［23］高春花、刘俊娥：《论耻感的道德价值：以中国传统道德文化为例》，载《河北大学学报》（哲学社会科学版）2007 年第 4 期。

［24］古承宗：《环境风险与环境刑法之保护法益》，载《兴大法学》2015 年第 18 期。

［25］国际刑法分会：《环境刑法国际学术研讨会论文辑》，台北，1992 年版。

［26］韩轶：《环境犯罪刑事法规制的立法与归责》，载《社会科学辑刊》2018 年第 2 期。

［27］洪圣仪、赖天河、陈文伟、廖福村：《由环境刑法观点论我国环保法令缺失：以环境警察队查获水污染及废弃物污染案件为例》，载《警专学报》2010 年第 7 期。

［28］侯艳芳：《单位环境资源犯罪的刑事责任：甄别基准与具体认定》，载《政治与法律》2017 年第 8 期。

［29］侯作前：《可持续发展与刑法的"绿色"变革》，载《齐鲁学刊》2001 年第 5 期。

［30］姜涛：《风险社会之下经济刑法的基本转型》，载《现代法学》2010 年第 4 期。

［31］焦艳鹏：《生态文明视野下生态法益的刑事法律保护》，载《法学评论》2013 年第 3 期。

［32］柯泽东：《环境刑法之理论与实践》，载《台湾大学法学论丛》1988 年第 2 期。

[33] 劳东燕:《风险社会与变动中的刑法理论》,载《中外法学》2014年第1期。

[34] 劳东燕:《公共政策与风险社会的刑法》,载《中国社会科学》2007年第3期。

[35] 雷鑫:《论环境犯罪刑事责任实现方式的多元化:以李华荣、刘士密等人盗伐防护林案为例》,载《法学杂志》2011年第3期。

[36] 李建明:《德国刑法对环境的保护》,载《学海》1994年第4期。

[37] 李霞:《论环境犯罪因果关系的判断进路》,载《中国人民公安大学学报》(社会科学版)2016年第4期。

[38] 李梁:《环境犯罪刑法治理早期化之理论与实践》,载《法学杂志》2017年第12期。

[39] 刘明祥:《"风险刑法"的风险及其控制》,载《法商研究》2011年第4期。

[40] 刘生荣:《论刑法中的严格责任》,载《法学研究》1991年第1期。

[41] 刘水林:《风险社会大规模损害责任法的范式重构:从侵权赔偿到成本分担》,载《法学研究》2014年第3期。

[42] 刘艳红:《"风险刑法"理论不能动摇刑法谦抑主义》,载《法商研究》2011年第4期。

[43] 骆群:《环境犯罪刑法标准前移》,载《社会科学辑刊》2010年第1期。

[44] 吕霞:《环境公益诉讼的性质和种类:从对"公益"的解剖入手》,载《中国人口·资源与环境》2009年第3期。

[45] 吕英杰:《风险刑法下的法益保护》,载《吉林大学社会科学学报》2013年第4期。

[46] 吕忠梅:《再论环境权》,载《法学研究》2000年第6期。

[47] 马克昌:《危险社会与刑法谦抑原则》,载《人民检察》2010年第3期。

[48] 南连伟:《风险刑法理论的批判与反思》,载《法学研究》2012年第4期。

[49] 齐文远:《刑法应对社会风险之有所为与有所不为》,载《法商研究》2011年第4期。

[50] 孙光骏:《论英美刑法中的严格责任》,载《法商研究》1998年第1期。

[51] 孙万怀:《风险刑法的现实风险与控制》,载《法律科学》(西北政

法大学学报）2013 年第 6 期。

［52］宋伟卫、冯军：《环境犯罪治理中环境刑法与环境行政法的协调》，载《广西社会科学》2017 年第 7 期。

［53］谭玲：《我国可持续发展法律制度之构建》，载《现代法学》2003 年第 2 期。

［54］童德华、贺晓红：《风险社会的刑法的三个基本面相》，载《山东警察学院》2011 年第 3 期。

［55］王服清：《论'预防原则'之意涵与应用》，载《中正大学法学集刊》2013 年第 1 期。

［56］王皇玉：《论刑罚的报应与预防作用》，载苏俊雄教授七轶华诞祝寿论文集编辑委员会：《自由·责任·法——苏俊雄教授七轶华诞祝寿论文集》，元照出版有限公司 2005 年版。

［57］王江、黄锡生：《我国生态环境恢复立法析要》，载《法律科学》（西北政法大学学报）2011 年第 3 期。

［58］王立志：《风险社会中刑法范式之转换：以隐私权刑法保护切入》，载《政法论坛》2010 年第 2 期。

［59］王敏远、郭华：《行政执法与刑事司法衔接问题实证研究》，载《国家检察官学院学报》2009 年第 1 期。

［60］王平、林乐鸣：《中国传统耻感文化对罪犯教育感化的影响及其现代启示》，载《中国刑事法杂志》2009 年第 10 期。

［61］王世洲：《德国环境刑法中污染概念的研究》，载《比较法研究》2001 年第 2 期。

［62］王秀梅：《英美法系国家环境刑法与环境犯罪探究》，载《政法论坛》2000 年第 2 期。

［63］向泽远：《论污染环境罪的严格责任》，载《科技与法律》1995 年第 4 期。

［64］肖中华：《构成要件的形式与实质变更及其合理解释：尤以〈刑法修正案（八）〉为例》，载《政治与法律》2011 年第 8 期。

［65］谢治东：《环境犯罪的惩治与传统刑事归责原则的创新》，载《环境污染与防治》2006 年第 11 期。

［66］邢捷：《论公安执法对公民环境权的保护》，载《中国人民公安大学学报》2009 年第 1 期。

［67］徐伟群：《台湾刑法学的思索》，载《台大法学论丛》2011 年第 40 期。

[68] 徐育安：《资讯风险与刑事立法》，载《台北大学法学论丛》2014年第91期。

[69] 许玉秀、陈志辉：《不移不惑献身法与正义：许迺曼教授刑事法论文选辑》，新学林出版有限公司2006年版。

[70] 许玉秀：《无用的抽象危险犯》，载《台湾本土法学杂志》2000年第8期。

[71] 薛晓源、刘国良：《法治时代的危险、风险与和谐》，载《马克思主义与现实》2005年第3期。

[72] 颜运秋、彭海清：《刑事公益诉讼的价值分析和制度构建》，载《河北法学》2006年第2期。

[73] 杨宁、黎宏：《论污染环境罪的罪过形式》，载《人民检察》2013年第21期。

[74] 杨雪冬：《风险社会理论述评》，载《国家行政学院学报》2005年第1期。

[75] 于志刚：《"风险刑法"不可行》，载《法商研究》2011年第4期。

[76] 袁春湘：《2002年—2011年全国法院审理环境案件的情况分析》，载《法制资讯》2012年第12期。

[77] 张明楷：《"风险社会"若干刑法理论问题反思》，载《法商研究》2011年第4期。

[78] 张明楷：《污染环境罪的争议问题》，载《法学评论》2018年第2期。

[79] 张明楷：《刑事立法的发展方向》，载《中国法学》2006年第4期。

[80] 张明楷：《也谈客观归责理论：兼与周光权、刘艳红教授商榷》，载《中外法学》2013年第2期。

[81] 张明楷：《罪过形式的确定：刑法第15条第2款"法律有规定"的含义》，载《法学研究》2006年第3期。

[82] 张霞：《环境刑法中的因果关系推定原则探讨》，载《山东警察学院学报》2008年第4期。

[83] 张旭：《我国环境犯罪立法的梳理与前瞻》，载《东北师大学报》（哲学社会科学版）2016年第4期。

[84] 张亚平：《环境风险的刑法应对》，载《河南大学学报》（社会科学版）2015年第2期。

[85] 张勇：《整体环保观念下污染环境罪的理解与适用》，载《新疆社会科学》2011年第6期。

［86］赵秉志：《中国环境犯罪的立法演进及其思考》，载《江海学刊》2017年第1期。

［87］赵书鸿：《风险社会的刑法保护》，载《人民检察》2008年第1期。

［88］郑昆山：《论空气污染犯罪及其刑事法防制之道》，载《刑事政策与犯罪研究论文集（一）》，1998年版。

［89］中国法学会环境资源法学研究会、昆明理工大学：《生态文明与环境资源法：2009年全国环境资源法学研讨会（年会）论文集》，2009年版。

［90］中国环境资源法学研究会、中山大学：《生态文明法制建设：2014年全国环境资源法学研讨会（年会）论文集》（第三册），2014年版。

［91］周光权：《行为无价值论与积极一般预防》，载《南京师大学报》（社会科学版）2015年第1期。

［92］周光权：《行为无价值论之提倡》，载《比较法研究》2003年第5期。

［93］周光权：《违法性判断的基准与行为无价值论：兼论当代中国刑法学的立场问题》，载《中国社会科学》2008年第4期。

［94］周光权：《刑法中的因果关系和客观归责理论》，载《江海学刊》2005年第3期。

［95］周珂：《生态环境法制建设》，载《中国人民大学学报》2000年第6期。

（二）译文论文

［1］［德］金德霍伊泽尔：《安全刑法：风险社会的刑法危险》，刘国良译，载《马克思主义与现实》2005年第3期。

［2］［德］托马斯·魏根特：《论刑法与时代精神》，樊文译，载陈兴良主编：《刑事法评论》（第19卷），北京大学出版社2006年版。

［3］［荷］沃特·阿赫特贝格：《民主、正义与风险社会：生态民主政治的形态与意义》，周战超译，载《马克思主义与现实》2003年第3期。

［4］［美］A. C. 基斯：《解决环境问题的法律措施》，文伯屏译，载《国外法学》1984年第1期。

［5］［美］马库斯·德克·达博：《积极的一般预防与法益理论：一个美国人眼里的德国刑法学的两个重要成就》，杨萌译，载陈兴良主编：《刑事法评论》（第21卷），北京大学出版社2007年版。

［6］［日］关哲夫：《现代社会中法益论的课题》，王充译，载赵秉志主编：《刑法论丛》（第12卷），法律出版社2007年版。

［7］［德］乌尔里希·贝克：《风险社会与中国》，邓正来、沈国麟译，

载《社会学研究》2010年第5期。

（三）外文论文

［1］B. Huber, "Developments of Criminal Law in Europe: an Overview", European Journal of Crime, Criminal Law and Criminal Justice, 1993, （1）.

［2］Brett Peter, "Strict Responsibility: Possible Solutions", Modern Law Review, 1974, 37（4）.

［3］Carlos D. Esposito Massicci, "Review of the Spanish Literature in the Field of State Responsibility", Spanish Yearbook of International Law, 1997, （5）.

［4］Ashley Crooke, Karri Ridgeway, Wendy Wineholt, Rosalie Winn, "Environmental Crimes", American Criminal Law Review, 2014, 51（4）.

［5］David Weisbach, "Negligence, Strict Liability and Responsibility for Climate Change," Iowa Law Review, 2011–2012, （97）.

［6］Diane Ryland, "Protection of Enviromental through Criminal Law", European Energy and Environmental Law Review, 2009, 18（2）.

［7］Halsey, Mark, "Against 'Green' Criminology", The British Journal of Criminology, 2004, 44（6）.

［8］Kathleen F. Brickey, "Environmental Crime at the Crossroads: The Intersection of Environmental and Criminal Law Theory", Tulane Law Review, 1996 (December).

［9］M. Faure, M. Visser, "How to Punish Environmental Pollution? Some Reflections on Various Models of Criminalization of Environmental Harm", European Journal of Crime, Criminal Law and Criminal Justice, 1995, （3）.

［10］Mark Engelhart, "Development and Status of Economic Criminal Law in Germany", German Law Journal, 2014, 15（4）.

［11］Michael M. O' Hear, "Sentencing the Green – Collar Offender: Punishment, Culpability and Environmental Crime", The Journal of Criminal Law and Criminology, 2004, 95（1）.

［12］Nathaniel D. Shafer, Emily S. Fuller, Allison L. Frumin, "Environmental Crimes", American Criminal Law Review, 2009, 18（2）.

［13］Orellana, Marcos A, "Criminal Punsihment for Environmental Damage: Individual and State Responsibility at a Crossroad", George International Environmental Law Review, 2005, 17（4）.

［14］Susan F. Mandiberg, Michael G. Faure, "A Graduated Punishment Approach to Environmental Crimes: Beyond Vindication of Administrative Authority in the United States and Europe", Columbia Journal of Enviromental Law, 2009, 34 (2).

三、学位论文

[1] 陈梦黎:《从危险犯概念看我国环境刑法的现况与未来》,台湾大学 2003 年硕士学位论文。

[2] 姜俊山:《风险社会语境下的环境犯罪立法研究》,吉林大学 2010 年博士学位论文。

[3] 林宗翰:《风险与功能:论风险刑法的理论基础》,台湾大学 2006 年硕士学位论文。

[4] 张世东:《从比较法观点论我国环境刑法运作上之难题》,台北大学 2009 年硕士学位论文。

[5] 朱兴:《刑事归责研究》,西南政法大学 2011 年博士学位论文。

四、资料

(一) 电子文献

[1]《民生安全的刑法保护问题研究:2012 年全国刑法学术年会综述》,载法制网,http://www.legaldaily.com.cn/bm/content/2012 - 10/24/content_3923574.htm,2015 - 10 - 10。

[2]《行政处罚难震慑环境违法 打击环境犯罪司法为何使不上劲》,载福州普法网,http://www.fuzhoupufa.com.cn/qypd/news315.asp? newsid = 182963,2008 - 9 - 24。

[3]《风险时代的中国社会》,载共识网,http://www.21ccom.net/articles/zgyj/gqmq/article_2012103069961.html,2012 - 10 - 30。

[4]《那坡县盗伐、滥伐林木案件情况的调研分析》,载广西法院网,http://gxfy.chinacourt.org/public/detail.php? id = 41475,2011 - 7 - 11。

[5]《日本地震核泄漏》,载好搜百科,http://baike.haosou.com/doc/358905 - 380211.html,2015 - 10 - 20。

[6]《生态足迹》,载好搜百科,http://baike.haosou.com/doc/5681785 - 5894460.html,2015 - 11 - 26。

[7]《最高检:严打破坏生态环境犯罪背后的"保护伞"》,载新华网,http://news.xinhuanet.com/legal/2014 - 06/12/c_126610976.htm,2014 - 6 - 12。

［8］《最高法院公布四起环境污染犯罪典型案例》，载中国法院网，http：//www. chinacourt. org/article/detail/2013/06/id/1014579. shtml，2013-06-18。

［9］《一棵树的生态价值》，载中国林业新闻网，http：//www. greentimes. com/green/news/cxlh/zhengwen/2012-03/12/content_ 171867. htm，2012-3-12。

［10］《全国环境统计公报》，载中华人民共和国生态环境部网，http：//www. mee. gov. cn/zwgk/hjtj/，2018-06-22。

［11］周宏春：《准确把握习近平生态文明思想的深刻内涵》，载人民网，http：//opinion. people. com. cn/n1/2018/0521/c1003-30003700. html，2018-05-21。

［12］李贞：《习近平谈生态文明10大金句》，载人民网，http：//env. people. com. cn/n1/2018/0523/c1010-30007360. html，2018-05-23。

（二）报刊杂志

［1］卢志坚、袁同飞：《盐城水污染案：罪名变更的背后》，载《检察日报》2009年9月21日第2版。

［2］王灿发：《让刑法在保护环境中发挥更大作用》，载《法制日报》2005年9月15日第3版。

［3］肖建国：《环保审判的贵阳模式》，载《人民法院报》2011年7月7日第5版。

［4］喻海松：《〈关于办理环境污染刑事案件适用法律若干问题的解释〉实施情况分析》，载《中国环境报》2016年4月6日第5版。

（三）工具书

［1］［汉］许慎撰：《说文解字》，［宋］徐铉校定，中华书局1963年版。

［2］夏征农、陈至立：《辞海》（第6版），上海辞书出版社2009年版。

［3］中国大百科全书总编委会：《中国大百科全书》（第10卷）（第2版），中国大百科全书出版社2009年版。

［4］中国社会科学院语言研究所词典编辑室：《现代汉语词典》（第5版），商务印书馆2007年版。

［5］《巴西环境犯罪法》，郭仪译，中国环境科学出版社2009年版。

后　记

　　学习法律，纯属偶然。当年高考填报的志愿是历史专业，但阴差阳错被法学专业录取。"喜欢"刑法，显属盲目，因为"刑法对于年轻的法律人来说是最容易理解的科目"。① 在这个功利、浮躁的社会里，为了自己心中的那份坚守或者所谓的理想，带着对刑法的"热爱"，我先后攻读并取得刑法学硕士、博士学位。一路走来，深知自身能力之有限浅陋、深感法学学科之复杂高深、深觉问学道路之漫长艰辛。自大学上刑法课算起，研习刑法已逾二十春秋，至今尚不能真正窥刑法之一斑，甚为惭愧！

　　本书也只是在博士学位论文基础上略加修改，并收录两篇已发表的论文而已，谨向读者报告自己在环境犯罪方面的所思所想。结稿出版之际，百感交集，但更多的是感动、感谢、感恩，衷心谢谢所有给予我宽容、鼓励、鞭策、启发、关心、爱护、指导、帮助、支持的师长、领导、同仁、亲友、同学、学生。

　　感谢导师陈晓明教授。我有幸成为恩师的开门弟子，初次见面，陈老师就为我指明方向，告诉我多走走、多看看、多思考、多收集学术资料，选好未来研究领域并力争创新。这对我无疑是压力，当然也是动力。恩师不顾公务繁忙劳顿，经常回厦大关心我的学习、生活，免我奔波三明（恩师时任三明学院领导）之苦；恩师给我提供多次外出学习交流机会，以开拓我的视野、丰富我的学识；至于博士论文，恩师更是投入巨大精力、悉心指导，可以说，全文字里行间无不浸润着老师的心血。恩师的严谨治学精神、高超理论水平、高尚人格魅力都使我终生受益。

---

　　① ［德］普珀：《法律思维小学堂：法律人的6堂思维训练课》，蔡圣伟译，北京大学出版社2011年版，原著前言第3页。

  感谢厦大和法学院的各位老师。母校厦大不仅是最美丽的大学，更是最公平最公正的大学，否则，我不能忝列中国博士名单中。特别感谢李兰英老师，学习、生活以及为人处世等方面，李老师都给予我最大限度的无私的关心、支持和帮助。

  感谢莫洪宪老师。2013年金门修复式司法交流访问前后，有幸得以面见久仰的知识渊博、造诣精深而又虚怀若谷、平易近人的学界大咖莫老师。初一结识，她就关心我的学术志向，并指导我的博论选题。此后借莫老师到厦大法学院、石狮检察院举办《刑法修正案（九）》、毒品犯罪讲座等机会，如饥似渴向先生讨教。莫老师不吝指教，并称之为交流。她关心我的学业进展，并允诺尽量参加我的论文答辩。拙著出版之际，莫老师又慨然赐序，以为学术鼓励！

  感谢曾粤兴老师。真正领我走上刑法学之路的是曾老师，他给我们开设的刑法学方法论课程使同学们终生受益。在曾老师的关心帮助下，2005年我发表了刑法学处女作《刑罚变更的理论与实践思考》。至今依然记得，我考取博士时，曾老师为我感到高兴和骄傲！

  感谢参加我博士学位论文开题、外审、答辩的老师们。他们是中国政法大学卞建林教授、复旦大学段厚省教授、苏州大学李晓明教授、北京师范大学刘志伟教授、厦门大学齐树洁老师、李兰英老师、张榕老师、周东平老师。他们不仅提出诸多宝贵意见，也给予拙文较高评价，让我受益良多。

  感谢为我提供发表机会的刊物及主编和编辑们。他（她）们与我素未谋面，但均秉持学术公心，平等对待，部分拙文终于变成铅字，得以面世。特别感谢《刑事法评论》主编陈兴良老师，不仅给我这个不入流的作者提供机会，而且不惜版面，我的一篇3.5万字的长文得以刊发，这无疑带给我学术自信，促进我学术成长。祝愿这些刊物越办越好！

  感谢现工作单位和原工作单位的领导同事们。特别感谢中国农业银行淮南分行的领导同事，虽然离开淮南农行已十五年了，以王汉志行长为代表的领导同事始终挂念我，我走的或大或小的每一步，都离不开他们默默的无私的关心帮助支持。"继钢，什么时候回淮南"……亲人般的寒暄与问候，使我如沐春风。此情此意，非言语堪谢！

后 记

  感谢同学好友们。我生长在农村，打小就显老，而且上学较晚。无论本科还是研究生阶段，我基本都是年龄最大的，且无任何兴趣爱好。你们让"老张"平淡甚至枯燥的求学生涯多了不少欢乐！

  感谢中国检察出版社李健主任、王伟雪编辑为本书的顺利出版所做的大量细致工作和辛苦付出！

  感谢广东海洋大学第六轮重点学科（法学）建设经费对本书出版的资助！

  最后，要深深感谢我的家人。在家务农的父母为我们兄妹辛苦操劳一辈子，不求回报。现今年事已高，尤其是父亲已经80多岁，他（她）们仍自食其力，仍时刻牵挂我的学习、工作与生活，父母以特有的方式——收看我所在地的天气预报——关注我。祝愿二老身体健康，长命百岁，安享晚年！感谢我的妻子和儿子为我的默默付出！爱你们！

  然而，天意弄人：身体一向健朗的母亲突患重症，医治无效，2018年10月26日去世！痛哉！悲哉！仅以此书献给平凡而伟大的再苦再累再难也要让我多识几个字的母亲大人唐玉芬，愿您安息！

张继钢

2019年4月18日于湛江湖光岩旁定稿